안녕,
　　나의 페르소나

안녕, 나의 페르소나

박성준
평론집

모던앤북스

시인의 말

　어릴 적 나는 나를 잘 표현할 줄 모르는 아이였다. 내가 좋아하는 것이 있으면, 그걸 정말 좋다고 말하면 혼나는 일이 많아졌기 때문이었다. 물론 가난이 한몫하기도 했다. 하고 싶고 가지고 싶은 게 많은데 그걸 입 밖으로 꺼내지 못 하게 했으니 말이다. 그리고 부모님께는 늘 무던하게 피해 주지 않는 사람, 순하게 묵묵히 그 자리를 지키는 사람이 되라고 하셨고, 항상 참는 게 이기는 것이라 가르치셨다. 그런데, 그때 당신들께서는 나에게 묵과하셨던 부분이 있었던 것 같다. 그때부터 지금껏 나는 뭘 해도 눈에 띄는 사람이었다. 어릴 적부터 덩치도 남들보다 머리 하나쯤은 컸고, 목소리도 철성이라 특이했다. 가만히 있어도 그 자체로 누군가에게는 위협이 되는 존재이기도 했다. 그러니 원하시던 대로 무던할 수 없었고, 순할 수도 없었으며, 묵묵히 한 자리를 지키는 게 아니라 늘 한 자리를 차지하고 있는 것처럼 보이는 경우가 많았다. 그래서인지 주목받기 싫은 데 주목을 받는다거나, 누군가 입에 자주 오르내린다는 것은 썩 좋지 않았던 내 성격을 형성하는 데에 크게 이바지했던 것 같다. 그리고 나는 그런 모난 가운데에 누군가를 늘 사랑해왔다. 역시 다 그게 문제였다.

시작은 열 살 무렵 어떤 달엔가 짝을 바꿀 때 일이다. 그 당시 선생님께서는 좋아하는 아이 자리에 가서 자유롭게 앉으라는 규칙을 세우신 적이 있었다. 나는 그때 작고 몽글몽글한 마음을 쥐고, 정말 그래도 되는 줄 알고 좋아하는 아이 자리 옆에 가서 앉고 말았다. 이윽고 그 애는 하루 온종일 울었다. 나는 그 애를 울린 적도 없고, 뭘 잘못한 것도 없는데, 내가 그 애 옆에 앉았다는 사실만으로도 폭력이 될 수 있다는 것을 그때는 다 몰랐을 것이다. 그런 걸 깨닫기에는 너무 어렸으니까 말이다. 대신 그때 나를 무슨 죄인처럼 쳐다보던 반 아이들과 선생님의 눈빛을 잊을 수 없다. 그래 어쩌면 그 또한 내게는 폭력이었을 텐데, 나는 왜 한 번도 그런 눈빛에 대해 항거하지 못했을까. 그렇다. 나는 그 상태에 멈춰버린 채로 문학을 시작했던 것 같다.

내가 내 기분을 묻는 일이 문학이었고, 내 부끄러움과 수치를 쓰는 게 문학이었으며 그런 절박한 마음으로 사랑하고, 쓰고, 울고, 또 그랬던 것이 문학이었다. 내 슬픔을 담보 삼아 시를 쓰면서, 좀 더 슬픈 쪽으로 기울어진 삶에 대해 자랑해가면서, 나는 늘 지금보다 조금은 더 멋진 사람이 되고 싶었다. 그러다가 평론까지 쓰는 사람이 되어버렸다. 그리고 이렇게 평론집을 묶는 일까지 하고 있다. 그러니까 평론집을 묶는 동안, 내가 이전에 쓴 내 시편들을 더 아껴서 읽었다고 말한다면 그것은 궤변일까? 아니다. 그건 궤변이 아니다.

하늘길에 살았다

…(중략)…

소녀과 소녀는 가위바위보를 한다
계단을 한 칸씩 이동한다

비기지 않으면 서로 멀어져야만 하는 관계
이런 규칙을 누가 만들었을까

누가 내다버린 욕조를 내 욕실로 가져오고 싶은
이런 마음은, 내 욕실이 만들었을까, 육신이 만들었을까

지긋지긋한 스무 살은
옛 애인들의 기념일을 외우느라 바쁘고
기념할 일을 만들어본 적 없는 나는
고백 같은 건 할 줄도 모르는 사람
처음 내 이름을 베껴 그린 날이 기억이 나지 않는다

불을 끄고 방 안에 누워 있으면
내가 이 밤에 그늘이 된 느낌
방바닥 밑, 저 깊이 돌아다니는 수맥들과 정들어
잠도 이룰 수 없는, 하늘길에 살았다

남몰래 어른이 되고 싶었다
나는 대체로 비기고 싶었다

- 박성준, 「시커먼 공중아, 눈가를 지나치는 혼돈 같은 교감아」, 부분

나는 정말 "대체로 비기고 싶었다." 곁에 있는 모든 것들이 끝끝내 멀어지지 않았으면 좋겠다고 생각했다. 애초에 시를 쓰는 주변 동료들이 너무 좋아서, 엉겁결에 시작한 평론이었다. '이렇게 멋진 시인들을 왜 알아주지 않지?'와 같은 가벼운 마음으로 시작해서는, 종국에는 세대론적 인정 투쟁을 해보기도 했고, 내가 봐도 좀처럼 논증적이지 않은 평문을 들고서 선배 평론가들을 공격해보기도 했다. 그런데 그런 것들이 좋았다. 슬픔을 거름 삼아 나의 시, 나의 말을 쓰는 두려움이 지속될수록, 그냥 읽으면서도 문학 안에서 갇힐 수 있는 평론 쓰는 일이 너무 좋았다. 그리고 무엇보다 내 시를 견주어 볼 수 있는 동료들이 지속해서 곁에 있다는 게 너무 좋았다. 계단 위에서 가위바위보를 해도 계속 비기기만 하는, 평론의 그런 생리가 너무 좋았다. 그렇게 뜨거운 혀가 되고 싶었고, 차가운 손끝이 되지는 못했던 나는, 당신들을 읽으면서 내 시를 더 사랑할 수 있었던 것 같다. 이미 나는 그 시작부터, 어떤 관점을 가지고 냉철하게 비평적 시선을 갖는다는 것이 두려웠던 것이다. 그리고 어차피 시적 에고를 가진 나에게, 그건 또 내 능력 밖에 일이 될 수밖에 없었다.

하물며 늘 시인이고 싶었던 나를 잘 아시던, 나의 오랜 은사님께서는

소박했던 내 비평적 태도를 늘 걱정하셨다. 신춘문예 당선 통보를 받던 날에 대뜸 내게 화를 내셨던 기억도 있다. 그것은 아마도 내가 평론가의 정체성을 갖는 것이 자의든, 타의든, 앞으로 내가 쓰는 시를 해치게 될 것이라는 전망 때문이었을 것이다. 나는 그 가르침을 뒤로하고도, 한 번 써 보겠다고. 내가 내 말에 앓아 본 만큼, 다른 이에 말 곁에서 같이 앓아보겠다고. 그때 나는 평론가가 되고 싶다고 말씀드린 바 있다. 사실 정확히 말하면, 약간은 비겁하게 그때 나는 '평론 쓰는 시인'으로도 살고 싶다고 말했던 것 같다. 그래서 그것도 다행이었다.

때문에, 나의 아이덴티티는 종국에는 평론가가 되지 못했다. 내 글은 고작 시인이 쓰는 감상이었고, 늘 변방이었으며, 겨우 나와 나의 동료들의 세대론을 대변하는 목소리 정도가 될 수밖에 없었다. 무엇보다 나의 평문은 아카데믹하지 못했다. 그래서 또 참 다행이었다. 그럼에도 이런 고백을 하며, 부끄럽게도 평론집을 묶게 된 이유는 나는 늘 비기고 싶었기 때문이다. 그리고 항상 사랑해왔기 때문이다.

멀어지기 싫었다. 멀어지기 싫음. 멀어질 수 없음. 가까이 가고 싶음. 하지만 내가 좋다고 혼나는 것은 더더욱 싫음. 어쩌면 그게 내 전부였는지도 모른다. 아무도 나와 계단 앞에서 같이 서고 싶지 않았던 무렵이면, 나는 더 가혹하게 혼자에 몰두할 수 있는 사람이 되곤 했다. 시작이었던 자리에서 되돌아 와 다시 당신 앞에 서서 구애하고 있는 나의 표정을 상상할 때처럼, 내 목소리의 볼륨을 높혀 본다. 앞으로 좋은 시인이 되지 못할 것만 같아서, 다시는 시로 돌아올 수 없을 것만 같아서,

무섭고 무거웠다고 말하기에는 여기 묶은 평문들은 너무 누추하다. 하지만 내가 사랑했던 이 많은 시인들의 시편들은 누추하지 않다. 늘 발견하고 싶은 '다른 시'였고 그토록 들춰보고 싶은 미래의 목소리들이었다. 그래서 나는 여기서 '비기고 싶은 나'를 만났다고 고백해본다. 내가 사랑할 수 있는 전부가 고작 '슬픔'이라는 것을 알게 된 지금. 그래서 내가 사랑했던 그 모든 당신들을 나의 얼굴이라 부르기로 했던 것이다.

안녕, 나의 페르소나!

2024년 늦봄 월곶에서

목차

시인의 말 ··· 5

1부 : 모글리 신드롬

모글리 신드롬 ···································· 17
   정재학, 황병승, 김행숙, 박상수, 김승일의 시

마이너스 벡터의 시와 줄어드는 주체들 ·············· 36
   이준규, 박지혜, 송승언, 임솔아의 시

나는 매번 시 쓰기가 재밌다는, 그런 친구들 ·········· 63

움직일 수 있을 때까지 움직이는 시에 대하여 ········· 86
   박주택, 황인찬의 시

행복한 질문하기 ································· 109

미래가 보이지 않는 동안에만 미래 ················· 122
   황인찬, 김승일, 박희수의 시

아직 다 부르지 못한 이름들 ······················ 141
   황인찬, 김승일, 박준의 시

마이너스 벡터의 시와 줄어드는 주체들2 ············ 160
   박상수, 최정진, 이우성의 시

나는 그 돌연변이 모두를 사랑할 수밖에 없다 ········ 179
   이제니, 이준규, 황인찬, 송승언의 시

감당할 수 없는 나는 ····························· 200
   유계영, 김소형, 황유원의 시

2부 : 빛의 가면과 확장

빛을 체험하고 포기하는 몇 가지 방식 ·············· 225
안태운, 유이우, 백상웅의 시

비우지 않고, 확장하는, 증산되는················ 236
정다연, 한인준, 최정진의 시

이상한 나라에서 결코 또, 이상한 비전에 관한 소고 ··· 250
윤성아, 배수연, 임솔아의 시

나의 친구를 불러보는 방식 ···················· 263
성동혁, 정영효, 민구, 김승일의 시

가면쓰고 살아가기 ························· 276
박희수, 김은지, 김유미, 서윤후의 시

3부 : 안녕, 나의 페르소나

말놀이 ⊂ 말 ······························· 295
오은의 시

제로에서 함기석 찾기 ······················· 307
함기석의 시

미끄러지는 아브젝시옹 ······················ 316
이장욱의 시

미지로 보내는 편지 ························· 327
장이지의 시

'완전한 정신적 자유'를 위하여 · · · · · · · · · · · · · · · · · · · 341
   이윤학의 시

혼잣말을 하고 있을 나의 많은 술래들 · · · · · · · · · · · · · · · 354
   하재연의 시

자폐에 동참하는 발가락 '얼굴 만들기'로 만든 얼굴 · · · · 361
   조혜은, 김성대의 시

사랑의 종말에서, 종합으로 · 373
   박해람의 시

신성(神聖)이라 불러도 좋을까 · 382
   김은상의 시

제로에서 플러스로 율동하는 시 · · · · · · · · · · · · · · · · · · · 393
   이진양의 시

4부 : 싸가지에 대한 단상

혐오, 모르고 지나가고 싶은 · 405
   윤동주, 한하운의 시

박인환의 종로 시절 · 424
   마리서사와 「거리」

'싸가지'에 대한 단상 · 439
   김승일의 세대론에 답하여

5부 : 삶에 대한 이른 각서

느낌의 질량감, 꿈에 낀 백태(白態)를 찾아서 ········ 453
이성복 시집 『래여애반다라』

여름, 증발된 대상으로의 초대 ················· 464
황인찬 시집 『구관조 씻기기』

외재하는 주체 내재하는 관람객 ················ 469
박준 시집 『당신의 이름을 지어다가 며칠은 먹었다』

찰나에서 영원까지 ························· 477
박판식 시집 『나는 나와 어울리지 않는다』

대책없이, 모르는 날씨에게 ···················· 482
김이듬 시집, 『히스테리아』

주머니 속에서 악수를 한다 ···················· 486
김지녀 시집 『양들의 사회학』

얼굴에서 발견한 '얼'과 '굴'의 거리 ·············· 491
정영 시집 『화류』

시적 인품과 수평 ·························· 495
복효근 시집 『따뜻한 외면』

여전히 진행 중입니다 ······················· 500
권혁웅 시집 『애인은 토막 난 순대처럼 운다』

삶에 대한 이른 각서 ························ 505
이성복 시집 『어둠 속의 시』

1부

모글리 신드롬

모글리 신드롬
- 가능성이라 불리는 아이들
: 정재학, 황병승, 김행숙, 박상수, 김승일의 시

1. 모글리 신드롬

돌이 지난 딸아이가 / 요즘 열심히 말놀이 중이다. / 나는 귀에 달린 많은 손가락으로 / 그 연한 말을 만져본다. / (중략) 발음이 너무 설익어 잘 알아들을 수는 없지만 / 억양의 음악이 어쩌나 탄력있고 흥겨운지 듣고 또 들으며 / 말이 생기기 전부터 있었음직한 비밀스러운 문법을 / 새로이 익힌다.

- 김기택, 「말랑말랑한 말들」 부분, (『사무원』, 창비, 1999).

늑대소년 모글리가 배우고 싶었던 인간의 언어란 인간의 말, 그 자체였지 인간들의 기호표현이나 사유체계가 아니었을 것이다. 모글리는 언어를 습득하기 위해서 '늑대'+'소년'에서 '늑대'를 버려야했다. 그러나 '소년 모글리'를 택하는 일이란, 길러준 '젖'을 먼저 버려야만 하는 일이다. 자신에게 젖을 물려준 늑대들의 유토피아를 버리고, 인간들의 상징질서 속으로 편입되어야만 모글리는 다시 '소년'으로 현시할 수 있었다. 그렇다면 '늑대+소년'은 무엇을 택해야 하는가? 늑대소년에서 '늑대'를 빼앗아간다면 모글리는 지금까지 살아남을 수 있었던 존재 자체에 대한 부정이 발생한다. 그렇다고 다시 '늑대'의 세계로 되돌아간다면 그를 인간이라 볼 수는 없을 것이다. 문제는 타의에 의해 명명된 '늑대소년'이라는 기이한 조합에 있다. 아니 엄밀히 말하면, 조합을 인정하지 않으려는 '늑대'와 '소년' 사이의 구획 과정에 있다.

  이제, 한 가지를 선택하라 요구하는 '지금 여기'를 어떻게 예측해야 좋을까. '늑대소년'이라는 혼종된 자아, 다성의 언어를 "잘 알아들을 수는 없"다는 것이 '여기'의 풍토라면, "말이 생기기 전부터 있었음직한 비밀스러운 문법"을 읽어내기 위한 움직임들은 지난 10년간의 '지금'이었을 것이다. 한 가지를 인정하면 서로가 모순이 되는 관계 속에서, 우리는 꼭 '늑대'가 아닌 '( )+소년'의 출현에 대해 주목했었다. 이는 곧 동시다발적으로 발생한 일련의 증상이 되었다. 이렇게 2000년대 중반 시작된 수많은 모글리들의 출현은 우리의 언어를 기형으로 만들었다기보다는 수많은 방언들을 만들었다는 데에 있어서 그 의미를 가진다. 또한 그들은 기호표현을 통한 말이 아니라 "말놀이"로 존재했고, 그 말과 "억양의 음악이 어찌나 탄력 있고 흥겨운지 듣고 또" 듣고 있어도 매력이 있었다는 것도 부정할 수 없는 논제이다. 이렇게 아이가 말을 처음 배우는 것처럼, 기이한 자아의 설법에 대해 우리는 익숙해져 갔다. 아니 익숙해져 가고 있었다.

2. "뽀삐는 마을을 떠났다", 전염병이 도는 마을을

왜 '욕망'이라는 것은 자폐 속에 내재되어 있어야 힘을 갖는가. 때때로 우리는 의지보다는 치환을 위한 삶을 택한다. 현실에 있는 금지령들을 가볍고 쉽게 치환하면서, 충동질하는 자신의 의지를 꺾는다. 누구는 그것을 '생존'이라 했고 또 누구는 '무의식의 발현'이라 했을 것이다. 언어 습득 과정에서 이미 약속된 문법(langue)은 우리에게 말을 주었지만 또 말을 빼앗아 갔다. 젖을 떼인 아이의 울음소리를 보면 쉽다. 인류가 공통으로 알고 있는 그 근원적인 문법. 우리는 그것을 잃어가며 '아이'가 되었을 것이다. 때문에 '아이'는 근원적 문법과 소통의 문제에 한 발을 딛고 있고, 또 약속된 문법 속으로 자신을 소환해가는 중간자적 주체가 된다. 그러나 이 아이 주체의 자폐란, 대체로 이기적이고 견고한 환상 속에 가라앉아 있는 것이어서 우리에게 욕망의 흔적만을 남긴다. 즉 태초의 욕망 대상을 찾기보다는 욕망의 개체들을 추적해가며, 견디는 양태를 엿볼 수밖에 없다. 한 아이가 끝끝내 성장을 거부하고, 또 생존을 거부하는 것으로서 생존하며 여기, 있다.

마을에 아이들의 이빨이 녹는 전염병이 돌기 시작했네 어른들은 알아차리지 못하네 아이들은 배가 고팠지만 아무것도 먹으려 하지 않았네 학교에서는 아무 얘기도 하지 않고 지냈네 동네 지붕마다 달이 박혀 있었네 식초를 마신 여인네들은 지붕에 올라 달을 찢어 아기를 훔쳐가네 아이들은 이빨을 녹여 먹으며 거리를 쏘다녔네 아무도 무리에서 떨어져 나가려 하지 않았네 정거장마다 걸린 옷걸이에는 사람들이 갈아입은 옷들이 몇 겹으로 가득했네 도로에는 개가죽들이 솟아 있었지만 자동차들은 속도를 늦추지 않았네 아이들은 길가에서 커다란 빈 분유통을 굴리며 놀았네 차들이 지나갈 때마다 아이들은 개털을 들이마셨네 그때마다 녹아버린 이빨을 토해냈네 아이들은 그것들을 모아 지붕에 박힌 달 속에 넣어두었네 아이들은 손톱으로 서로의 이마에 구멍을 뚫었네 소독차가 마을을 돌고 아이들이 줄지어 쫓아다니네

- 정재학, 「전염병이 도는 마을」 전문,
(『어머니가 촛불로 밥을 지으신다』, 민음사, 2004).

정재학의 아이들은 '마을'이라는 공간 외에 어떠한 공유의 장도 가지고 있지 않다. 다만 "이빨이 녹는" 전염병을 "어른들"에게 들키지 않으려고 애쓰고 있다. 배가 고파도 먹지 않고, 학교에 가서도 녹고 있는 이빨을 들키지 않기 위해서 아이들은 아무런 얘기도 하지 않는다. 일반적인 수준에서 배고픔과 묵언이란, 아이들에게 폭력을 행사하는 것처럼 오인할 수 있겠으나 이 시에서는 그 '폭력 당함'을 선택하는 아이들의 모습이 그려지면서 오히려 아이들 자체가 폭력을 행사하고 있는 것처럼 보인다. 녹고 있는 이빨은 아이들의 식량이며 언어이고, '아이'라는 하나의 주체를 "거리를 쏘다"니는 아이'들'의 복수 주체로 변모시킨다. 이빨이 녹고 있는 것은 사건의 원인이자 징후이다. 그럼 이빨이란 무엇일까. 어른들에게 들키지 말아야 할 그들의 윤리란 무엇이란 말인가.

우선 아이들은 '치아'가 아니라 '이빨'을 가지고 있다는 데에 주목하자. 그것은 사람의 것이 아니다. 입속에 박혀 있는 동물성의 존재는 녹아서 소화가 되지 못하고 아이들에게서 "녹아버린 이빨"의 형태로 토해

진다. 토해진 그것들은 "지붕에 박힌 달 속"이라는 공간에서 또 다른 아이를 만든다. 그리고 "식초를 마신 여인네들"은 달을 찢으며 그 아이들의 주인이 된다. 즉 "이빨"이란 상상된 동물성이 아이들에게 '폭력 당함'과 '폭력'을 가르쳤고 이러한 폭력이 다시 아이들을 생산해 낸다는 사이클이다. 물론 그 폭력이란, "길가에서 커다란 빈 분유통을 굴리며" 노는 사소한 것에서부터 도로에 솟아 있는 "개가죽"(주검)을 지나치는 자동차들의 속도에 이르기까지, 무심하고 흔하게 발현되고 있다. 하지만 폭력의 주체와 객체가 동일하게 아이들에게로 모아지는 것은 비범한 의미를 가진다. "아이들은 손톱으로 서로의 이마에 구멍을 뚫"으면서 "녹아버린 이빨"로 소거된 공동체의 의미를 다시 폭력을 통해 재현하고 있기 때문이다.

전염병을 통해 아이라는 개체의 야합이 이루어졌고, 아이들은 같은 행위와 같은 폭력을 경험했다. 결국은 "소독차가 마을을 돌고 아이들이 줄지어" 그 차를 쫓아다니며 개체들이 개체의 종합에 이르게 되는 것이다. 여기서 "소독차", "솟아 있는 개가죽", "지붕" 등은 남성적 상징으로 나타나면서, 아이들에게 구멍을 뚫고 있는 대상으로 보이는데, 이것들은 아이들을 통솔하기 보다는 아이들 스스로에게 모방을 통한 질서를 만들도록 유인한다는 것이 기존의 아이 텍스트와는 다르다. 대표적으로 기형도의 「전문가」의 경우는 이사 온 사내가 '큰 주체'로 표상되면서 한 가지 대상이 아이들을 지배의 알레고리 속에 묶어 두는 상하 관계를 지향하고 있다. 그러나 정재학의 경우는 오히려 큰 주체에게서 개체들을 해방시키고 개체들의 욕망을 자폐화시키면서 아이 주체 자체를 전염병의 병균으로 알레고리화 한다. 물론 그 알레고리의 당위는 폭력을 통한 연대감이다. 그리고, 이런 연대도 존재한다.

>비좁은 방공호 속
>열두 살짜리들이 어깨를 웅크리고 앉아
>한 녀석은 목을 잡고 다른 한 녀석은 앞다리를
>또 한 녀석은 뒷다리를 잡고 떠돌이 개 뽀삐와
>했다
>
>그 뒤로 뽀삐는
>세 녀석을 보면 꼬리를 치며 달려들었고
>열두 살짜리들은 묘한 감정에 사로잡혔다
>누가 먼저랄 것도 없이 동시에
>뽀삐를 향해 돌을 집어던지는 것으로
>상황을 극복하려 했지만
>뭔가 석연치 않은 구석이 있었다
>밤마다 뽀삐의 울음소리가 이 골목 저 골목을 흔들고
>며칠 뒤 떠돌이 개 뽀삐는 마을을 떠났다
>
>뽀삐는 수캐였다
>
>　　　　- 황병승, 「뽀삐」 전문, (『트랙과 들판의 별』, 문학과지성사, 2007).

황병승의 경우는 "떠돌이 개 뽀삐"를 내세워 아이를 아이'들'로 만든다. "열두 살짜리" 세 아이가 방공호 속으로 들어가 "뽀삐와 / 했다"는 정황은 실로 충격적이다. 우선 이 정황은 두 가지 장면을 유추해 낼 수가 있다. "한 녀석은 목을 잡고 다른 한 녀석은 앞다리를 / 또 한 녀석은 뒷다리를 잡"았다는 진술로만보아서는 아이 셋과 떠돌이 개 뽀삐는 수간(zooerastia)을 했다는 걸 알 수 있다. 그러나 "뽀삐"라는 것이 용변용 화장지 브랜드라는 것을 감안해서 읽어 보았을 때는 뽀삐는 배설욕과 청결욕의 대상으로 상징화 된다.

우선 전자의 정황을 설정해 두고 따라가 보면, "꼬리를 치며 달려"드는 뽀삐의 행동과 그런 "뽀삐를 향해 돌을 집어던지는 것으로 /상황을 극복하려"는 세 녀석의 행동은 비밀이 생겨서 결속이 되는 집단과 비밀 때문에 버려지는 개체의 모습을 상징한다. 자신 몸을 모두 내어주고도 떠돌이 개 뽀삐는 그들의 세계 속으로 결코 들어오지 못하고 부끄러운 비밀을 공유했다는 이유로 폭력을 당하는 것이다. 그리고 마을을 떠난다. 그러나 마을을 떠나지 않은 폭력의 주체자인 세 녀석의 경우는 자신들의 비밀 행위를 폭력으로 지움으로서 청결해진다. 인간과 동물이 통해서는 안 된다는 금기를 폭력의 행사를 통해 유지하고 생물학적으로 더 하등한 뽀삐에게 모든 죄를 뒤집어씌움으로서 세 녀석은 해방이 된다.

후자의 경우도 마찬가지다. 뽀삐를 용변용 화장지의 환유로 본다 하더라도 뽀삐와 했다는 정황은 세 녀석이 서로 방공호에서 용변을 본 것으로 유추할 수 있다. 뽀삐를 돌려쓰면서 용변을 본 세 녀석은 그에 따른 수치와 '트라우마' 때문에, 비밀을 나눈 서로가 아닌 화장지 뽀삐에게 전이된 분노를 표출하게 되는 것이다. 그에 따라 뽀삐는 그들의 세계에서 추방된 대상으로 전락하게 된다.

그리고 여기서 또 주목할 것은 "뽀삐는 수캐였다"는 진술이다. 위의 시에서는 뽀삐는 확실히 남성의 성별을 가지고 있고, 그 상대가 되었던 아이들은 "세 녀석"으로 표현되면서 정확한 성별을 가늠할 수 없게 해 두었다. 즉 수간뿐만이 아니라 아이들이 방공호에서 했던 행동이란 남성과 여성의 구별 없이 난교에 가까운 비윤리적인 행위였을 수도 있다는 것이다. 하지만 이것을 아이들의 시선으로 처리해둠으로써 비교적 소격 효과를 줄이고 아이들이 세운 윤리라는 측면만 강조하는 효과를 주고 있다. 또한 뽀삐를 화장지로 보는 경우에도 화장지는 여성명사인 데 반해, 남성이었다고 뽀삐를 명명하면서 사건 속 인물들의 관계 해석을 난해하게 차연시킨다. 때문에 폭력성이 짙은 아이들의 현상과 담담한 화자의 욕망관계가 더욱 부각되고, 전방위적으로 상징계를 거부하는 모습을 보인다. 그렇게, 어쨌든, 뽀삐는 떠나갔다.

3. 아이 신드롬, 소년 스타일

수잔 손탁은 비평적 글쓰기의 기능을 예술작품이 어떤 것을 보여주는 것으로 보지 않았다. 손탁은 이 작품이 어떻게 예술작품이 되었는지에 대해 집중한다. 또 그런 과정의 성찰 이상으로 예술작품은 단지 예술작품일 뿐이라며 것을 보여주는 비평적 글쓰기의 기능을 말한다. 그러면서 독자의 의식 속에 지적 충족과 희열을 주는 것이 예술작품이고, 그런 작품이 '예술'의 영역으로 들어선다면 희열 자체가 도덕이며 윤리성을 획득한다고 주장한다.

그러므로 예술작품은 언제나 지적 충족과 예술적 희열을 독자 의식 속에 고양시켜야 하며, 이런 예술작품의 개별적 특성을 손탁은 '스타일'이라 정의한다. 때문에 예술작품이 예술작품이기 위한 방편은 끊임없이 새로운 '스타일'의 창출이라는 난제에 놓인다. 하늘 아래 새로운 것이 없다던 판정 이후로, 새로운 것에 대한 갈구는 어떤 작은 느낌의 공유와 그 확장을 통해서 이루어지기도 했다. 소소한 일상, 혹은 기억 속에서 김행숙의 아이는 단편에 어떤 느낌 속으로 향해 있다.

> 두 명의 아이가 손바닥을 맞추며 놀고 있을 때 / 세 번째 아이는 // 담장에 장미넝쿨이 / 장미화, 장미화, 장미화를 팡 팡 터트렸을 때 // 두 명의 아이가 줄을 잡고 돌리며 들어와, 우리집에 들어와, 우리들은 재밌다는 듯이 부를 때 / 세 번째 아이가 줄을 넘을 때 / 네 번째 아이는 // 너희 집은 어디니? 어른이 물을 때 / 다섯 번째 아이는 / 나는 아직 태어나지 않았어요 // 이 구슬은 누가 흘리고 갔을까 / 구슬을 굴리며 색깔이 바뀔 때 / 두 명의 아이가 / 세 번째 아이를 골목이 사라질 때까지 쫓아갈 때 // 골목이 다 사라진 후에 / 두 명의 아이가 이상하다는 듯이 마주보았을 때
>
> – 김행숙, 「두 명의 아이」 전문, (『이별의 능력』, 문학과지성사, 2007).

"두 명의 아이가 손바닥을 맞추며 놀고 있"는 것. 우선 두 명의 아이는 가깝고, 서로가 서로에게 익명이다. 그러다가 세 번째 아이가 등장한다. 여기서 담장에 장미넝쿨은 서로가 서로를 찌르는 폭력을 행사하는 집합체이다. "장미화, 장미화, 장미화" 하고 꽃이 터지는 이미지들과 함께 세 번째 아이가 등장한 것에 주목하자. 세 번째 아이는 마치 장미꽃

을 꺾는 폭력을 행사하고 있는 것처럼 등장해서 두 명의 아이 속으로 동참한다. 여기서 두 명의 아이는 멀어지고 세 번째 아이는 두 명의 아이가 돌리는 줄넘기를 넘는다. 둘이었던 대자 관계가 제3의 인물의 등장으로 멀어진다. 그러나 차갑기 보다는 따뜻하다. 줄넘기를 돌리면서 두 아이는 줄넘기 속이라는 공간을 만들고 세 번째 아이, 네 번째 아이, 다섯 번째 아이까지 초대한다. 벽도 아닌, 그렇다고 벽이 아닌 것도 아닌 줄넘기 속에는 아이들이 다녀간다. 그곳은 아이들의 안식처다.

 아이들은 저마다의 역할이 있다. 네 번째 아이는 "너희 집은 어디니?"라는 어른들의 문법 상황을 대면하는 아이로, 다섯 번째 아이는 "나는 아직 태어나지 않았어요"라는 동문서답을 통해 어른들의 문법 상황을 응수하는 아이로 그려진다. 여기서 아이들은 쓸쓸함을 공유한다. 이 아이들은 모두 집이 없는 아이들처럼 비춰지기 때문이다. 줄넘기라는 세 사람 이상의 공동체가 성립되었을 때 발현하는, 보잘 것 없는 공간이 그들의 집이라는 것은 공동체 자체가 집이라는 것이지, 집이 있다는 것이 아니다. 그러므로 집으로 상징될 수 있는 자궁의 공간은 돌아가는 줄넘기 속이라는 기이한 환유로 나타나고, 그에 따라 '귀신'과 같은 아이, 즉, 아직 태어나지도 않은 아이인 다섯 번째 아이를 등장시킨다. 다시 말하면, 여기 모인 아이들은 모두 어른들의 문법 상황으로 편승되지 않은 그들만의 공동체 문법 속에 가라앉아 있는 주체들이다. 이들의 공동체와 자신들의 질서를 지키기 위해 귀신까지도 호출해 내는 새로운 상상을 발현하는 것이다.

 이것이 모두 상상이라는 것은 처음 두 명의 아이를 떨어뜨려 놓았던 세 번째 아이가 골목으로 사라지는 정황을 통해 확인할 수 있는데, 여기서 세 번째 아이가 사라진다는 것은 네 번째, 다섯 번째 아이를 굳이 언급하지 않아도 상상의 문 자체가 닫혔다는 것을 암시한다. 그러나 이러한 정황은 구슬 속에 신비로운 색들의 조합들처럼, 구슬이 굴러가면서 색들이 병치관계에 놓이는, 이미지의 전체를 상징하는 사건의 발현으로 응축해 볼 수 있다. 즉, 있음직한 사건과 있음직한 이미지들이 병치에 놓이면서 아이들의 상상을 호출하는 국면인 것이다.

  이와 같은 '스타일'은 해석이 아니라 느낌과 느낌의 공존을 통해 독서가 되는 것이며, 이런 독서는 우리에게 쉽게 감각이라는 손을 내민다. 알레고리가 아니라 감각을 내미는 것이 김행숙의 시가 가지고 있는 매력이다.

  너는 천진난만한 소년, 무엇을 떠올리고 있는가? 소녀는 아까부터 새침해져 있다 단순한 연마로는 닿을 수 없는 시선을 가졌구나 시시한 음악이 탁자 위를 조금씩 번져간다 휘감아 오르던 도취는 가벼운 입 모양을 따라 지독하게 부드러워져 버린다 소녀가 주섬주섬 옷을 챙겨 입는다 너는 언제까지나 소년인 것이다 새 모양의 피리를 불며 불탄 집 앞에 서 있겠지 그리고 누구도 받아주지 않는 잠과 잘린 뿌리를 떠올릴 것이다 너는 다만 소녀를 태우고 떠나는 노새의 방울소리를 들은 것뿐인데 다른 방식으로 지속되는 믿음을 멈출 수 없다 이제 소녀는 매우 저속해져 있고 그런 건 한낱 장식일 뿐이라고 생각하는 너도 마찬가지다

                                  - 박상수, 「즐거운가 소년이여?」 전문,
                                (『후르츠 캔디 버스』, 천년의시작, 2006).

박상수의 아이는 성을 획득하면서, 함께 '권력'이라는 "장식"을 획득한다. 그런데 왜 "장식"인가. 소년과 소녀의 잠자리를 화자는 "소녀를 태우고 떠나는 노새의 방울소리를 들은 것뿐인데, 다른 방식으로 지속되는 믿음을 멈출 수 없다"고 언급하고 있다. '태우다'라는 남성적 입장에서의 발언은 소년과 소녀 간의 사건 이후로, 소년이 이미 소년에서 벗어나 어른이 되려고 한다는 것을 암시한다. "지독하게 부드러워져 버린" 어른들의 세계로 "천진난만한 소년"은 갑자기 몸을 바꾸고 새침해져 있는 소녀에게 시선을 준다. 소년은 그 속에서 "불탄 집"이거나 "누구도 받아주지 않는 잠", "잘린 뿌리"처럼 거세되고 망가진 이미지들을 떠올리고, 그간에 소년의 질서 속에서 믿었던 방식이 아닌, "방식으로 지속되는 믿음"을 강요받는다. 물론 그 믿음이 무엇이라고 언급되거나 믿음을 유추할 수 있는 이미지가 나타나지는 않으나, 소녀는 "매우 저속해져" 있다는 결과로 소년이 갖는 감정의 소용돌이를 일단락하고 있다. 소년은 천진난만하고 소녀만 저속해져 있다는 정황은 너무도 권력적이다. 새침해져야만 하는 소녀의 수동적인 반응과 "잘린 뿌리"마저 인식하고 있는 소년의 능동적 반응이 사뭇 대조적이다.

다시 말해 소년은 소녀를 '탐하는' 주체적인 행동을 통해서 어른들의 '지독하고 부드러운' 이질적인 세계를 분명 보았지만 소년으로 남아있기 위해 그 세계를 보고도 세계 자체를 지연시킨다. 반면에 소녀의 경우는 소년에게 '태움을 당하는' 수동적인 행위로 인해 쉽게 저속해지고 소년보다 약자 관계로 내려앉는다. 이를 통해서 시적 화자는 서로 비밀(eros)을 나눈 공동체의 공간의 장을 획득하기보다는 성을 획득해가는 남녀 간의 차이를 고발한다. 즉 아이 공동체 속에서 또 다른 삼각형의 권력 구조가 생기고 그 구조의 꼭대기에는 '남자 아이'가 놓이는 것이다. 그런데 그 '남자 아이' 권력이란 '성인 남성'이나 사회구조의 권력이 가지는 초석보다 설익었기 때문에 더 폭력적이다. 여기서 "한낱 장식일 뿐이라고 생각하는 너"란 소년일 수도 있고 소녀일 수도 있고, 시적 화자나, 독자일 수도 있도록 열린 구조 속에서 명명되고 있다. 이것은 소년마저도 상징계 속으로 들어왔다는 연민을 위한 연민인 것이다. 때문에 우리는 비아냥거릴 수밖에 없다.

이런 '스타일'이라면 윤리가 끼어들기 힘들다. 윤리적이기 보다는 오히려 동물적이고 충동적이다. 그러나 그런 동물성과 욕망의 충동질 속에서 콤플렉스가 아니라 하나의 증후군이 드러나고 '아이'의 통로를 통해 우리는 '아이 신드롬'을 맛볼 수 있다.

4. 우리는 "가능성이라고 불렀다"

한 차례 아이들이 지나갔다. '( )+소년'의 출현에 대한 주목은 괄호 속의 무엇보다는 소년이었다. 수많은 아이들이 상징 질서를 거부하고 재현을 거부했다. 말을 거부한 아이들이 벙어리가 아니라 새로운 방언을 창출했다는 것. 이것만으로 한 차례의 아이들의 출현이 모두 실재를 향한 알레고리였다고 단정하기에는 어려움이 있다. 단지 그 징후와 현상이 그럴 수밖에 없다는 필연과 윤리 이상으로, 아름다웠다는 것이다. 그 아름다움에 기대고 있는 이런 '스타일'도 있다.

무엇이든 만들 수 있으니까, 나는 시멘트를 가능성이라고 불렀다. 수건걸이를 설치할 때, 가능성에 못이 박혔다. 이봐, 가능성 기분이 어떤가? 가능성엔 기분이 없었다. // 바닥에 고인 물 때문에 미끄러지는 일이 없도록. 타일은 간격을 원했다. 물은 간격을 타고 하수구로 간다. 천천히. 동생이 샤워를 하면서 오줌을 눈다. 변수로군. 나는 동생을 변수라고 불렀다. 이봐, 간격에게 사과를 하지 그래? 변수는 배신이었다. // 엄마는 변기에 앉아 거실을 바라보았다. 왜 문을 열고 싸는 거야? 텔레비전이 하나잖아. 아빠는 거실이었다. 부모가 죽자. 변수에게 거실은 학교였다. 변수는 급식도 먹지 않고 하루 종일 누워있었다. 형이 학교에서 돌아와 학교로 들어오면 변수는 일어나서 샤워를 했다. 형은 자꾸 지각이었다. 거실이 사라지고 있었다. // 부모가 죽고 세 달이 흐르자. 아무도 화장실을 청소하지 않았다. 네 달이 흐르고. 변기에서 쥐가 튀어나왔어. 그렇다면 변기는 수영장이로군. 다섯 달과 여섯 달을. 나는 행진이라고 불렀다. // 지각은 지각인데도. 쥐가 무서워서 똥을 누지 않았고. 나는 화장실이라 화장실에 가지 않았다. 다시 행진. 이제 나는 캄캄한 창고 같았고. 학교가 된 거실처럼. 간격은 변수 같았다. 이봐, 수영장. 창고 안에 고여 있는 기분이 어떤가? 똥이 없어서 쥐가 죽었어. 가능성에게 화장실을 맡기고, 굶어 죽은 쥐를 보러. 나는 창고에 갔다. 캄캄한 가능성 위에 부모처럼 누워. 배신이 기다리고 있었다.

- 김승일, 「화장실이 붙인 별명」 전문,
(『에듀케이션』, 문학과지성사, 2012)

김승일의 경우, 느낌의 강요라는 어떤 스타일에 관해서 일정 부분 해방이 되어 있는 것으로 보인다. 삼각형의 끝점에서 내려오는 어른들의 질서 자체를 부정하지 않으면서, 대신에 부모를 죽이는 정황으로 시선을 이끌어간다. 연작처럼 보이는 「부담」, 「방관」, 「가명」 등에서 김승일은 모두 부모가 죽고 난 이후의 무질서를 포착하고 있다. 하지만 그것은 박상수의 경우처럼 무질서라기보다는 기이한 질서에 가깝다.

"무엇이든 만들 수 있"는 시멘트를 "가능성"이라 부르는 형제의 언어체계는 부모가 죽은 국면에서 새롭게 생겨나는 기표의 온상이다. 하지만 그 가능성은 '기분'이 없고, 못을 박아도 아픔을 느낄 수 없는 무통각의 대상이다. 수없이 변형만을 할 수 있는 대상일 뿐이다. 변형이 되고 난 이후에만 자신의 속성을 대변하는 기표가 생겨버리는 시멘트는 변형을 당해야만 하는 사건 촉발 상태의 가능성이다. 즉 질서는 불특정한 누구에 의해 만들어지는 것이지 이미 있었던 것이 아니다. 이렇게 질서 자체를 부정하고 질서를 가능성으로 설정하고 나면, (황병승의 경우처럼) 청결하고 싶고 배설하고 싶은 인간의 욕망이 동시다발적으로 이미 만들어진 간격 속을 채우게 된다.

"동생이 샤워를 하면서 오줌을 눈다"는 것은 규칙에 어긋나는 변수이지만 그런 변수를 어른들은 어른이라는 이유로 쉽게 자행해 왔다. 때문에 "나는" 동생의 가능성을 '변수'라 바꿔 부르며, 바꿔 부를 가능성의 주체를 찾아 기억을 회유한다. 우선 엄마의 경우다. "엄마는 변기에 앉아 거실을 바라"본다. 텔레비전을 시청하고 싶은 욕망과 배설하고 싶은 욕구가 동시에 일어나는 것이다. 대신 엄마는 동생과 달리 나름대로의 윤리가 있다. 텔레비전이 하나라는 것이다. 하지만 아빠의 경우는 어떠한가. 아빠는 그냥 거실이다. 어떤 윤리와 어떤 상황적 이유 없이 거실인 것이다. 다만 거실이라서 엄마에게 잔소리를 하는 주체이고, 더 이상의 언급이 없다. 김승일은 아빠를 일반적 수준의 상징으로 설정함으로서 아빠라는 가능성을 소거한다. 아빠는 가능성 바깥에 놓이고, 부모가 사라진(엄밀히 말하면 아빠가 사라진) 공간에서 새로운 문제는 화장실을 아무도 치우지 않는다는 것이다. 부모가 죽었다는 사건보다 화장실이라는 가족 공동체의 욕구를 모두 해결했던 공간이 더러워졌다는 결과 때문에 인물들은 조금씩 이질적인 상황에 놓인다. 여기서 생긴 이질성은 가능성을 가진 기표들의 말놀이를 통해서 기이한 언술형태를 띠고 있다.

동생은 변수(배신), 변기는 수영장, 시간의 흐름은 행진(지각), 나는 창고, 학교는 거실로 재명명된 기표가 되면서 가족 테두리 속에 놓인 사건의 국면들이 학교라는 사회적 공간의 국면들로 얽히고설켜 공간과 서사가 확장되고 있다. 그리고 나는 결국 창고에 간다. 다시 말해 나는 나에게 나(창고)인 것이다. 그곳에는 "캄캄한 가능성" 즉 시멘트가 발려져 있고 부모의 온기가 있다. 그리고 그 혼자인 공간에 동생(배신)이 곧 찾아 올 것이다. 동생이 찾아온다고 둘이 되는 것이 아니라 동생이 찾아 왔기 때문에 배신이 되는 것이다. 그러나 "나는" 그런 동생을 기다리고 싶고 부모를 만나고 싶다. 이렇게 성립된 기이한 서정은 폭발적인 말놀이들 속에서 말 자체의 가능성을 획득하게 하고 어린 아이 화자의 언술을 가능성의 언술로 확장시킨다. 때문에 김승일의 시어 속에서 한바탕 그들은 상징 질서를 전복하면서 실재로 향하고, 알레고리를 통해 평면 바깥에 놓인 주름을 상기시킨다.

이러한 세계를 다시 찾아올 아이들의 가능성이라 보면 너무 섣부른 판단일까?

0. 우리들의 신드롬

왜 다시 '아이'란 말인가? 하는 질문의 끝을 찾아서 우리는 너무나 많은 아이들을 경험해왔다. 현대시 100년의 역사를 막 지나쳐나온 지금, 처음 최남선이 『소년』지에 발표한 신시 「해에게서 소년에게」의 소년도 새로운 세계를 견디려는 세대론적인 소년이었고, 고방에서 오래도록 남아 있는 송구떡을 훔쳐보는 백석의 아이 화자도 그런 것이다. 시 텍스트 속에서 '아이'에 대한 설정은 텍스트 안팎을 연유하면서 '아이' 스스로의 운동성을 띠며 전개되고 있다. 때문에 새로운 문법의 탄생이라는 측면과 새로운 세계로 가는 통로라는 측면이 아이의 문법 속에는 함의되어 있다.

이념 시대 때도 마찬가지다. 김명인의 「동두천」 연작에서, 혼혈아에게 국어를 가르치는 화자의 마음도 세계에 대한 고발이자 전복이었고, "환상을 갖는 것이 중요"하다고 믿었던 오규원 「양평동1」의 조로한 아이들도 반항과 반역의 아이들이었다. 또한 이성복의 "개새끼"를 울부짖는 아이, "어른인 내 얼굴을 공놀이 하듯 / 던지고 치는 과정(「어른의 꿈」)"을 겪는 김혜순의 아이 또한, 그 시 문법에 있어서 가장 운동성이 짙었었다.

여기서 우리는 레비나스를 생각하지 않을 수 없다. 그는 '자기 존재'와 '타자'의 절대성을 통해, 존재의 세계를 넘어설 수 있는 몇 가지 가능성을 제시한다. 그중에서 아이의 출산을 통해 형이상학의 가능성을 찾는 대목을 떠올려봐야겠다. 그에 따르면 '나의 아이'는, '나'이되 내가 아닌 존재이다. 아이는 나의 협의와 나를 조감하는 형식이지만 그만큼 나의 소유물이 될 수 없고 나에게서 나를 빼앗아간 존재 양식이기도 하다. 즉 나와 자식은 절대적으로 선형적, 순환적 시간 안에 놓여 있고, 절대적으로 타자화되어 있다. 레비나스는 이 생태 속에서, 나의 존재됨의 형이상학을 찾는 것이다.

이렇게 이야기해보자. 나를 베껴낸 출산과 아이의 탄생은 '나'라는 원본의 가장 강력한 타자이자 나를 도모하는 고행이다. 그렇다면 주체가 아이 화자를 탄생시키는 시적 출산을 통해 - 그 타자를 통해 - 우리 시는 속수무책으로 새로운 주체를 찾아 헤맸던 것은 아니었을까. 나를 초과한 절대적 시간성을 가진 나인 수많은 '아이들의 탄생기'나 '부정의 모험기'는 아니었을까. 그러므로 자신의 부재를 통해 탄생을 도모하는 모글리들의 언어는 '인간+( )+소년'일 수 있다. (우선 이와 같은 수식을 위해서는 현시에서 '인간+늑대'를 불편/불가한 현현이라 두고, '늑대' 자리에 '( )+소년'을 대입하자.) 다소 범박하지만 이런 기이한 생태의 페르소나는 무한히 시간을 밀며, 미래로, 미래로, 발설의 매력을 증폭시킨다. 다시 말해, 주체 진보의 가능성이다. 다가올 미래 속에서 세계를 가늠하는 빈곳 - ( )의 자리 - 에 대한 방언들의 증폭 현상인 셈이다.

개체적 관점에서 '아이'라는 개체를 범상한 통로로 설정할 수밖에 없는 것이 이런 연유이다. 그리고 1908년부터 우리 문학은 이미 소년의 문학사였던 바, 기이할 정도로 현대시 100년의 처음과 끝이 '아이'라는 것에 주목하고, 검토의 필요성을 가진 것이 그 또 다른 이유라 할 수 있겠다.

수많은 아이들이 지나갔고 그 아이는 우리들의 신드롬 속에서 다시 증후군을 만든다. 우리 시는 아이가 울음을 깨물듯 앞으로, 앞으로 진보하고 있었던 것이다. 나는 이와 같은 시적 운동과 정치하게 세계로 향해 있는 방언들을 생산해낼 앞으로 다가올 시의 모습을 지금, 호출해 본다. 이제 어떤 말이 기대와 위로가 될 수 있겠는가. 그 새로 터질 울음들을 불러보며…….

마이너스 벡터의 시와 줄어드는 주체들
: 이준규, 박지혜, 송승언, 임솔아의 시

하나. 1.x인칭의 연출 세계

　분위기, 기분, 감정; 여기 사랑에 빠졌던 남자가 있다. 그는 상대방을 사랑했고 자신의 사랑을 맹목적으로 믿었다. 그리고 공원이 있었다. 상대와 처음 손을 잡았던 공원 입구와 커피를 나눠 마셨던 벤치, 햇살이 좋은 날이면 자전거를 타거나 귓속말을 속삭이기도 했고, 어두운 밤 음수대 옆에서 키스를 하기도 했던 공원이다. 남자가 알고 있는 공원은 남자의 공원이고, 상대방이 알고 있는 공원은 다른 공원이다. 각자에게 공원은 지식이 되지 않는다. 상대에게 공원 입구는 남자의 손을 뿌리쳤던 장소이고, 뺨을 때렸던 음수대와 메고 있던 가방을 세차게 던졌던 벤치가 있는 공원이다. 누구의 공원이 진짜 공원일까. 또 누구의 공원이 객관이 될 수 있을까. 사랑이 경험이나 지식으로 맹목적일 수 있을까. 사랑의 관계는 상대방을 더 알면 알수록 깊어질 거라는 기대를 토대로 하지만, 오히려 앎의 구조로 설명할 수 있는 것이 아니라 '알지 못함', 아는 것의 불가능으로 성립된다. 굳이 레비나스의 말을 차용하지 않더라도 사랑은 불가능의 가역반응 아래에서 수많은 사례들과 현상 다발들로 존재할 수밖에 없다. 대상으로 쉽사리 환원되지 않은 타자성은 주체가 타자와의 접촉을 통해 주체 내부의 향유 요소로 자리 잡고 있을 뿐, 그것은 각자의 맹목이지 주체-타자 간의 관계적 맹목이라 할 수는 없다. 그렇다면 남자는 사랑에 빠졌던 걸까. 상대방은 남자를 사랑했을까. 아니 사랑이라는 '분위기'가 각자의 어떤 부분을 교차하고 지나갔을 뿐이다.

게르노트 뵈메에게 있어서 '분위기'란 '연출가치 Inszenierung swert'로 이해된다. 판단이 아니라 지각되는 것, 혹은 누군가에 의해 의도된 지각 상태를 유발하는 어떤 것이다. 때문에 분위기는 해석적으로 접근하기에 부적합하며, 단지 분위기를 산출하는 실천적 작업인 '미적 노동'에 의해 보장받는다. 분위기는 넓은 의미에서의 수사학이라 할 수 있다. 일종의 수사로써의 분위기는 '기분'과는 차이를 보인다. 분위기가 나로부터 구별되는 그 무엇에서 유발되는 정념태라면, 기분은 오로지 분위기에서 주관이 활성화된 정념태를 말한다. 미학에서의 감성을 '취미'로 간주한 칸트나 헤겔의 사례와는 달리, 뵈메에게 '분위기의 산출'은 주체가 '기분'을 감지할 수 있는 촉매제의 상태에 이르는 일련의 과정으로 이해되었다. 즉 감흥적 주체의 촉발을 미적 실천의 입장에서 탐구한 결과이다. 그에 의하면 분위기는 후기 자본주의 또한 미학 경제의 연출가치적 측면에서 이해할 수 있으며, 오로지 삶은 미적으로 연출되고 있는 것. 그러니까 그 분위기를 연출해 내는 경제적 교환가치가 개개인의 미적 생태로 보장되는 현실태로 규정된다. 그렇다면 남자가 사랑에 실패한 이유는 제 스스로의 '기분'을 연출해 내는 '분위기'의 실패라고 말할 수도 있지 않을까. 하지만 각자의 '기분'이란 복수가 되었을 때 줄곧 실패할 수밖에 없지 않겠는가. 주체와 타자 간에 분위기가 산출되는 정념화 과정 또한 그렇다. 맹목이 될 수 있는 기분의 착각은 그 대상을 모르는 동안에만 가능하다. 모르기 때문에 매혹에 진입할 수 있는 것. 모르기 위해서 매혹에 혹사당하는 것이 사랑의 양분이자 생태일 수도 있기 때문이다. 남자의 사랑을 시인과 독자와의 관계로 바꿔놓으면 또 어떨까. 독자는 시인이 구상한 세계를 인지할 수 없다. 대체로 독해에 실패하기 때문에 다양한 오독의 착각을, 그런 각자의 기분에 취해 독서 상황을 진행할 수 있는 것이다. 다만 오독 분위기라는 것이 여기에 남아 있다.

어차피 오독에서부터 시작된다. 시인과 독자는 같은 세계를 바라볼 수도 없고, 당도할 수도 없으며 더 나아가 '동일한 세계'를 부정하는 가운데에서 느낌, 기분, 감정만이 남은 상태, 즉 '분위기'만 남게 되는 것이다. 여기서 유발되는 '분위기'를 단지 불연속적인 것만으로 다룰 수 없는 이유는, 분위기는 객관과 주관 사이의 어떤 것으로 존재하는 에테르이기 때문이다. 분위기는 연속적이거나 비연속적이며 객관적이기도 하지만, 준객관 혹은 유사객관의 경험 속에서 다뤄진다. 그것은 분자운동으로만 지각될 수 있으며 주체와 객체의 사이, 관계적인 것, 관계 그 자체이기 때문에 개념이 되려고도 하지 않는다. 분위기는 1인칭에서는 명명될 수 없는 허상이다. 예컨대 『브레인맨, 천국을 만나다』의 저자 다니엘 타멧이 CBS 토크쇼 「데이비드 레터먼 쇼」에 출현했을 때, 진행자 레터먼을 숫자 '117'로 인식하는 장면을 우리는 얼마나 공감할 수 있을까. 모든 존재와 물상들이 자신에게는 숫자로 재현되고 있다는 괴짜 수학

전체의 이런 자폐적 주장에 대해 우리는 어떤 반응으로 일관해야 할까. 그가 5시간 9분 동안 원주율 파이(π)에 소수점 22,514번째 자리까지 오차 없이 완벽히 암송해냈을 때라면 어떨까. 먼저 우리는 타멧이 가진 천재성에 놀라움을 느낄 테지만 그가 주장하는 바와 같이 원주율의 숫자들이 그에게 일종의 풍경화로 지각된다는 사실에 대해서는 의심을 할 수밖에 없을 것이다. 원주율은 타멧에게는 이미지로 지각이 가능하지만 우리에게는 지각이 불가한 숫자 다발일 뿐이다. 그리고 타멧과 같이 숫자들로 세계를 인식하는 또 다른 사람이 있다면 그 사람과 타멧에 의해 사용되는 숫자들의 문법이 동일할 수 있을까. 그 또한 불가능할 것이다. 누구나 각자에게 공감 불가한 추상의 영역들이 있다. 한데 분위기는 주관적 추상의 상태를 유발하지 않는다. 굳이 명명하자면 그것은 객관적 추상이며, 관계 속에서 유발되는 추상의 어떤 것들이다. 다시 말해, 1인칭이되 타자화된 1인칭 주체에게서 감지된 어떤 것들, 그로 인해 '나'라는 주체를 확보하는 중이되 좀처럼 확보할 수 없는 사태로 진입하고 '너'라는 객체는 감흥적 느낌에 의해 주체와 소통될 듯하지만, 같은 사태(분위기)를 경험하고 난 주체/객체들은 각자의 세계에 대한 입장 차이로 인해 분유되어 버린다. 때문에 끝끝내 열리지 않는, 열릴 수 없는 미지의 영역이 분위기인 것이다.

 여기서 코기토의 명제는 붕괴될 수밖에 없다. 생각의 휘발이 가능해진다는 것이다. 생각하는 순간 생각은 부정되고 생각을 품게 된 사유 구조마저도 찰나적 사태에서 반짝일 뿐, 의미를 획득하지 못한다. 이때에 생각이란 '무의미'라기보다는 '공($\emptyset$)의미'에 가깝다. (하지만 '공'이란 '무한대∞'의 다른 말이기도 하다.) 의미 불가역 상태에서, 존재 불가역의 음역대가 발생하고, 주체는 단지 '현존을 감지하는 것'으로 전락한다. 주체는 '그 자리에 있었음'에 대한 증거이지만 코기토로 있을 수 없고, 주관과 객관 사이를 활성화하는 극히 지각자의 입장에서만 분위기의 산출자로 남게 된다. 때문에 존재의 의미는 휘발되고 붕괴되며, 감각과 사건, 헛것들의 분유 현상만이 도래한다. 그러니까 시인 또한 코기토의 주체가 아니라 '1.x의 인칭'의 발화자가 남아 있는 것. 1인칭 주체와 2인칭 타자의 중간 어디쯤에서 헤매고 있는 '분위기 설계자'로 남아 있는 것이다. 분위기를 산출해 내는 미적 의지, 미적 노동자의 입장에서 연출된 자기(Eore)를, 세계를 투사하는 것이 지금 여기의 시를 유발시키는 또 다른 정념이 아닐까. 나아가 어떤 시들은 사유로 머물기보다 대체로 즉흥이 되려고 유발되자마자 태워지는 '정지 사유'의 발생론적 관점에서 이해해야 하지 않을까. 점점 소멸해가고 있는 주체에 대한 이야기다.

둘. 마이너스 벡터의 시, 분위기 결정

소멸해가는 주체에 대한 징후는 그리 새로운 것이 아니다. 우리는 이미 오래전 이승훈의 시에서부터 그 단초를 찾을 수 있다. 이승훈의 시론집 안에 소제목만을 상기해 보더라도 그렇다. '비대상'이나 '반인간'이라는 제목에서도 유추할 수 있듯이, 시를 (시적)자아에 의해 구속된 생산물이라는 것을 이승훈은 부정한다. 소위 '비대상시'라고 칭하는 그의 시론은 재래적인 현대 한국 시의 그늘에서 우선 벗어나기를 욕망한다. 여기서 재래적인 현대 한국 시란 어떤 응전력에 의해 반응된 결과물이다. 예컨대 근현대시 자생주기를 생각해 보면, 이미 소멸기에 들어섰다고 할 수 있다. 현대시와 한국 시가 공생하고 있던 부분들, 그러니까 분단 체제 이후 이념중심주의 코기토들의 시가 90년대 이전까지의 한국 시사의 쟁점들을 형성해왔고, 90년대는 다원주의의 가능성 아래 완성형 신서정주의 시편들이 다수 창작되었다. 또한 2000년대의 부정과 파괴, 향유중심주의의 일군의 시인들은 90년대 완성형 서정시를 반발함으로서 서로가 서로에게 자생적 대립관계를 구축할 수 있었다. 여기까지가 한국(시)의 국면 안에서 현대시를 쓰는 코기토로서 할 수 있었던 거의 모든 사례들이다. 역사와 현실에 응전하고, 재현 가능한 세계를 수사를 통해 복무하고, 그 세계를 부수는 수사적 전위까지. 한국 시의 코기토적 주체들은 한국 현대시의 질적 미감과 양적 팽창에 생각의 생각을 아끼지 않았다. 그런 가운데에 어쩌면 이승훈이라는 현상은 시적 주체가 대상을 전유하지 않는 '다른 세계'의 시발점이다. 언어의 자생적 생태를 보장하고, 주체-대상 간의 와해적 상상력의 시도를 감행했던 것. 그리고 대상을 반영하지 않으면서 대상의 결여, 언어의 결여 상태를 일종의 '분위기'로 삼았다는 것은 한국 시의 바깥에서부터 그 중심을 흔든 문제적 사건이다. 이것은 코기토적 주체를 지우는 일련의 과정이라고 보아도 무방하지 않을까. 탈인칭, 탈존재들의 분위기 산출 방식이라 불러보면 또 어떠할까.

 이승훈뿐만이 아니다. 박상순의 의미를 탈각시키는 기호의 향유 과정들 또한 대상에게 채무를 갖지 않는다는 점에서, 그리고 대상과 대상 간의 이접화 행위를 통해 언어적 추상을 마련했다는 점에서 주체 자리를 마이너스 벡터로 지운다. 이수명의 경우도 시간을 최소한으로 죽이고 현재성의 즉물들을 사유하는 즉시 휘발해버린다는 측면에서, 그 느낌과 분위기를 창출하며 의식을 투명으로 만든다는 측면에서 마이너스 벡터가 작용된다. 김행숙의 쪼개진 감각과 감각의 결로 사이에서 유발되는 느낌과 정서들이 껴안고 있는 밤과 낮 또한 주체를 죽이고 줄어들게 하는 시간성에 대한 고백일 테다. 정재학 시에서 발화의 장면을 교란시키는 이명과 공명의 장소 또한 작은 주체들을 회전시키는 환상 조작의 한 방법이며, 신해욱의 배치 강박이나 이준규의 낭비적 언어들, 이제니의 반복의 심연에 가라앉은 섬약한 주체 의지 또한, 주체를 확보하려는 목소리를 내고 있다기보다는 주체를 텍스트 안에서 은폐하거나 지워버리는 마이너스의 파동에 가깝다. 그러니까 결국에는 주체를 최소화하는 전략으로 통증화되어 있는 것이다. 이러한 주체 장소들은 우리에게 일종의 분위기로 다가온다. 직관의 문제가 아니라 감지의 문제로 소급되기 때문이다. 다시 말해 주체의 신체 안에서 내발적으로 느껴지는 감각으로 인해 대상들이 인지되고, 그 인지는 인지 순간 휘발되어 버리며 그다음, 그다음의 감각으로 끊임없이 '사유 정지'를 반복하는 것이다. 이러한 인지 방식은 최소한이되 무한대의 언어 고리를 가지고 있으며, 계속 열림의 의지로 진행 중인 운동태를 갖는다.

 이런 게 있다. 이런 것이 있다. 비가 내린다. 문을 열고 나간다. 비가 내린다. 감자는 처진다. 앞서는 것은 없다. 문을 열고 들어온다. 이런 게 있었다. 이런 것이 있었다. 볼펜 뚜껑 같은 것. 그런 게 있었다. 이런 게 있었다. 그 나무의 수형은 아름다움을 웃도는 무언가를 가지고 있었다. 봄이었고 여름이었다. 그런 게 있었다. 이런 게 있다. 아무 생각이 없었다. 나는 떨어지는 물소리를 듣는다.

― 이준규, 「낙수」 전문

자지 않았다 꿈을 꾸었다 입술을 빨았다 생각하지 않는 방법에 대해 생각했다 죽은 그와 어떻게 말하면 좋을지 생각했다 보지 않고는 견딜 수 없다고 말했다 견딜 수 없는 일을 견디는 일을 생각했다 푸른꽃을 먹을 수 있을까 생각했다 오로라 푸른 빙하 일각돌고래 아가미 씨앗 영구동토층 여전히 이름만 생각했다 이것들을 발음하는 일은 마음에 들었다 생각하지 않는 방법에 대한 생각을 멈추지 않았다 점점 다른 세상으로 가고 있는 늙은 남자의 말을 기록해놓아야 한다고 생각했다 그들은 그들처럼 생각하지 않는 것은 위험하다고 말했다 자지 않았다 꿈을 꾸었다 입술을 빨았다 생각을 없애기 위해 더 생각해야 한다고 말했다

― 박지혜, 「아마」 전문

인용한 두 편의 시에서 주체의 자리는 어디에 있는가. 우선 이준규의 경우 경험을 구성하는 지각자의 위치에서 발화한다. 주체에 의해 관찰당하는 것들은 이미 있거나 있었을 물상들이다. 그것들은 나로 인해 가공된 것이 아니라 그저 '있음/있었음의 사태'들이고 주체는 그것을 받아 적는 수준으로 수사나 감각을 최소화한다. 여기서 시적 주체는 철저히 관찰자의 위치에 서 있기 때문에 주체 스스로가 암시적으로 느낀 기분마저도 보장하기가 힘들다. 기분을 뺀 기호적 대상들을 늘어놓고 있으면서 기호로 교환된 대상들의 육체성이나 물질성을 독자에게 전이시킨다. 게다가 배치를 통해 어떤 틈입을 만들려고도 하지 않기 때문에

주체가 지각한 것들은 현 상태가 아니라 '장면'이나 '관상'에 가깝다. 한데 그런 기호들의 해방감 때문에 역설적으로 '사물들의 엑스터시'가 강하게 발현된다.

여기서 주목할 점은 '~있다.'와 '~있었다.' 사이에서 유발되는 시간의 간극이다. 시간은 수평으로 흐르는가, 수직으로 흐르는가. 비는 수직으로 떨어지고, "감자"도 느리게 수직의 운동성("처진다.")을 함의하며 일종의 쏟아지는 분위기가 연출되고 있다. 반면에 시적 주체는 문을 열고 나가고 들어오는 개폐 행위를 통해 비의 현상과는 상이하게 수평을 만든다. 쏟아지는 사물들의 인상 속에서 주체가 그것을 가로지르는 것. 이런 배치는 배치를 위한 배치가 아니라 단순한 일상의 행위들이다. 그런데 여기서 "볼펜 뚜껑 같은 것"이라는 수사가 등장한다. 이 구절은 현상을 베껴 쓴 것이 아니라 사유한 행위인데, 왜 굳이 "볼펜 뚜껑"이란 말인가? 그렇다면 볼펜은 수직 이미지인가, 수평 이미지인가. 볼펜 또한 마찬가지다. 볼펜은 그 용도에 있어서는 수직이라는 인상을 주지만 필통에 가지런히 누워 있는 볼펜을 상기해보면 수평의 이미지로 지각되기도 한다. 그러니 볼펜은 결정할 수 없는 것. 시간 또한 그런 것이다. 현재의 물리량과 과거의 물리량이란 누구도 결정하지 못한다. 그저 인지하고 인식될 뿐, 존재론은 주체에 의해 변동이 가능한 잠재 가능성의 현상이다. 인지하고 있는 현상적 시간이 있을 뿐 시간은 감흥이 되지 않고 분위기가 되지 않는다. 그 순간 시간은 미궁이 되며 시간은 오직 주체에 의해서만 절충된다. 여기서 시적 주체는 "볼펜 뚜껑"을 은유로 두면서, 내리는 비와 개폐되는 문, 인지되는 시간의 느낌들 등을 모두 압축하고 있다. 하지만 이 "볼펜 뚜껑"의 상징이 독자를 강하게 몰입시킨다 할 수 있을까. "볼펜 뚜껑"은 그저 "볼펜 뚜껑"일 뿐이다. 나무의 형태를 관조하면서 "아름다움을 웃도는 무언가"를 발견하는 것도 그렇다. 나무의 수형은 비의 떨어지는 이미지와 반대로 상승된 어떤 지각을 이루고 있지만, 그것은 "감자"와 마찬가지로 느리게 지각된 것이며, 시적 주체의 사적 판단에 의해 아름다움의 정도가 가늠되고 있다. 나무의 모양새는 떨어지는 비 때문에 형성된 것일 수도 있지만, 단지 비 때문만은 아니며, 바람이나 햇빛, 토양 등 여러 사태의 종합으로 인해 형성된 모양일 것이다. 그러므로 나무의 수형이 등장하는 것 또한 아무 관계 없음을 유발한다. 그러니 독자는 이 시에서 무엇을 재현하기도, 느끼기도, 지각하기도 힘들다. 단지 '그렇게 되어 있음.' 혹은 '그럴 수도 있음.'을 전시할 뿐이다. 그래서인지 "아무 생각이 없었다."라는 진술이 더 강하게 솟아오른다. 아무 생각이 없기 때문에 다시 무언가 있는, 그러면서 그 상황 속에 처해 있는 지각자의 끔찍한 권태가 '분위기'로 형성된다. 기의가 되지 않고 그저 언어로만 남을 수 있는, 상징화되지 않는 어떤 물질성들이 비 오는 동안의 '청각적 엑스터시'를 자극하는 것이다.

    박지혜의 경우는 좀 더 다양한 이미지들과 관념태를 동원한다. 우선 이 시에서는 자지 않았는데 꿈을 꾸었다는 역설이 필요한 듯 보인다. 불가능한 꿈, 눈을 뜨고서도 꿈으로 몰입할 수 있는 매혹의 사태가 이 시의 주체에게서는 중요한 사건이다. 증명할 수 없는 막연함이나 몽유, 목적 없이 부유하고 있는 현상적 즉물들이 '눈 뜬 꿈'에서는 가능해지기 때문이다. 여기서 세계는 공백이 되고 삶과 죽음 또한 구획이 불가하다. 이를테면 "오로라 푸른 빙하 일각돌고래 아가미 씨앗 영구동토층"과 같은 것들은 시적 주체에게서 기표로밖에 인지되지 못한 헛것들이다. 그러나 이러한 헛것들을 "발음하는 일"에 정감을 느낀다. 그러니까 의식의 심층부에 닿지 않는 것들이 오히려 죽은 의식을 깨우치게 하고, 주체로 하여금 발화의 행위태를 불러오는 것이다. 꿈에서 보았다는 "죽은 그"와 "점점 다른 세상으로 가고 있는 늙은 남자의 말"은 동일인이든 아니든 중요하지가 않다. 주체에게는 무엇도 연결될 필요가 없음이 더 중요하고, 지금 막 떠다니는 생각들을 최대한 씻는 행위가 더 절실하다. 때문에 "생각을 없애기 위해 더 생각해야" 하고, 더 위험해지려고 생각을 정지시켜야 한다. 만약 위험해지지 않는다면 이렇게 불가능한 꿈을 꾸는 것이 되레 정지될 것이기 때문이다. 다시 말해, 생각이라는 단어조차 기의를 빼버리고 싶은 것. 관념을 거부하는 관념을 그 바깥에서 그저 바라보고 있는 것이 박지혜에게는 살아 숨 쉬는 행위다. 헌데 이렇게 무엇도 이미지가 되지 않고, 관념이 되지 않으려는 관념은 또 다른 관념을 유발한다. 즉 무언가 말하되 말하지 않음이라는 '관념적 분위기'가 창출되는 것이다. 이때의 분위기란 맡아본 적이 없는 냄새와도 같아서 분명히 우리를 자극하고 있지만, 무엇이 우리를 자극했는지 알 수 없이 난처하게 만든다. 목적성이 빠져버린 체감으로 '사적 지각'이 인지되는 것이다. 그러니 주체가 써 내려간 것들, 읊조렸던 것들은 모두 휘발되어버린다. 달리 말해 촉발된 정서가 되지 않는 '에너지들의 순환'만 거기 있을 뿐이다.

이렇게 이준규와 박지혜는 지각만을 통해 생각을 정지, 최소화시키고 시적 주체까지 소멸시킴으로써 시를 단발적 사건으로 만들어버린다. 이준규의 '자리 비움'이 존재론에 대한 다른 각성이라면, 박지혜의 '자리 소멸'은 대상에 대한 휘발성 내지 연소성의 심화다. 전자의 경우가 가공된 주체에 대한 반발이라면, 후자의 경우는 상징계에 대한 반발이자 '인공 체험록'이라 할 수 있다. 모두 제 분위기를 결정하고 무너뜨리는 주체들의 이야기다.

셋. 마이너스 벡터의 시, 분위기 연출 명령

마이너스 벡터의 작용은 최근 젊은 시인들의 시편들에서 빈번하게 등장하는 화법이다. 최소 인간(함돈균), 중간계급(박상수), 미니멀리즘(이재원), 자기 테크놀로지-희미하게(양경언) 등 이와 같은 화법의 특징은 이미 명명된 바가 있다. 주로 언급되는 시인들은 황인찬, 최정진, 송승언, 이우성 등인데 이들은 모두 형식상 간결한 어조를 사용한다는 것과 정념을 최소화시킨 질량감으로 불확정적인 미래에 대해 주제 내부에 불안감을 가중하고 있다는 측면에서 이야기되어왔다. 한데 좀 더 나아가서 생각해 보자. 이들의 화법에서 엿보이는 마이너스 벡터의 힘을 주체 내부나 외부에서 찾는 것이 아니라 새로운 주체 탄생의 관점에서 고려해 보는 것은 어떨까. 앞서 살펴본 이준규, 박지혜의 시편들처럼 지워진 코기토, 코기토 불가의 주체가 탄생한 것, 그러니까 최소의 분위기만 남아 있는 '연출 주체'의 탄생으로 볼 수도 있지 않을까. 이들에게서 심미적인 것이란 지극히 현상학적 측면에서만 감지된다. 예컨대 초밥을 떠올려보자. 초밥의 맛은 식재료의 선도 외에도 밥의 찰기나 밥알의 양에 따른 식감에 좌우되기도 한다. 밥알의 양이란 밥알과 밥알 사이의 공기의 양도 동시에 말하는 것이기 때문에, 우리는 밥알과 밥알 사이, 그 빈 공간에 따라 초밥의 식감을 달리 느낄 수 있게 된다. 다시 말해 우리는 공기의 식감을 느끼는 것이다. 이게 시라면 어떨까. 시에서의 부재나 공백이란 언어로 표현되지 않는 언어 사용 바깥의 벡터량이다. 그러나 그 바깥을 상정하기 위해서는 늘 언어를 사용하면서 조작해 낼 수밖에 없다. 그러므로 언어를 쓰고 있지만 언어 공백을 느끼게 하는 어리둥절한 화법이 마이너스 벡터 주체들이 전략화하고 있는 '감성 지각'이다. 그것들은 늘 일회적이거나 찰나적이고, 금세 만들어졌다가 휘발되며, 즉흥적 공감 현상 속에만 처해 있다. 이를테면 이런 화법은 일종의 '죽은 아우라'일 수 있는데, 죽어 있기 때문에 단발적 자극이 더 매혹적이다. 독자마저도 사유를 해야한다는 부채감이 없이, 그저 자극 현상에 따라 협소한 어떤 미지로 인도되며, 아이러니하게도 그곳에서 감흥을 느끼거나 느끼지 못하거나 일종의 해방감 같은 것을 경험하게 된다. 그들의 언어는 어떤 것도 구속하지 않는 자리에서 유발되기 때문이다.

    이런 영혼이 있었다, 이런 영혼이 있다, 그는 이런 영혼이었다 말하자면, 그는 영혼이 없었다, 복도를 따라 울리는 목소리를 들으며 너는 복도를 따라 돌아다닌다, 청자를 잃은 소리처럼, 방향이 없는 아이처럼, 박물관에는 아무도 없다

    어떤 것도 참고할 만했다, 파편 하나도 하찮은 게 없었다, 이것은 역사상 존재한 적이 없었던 자의 뼈다, 이것은 그의 그릇이며 이것은 그가 마시게 될 물이다, 유리 관 속에 제시된 만물의 세계를 보기 위해 너는 쉬지 않고 돌아다닌다

    영혼을 말하는 사람이 있었다, 영혼을 말하지 않는 사람이 있다, 그 사이에 말은 주인 없이 오래 떠 있었다, 잠이 덜 깬 유령처럼 복도를 울게 하는

― 송승언, 「학예사」 전문

　이와 같은 현상의 선두에 있는 송승언의 경우, 주체가 마음먹은 대로 조작될 수 없는 불안정하고 애매한 어떤 곳을 상정하여 공간을 연출하는 방식을 자주 택한다. 먼저 인용 시에서 주체의 에고는 어떤 질감일까. 에고는 타자(즉물)를 바라보는 상황에 경도되어 있다. 아니 그 시선의 경도가 깊어지면 깊어질수록 자아는 타자화되고 정체성은 사라져버린다. 그런데 역으로 주체 또한 타자라서 발화자는 사라지고 모든 이미지들은 이타적으로 치닫는다. 누구도 주인이 될 수 없는 발화법, 즉 코기토가 없는 '즉발적인 발화법'만 난무한 상황인 것이다.
　시적 주체가 "그는 이런 영혼이었다"라고 발화하는 그는 누구인가? 그는 없는 존재다. 송승언의 시에서 자주 목격되는 형식적 특징은 진술 뒤에 그 진술을 부정하는 형태일 때가 많은데, "그는 이런 영혼이었다"에서 바로 뒤따르는 문장은 "그는 영혼이 없었다"이다. 다시 말해, 여기서의 "이런 영혼"은 시 전체를 읽고 나서도 사실 은폐되어 있는 경우가 많은데, 그것은 '있다'든 '없다'든 명제가 불가능한 '지정 연출 방법'을 택하기 때문이다. 구획이 불가능한 세계에서 구획을 굳이 하는 이유는 송승언의 주체 의식이 여기 있다는 최소한의 발화법이다. 그러므로 '어떤 것이 있다'라는 명제는 없을 수도 있다는 분위기를 강하게 노출한다. 아무것도 없고 또 무엇이든 있을 수 있다는 명제의 흔들림, 존재의 (불)가능성의 세계에서부터 송승언은 사유하는 것이다. 그런데 이게 사유라고 할 수 있을까. "복도"를 돌아다니면서 주체는 "너(그)"의 현상을 찾으려고 하지만 그것은 늘 불가능하다. "방향이 없는 아이처럼"에서 "아이"란 어떤 것도 결정되지 않은 상태일 것이고, "박물관"의 등장은 역사의 불가능성을 시사하는 것일 테다. 이쯤 되면 "어떤 것도 참고할 만했다"는 진술 또한, 어떤 것을 참고해서도 아무것도 표현해낼 수 없다는 고백이다. 때문에 "만물의 세계를 보기 위해" 우리는 돌아보는 행위태를 잠재할 수 있을 뿐, 아무것도 할 수 없다. 사유와 행위가 무력화되고 무용화되는 순간이다. 우리는 무엇을 판단할 수 있겠는가. 우리에게 영혼이란 있을까. 생각이 영혼을 작동하는 조향기관이라면 생각도 없고, 영혼도 없거나 정지된 상태, 그것이 우리 주위를 감도는 '분위기'이지 않을까. "영혼을 말하는 사람이 있었다, 영혼을 말하지 않는 사람이 있다"라는 진술 또한 그러한 것이다. 우리는 그저 유령처럼, 아니 유령이 되려고 작정한 어떤 유형들처럼 이곳에 단지 존재하고 있는 것이다. 여기서 존재는 비워지면서 존재하게 된다. 존재하되 존재하지 않는 것이다. 얼마나 끔찍한가. 생각이 정지된 상태에서 생각을 찰나적으로 하고 있으니 그것은 사유가 되지 못하고 잠깐의 존재로 스스로의 '지금 여기'만 수행하고 있는 것이다. 이런 작태의 사유 방식을 통증이라고 이야기할 수밖에 없는 이유에 보충할 근거가 더 필요할까. "만물의 세계를 보기 위해 너는 쉬지 않고 돌아다닌다"라는 타자의 행위, 그러니까 그저 운동량밖에 남아 있지 않은 주체/타자의 고행록을 여기서 읽어낼 수 있다. 물론 "만물의 세계"는 누구도 볼 수 없다. 영혼이 없다는 불가능의 가능태로도, 쉽사리 접근이 불가하다. 만물을 구성하고 싶지도 않고, 구성할 수 있을 거라고 믿지도 않기 때문이다. 긍정-부정의 진자 운동 속에서, 그러한 '연출 의지' 속에서만 모든 사태를 인지하는 송승언은, 부재에서 또 다른 부재를 창출한다.

빛. 너는 마른 얼굴을 씻는다. 두 손으로 두 손으로.

빛. 너는 마른 얼굴을 씻는다. 두 손으로 두 손으로.

그것은 관념으로 온다. 관념은 너의 마른 얼굴을 어리둥절하게 씻겨준다. 빛.

너는 그 집을 나가서 그 집에 머무는 동안 너에게 거주했던 그 어둠에 대해서도 쓰려고 한다. 너는 이제 램프를 들고 그 집을 나서고 있고 네가 그 집에 거주한 게 아니라 그 집이 네게 거주했다. 빛.

너는 그가 살았던 그의 집에 와서

그의 생각을 하지는 않았었다. 그의 생각을 하는

대신에 너는 그가 머물렀을 어두운 방에 잠시 머물렀다. 검은 방으로 드는

검은 문.

너는 그 문이 좋았다. 빛. 계단을 오르면 들이치는 그 빛은

오로지 그만이 소유할 수 있는 빛이었다. 너는 그걸 잠시 누렸고

너는 네가 오늘 밤 열세 명의 아이 중 하나라고 생각해보려다가 만다.

너는 불가능이 주는 두려움에 무서워하려다가 만다.

너는 골목 안에 있다.

너는 그의 집으로 오는 중에 길을 잃었다.

빛. 너는 어두운 방에서 마른 얼굴을 씻는다. 두 손으로 두 손으로.

- 송승언, 「흰빛을 위한 시」 전문

"흰빛"은 불가능하다. 빛은 투명해지지 흰색을 띠지 않는다. "흰빛"이 되려면 백색의 피사체가 필요하기 때문이다. 그러니까 외부태, 즉 타자가 필요한 것이고, '관계'가 필요한 것이다. "흰빛"은 이미 가능할 수 없는 것. "흰빛을 위한 시"라는 제목에서 유추할 수 있는 것은 불가능한 사태를 쓰고야 말겠다는 송승언의 시적 의지이며, 마이너스를 향한 궁극적 목표까지도 함의되어 있다. 첫 시집 『철과 오크』에서 빛에 대한 예민한 감각을 보였던 송승언은 시집 이후 발표작들 중에서도 빛에 대한 불가능한 관계 지형을 다시 짓는다. 대개 송승언에게 빛은 "관제탑"(「시인의 말」)에서 유도당한 것, 혹은 주체 스스로가 선택한 어떤 피조물들의 조건을 돕는 형태로 조작되어 있다. 한데 인용 시에서 "빛"이란 시적 주체와 관계된 어떤 관계망을 드러내는 가능성이자, 그 빛은 가능성이 추락한 순간에만 가능할 수 있는 찰나적 외부태로 나타난다.

빛이 타자("너")의 얼굴을 씻겨주는 사건은 사실, 사건이 되지 않는다. 빛은 얼굴을 드러나도록 하는 것이지 씻기는 에테르가 아니다. 그러므로 그것은 "관념으로 온다" 관념이 될 수 없다면 "너" 또한 명정할 것이다. 하지만 여기서 타자는 관념이다. 아주 명확한 관념이라서, 집 또한 누군가 거주하는 것이 아니라 집이 타자에게 거주당하는 형국이다. 타자를 인지할 수 있는 것이 오직 빛이라면, 타자 또한 빛의 일부이며 공간 또한 빛에 의해 생성되고 수용할 수 있는 감지물일 뿐이다. 즉, 시적 주체는 모든 것을 감지하면서 그 감지를 돕고 있는 "빛", 인지적 감각, 인지적 사유마저도 동일선상에서 교차시키고 있다. 이렇게 "불가능한 두려움"을 느끼는 것이다. 하지만 이 또한 "두려워하다가 만다." 이상의 「오감도」에서 이상이 그토록 두려워했던 아이들이 송승언의 시에서는 '두려움'이라는 느낌마저도 소유할 수 없는 형국으로 제시된다. 다시 말해, 근대적 코기토의 불안이 아니라 무엇도 확정 지을 수 없는 '탈근대적 감지자'의 느낌 체계가 여기서 열리고 있는 것이다. 이 감지자는 계단을 오르면 "그만이 소유할 수 있"다는 빛을 탐미하고, 이미 확정된 빛의 질서를 두려워하지 않으면서, 철저히 또 두려워하며, 생각을 쉽사리 정지할 수 있는, 오직 감각만 남은 감지자인 것이다. 그러니까 분위기만 남은, 주체가 없는, 지극히 타자와 주체 사이인 어떤 물음표의 감각들이 복층적으로 드러난다. 「흰빛을 위한 시」에서도 「학예사」에서처럼 "잠이 덜 깬 유령처럼 복도를 울게 하는"과 같은 중간의 공간이 자주 연출된다. "계단", "골목", "집으로 오는 중"과 같은 중간 공간은 확정 지을 수 없는 관계 고리 자체만 남아 있는 세계에 대한 번복적 이미지화일 것이다. 빛은 누군가에 의해 질서로 자리 잡은 것이고 어둠은 시적 주체가 스스로에게 몰입하는 과정이라면, 이는 블랑쇼의 말처럼 밤과 낮의 사태로 나누어 감각의 열림을 말하는 것과 크게 다르지 않다. 그러나 송승언의 시에서는 밤이 절대 매혹의 순간이 될 수 없고, 그저 빛이 정지된 사건이며, 타자도 사건도 주체도 모두 정념이 될 수 없는 대상이라는 점에서 큰 차이를 보인다. 무엇도 다 씻겨버리는 난감한 상태를 송승언은 연출한다. 이쯤 되면 송승언은 연출을 하고자 하는 의지가 강한 데 반해, 아무것도 연출할 수 없고 연출되지 않는 분위기들이 낭자한, 어떤 갸우뚱한 상태, 그러면서 '나'마저도 보장할 수 없는 난감한 상태로 우리를 인도해가는 것이다. 때문에 송승언의 『철과 오크』에서도 "유령"이나 "그림자"나, "돌" 같은 휘발성의 대상들이 자주 등장할 수밖에 없다.

특히 "돌"(「돌의 감정」)의 경우는 이미 죽어 있는 대상이지만 존재론적으로 확실히 공간·감각을 확보하고 있는 이미지이다. 유령은 생과 사라는 보충 근거가 필요한 대상이고, 그림자 또한 빛이 가해졌을 때 생성되는 보충적 존재라면, 돌은 시간이 확보되어 있으나 그 시간을 겨우 유추할 수 있을 뿐, 아무것도 알아낼 수 없는 그저 '거기 있음'의 존재다. 돌은 시간보다 공간으로 인지되며 공간이되 그 공간에 쌓여 있는 시간은 무엇으로도 조작이 가능하다. 이러한 '돌의 감정'을 읽어보려는 시도는 사실 돌이 아니라 코기토가 될 수 없는 자기 스스로를 읽어내려는 과정이다. 기계적 인간을 자처한 무력화된 주체의 슬픈 고백인 것이다. 아니 그 슬픔마저도 의심할 수밖에 없고, 생각해낼 수 없는 기계들의 망각이다. 한때 인간일 적을 생각하며 무시무시하고, 아득하고, 참혹한 인지 과정으로 스스로를 복권해나가는 '수행 중'(혹은 철저히 비수행 중)인 주체이다. 그렇다면 왜 이토록 자리 없는 자리의 주체가 나와야 하는 것인가. 왜 이런 주체들의 양상이 너무 아무렇지 않게, 전시되고만 있는 것인가. 마이너스 벡터의 주체들은 아프지만, 다치려고 하지 않는다. 아픔의 현상, 이유, 원인은 중요하지 않다. 그것은 이미 망각되고 포기된 것들이다. 원인보다 그다음이 중요한 것이며, 아픔의 결과 또한 휘발되어버리기 일쑤다. 그것은 자기 주체를 지키기 위한 또 다른 최면이다. 현실을 일종의 하이데거의 방식으로 현재성으로만 인지하는 것, 혹은 존재의 엑스터시를 저마다의 방식으로 감지하면서 한 없이 시간을 유예시키는 것. 이것이 그들이 가진 '분위기론'이다.

넷. 마이너스 벡터를 만드는 유령들

　최근 활발하게 활동하고 있는 시인들 중 임솔아의 시는 단연 돋보인다. 임솔아의 시적 주체들은 죄다 병든 자, 작아진 자의 형색을 취하고 있는데, 그가 형상화해내는 주체들이 섬약한 이유는 사적인 사연이 아니라 공적인 현상에 가닿아 있다. 이를테면 "이 나라에서는 죽지 않으려면 타이레놀밖에는 기댈 게 없고, 저 나라에서는 죽으려면 타이레놀밖에 방법이 없고. 어떤 사람들은 그렇게 살았고 어떤 사람들은 그렇게 죽을 때. 아파서였는지, 아프기 위해서였는지는 알 수 없어도, 아팠을 테니까"(「International hospital」)라고 진술하며, 고통을 이겨내라 지시하는 시대의 정언명령을 비꼰 부분에서도 그렇다. "지표면에 턱을 걸치고 창밖을 본다 / 구름 대신 하얀 / 스티로폼 상자가 보인다"(「반지하」)와 같은 구절에서처럼 냉혹한 현실을 그려내는 정황 연출에서도 이 시대 젊은이들의 지하 인생을 엿볼 수 있다. 그뿐인가. 전에 같은 번호를 썼던 "김승섭" 씨에 대한 연민의 마음(「응원」)은 가족과도 연락이 뜸한 "김승섭"이 자신일지도 모른다는 비애와 같은 시선이다. 시적 주체는 360원 때문에 노인 내외와 실랑이를 벌이며 CCTV를 의식하는 알바생(「파리바게뜨」)이었다가 "착한 사람"이라 감금된 자신의 처지를 불안해하고 그런 마음을 "괴괴한 날씨"(「예보」)로 표상하기도 한다. 임솔아가 느끼고 있는 현실은, 80년대생이 겪고 있는 혹은 겪어 온 공통 감각이기도 하지만 그렇게 불합리에 대해 무력화될 수밖에 없었던 80년대생의 윤리론이기도 하다. "내일도 내일이 내일이니까 내일을 생각할 필요가 없다"(「다음 돌」)는 식의 진술에서처럼 미래에 대해 생각할 기회조차 제대로 보장받지 못하는 현실 분위기 속에서, 시적 주체는 무슨 말을 더 할 수 있을까 몸부림치며 온몸으로 육성을 쏟아낸다. 임솔아는 그런 육성을 자주 노출시킨다.

주저앉아 있었다. 넘어진 채로 스쿠터 바퀴는 돌고 있었다.
버스 승객들이 창밖으로 머리를 내밀었다. 버스들이 잘 비켜서 지나갔다.
부모는 아이의 눈을 가려주며 조용히 지나갔다.
땅을 더듬거리며 잘려나간 발목을 찾고 있었다.

주저앉아 있었다. 흙을 움켜쥐고 있었다. 손아귀 바깥으로 길게 삐져나와 꿈틀거리는 것들을 다시 흙에다 비볐다.
지지야, 먹으면 안 돼, 손바닥을 털어내며 일어섰다.
지렁이 조각들이 서로 다른 방향으로 기어갔다.

주저앉아 있었다. 꽁초를 주워 물고 있었다.
다가와 라이터를 건네주었다. 혼자니? 잘 데 있어? 지금 집에 가려고요. 그러지 말고. 도와주려고 그래. 옆에 앉았다. 무릎에 손이 올라왔다.

주저앉아 있었다. 시든 자운영을 뽑았다. 그 자리에 해바라기를 심었다.
수고했다, 금세 예뻐졌네, 선생이 다가와 꽃밭을 바라보았다.
바깥에 내다놓은 걸상들이 비를 먹었다. 가만히 뒤틀려갔다.

나는 증오합니다, 이런 짓은 그만두어야 해요. 레바논 사람이 말을 걸었다.

나도요. 접시를 들고 서서 대답했다.

송아지 바비큐에서 맛좋은 냄새가 풍겼다.

국도에서 눈이 마주쳤다. 끌면서 몇 걸음을 걸어갔다.

흘리고 온 내장을 바라보며 주저앉기 시작했다.

돌아섰다. 좋은 사진을 얻었으니까.

— 임솔아, 「케빈 카터」 전문

인용 시에서는 몇 가지 장면들이 유사 이미지들로 겹쳐 있다. 스쿠터를 타고 가다 사고가 난 상황에서 버스 승객 중 부모가 아이의 눈을 가려주는 장면과 잘린 지렁이 조각들을 더럽다고 만지지 말라는 또 다른 부모의 훈계 장면, 꽁초를 주워 피는 여자아이에게 다가온 아저씨의 추행 장면, 시든 자운영을 뽑고 해바라기를 심으라는 선생의 명령과 바깥에 내놓은 걸상이 교차하는 장면, 레바논 사람과 이야기를 나누는 접시를 든 알바생 입장에서의 연출 장면, 다시 국도로 돌아와, 스쿠터 사고를 당한 발목이 잘린 주체의 입장까지. 모두 "주저앉아 있었다."라는 행위태와 만나는 '연출 장면'들이다. 여기서 기성세대의 목소리들은 입체적으로 제시된다. 아이 눈을 가리는 부모의 행위는 끔찍함을 가려주는 방어이기도 하지만, 잘린 지렁이 조각을 "지지"라고 칭하는 부모의 말은 아이에게 일종의 억압 기제로 작용한다. 이런 억압은 학교에서 선생이 학생의 자리를 빼면서 연출되기도 하고, 담뱃불을 붙여주는 아저씨의 추행 속에서도 연출된다. 기성세대의 행위와 목소리들은 시적 주체에게는 그릇된 훈계나 그들만의 나쁜 윤리로 작용되고 있다. 주체는 그 모든 억압을 "주저앉아 있"으면서 경험하고 사고한다. 아니 사고를 정당한다. "지렁이"든, "꽁초"든, '잘린 발'이든, '뽑힌 자운영'이든 혹은 "바깥에 내다놓은 걸상들"까지 모두 "주저앉아 있"을 때에만 인지될 수 있는 것이고, 이곳에서 탈락해 버리고 외면당하고, 특정한 사고를 당했을 때에만 경험될 수 있는 '망가진 물상'들이다. 때문에 이러한 것들과 주체는 조우하면서, "레바논 사람"의 말을 빌어 스스로의 육성을 지른다. "나는 증오합니다, 이런 짓은 그만두어야 해요."라고 말이다. 한데 이 육성이 슬프지만 무용해 보이는 이유는 무엇인가. 그것은 아마도 시 말미에 "좋은 사진을 얻었으니까"라는 구절 때문이다. 아무리 씻고 찾아봐도 "좋은 사진"은 없는데, 시적 주체는 이 장면들의 종합을 "좋은 사진"이라 명명한다. 「케빈 카터」라는 제목에서 유추할 수 있듯이, 예술적 대의를 위해서 죽어가는 아이의 사진을 찍는 끔찍한 행위, 그러니까 지금 이곳은 생명보다 수단과 목적이 중요한 세계이고 그 세계의 부품이 되기 위해 복무하는 유령들이 난무한 사태가 임솔아가 읽어낸 세계인 것이다. 물론 이런 형국은 기성세대들이 이룩해 놓은 세계이다. 때문에 우리에게 주어진 "좋은 사진"이란 이렇게 끔찍하고, 우리를 끊임없이 억압 상태 유도하는 것이다. 하지만 임솔아는 억압에 대해 강하게 응전하지 않는다. 응전하기보다는 오히려 '포기'하고 '포기'하기 때문에 "좋은 사진을 얻었으니까"라는 생각 없는 생각을 늘어놓는다. 아니 늘어놓을 수밖에 없다. 그래서 우리가 처한 현실이 더 가혹해 보이고, 생각을 대체로 정지시키는 이러한 마이너스 벡터의 유령들이 더 무시무시하게 우리에게 당도해 있는 것이다. 이처럼 임솔아는 형식이 아니라 내용적 측면에서 주체의 자리를 소멸시킨다. 때문에 더 참혹하고 가혹한 주체의 마이너스 현상을 우리는 마주할 수밖에 없다.

그렇다면 좀 더 넓게, 세대론의 측면에서 이러한 징후를 살펴보면 어떨까. 2010년대 중반까지의 시를 규정할 만한 두 가지의 큰 경향성을 설정해보자면, '비성년론'과 '마이너스 벡터'의 징후들이다. '비성년론'의 경우 김승일의 시가 주로 언급되었는데, 자라지 않는 아이의 화법을 빌려, '이곳'을 파국으로 설정하고 파국 너머(상징계)의 세계를 엿보는 부정의 전략을 택했다는 것에서 이전 세대의 화법과 유사점을 보인다. 다만 김승일의 시를 '포스트 2000년대'의 시라고 명명할 수 있는 이유는 김승일이 '실패'를 테마로 삼지 않았기 때문이다. 다만 김승일은 이미 포기할 수밖에 없는 끔찍한 현실에 대한 부끄러움을 통해서 환상조작 공간을 조성한다. 반면, 2000년대의 황병승의 경우 근작 시집 『육체쇼와 전집』에서 '실패'의 가면을 쓴 주체가 등장한다. 하지만 여기서의 '실패'란 이미 예정되고 절충된 것, 그러니까 이미 설정된 '실패'를 향해 주체는 자라고 있고, 그 주체는 자라지 못했거나 그 과정 중에 멈춰졌더라도 '실패'라는 가면에 의해 성공으로 닿을 수 있는 것이다. 여기서 실패의 성스러움이란 실패를 수사하는 방법에 지나지 않는다. 엄밀히 말하면, 그 주체는 다 자랐기 때문에 실패하였다. 어느 정도 절충중의로 전망하더라도 황병승의 주체는 더 이상 하위의 것으로 상위의 것을 전복하려는 주체가 아니다. 그 때문에 주체의 참혹한 실패라기보다는 '사적 실패'의 영역에 머물 수밖에 없는 실패다. 그와 달리 김승일은 실패하지 않는다. 자신의 언어로 자기를 찌르지도 않고 알레고리에 안착시키며 자기 주체를 최대한 은폐한다. 해서 상대적으로 덜 전투적인 인상을 보인다. 하지만 『에듀케이션』에는 절대로 자라지 않겠다는 비성년 화자의 가혹한 포기가 있다. 황병승에게는 두려움을 토대로 한 '실패'의 테마가 있었다면, 김승일에게는 부끄러움을 토대로 한 '포기'의 테마가 있는 것이다. 전자의 그러한 '시적 실패'를 '실수'라고도 부르고 싶고, 후자의 그런 '포기'를 세대적 절망의 가능성으로 전환시킨 '시적 모험'이라고 부르고 싶다. 이런 포기의 내면화에서 앞에서 살펴본 마이너스 벡터의 주체들과 유사점이 보인다.

 2010년대 시의 주체적 특징을 요약해 보자면, '포기'를 교육당한 세대의 화법이란 것이다. 이들은 이념주의에 채무나 책무가 없으며, 공동체적 운동이나 성취를 통해 스스로가 획득한 사회·체제적 보상심리나 사회 전복의 의지마저도 약하다. 물론 이런 사태들은 이미 기성에게서 주어진 것이지 이들 세대 스스로가 택한 상황이 아니다. 다만 이들 세대에게 세계란 이미 '주어진 것'이며 주어져 있기 때문에 거절할 수도 있는 것, 거절하고 부정되었을 때만 끝끝내 자기 것이 되는 불리한 조건 속에 있는 것이다. 때문에 코기토가 부정되고, 사유가 정지되는 다소 위험한 주체의 출현이 어쩌면 너무도 당연한 현상일지도 모른다. 80%가 넘는 동료들이 대학교육을 받고 그중에 아주 일부만이 취업을 할 수 있는 기회가 주어지며, 사회적 주체가 되기에 사회는 대학과 취업이라는 이중 선발의 잣대를 가혹하게 가져다 대고 있는 사태, 그러니까 이미 공고하게 만들어진 세계에 대해 '너희들은 왜 뚫지 못하느냐'고 훈계를 하는 식의 풍조를 가중화하는 분위기가 이 세대들이 겪는 현실태일 것이다. 브르디외의 말처럼 학교 교육을 통해 이미 설정된 계층을 배우고, 교육이라는 합법적인 방법으로 부(富)가 승계되며 대다수의 사람들은 그곳에서 자신을 '포기'하는 방법을 배운다. 어느 대기업에 들어갔다는 선배들의 자기소개서를 돌려 읽으며, 자신의 삶을 주어진 설정과 상황에 교차편집하고 스펙화하면서 이들이 가지고 있는 생각은 생각을 지우는 포기로 치닫는다. 게다가 일찍이 웹상의 미니홈피나 SNS 등에서 단발적이고 휘발성이 강한 '공론의 장'을 아주 어린 시절부터 체험했기 때문에 의식의 흐름에 있어서는, 늘 복수 주체가 되는 데에 불편함이 없고, 스스로의 주체를 익명으로 지우는 일에도 낯설지가 않다. 즉, 이들에게서의 코기토의 부정이란 '사유'가 되지 않는 '생각의 다발'들을 전시하는 형태로 나타난다. 그것은 사유를 포기하는 것이고, 생각량은 늘려가는 것이다. 또는 외부의 명령을 일단 부정해보고 시작하는 것이다. '메타-오타쿠'가 되거나 롤플레잉 게임에서처럼 '플레이스킨트' 주체가 되어, 스스로가 조합한 세계를 일단 유영해 보는 것이 이들의 시적 양태들이다. 그러니 2010년대의 시는 2000년대와는 전혀 다른 조건에서 시작된다. 90년대의 향유를 겪었던 황병승 식의 하위로 상위를 전복하려는 전투주의도 아니고, 김행숙 식의 소수-감각주의의 시편들과도 일정 거리를 두고 있다. 주체를 스스로 포기해버리는 전투 의지와 대상을 지시하자마자 휘발시켜버리는 감각적 화법을 모두 구사해내면서도 말이다. 즉 형태적 조건은 이행된 형식으로 드러나지만 주체의 발생 조건은 전혀 다른 자리에서 창출된 것이다.

   분위기, 기분, 감정; 여기 다시 사랑에 빠졌던 남자가 있다. 그는 상대방을 사랑했고 자신의 사랑을 맹목적으로 믿었다. 그리고 공원이 있었다. 모든 것이 주어져 있었다. 하지만 아무것도 주어지지 않았다. 사랑하는 상대방 또한 남자의 의해 대상화되어 있었다. 남자는 제 스스로의 위치조차 확보할 수 없어서 스스로를 타자화시키고, 생각을 정지시키는, 단발적이고 사례적인 자아였다. 남자는 누군가에게 '분위기'가 되길 원했다. 사랑이 되길 원했고, 제 존재가 유발되길 원했다. 하지만 그 모든 것을 거절당했다. 1인칭이 될 수 없었고 2인칭이 될 수도 없었다. 그러니 3인칭의 시선이 되기에는 그에게 이미 공동의 무엇이란 것이 아예 존재하지 않았다. 남자는 1인칭과 2인칭 사이의 어떤 기후로 존재할 수밖에 없었다. 있으되 없었고, 없으되 있었다. 상대방이 떠나고 남자가 오래 앉아 있다 간 공원에 어떤 자리를 나는 가만히 손으로 쓸어본다. 남자는 아마 아직도 사랑을 하고 있는 듯하다. 그는 '포기'를 모르기 때문에 '포기'로만 '포기'를 쓴다.

나는 매번 시 쓰기가 재밌다는, 그런 친구들

1. 뭣이 중헌디? 뭐이 중허냐고!

지난 9월 18일 이호철 선생이 별세했다. 사인은 뇌종양이었다. 동시대를 호흡해왔던 많은 문인들이 그의 빈소를 찾았고, 황석영, 염무웅 선생 등이 그를 회고하는 기사[1]를 접했다. 주요 언론들이 꽤 비중 있는 기사를 다뤘고, SNS 등으로 연동된 몇몇 문인들의 추모 타임라인도 올라왔다. 그러나 나는 체감이 되지 않았다. 60여 년간 남북 분단 상황을 화제로 소설을 써왔던 원로 소설가의 죽음. 당대에 중요시 독서되었고 현재에도 꾸준히 연구되고 있는 그 작품들을 다 논해볼 수는 없겠지만, 그래도 괜찮겠다.

---

[1] "고인은 한국 분단문학의 개척자이자 거장으로 불렸다. 1974년 '문학인 61인 개헌 지지 선언' 때 고인과 함께 종로경찰서 유치장에 갇혔던 황석영 소설가는 저서 '한국명단편 101'에서 당시의 이호철을 "좌장이었고 '큰 형님'"으로 기억한다. "염무웅의 표현대로는 '천진난만'이었고, 한남철의 표현으로는 '주책없음'이었다. 방영웅의 표현에 의하면 '늘 틀리는 낌새'였으며, 이문구의 표현에 의하면 '소심한 인정주의'였고, 내가 보기에는 '삐지기 잘하지만 얼른 풀어버리는 호인'이었다."-「이호철 소설가 빈소에 문인들 조문 이어져」, 《한국일보》, 2016년 9월 20일 자, 생활면.

인민군 징집, 국군 포로 후 탈출, 귀향, 1.4후퇴, 부산 피난 생활, 판문점 방문, 반유신, 반독재 투쟁, 문인간첩단 사건 연루 등등 그간 작가가 겪어온 삶의 굵직한 사건들만을 나열해 보더라도, 한국근현대사와 접촉되는 면적이 말로는 다 헤아릴 수 없을 정도다. 그러나 그 역시 나에게 체감이 되고 있는, 나의 문제라는 생각이 들지는 않았다. 한국문학사 안에서 '이호철'이란 이름과 그의 삶, 『소시민』, 「판문점」과 같은 작품들 몇몇이 과거 학습을 통해 복기될 뿐이지, '분단 문학'이나 '남문문제'와 같은 무게감이 실린 단어들에 대해 내겐 어떤 덧붙일 감흥도, 수사도 없었다. 이런 정서가 이제 그리 이상한 말도 아니다. 어쨌든 여기서 나는 분단국가에서 글을 쓰는 작가가 '분단'이 전혀 문학적 자산이 되지 않는다고 말하는 것이다. 이런 태도가 비단 나의 특수성이라고만 말할 수 있을까. 한 소설가 죽음에 대한 애도와는 별개로 그가 남긴 문학에 대한 온도차는 개별 시인·작가마다 다를 수 있다. 물론 여기서의 온도차란, '분단 상황'이 한국의 여러 문학적 소산들 중 하나이고, 어떤 작가들에게는 그리 문제시되지 않는다는 것뿐이지, 이에 대한 가치 판단이나 명확한 준거를 함의한 주장이 기입된 단어 또한 아니다.

 이념의 시대는 이미 지났다. 가령 사르트르의 『문학이란 무엇인가』를 서로 독해하고 문학으로 대체 무엇을 할 수 있는지, '대문자 문학'과의 호흡과 효용을 논하는 시기도 아니다. 순수니 참여니 진영논리를 갖추고 교양으로써 (근대)문학을 상정하는 것 또한 오래 전 일이다. 1960년대 4·19와 70년대 유신, 80년대 광주와 90년대 IMF까지. 시인·작가들이 한 시대를 형상화해내고 시대사적 부채감과 그 의무로 인해, 문학이 그러한 현실태에 반응하여 응전력을 띠어야 한다는 요구는 이미 이

넘 시대의 낡은 부유물처럼 느껴진다. 문학적 효용이 시대마다 접촉했던 방식이 달랐듯이, '지금 여기'는 문학은 이념의 시대와 전혀 다른 환경과 조건[2] 속에 놓여 있다. (근대)문학이 동시대의 담론을 생산하는 장으로써, 혹은 시대의 내상을 읽어내는 예민한 촉수로써 기능했던 시기가 이미 아닌 것이다. 그러나 등단제도와 주류 문단/출판 구조가 견고하게 자리 잡고 있는 한국문학 장에서, 시는 이런 정서를 내장해야 하고 소설은 이런 내용으로 구성해서 써야한다는 전통(억압)은 여전히 남아 있는 것으로 보인다. 우선 문단 내에서 창작 주체로써 느끼는 억압적 요소들에 대한 논의들은 이 글 중반으로 미루고, 문학이 현실에게로 복무를 요구하는 시기가 이미 아니라는 것[3]. 여기서부터 시작할 필요가 있다.

솔직히 이런 감흥을 느끼게 된 것이 부끄러운 일도 아니고, 특정 개인

---

[2] 문예지들마다 합의된 전망(합의가 되지 않는 전망이기 때문에 더 가치가 있을 것)을 내놓은 것은 아니지만, 최근 『문학과사회』 혁신호와 별책, 『릿터』 등 문예지 개변에 주목할 필요가 있다. 동시대의 담론을 생산하는 지성의 역할을 고수했던 주류 문학 생산자들이 변화하는 창작 주체들과 독자들에게 발맞추어 호흡하려는 반영이라 할 수 있다. 다만 '신경숙 사태'를 기점으로 이런 숙고가 이루어졌다는 것에 대해, 한국문학을 사랑하는 한 독자의 입장에서 부끄럽고 안타까운 일이다.

[3] 이와 같은 제반 사태들에 관해 "문학 장 내의 모두가 합의하여 결정하여, 모두가 동시적으로 수행하는 일이 되지는 않을 것이다. 창비와 문학동네가, 젊은 세대와 선배 세대가, 창작자와 독자가 서로 간의 기대를 조율하여 하나의 합의안을 만들어내는 일이 될 수는 없다"(황인찬, 「할 수 있는 자가 구하라 -문학의 기대지평의 변화(없음)에 대하여」, 『문예중앙』, 2015년 가을호, 39면.)는 황인찬의 논의를 참고해 보자. 황인찬은 '신경숙 사태'에 관한 여러 논의들을 정리하면서, 누가 어떤 위치에서 발언하고 있는 것인가에 대해 주목하는 한편, 이 사안을 대면하는 세대 간의 온도차와 층위의 다양성에 따라 조금씩 다르게 굴절된 모습을 당연한 것으로 받아들인다. 그러니 달리 말하면, 이렇게 규합할 수 없는 것을 접붙이려고 하는 가운데, 저마다의 위치에서 한국문학을 대면하는 질감(질량감)을 모두 '들켜버리고'만 논의가 '신경숙 사태'였던 것이다. 이는 '강요되지 않음/될 수 없음'의 자율에서부터 출발해야한다는 '문학의 모럴'을 배제시킨 채, 사태를 해결, 봉합하려는 입장만을 고수한 결과다.

이나 세대가 가진 아주 잘못된 정서감도 아닐 텐데, 지금껏 우리는 유독 문학 장 안에서의 이런 종류의 발언은 꺼내기조차 꺼려했다. 무책임하고 맥락 없는 치기 정도로 여겨지거나 세대 간의 격차 정도로 여겨졌기 때문이다. 물론 이 문제는 먼저 문학 일반을 대하는 기성세대의 태도가 아직도 '대문자 문학'이라는 것에 함몰되어 있다는 것에서 기인한다. 쉽게 말해, 표면상으로는 세대 간 대화가 통하지 않는 문제[4]이기도 하지만, 그것이 전부라고 말해볼 수도 없을 것이다. 그렇다면 우리는 왜 이 사안에 대해 부끄러워해야만 한다는 '기묘한 모럴'을 묵묵히 용인하고 있었던 것일까. 지난 봄 『문화과학』에 발표된 오혜진의 글[5]을 만날

---

4) 시단에서는 지난봄부터 기획된 『시인수첩』 권두좌담이 회자가 되고 있다. 각각 좌담 내용을 단출하게 이야기해 보자면, 봄호(「한국 현대시의 반성과 전망」, 『시인수첩』, 2016년 봄호.)는 감태준 사회로 김남조, 오세영, 이건청, 신달자 등 원로시인들이 참여해 "젊은 시인들의 난해시 유행과 시 독자의 감소"를 문제 삼았다. 여름호(「젊은 시인들의 도전과 가능성」, 『시인수첩』, 2016년 여름호.)에는 이숭원 사회로 신동옥, 박소란, 황인찬 등 젊은 시인들이 참여해, 원로시인이 제기한 난해시와 탈소통 문제에 관한 응답을 주로 다루었다. 그리고 특히 가을호 좌담에서는 허영자, 박상수, 박성준이 참여해 신구 세대의 충돌을 통해 세대 간이 다르게 느끼고 있는 시에 대한 설전이 있었다. 서로 다른 문제의식 속에서 발언된 말이지만, 여기서 필자가 했던 말을 복기해 보면, 전통, 문학의 당위성 등의 입장이나 다양성을 대하는 태도 등이 앞서 인용한 황인찬 논의들과 크게 다르지 않다. "작금에 합의된 시의 영역을 보다 넓힌 그 몇몇의 시인들은 저마다 각각의 당위성을 마련하고 있었을 겁니다. 물론 당위성이라 부를 만한 명확한 태가 존재하지 않았더라도, 어렴풋이 자기만이 아는 어떤 윤리태를 가지고 시를 썼을 수도 있습니다. 그렇다손 치더라도 전혀 문제 될 것은 없습니다. 시인이 시를 쓰면서 당위는 찾아가는 과정에 놓인 것이지 당위나 명분이 먼저 서고 그곳을 향해 자기 세계를 몰아가는 방식으로 시를 쓰는 시인은 근래에는 많지는 않을 것으로 보입니다. 그런 사태들을 '기형'이나 '엽기'라고 부르면 그 대척점에는 또 정상의 범주가 존재하겠지요. 앞선 질문에서처럼 '혼돈'이나 '정리되지 못함'이라 그 당위성을 추구한다면 이 또한 정리된 어떤 것이 이미 상정된 상태에서 발화된 억압일 수밖에 없습니다. 그렇게 무엇을 상정해놓고 나면, 정리된 어떤 기준점에서부터 거리를 측정하게 되고, 그 정도에 따라 범주화를 시키고 싶은 욕망이 발동하게 되겠지요. 특히 비평가의 시선들이 더욱 그렇습니다."(「한국 현대시의 이상향」, 『시인수첩』, 2016년 가을호, 42-43면, 참고.)
5) 오혜진, 「퇴행의 시대와 'K문학/비평'의 종말」, 『문화과학』, 2016년 봄호.

수 있었던 것은 이러한 가운데, 굉장히 통쾌한 경험이었다. 이 글은 '신경숙 사태' 이면에 깔려 있는 '국문학 수호(신성)주의'를 비판하면서 문학 장 안에서 자정하려고 했던(그러다 더 속내를 들켜버렸던) 문단 권력, 비평 상실, 표절의 범주 등등의 표층적 사안들의 변화를 감지하지 못하는 (주류)문학의 생산자 그룹들과 더 이상 여기에 소비할 가치를 느끼지 못하는 젊은 독자층의 대립 구도로 쟁점을 탈바꿈시켰다. 오혜진은 여기서 비평의 기능을 전자보다 다분히 후자 편에 서서 기능해야 할 때의 도래를 내포함과 동시에, 교양주의의 권위로부터 시작되는 비평의 태도를 지양[6]한다. 오혜진의 문제제기를 전부 다 동의하는 것은 아니지만, 소위 관습적으로 우리가 '참여'라 칭할 만한 범주의 진보 그

---

[6] 맥락 전부를 동의할 수는 없는 바지만, 소박하게나마 비평이 해야 할 일이란 응당 다음과 같은 진단과 반성에서부터 시작해 보는 것이 좋겠다. "한국 문학/비평은 한국문학(장)의 옆과 아래에서 무차별적으로 진격해오는 이와 같은 비평적 의제들을 과연 어느 정도의 무게로 인지하고 있을까? 오해하지 말아야 할 것은, 이런 독자-대중의 불만이 '한국문학의 문호개방' 혹은 '시혜적 하방'과 같은 차원의 요구가 결코 아니라는 점이다. 이는 차라리 '재현장치로서의 한국문학'이 지니는 무능 혹은 기능부전에 대한 강력한 고발이며, 이것이 바로 현재 젊은 독자들이 새로운 학습과 경험을 축적하는 데 필요한 지적·문화적 자원에서 한국 문학/비평을 기각한 이유다. 새롭게 갱신되는 지식과 정동, 윤리와 정치에 무관심한 '이성애자-남성-지식인'들의 문학(사)은 이제 현실에 대한 아무런 생산적 설명도 하지 못하는 구시대적 유물이거나 시대착오적 양식으로 간주되는 것(밑줄 강조: 인용자)이다. 장르문학을 제도문학의 영토 넓히기 차원에서 구색 맞추기 용으로만 배치한다든가, '장애인, 성소수자, 투쟁하는 노동자' 같은, 현실에서 비가시화된 존재들에 대한 관성적 재현과 해석에 도전하려는 의지를 보이지 않는다면, 지적·문화적 호기심 충만한 오늘날의 독자들이 왜 구태여 한국 문학/비평을 읽어야 할까. '무식할 정도로' 거의 모든 재현과 해석의 금기에 도전하는 팬픽과 웹툰, 웹드라마 등을 보는 게 훨씬 더 이롭지 않나?"(오혜진, 같은 글, 100면.) 오혜진의 논의처럼 비평은 비평가의 위치, 비평(진영)적 사관이 아닌 '문학을 읽는 독자의 자리', 그곳에서부터 비평이 가진 최초의 역할이 부여되는 것이다. 수호해야 할/수호해 왔던 한국문학의 수많은 의제들보다도 지극히 일반적 수준에서 비평가 역시 독자의 위치에서 시작해야하는 읽기/쓰기 행위자이다. 한데 지금껏, 과도하게 담론생산자, 시장기획자 등의 그릇된 지성의 입장과 위치에서 90년대 이후 20여 년을 공고히 해왔다. 비평의 반성이란 우선 그것들을 내려놓은 곳에서부터 출발해야 한다.

룹들이 여전히 내세우고 있는 계몽·교양주의나 (순)문학의 담장 안에서 바깥을 시선화하는 방식들에 관해서, 나는 문제제기의 필요성을 통감하고 있다. 진보 문학 생산자 그룹이 설정해놓은 문학의 모듈의 보수성도 문제거니와 그 대척점에 서 있는(대척점이라 교육 당했던) '순수-전통주의', '보수-모더니티' 그룹들이 띠는 폐쇄적 민족주의 혹은 과잉 교조·교양주의가 갖는 보수성도 이 문제에서 이미 혐의를 피하기 힘들다. 스스로 진보의 입장을 취하고 있지만, 그 입장 안에서 정체된 딜레마에 빠진 것은 오래된 이야기다. 그러니 기성들은 그 세대가 보유한 사유지를 여전히 경작하는 데 몰두하면서, 진화하지 않는 무늬-진보의 형태를 띨 수밖에 없었던 것이다.

독자 혹은 시인·작가들의 관심사가 무엇이고, 어떤 것을 문학적 자산으로 삼고 있는지, 판단 착오와 유예를 거듭해오는 동안 문학 권위주의는 보이지 않는 벽으로 우리들에게 공유되고 있었는지 모른다. 그 가운데 '거대 서사 중심주의'와 '앙가주망(engagement)'에 관한 무감 또한 '건강한 취향'으로 보장받지 못했다는 것 때문에 지극히 사적 영역에서 문학의 재미를 향유하는 독자-시인·작가군과 매뉴얼화 된 비평과의 부딪힘 내지 외면은 어쩌면 미루어둔 숙제였는지도 모르겠다. 그러니 무엇이 중요한 건지, 대체 중요한 것이 있기나 한 것인지, 너는 뭐가 중요한지 되물으면서, 진정 나에게 중요한 것은 또 무엇이었는지 되묻는, 숙의의 시간을 가질 수밖에 없다.

2. 부적응의 전략 밖에서, 부적응의 적응 그 자체

창작의 주체가 되는 시인·작가들이 문단에 진입할 때 당면하게 되는 문제는 보다 더 당혹스럽다. 굳이 생각할 필요도 없는 것들을 생각하고, 이미 '주어진 틀' 안에서 또 다시 눈치를 곱씹어 봐야한다는 피로감을 감수해야 하는 것은 물론이거니와 등단제도가 있는 한국의 문학 장 안에서 그것들은 암묵적 진입 장벽으로 작용하기 때문이다. 다음 구절들을 살펴보아도 좋을 듯하다.

"젊은 응모자들은 자신들의 생각을 굉장히 사적이고 비밀스러운 방식으로 진전시키다 보니 왜 이런 생각이 촉발됐을까, 하는 점이 드러나지 않고 숨겨진 경우가 많았다."

"작품들이 파편적이라고 할 수 있을 것 같다. 자극적이고."

"언어들이 굉장히 매혹적이고 화려한데, --(중략)-- 왜 그런 생각이 촉발됐는지가 잘 드러나지 않아서인지 집중해서 다시 읽어 보면 텅 비어 있는 것 같은 느낌의 시가 많았다."

"파편적인데 비약적으로 연결을 잘한다. 상상력이나 시적 호흡이 좋아서 그런 것 같다. 우리 세대만 해도 사유든 감각이든 깊이 들어가는 걸 선호하는데 이 친구들은, 21세기적 특징일 텐데, 획획 건너뛴다. 화려하고 다채롭고 넓게 퍼지는 대신 깊게는 안 간다."

"시는 이래야 한다는 식의 강박관념이 없는 세대다. 시의 규범에서 자유롭다. 그래서 언어를 무서워하지 않고 잘 반죽한다."

- 「중앙신인문학상 예심평」 부분, 《중앙일보》 2016년 9월 8일자 생활면.
(밑줄 강조 인용자)

    신춘문예나 신인상 심사평에 있어서, "강박관념 없는 세대의 등장"이라는 말이 이제는 전혀 낯설지가 않다. 심사자들의 역량을 의심하거나 문학 제도권의 굴절된 문화들을 비꼬려 드는 것이 아니다. 이와 같이 제도 안에서 제도 바깥을 바라보는 방식은 새롭게 유입되는 신인들의 작품을 카테고리화 하는 잣대로 작용될 소지가 많으며, 이미 그래왔다. 특히 비평의 역할을 논할 때에도 소설과는 상이하게 이미 대다수의 독자층을 확보하지 못하고 있던 시 장르의 경우, 창작 주체들이 스스로 읽고 논하고 서로가 서로에게 의존하고 관심을 갖는 하위문화 정도로 남아 있게 된 것 또한 오래된 일이다. "젊은 독자를 잃은 한국 문학/비평은 장르화된 방식으로만 겨우 존재하면서 영원히 '그들'만의 은어 혹은 방언으로 남을 것이"[7]라는 어두운 전망이 이미 8,90년대 이후 한국시를 거쳐 갔다. 서사 장르와 달리 시 장르는 자본의 결탁이라 할 만한 시장논리가 애초에 적용된 바 없었던 탓에 다양성을 기반으로 한 개별 시인들의 숙고와 생존의 과정이 일찍이 수행되었다.

    미디어에 노출된 특수한 경우를 제외하고 자생적으로 독자에게 부흥을 이룩한 시집[8]들은 드물다. 가령 그런 시집들이 있다고 하더라도

---

7) 오혜진, 같은 글, 105면.
8) '신경숙 사태'로 문단 내부에서 논쟁과 자정의 목소리가 뜨거웠을 때, 그와 예외적으로 더 많은 종수의 시집이 출판되고 TVN 〈비밀독서단〉을 통해 소개된 박준, 심보선, 황인찬 등의 시집이 대중들에서 지대한 관심을 받았다는 것을 상기해보자. 또 최근 MBC 〈마이리틀텔레비전〉에서 박준이 출연한 것을 또한 상기해볼 필요가 있다. 김동원은 황병승, 김경주, 이제니, 송

재래적 한국시에 빚진 부분들, 그러니까 시란 어려운 것, 향유할 수 없는 것으로부터 기인한, 다소 쉽고 충만하게 서정적인 시/시인들이 그곳에 자리 잡고 있는 셈이다. 이렇게 대중적 작품을 문학적 성과를 두고 논하는 일은 어쩌면 "오늘날의 독자가 바보가 아니라는 증거는 어디 있습니까?"라는 김종호의 결론[9]과 크게 다르지 않은 인상일지도 모르겠다. 그러나 시 장르가 가지고 있는 어떤 특질들, 범박하게 말해, '내적 자율을 담보로 세계와 대면하는 파토스의 언어'라든가, '세계에 대한 부적응의 문법과 그 문화권자의 언어', '개별적 혁명들로 세계를 세속화하려는 다분히 사적인 전략' 등을 갖추고 있는 몇몇 시인들을 상기해보자. 이들의 시는 지극히 개성화, 다양화 전략을 통해서 그 생존을 도모하고 있는 셈이다. 다시 말해 시의 경우는 방언, 혹은 은어로 남게 되는 것이 전혀 작금에 말하고 있는 문학의 위기를 반증하는 결론이 되지 않는다. 오히려 그런 '부적응의 전략'이 '개별의 모럴'을 보장하면서, 밑줄로 강조 인용한 부분들과 같은 특징을 더 부각시킨다. 그러니 시는 쉽사리 소통이 될 수 없는, 아니 꼭 소통이 되어야만 하는 필요조건을 갖지 않는다.

오히려 2000년대 이후 시는 '부적응을 세속화하는 장르'라고 부를 만할 것이다. 2000년대의 시가 가지고 있던 담론구성체들을 상기해보자. 한국문학사 전체와 전면적 대결을 취하던 공격적 면모를 띠는 것은 물

승언, 황인찬의 시를 난해하지만 대중적으로 사랑받는 시로 논하면서, 종국에 그 결론을 "이유는 없다"라고 내놓고 있다.(김동원, 「그들은 왜 매력적인가」, 『포지션』, 2016년 봄호, 45면 참조)
9) 오혜진, 같은 글, 113면.

론이고 부적응 그 자체를 징후적으로 받아들였던 시기라 할 수 있다. 그러니 각각의 '시적 기형'들을 통해 다양한 목소리를 창출해낼 수 있던 시기[10]였다. 물론 이 세대의 등장을 엄숙주의나 교양주의가 완전히 배제된 세대라고 판단하기는 힘들 것이다. 황병승이 퀴어, 하위문화, 주체의 다성화 전략을 사용한 것이나 김행숙의 비성년, 감각적 분유의 언어감과 특정 감각의 소거와 융기를 기반으로 하는 기관화주의는 그 내용·형식상, 그간의 한국시 가지고 있던 정언윤리를 모두 비껴나가는 문법을 지향하고 있었지만, 그런 면모 때문이라도 2000년대 시가 가진 부정의 정신은 그 부정의 대척점으로 한국시의 역사주의적 채무를 두고 있는 셈이다. 즉 2000년대에서 상정했던 당대의 미래지향(해체)이란, 부적응을 통해 다양성을 획득하고 '앙가주망'에 반하는 세속화 운동[11]

---

[10] 앞서 인용한 좌담에서 박상수는 "한국시"의 미래에 대한 전망과 기대를 다음과 같이 요약하고 있다. "사실 시라는 장르의 지속가능성에 대한 걱정이 있습니다. 완전한 마이너장르로 전락해서 시인들끼리 쓰고 돌려 읽고 끝난다면 너무 외로울 것 같아요. - (중략) - 일단 시의 품이 더 넓어지고 다양한 시들이 계속 많이 나왔으면 좋겠어요. ①한국시의 전통과 대결하는 시, 언어로 돌파하는 시, 사회적 상상력을 품는 시, 전위의 시, 대중의 사랑을 받는 시(밑줄 강조: 인용자) 등등 다채로운 카테고리 안에서 호명될 수 있는 더 다양한 시들이 많았으면 합니다. - (중략) - ②시인들끼리 재밌게 많이 놀았으면 좋겠습니다. '뭐야 이 사람들 재미있어 보이잖아? 나도 함께 하고 싶다'라는 생각이 들게끔 말이지요."(권두좌담, 이숭원 외, 「한국 현대시의 이상향」, 『시인수첩』, 2016년 가을호, 48-9면) 범박하게 말하면, 밑줄로 강조한 ①의 경우가 한국문학이 그간 지향해온 카테고리들이었다면, ②의 경우는 특히 2010년대 시인들이 갖는 시적 자율성, 문학적 자율성의 면모라 할 수 있다.

[11] 여기에 있어서 다음 글을 참고해 보는 것이 좋겠다. 2000년대 시의 전복 전략이 어떻게 정치성과 조우하고 있는지, 진은영의 논의(「감각적인 것의 분배: 2000년대 시에 대하여」, 『창작과비평』, 2008년 가을호.)를 정리하면서 이찬이 언급한 부분이다. ""삶과 정치가 실험이 되지 않는 한 문학은 실험이 될 수 없다." -(중략)- 문학이 그 내부에서의 실험과 전복을 넘어서 어떻게 "새로운 삶의 형식"을 실제적으로 만들어낼 수 있는가에 있다. 그러니까 진은영은 우리들의 실제적인 '삶'과 '정치' 그 자체가 변환되어야만 한다는 사실을 필수불가결한 전제로 삼았다고 할 수 있겠다. 만일 그럴 수 없다면 "문학은 필연적으로" "기만의 상황에 빠진다"고 그는 매우 강한 어조로 말하고 있기 때문이다. 이 글의 부제가 "2000년대의 시에 대

이다. 그런 가운데 2010년대의 시는 부적응을 '응전의 도구'로 삼지 않는다는 데에서 더 주목해 볼 필요가 있다. 물론 이 논의 중심에는 주체 퇴조, 무기력, 포기의 내재화와 같은 맥락[12]들이 있고, 단지 이렇게 하나로 귀결될 수 없는, 다양한 비평적 호소로 두꺼워진 '없는 세대론의 세대론'이 있다.

3. (부)적응을 적응 그 자체

이에 대한 논의를 또 다시 덧붙이는 것보다는, 근래에 출간된 앤솔러지 산문집(이하 『시 쓰기』)[13]에서 송승언의 Q&A를 옮겨보는 것이 2010년대 시를 대면하는 시인과 독자의 입장을 규명하는데 더 실감나는 사료가 되겠다.

하여"인 까닭 또한 바로 이 자리에서 발원한 것임에 틀림없다. 결국 그는 '미래파'라는 말로 명명되었던 동료 시인들의 시에 무엇이 빠져 있으며, 그래서 또 어떤 것이 요청되어야만 하는지 암시하려 했던 것으로 짐작된다."(이찬, 「2000년대 한국문학 비평의 첨예한 성좌들 - "미래파"와 "정치시"를 중심으로」, 『실천문학』, 2010년 여름호, 356-357면)
12) 2010년대 시의 미적 특징을 탐독한 논의들은 다음과 같다.
기혁, 「새로운 이후를 위하여—'포스트'미래파를 위한 '미래파'적 제언」, 『현대문학』, 2016년 6월호.
박상수, 「기대가 사라져버린 세대의 무기력과 희미한 전능감에 관하여」, 『문학동네』, 2015년 여름호.
박성준(졸고), 「마이너스 벡터의 시와 줄어든 주체들」, 『문학과사회』, 2015년 가을호; 「마이너스 벡터의 시와 줄어든 주체들2」, 『문학선』, 2015년 가을호.
양경언, 「이제 되었다니, 그럴 리가」, 『문학과 사회』, 2015년 겨울호; 양경언 「누구에게 이것을 바칠까?」, 『실천문학』, 2013년 여름호.
이재원, 「'나'라는 이름으로 자라난다는 것」, 『시작』 2013년 여름호; 「'나'에게서 '나'에게로 걸어가는 동안」, 『문학과사회』 2014년 봄호.
장은정, 「지켜내는 반복—2010년대 시를 향한 하나의 각도」, 『현대문학』, 2016년 3월호.
함돈균, 「'최소-인간the minimum human: 모멘트moment'의 탄생」, 『문학과사회』, 2011년 가을호; 「'최소-인간(the minimum human)', 전위인가 복고인가」, 『현대시』, 2012년 여름호.
13) 김승일 외, 『나는 매번 시 쓰기가 재미있다』, 서랍의날씨, 2016.

① Q. 습작하는 동안 가장 힘들었던 점은? 어떻게 극복했는가?

"별로 힘들지 않았다. 일단 등단 전의 시 쓰기, 그것을 습작이라고 불러야 하는지 의문이다. 그말은 등단 전에 쓰는 것들은 그저 등단을 위한 연습에 지나지 않는다는 뜻인가? 시나 소설, 혹은 여타 다른 장르의 글을 쓰는 모든 이들이 꼭 등단을 위해서 글을 쓰는 건 아니다. 나 역시 마찬가지다. -(중략)- 그저 시를 쓰고 읽는 게 즐거웠기에 계속했을 뿐이다. 재미 활동의 연장선상에 있었다고나 할까."

- 송승언, 「나는 매번 시 쓰기가 재미있다」 부분, 『시 쓰기』, 서랍의 날씨, 2016, 173면.

② Q. 시가 오는 순간은?

"시는 과연 오는 것인가? 시인이 무당인가? 신이 오는 것처럼 시가 오나? 가만히 있으면 잠이 온다. / 마감이 다가오면 시를 써야 한다. 시를 쓰기 위해 시를 쓰러 간다."

- 송승언, 같은 글, 174면.

③ Q. 왜 쓰는가? 어떻게 쓰는가?

"우선 시를 쓰는 게 퍽 재미있는 일이니까 쓴다. 쓰는 게 재미가 없다면 쓰지 않았을 것 같다. 그 밖에 이유가 있다면, 생각이라는 피를 뽑아내고 싶어서 그런 것 같다. 머릿속에서만 맴돌고 있는 생각은 마치 고여 있는 죽은피처럼 느껴져서 그대로 두면 어쩐지 견디기가 힘들다."

— 송승언, 같은 글, 175면.

④ Q. 세계란 무엇인가?

"우와, 이 거대한 질문은 뭘까? 객관 세계가 뭔지를 물어보는 것일까? 그에 관해서라면 나보다는 국어사전이 더 잘 알고 있을 것 같다. -(중략)- 어쨌든 그저 한 사람에 불과할 뿐인 내게 세계가 무엇인지 정의할 능력이 있을까? 우리의 세계는 사람이 인지할 수 있는 영역 바깥에 있다. 그만큼 거대하다. 그래서 세계를 따로 만드는 게 아닐까? 적은 용량의 뇌와 짧은 생으로 파악하기엔 세계란 너무 거대하니까 파악하기 쉬울 만한 미니어처로……"

— 송승언, 같은 글, 177-178면.

⑤ Q. 독자란 무엇인가?

"책을 읽는 사람. -(중략)- 시인이 문학 장을 무대로 삼는 퍼포머와 같은 성향이 있다는 점"

— 송승언, 같은 글, 179면.
(순번: 인용자)

인용한 부분들을 계열화 해보면, 2010년대 시인들은 ①제도권 시 장르에 대한 체감을 최소한으로 두고 있으며 "그저 시를 쓰고 읽는" 행위에 즐거움을 느낀다. 이들에게 시는 "재미 활동의 연장선상"의 글쓰기 활동이며, 시를 신성화하거나 시를 통해 교양을 함양하는 등의 어떤 교조주의도 내재하고 있지 않다. 그리고 ②창작의 동기 역시, '오는 것'이 아니라 '마감을 맞추기 위한 것'이다. 즉, 현실적이고 생활적이며 또 지극히 실천적인 입장을 취하고 있다. 그러나 여기서의 현실, 생활, 실천은 앙가주망의 그것이 아니다. 창작자가 겪고 있는 지극히 사적 영역에 속하는 '현장'이다. 이 현장 속에는 '시마', '뮤즈'와 같은 낭만적 기제들은 물론이거니와 재현이나 담론과 같은 정치성의 내장조차 굳이 허용할 필요가 없다. 그 또한 개별 주체들의 선택의 몫이지 '오래된 강요'가 아니다. 그러므로 "시인이 무당인가? 신이 오는 것처럼 시가 오나?"라며, 왜 자신이 적응하고 있는 제 언어의 일반학을 부적응으로 두는지 재차 반문할 수 있는 것이다. 그렇기 때문에 ③"재미"와 더불어 "생각이라는 피를 뽑아내고 싶"은 표현의 욕망만을 가중할 수도 있다. 텅 비어있음으로 무엇이 더 필요로 하는 것(가령 진은영의 경우에서처럼)이 아니라, 그렇게 비어 있다는 것과 반드시 조우해야할 문학적 모럴이 요청되는 것 또한 아닌, 이 세대는 비어 있음 그 자체를 지향하거나 그대로 둔다. 그러니 이를 '부적응의 적응 그 자체'라 불러도 무방하지 않겠는가. ④이들에게 '세계'를 질문하는 것은, 먼저 "우와, 이 거대한 질문은 뭘까?"라는 반문을 늘어놓게 하는 우문이며, "어쨌든 그저 한 사람에 불과할 뿐인 내게 세계가 무엇인지 정의할 능력이 있을까?"와 같이, 문학 일반에서 세계보다 자아가 큰 상황을 설정하는 준거조차 무의미하도록 되돌려버리는 것이다. 그러므로 ⑤독자조차 '읽는 사람', '구경꾼'에 지나지 않으며, 시인은 "문학 장을 무대로 삼는 퍼포머" 정도의 지위와 입장에서 제 언어에 복무하는 사람이 되는 것이다.

이쯤 되면 이렇게 정리가 가능할 것도 같다. 작금의 시인[14]은 더 이상 시대의 책무와 내상에 복무하는 교양적 선생이 아니며, 문학 장 안에서 질서화 된 것들을 응전하는 운동하는 주체도 아닌, 그저 읽기 쓰기를 생활화하고 또 그 생활을 예민하게 느끼는, 그러는 중에 반성("자기혐오")과 재미, 표현 욕망을 즐기는 '잘 적응한 부적응적 주체' 정도로 정리할 수 있을 것이다. 이와 같은 창작 주체의 출현이 기이한가? 아니면 치기 어린가? 또는 어린 생각인가? 한데 'K문학/비평을 외면하는 독자들'(오혜진)이 유독 이렇게 부채감을 주지도 부채감을 받지도 않는 시적 주체들에게 매니악한 관심을 보이는 것은 또 무엇인가. 스스로 자율을 창출하고 그 스스로가 자율에 함몰되지만, 그런 토포필리아에 있어서 어떠한 자기 권위나 폭력을 행사하지 않는 주체(시인/독자)들에게, 한국 시문학의 미래를 맡겨 봐야하지 않을까.

4. 마냥 좋아서 그렇게

애초 이 글은 한국 (시)문학이 처한 위기 혹은 '막연한 불만'(?)들에 대해 시인(비평가)으로써, 개별 작품을 두루 살피며 반문하기에 대한 요청에서부터 시작했다. 한데 너무 많은 시인들의 목소리가 다녀간 나머지, 이미 시집이 출간되었거나 활발하게 논의가 되고 난 시와 시인들에 대한 언급은 뒤로 미루기로 하자. 대신에 내가 재밌어하고 좋아하는, 임솔아의 시를 읽는 방식에 관해 이야기해 보려고 한다.

---

14) 물론 인용한 송승언의 발언이 2010년대의 젊은 시를 모두 통칭할 수 있는 것은 아니다. 『시 쓰기』에서는 12명의 젊은 시인들의 창작 제언들이 등장하고 있으며, 그 12명의 시인조차도 2010년대를 대표한다고 단언할 수는 없다.

그렇게 슬퍼? 광복 70주년 기념 프로그램에서 숭례문이 불타고 있었다.

로션을 바르는 것처럼 그는 콧물을 손바닥으로 문지른다.

우리나라 국보 1호인데 가슴이 미어진다며 운다.

나는 키즈 과학체험을 보며 운다. 소의 배에 구멍을 뚫고 아이들에게 손을 넣게 한다. 소야. 커다란 눈을 껌뻑이는 소야.

아이들이 배에서 꺼낸 곤죽이 된 음식물을 허연 침을 뚝뚝 흘리면서 핥는 소야.

나는 콧물을 풀고 눈물을 닦으며 티브이를 본다.

지금은 긴급속보에서 카트만두가 무너지고 있다.

사망자가 팔백 명이라더니 내가 이 시를 쓰는 동안 사천 명으로 늘었다.

왜 울지 않아? 우리나라 이야기가 아니라서 그는 눈물은 안 난다고 한다.

티브이에서 본 비극을 모아 나는 지금 시를 방영한다.

뛰어난 인류를 상상한 독재자가 학살을 만든 다큐를 보았고

머리채를 잡힌 여자가 중심가를 질질 끌려가며 죽어갔고

수백의 사람들이 구경만 했다는 뉴스를 감자칩을 먹으며 메모했다.

잔재 아래에서 울음소리가 올라온다. 이름이 뭐예요? 대답하세요. 구조대 올 거예요.

말을 해요. 그래야 살 수 있어요. 나는 티브이에게 말을 시킨다.

깜박깜박 졸음에 빠지는 티브이를 깨운다.

나는 티브이 속으로 들어간다. 차벽 너머의 그를 만난다.

우리는 마주보고 있다. 이곳은 마주보는 것을 대치 중이라 한다.

이 차벽 너머에서 그가 등을 돌렸으면 좋겠다고 생각한다.

등을 돌려야만 같은 티브이를 볼 수 있다. 나는 뒤를 돌아본다.

- 임솔아, 「티브이」 전문, 『창작과비평』 2015년 여름호.

나는 임솔아의 시가 좋다. 나는 그와 잘 모르는 사이임에도 불구하고 시가 마냥 좋아서, 지면에서 그의 시를 만나면 일단 반갑다. 아직 첫 시집이 발간된 것은 아니지만 나는 그 동안 임솔아의 여러 지면을 통해 지지해왔다. 나는 임솔아의 시에서 "미래에 대해 생각할 기회조차 제대로 보장받지 못하는 현실 분위기 속에서 -(중략)- 몸부림치며 온몸으로 육성을 쏟아낸"[15]다라든가, "관찰자 수준에서 경험자 수준으로 제 몸을 되돌려 다시금 묘한 고통들을 자아"[16]내는 어떤 처연함들을 느낀다. 그의 시는 다소 명확한 현실태를 제공하며, 먼저 그 현실에서의 기형성을 발견하는 관찰자였다가 이곳에 자신이 왜 놓여있게 되는 것인지 끊임없는 자기 물음을 통해 제 기억 깊숙한 곳에 숨겨둔 말을 유통한다. 이때 그의 언어는 대다수 사적 경험에서 비롯된 감각체이지만, 기형적 현실태들과 조우하면서 나와 세계 사이에 또 다시 기이한 벡터가 발생하는 것이다. 이미 '육성'이나 '고통', '몸부림'이라고도 했거니와 세태를 껴안으며 발성하는 방법에 있어서는 '시대(세대)의 모럴'를 견인하는 면모까지 있다 할만하다. 물론 여기서의 견인이란, 시적 주체 그 자신만을 먼저 견인하는 정동으로 시작하는 경우가 많아서 구속이 없고, 시편마다 능동적 생활 체험 전시하는 경우가 있어서 현장성이 농후하며, 질문을 매번 남긴다는 점에서 '다 쓰여지지 않은 시'를 지향한다.

  인용한 시도 그렇다. 「티브이」는 임솔아는 시를 쓰는 이유를 스스로

---

15) 박성준(졸고), 「마이너스 벡터의 시와 줄어드는 주체들」, 『문학과사회』, 2015년 가을호, 557면.
16) ____ , 「이상한 나라에서 결코 또, 이상한 비전에 관한 소고」, 『시로 여는 세상』, 2016년 가을호, 257면.

되묻는 듯한 메타시이다. 물론 형태상 이 시는 다섯 가지 정황들이 동시에 대치·교차되며 우리에게 주어진 각각 다른 '삶의 채널'들을 형상화하는 것으로 보인다. 먼저 "나"와 "그"가 TV를 보고 있는 정황에서 ① TV를 보는 "그"가 "광복 70주년 기념 프로그램"과 "긴급속보"를 보며 각각 다른 강도로 슬픔을 인지하는 장면과 ②소에게 끔찍한 짓을 행하는 것을 '교육적 체험' 쯤이라 여기는 "키즈 과학체험"을 보여 울고 있는 나의 모습이 대치된다. 그리고 ③"티브이에서 본 비극을 모아" 시를 쓰고 있는 나의 시간들과 ④티브이에서 상영되는 비극들 속에서 진행되는 시간들이 제시되고, ⑤다른 공간과 시각을 점유하고 있는 "나"와 "그"가 접촉하는 순간의 장면들로 이 시는 종결된다.

①과 ②의 대치는 동시대를 살아가는 두 개의 시각(채널)을 상징한다. 불타는 숭례문에 슬픔을 느끼면서 카드만두에서 죽어가는 사람들에게는 우리나라의 이야기가 아니라는 이유로 전혀 감흥을 못 느끼는 "그"라는 존재는 그릇된 상징질서의 작용으로 인해 '시민 이하'의 정동을 가지고 있다. 그리고 나는 나대로 "소의 배에 구멍을 뚫고 아이들에게 // 손을 넣게" 하는 교육 콘텐츠를 보면서, 나의 울음을 겪는다. 여기서 두 시각이 접촉되는 순간을 가만히 살펴보자. "그렇게 슬퍼?" "왜 울지 않아?"라고 "그"에게 묻는 "나"의 질문이 등장한다. 다시 말해 이 질문들은 ⑤의 상황을 만드는 원동력이 된다고 할 수 있을 것이다. TV 속으로 들어가 서로 같은 채널을 보고 느끼기 위해 "그"의 등을 또 다른 폭력을 되돌리는 것이 아니라 자신이 먼저 뒤돌아보며, "그"를 향해 나란히 앉아보는 것. 임솔아는 "나"와 "그"가 연대하고 접촉하는 순간을 따뜻한 전언으로 수사한다. 즉 폭력을 쉽게 용인하는 이 세계에 대한

아주 소박한 전망인 것이다. 이런 소박한 마무리는 어쩌면 너무도 당연한 것인지도 모르겠다. 여기 TV 앞에 앉아 있는 모든 사람들의 모습이 어쨌든 울고 있는 상태라는 것에도 주목해 보자. 우리는 서로 다른 채널을 보면서 각자가 처해 있는 현실에서 스스로의 방식대로 살아가고 있지만, 어쨌든 우리 모두는 '울고 있다'는 슬픔을 공유하고 있는 셈이다. 때문에 임솔아는 이렇게 각자의 입장을 교차되는 사회의 면면들을 가로질 수 있는 '시의 가능성'이라 믿고 있는 것일지도 모른다.

물론 "그"의 비윤리적 감흥을 공격하지 않는 것이 아니다. ④에서 진행되는 독재자의 학살(폭력)과 위험에 처한 여자에게 도움을 주지 않는 군중들의 무감은 "그"의 다르게 발전에 얼굴일지도 모른다는 인상을 지울 수가 없다. 그러나 여기서 "잔재 아래에서 울음소리가 올라온다"는 구절을 주목해 보자. 모든 울음은 가장 낮은 곳에 있다는 판단이 다소 비약적일 수도 있겠으나 ③의 시간들, 즉 나 자신이 시를 쓰는 시간과 나의 바깥에서 진행되는 비극들의 시간(④)을 병치시키며, 자신의 시가 나의 혹은 우리의 비극을 써내려갈 수 없는 이유를 반증한다. 그러나 이런 형상화 방식을 2000년대식 정치담론이나 그 이전의 역사주의적 시각, 앙가주망의 작용 요소라 부를 수도 없는 노릇이다. 이 낯선 지점 모럴을 우리는 또 무엇이라 불러야겠는가. 나는 여기서 우리 시의 다음을 보고 싶은 믿음이 있다.

가령 메타시의 형태를 띠고 있는 이 시는 결코 시 쓰기의 신성함만을 말하고 있지 않다. 그러니까 시는 우선 질문하는 것. 시적 주체뿐만이 아니라 타인조차도 억압하지 않는 것. 그리고 우선 "~했으면 좋겠다고 생각하"는 소박한 마음, "뉴스를 감자칩을 먹으며 메모했다"고 하는 재미와 가벼움. 그러나 결코 가볍지만은 않은 세계의 불편한 심층부를 자극하는, 지극히 인간에 대한 언어적 화학반응들인 것이다. 특히나 "사망자가 팔백 명이라더니 내가 이 시를 쓰는 동안 사천 명으로 늘었다."는 구절에서처럼 우리는 시를 통해 아무것도 할 수 없다는 걸 시적 주체/시인은 모두 알고 있다. 이렇게 많은 전망과 자기 모럴을 내세운 듯한 시가 어딘지 자꾸 미완으로 보이고, 다음 시, 또 그 다음 시를 불러 올 수밖에 없는 이유도 아마 그런 무력함 때문일 것이다. 그러나 이 무력함은 하강하지 않는다. 오히려 제 배에서 꺼낸 "음식물을 허연 침을 뚝뚝 흘리면서 핥는 소"의 참혹한 모습처럼 그래도 우리는 쓰고 있다고, 살고 있다고. 더 큰 목소리로 상승하고 있는 것처럼도 보인다. 그러니 내가 읽은 임솔아는 늘 반갑고, 임솔아가 쏟아내는 그 다음 시의 정동들이 더 궁금할 수밖에 없다.

5. 그리고 나의 그런 친구들

끝으로 원고를 쓰면서, 이런 시인들이 나를 지나갔음을 밝혀야겠다. '대답이 부재하는 질문에 끊임없이 왜? 라는 발생의 형식을 부여하는, 이 시대의 퍼포먼스 시인'[17] 김승일, '묵시록적인 세계관을 간명하고도 아프게 담아냄'[18]과 동시에 진정 조선 마음이 그런 것이라면 나도 그 조선에 가서 살고 싶은 김현, '재현 될 수 없을, 재현하려고 끝내 쓰는

---

17) 양경언, 「퍼포먼스 김승일 - 오늘의 김승일을 생각함」, 『현대시학』, 2015년 5월호, 191-201면 참조.
18) 김언, 「① 미당문학상 예심위원들의 릴레이 심사평」, 《중앙일보》, 2016년 8월 15일자, 문화면 참조.

먼저 쓴 유서'[19] 박준, '재현을 숙명으로 삼는 언어는 세계의 전체성을 끝내 파악하지 못하는 도구임을 알기에 더 율동, 음악, 재생에 복무'[20]할 수밖에 없는 박희수, "현재에 함몰되어 있지 않으면서도 현재에 속박된 고통을 증거하면서, 시가 응당 있어야 할 자리를 한정해왔던 우리"[21] 시에 충격을 선사했던 정동-연주자 백은선, '나를 잃어버리기로 작정한 독거 청년의 면모'[22]를 드러내는 서윤후, '타자들, 다른 모나들과 언제나 시시각각 결합하면 또 변용'[23]되곤 하는 (공동)슬픔-(개별)감각 변주자 안희연, '끝끝내 잘 죽지 않는 기분의 시대를 살아가는 시적 주체를 고수'[24]하는 유계영, '룸펜(Lumpen) 오타쿠의 삶을 살고 있는 섬약한 주체 우성이'[25]는 꼭 그날처럼 만두 먹고 싶었을 거라고 믿게 만드는 이우성, '이질적 접촉을 통해 비정합적 돌출과 현시의 틈들을 전시'[26] 하는 임승유, '내부에서부터 삐걱대는 언어들로 수리될 수 없는 결함의 집'[27]을 보여주는 최정진, '은폐와 드러내기로 이질적 운동성(=음악)을 통해 없는 곳에서 뚜렷한 공명의 질감을 선사'[28]하는 황유원, '작금

---

19) 박성준(졸고), 「다 부르지 못한 이름들」, 『현대시』, 2015년 1월호, 152-156면 참조.
20) 조강석, 「"음악이 생의 전부는 아니겠지만……"」, 『문학동네』, 2016년 가을호, 133-150면 참조.
21) 양경언, 「나는 거기에 있지 않다」, 『실천문학』, 2015년 봄호, 59-60면.
22) 이재훈, 「숨어 있는 잠재성과 열린 가능성의 유희적 결말」, 『포지션』, 2016년 가을호, 14-18면 참조.
23) 이성혁, 「여행자, 시인, 어떤 모나드」, 『현대시학』, 2016년 3월호, 161-170면 참조.
24) 장은정, 「뒤섞인 채로」, 『현대시』, 2016년 1월, 112-133면 참조.
25) 박성준(졸고), 「마이너스 벡터의 시와 줄어든 주체들2」, 『문학선』, 2015년 가을호, 44-46면 참고.
26) 김태선, 「사건의 감각, 언어의 행위」, 『현대시학』, 2016년 2월호, 232-8면 참조.
27) 장은영, 「도래하는 시」, 『시로여는세상』, 2015년 겨울호, 191-199면 참조.
28) 박성준(졸고), 「감당할 수 없는 나는」, 『문학들』, 2016년 봄호, 307-312면 참조.

의 회의적인 세계를 문학 매뉴얼화(=동물화)로 파악하는 시니시즘'[29]을 구축하고 있는 황인찬이 그들이다.

이들을 수사하거나 비평하는 잣대를 병렬적으로 인용한 바와 같이, 지금 시단은 다양한 층위에서 개별화된 정동과 활력들로 풍성하다. 그리고 여기서 시 비평의 기능이나 역할 또한 점검할 필요가 있을 것이다. (적어도) 2010년의 비평은 어떤 담론을 선점하거나 공동화하려고 기능하는 것이 아니라 개별화된 정동들을 각자 어떻게 읽고 어떤 곳에서 감흥하는지 서로 다른 비평의 장소와 틈입할 수 있는 감각 지점들을 발견하고 그것들을 과정화하는 가운데 시의 다양성만큼 비평의 다양성마저도 억압 없이 '있다'는 점에서 그 의미를 획득할 것이다. 다시 말해, 비평은 저마다의 분유된 시각 안에서 보이지 않는 공동적 징후를 가지고, 그것들을 와해한 가운데 연대되고 있는 셈이다. 나의 경우도 그렇다. 시인/비평가로써, 내가 쓰는 비평이 내가 읽은 시의 끝끝내 서간문이 되기를 희망하며, 제1독자의 자리에 '나'와 '대상 시인'을 설정하면서 (그러면서 많은 사람들이 내 시각에 동의해주는 것을 기대하면서, 또 꼭 그렇지 않더라도 굳이 실망할 필요를 느끼지 않으면서) 시작하는 경우가 많다. 무엇보다 이 모든 과정들을 지켜보고 참여하는 시/비평 창작 주체자의 자리에서 무언가 논하고 있다는 것이 나는 충분히 즐겁고 재밌다. 나의 (현재와 미래의) 동료들의 재미까지 재밌게 여겨보겠다는 마음이외에 또 무엇이 있겠는가. 나는 한국시가 재밌다. 현재까지도 그랬고, 앞으로도 그럴 것이다.

---

[29] 장이지,「공위시대의 불안과 그 시적 대응들-변곡점 위의 시인들」,『포지션』, 2016년 가을호, 44면 참조.

움직일 수 있을 때까지 움직이는 시에 대하여
- 시의 이동건축
: 박주택, 황인찬의 시

1. 은유로서의 건축

일찍이 김기림은 "「시는 언어의 건축이다」." "시는 어디까지든지 정확하게 계산되어 설계되고 구성되어야 한다"[1]고 주장한 바 있다. 그러나 여기서 김기림이 시사했던 '건축'이란 그의 『시론』에서도 주지할 수 있듯, 「오전의 시론」, 「동양의 미덕」, 「동양에 관한 단장」에 이르기까지, 일관되게 규명하고 있는 '동양'에 대한 대립항으로서의 '건축'으로 읽어볼 수 있다. 즉 근대 문명 혹은 서양의 교양이나 지성의 은유라 할 수 있는 '건축'은, 김기림이 구축하려 했던 '문학의 과학화'의 의지를 담고

---

1) "동양적인 것의 본질은 정적인 데 있다는 자기 도취부터 의식적으로 그러한 방향에로 우리의 예술을 시들어버리게 하는 견해가 있다. 나는 이러한 퇴영적인 패배주의적 호소 속에서는 믿을만한 아무것도 찾아내지 못한다"고 말하며, 김기림은 서양과 동양을 구분 짓는 과학(이성)적 사고에 대해 누차 시사했으며, 그의 논고를 종합해볼 때 '시의 건축화'는 '언어(문학)의 과학화'의 은유적 용어라 유추할 수 있다.- 김기림, 「동양인」(『조선일보』, 1935. 4. 25), 『시론』, 백양당, 1947, 229면 참조.)

있는 언표라 보아도 무방하다. 초기 김기림은 문학에서 감정을 토로하는 식의 감상주의적 태도를 부정하고 리듬이나 음수를 지양하며, 대신에 시각적 이미지를 추구하고, 계산된 지성 작용의 산물로서 새로운 시 형식에 대한 열망을 토로한 바 있다. 그러나 정작 그의 이러한 시론과는 달리, 저 스스로는 '말의 과학'에서 이탈한 시작 행위를 보이기도 한다. 가령 시집 『기상도』(1936)나 『새노래』(1948)에 수록된 시편들에서 투사되고 있는 민족애에 관한 염두나 세계 정국에 대한 보편 시각에 따른 비판적 시선 등은 시적 자아가 현실을 객관화함과 동시에 개별 자아의 주관을 끊임없이 지향했다는 측면에서, 예술작품을 단지 과학적 산물로만 인식하려했던 김기림의 주창과는 상이하다.

그뿐만이 아니다. 김기림은 예이츠의 시 「비잔티움으로의 항해(Sailing to Byzantium)」를 일부 인용하면서 영문학에서의 세대논쟁을 조선의 현실과 비교하여 고찰하는 한편, 정지용과 이상을 두고 각각 '최초'와 '최후'의 모더니스트로 평가한 바가 있다. 그런데 이 글에서 실제 건축가이기도 했던 이상의 시를 지지함에 있어서는 과학적(비평적) 해석을 첨언한 사례가 없었다는 것이다. "가장 우수한 최후의 모더니스트 이상은 모더니즘의 초극이라는 이 심각한 운명을 한몸에 구현한 비극의 담당자"[2]라든가, "현대라는 커다란 모함에 빠져 십자가를 걸머지고 간 골고다의 시인"[3]과 같은 수사적 견해는 과학 신봉자 김기림의 모습이라고는 판단하기 어려울 정도다. 물론 김기림을 경유해서 이상을 읽어내지 않더라도, 이상의 시가 쥐고 있는 '건축학적 상상력'이란 김기

---

2) 김기림, 「모더니즘의 역사적 위치」, 『인문평론』, 1939. 10.
3) ＿＿＿, 「고 이상의 추억」, 『조광』, 1937. 6.

림의 그것과 다른 측면에서 고찰될 수 있을 듯하다.

김기림이 괴테의 말을 인용해 "아마츄어로부터 예술가를 구별하는 것은 최고의 의미에서의 건축학이다. 즉 창조하고 형성하고 축조하는 것을 실행하는 힘"[4]이라고 말할 때, 이상의 '건축학적 상상력'은 '축조'나 '형성'을 부정하는 측면이 더 강했던 것으로 이해된다. 오히려 이상은 대상을 '해부'하고 다시 "재설계"하는 전략이 앞섰던 것으로 보인다. 가령 「오감도 시제1호」에서 13명의 아해를 경유해서 공포심을 불러일으키는 일종의 감흥은 '오감하는 시선'[5]의 가능 상태를 필요로 한다. x-ray선이 투과된 듯 시적 대상을 설계도로 환원해서 바라보는 시선이나 "'시간성'의 무화(無化)와 '보는 주체'의 전경화"[6]와 같은 시선 주체[7]의 존재를 담보해야만 이상의 시를 이해할 수 있다. 다시 말해, 이상은 존재(건축물) 안에 내재된 형질들을 도면으로 옮겨놓고 그것을 해부하면서, 그 존재가 가지고 있는 형성 질서들마저도 분열시키는 방식의 시편들을 통해, 김기림이 구축했던 건축의 은유가 아닌, 근대 질서를 내파하고 공포스럽게 바라보는 자아의 관점에서 건축학적 상상력을 발

---

4) 김기림, 『김기림 전집』, 심설당, 1988, 59면.
5) 신형철, 「이상(李箱) 시에 나타난 '시선(視線)'의 정치학과 '거울'의 주체론 연구」, 『한국현대문학연구』 제12호, 한국현대문학회, 2002, 321-324면 참조.
6) 이광호, 「이상 시에 나타난 시선 주체의 익명성」, 『한국시학연구』 제33호, 한국시학회, 2012, 311면.
7) "문학에서 시선의 문제는 문학적 언술이 세계를 재구성하는 방식을 이해하게 해준다. 그런데 문학적 언술에서의 시선의 문제는 단지 당대의 지배적 시선체계에 의해서 규정되는 것이 아니라, 그것과 관련 맺으면서 보는 주체와 대상 간의 다른 관계를 생성한다. 문학 속의 시선의 문제는 이데올로기적 '응시'로부터 어긋나는 시선의 개별성을 구성하는 데에 있다. 그것이 바로 문학 텍스트의 미학적 개별성이 발생하는 지점이다. 이상의 시는 이런 맥락에서 식민지 시대의 미적 주체가 어떻게 근대적인 시선체계를 재전유하는 방식으로 초월적인 주체와 자기 동일성의 자리를 탈주하는가를 보여주는 텍스트라고 할 수 있다." - 이광호, 같은 글, 312면.

동했던 것이다. 그것은 여타의 다른 문인 그룹들과 달리, 이상이 '도시 산책자'가 아니라 '도시 설계자'였다는 것[8]에서 기인한다. 때문에 이상의 시는 건축학적 지식을 거름삼아 존재의 속성을 투시하고, 그를 통해 '탈건축적 세계'를 만든다. 물론 여기서의 '탈건축'이란 진정한 의미의 '해체'라고는 볼 수 없다. 주지하듯, 이상 시에서 엿보이는 기하학이라든가 큐비즘적인 운동성, 알고리즘적 수열 법칙 등과 같은 수학적 원리는 당대 조선 문단의 관점에서는 '탈장르적 성격'을 내포하고 있다고 볼 수 있다. 그러나 일단 당대 문단과 거리를 두고, 초기 『조선과 건축』에 '만필'란을 통해 시작 활동을 해온 전기적 이력[9]을 참고해 보더라도, 이상 시의 전위성은 다르게 판단될 소지가 있어 보인다. 제도 바깥의 '자율'이라는 관점이나 자신이 '건축적 세계'(근대 시스템)에 포섭될 수 없음을 드러내는 외연적 장치로서 (도시)건축물의 해부를 택하고, 더 나아가 봉합된 자아의 기형이나 분열증적 형세를 드러내는 방법론적 장치로 건축학적 상상력을 발동하고 있는 것이다. 달리 말해, 이상에게 '건축'은 '과학'이라기보다는 '생활'이자 자기 욕망, 공포, 연민에 대한 종합적 언표라 정리할 수 있을 것이다.

이쯤에서 가라타니 고진을 경유해 보는 것도 좋을 듯하다. 고진은 어

---

[8] 신형철, 같은 글, 322면 참고.
[9] "문학 제도 바깥의 기호공간이었던 『조선과 건축』이라는 지면은 이상에게 당대의 문학적인 기대지평이나 요구로부터 크게 간섭받지 않을 수 있는 자유로운 글쓰기 공간을 제공하면서 이상의 시쓰기에 호응하였다. 이 기호 공간에서는 시, 소설, 에세이 사이의 장르적인 경계가 모호한 이상의 글쓰기를 심문할 문학적인 제도나 문학 독자의 요구가 개입하지 않았던 것이다. 장르론적인 차원에서도 이상의 문학은 문학제도의 건축적인 체계를 불투명하게 만드는 것이었다. 또한 이 잡지는 이상이 시에 획기적으로 도입한 숫자와 수학기호와 도형과 도안 등을 시적 어휘로 응용하고 실험하기에도 용이한 자리였다." - 김행숙, 「이상 시와 건축」, 『한국시학연구』 제39호, 한국시학회, 2014년, 196-197면.

떤 건축가도 건물이 어떻게 지어질지 미리 알 수가 없고, "건축은 제작자의 통제를 넘어서는 제작 또는 생성이라는 의미에서 탁월한 사건"[10]이라 말할 때, 또 더 나아가 "건축은 하나의 사건이기 때문에 항상 우연적이다"[11]라고 말할 때, 우리는 김기림은 물론이거니와 이상의 건축학적 토대 또한 의심해 보게 된다. 플라톤 이래로 철학에서 되풀이한 건축에 관한 비유와 은유들은 저마다의 철학적 관점을 관철시키기 위한 이상적 '설계의 모델'이었다. 실제의 건축과 이상적 건축은 차이를 보일 수밖에 없다. 그러니 시(문학)와 마찬가지로 "건축은 의사소통의 한 형태"[12]라 할 수 있으며, 타자를 설정해 두고 하나의 사건으로서 우연성을 내발할 수밖에 없는 것이다. 다시 말해, 김기림이 '건축'을 철학에서의 은유처럼 사용하려고 시도했던 반면에, 이상은 '인간으로서의 건축가'였다. 플라톤이 '은유로서의 건축'과 대조하며 하등하게 여겼던 '현실적인 건축'은 이데아를 실현할 수 있는 이상적인 건축물을 만들어 낼 수가 없다. 현실의 건축가는 매번 알 수 없는 타자들과 마주하며 끊임없이 이데아 밖으로 이탈되는, 또 다른 재현 상태에 놓여 있기 때문이다. 이 모습은 어쩌면 플라톤이 추방하려고 했던 시인의 모습과 다르지 않을 듯도 하다. 그러므로 당대적 조건이나 건축에 관한 은유를 떠나, 진정한 의미에서 이상의 시가 문학(예술작품)적 본질에 더 가닿아 있다고 볼 수도 있을 것이다.

 때문에 '시와 건축학적 상상력'이란 건축적 기호들이나 공간에 대한

---

10) 가라타니 고진, 『은유로서의 건축』, 한나래, 1998, 51면.
11) _____, 같은 책, 52면.
12) _____, 같은 책, 201면.

사유, 특정 건축물(조형물)에 대한 형상화 등으로 소박하게 구현된다고는 볼 수 없다. 이상의 경우처럼 직업이 건축가라거나, 건축학적 조예가 깊다거나, 혹은 건축·조형에 대한 친연성이 있다는 등, 창작자의 전기적 수준에서 고찰하는 것 또한 너무나 소박한 관점이다. 오히려 그것은 '해명되지 않는 우연성의 내발'이나 '타자와 분리될 수 없는 주체의 장소', '규칙체계의 발견임과 동시에 와해 상태를 느끼는 정념' 등, (김기림 식의) '건축'보다 '탈건축'적 관점에서 살펴보는 것이 타당하다. 문학이 더 이상 교사가 되는 시대가 아니다. 작금에 와서 한국시를 읽을 때 어떤 일정한 규칙이나 억압을 상정한다는 게 이미 우스워질 때로 우스워진 명제이기도 하거니와, 현대시 장르 스스로가 내발하고 있는 자율성도 그렇다. 고갈과 범람을 주고받고 있는 주체의 지위적 수준에서 최근의 시를 살펴본다면, 김기림의 명제는 이미 오래 전에 뒤집어진 채로 있다. 그러므로 지금 여기의 거의 모든 시는 탈건축적이다.

2. 이동하는 건축

건축학에서 '이동건축'이란 비정주적 특성이 다분해진 근래의 생활양식을 토대로 개념화되었다.[13] 스마트폰 유저들이 증가하면서 정보를 저장하는 장소의 개념이 소거되었고 무한으로 확장됐으며, 장소의 차이가 무화되고 실제 생활에서조차도 임의의 장소들을 더 많이 경험하는

---

[13] 이미 현대 건축은 거주의 개념에서 벗어나 철학·예술 등 서로 간의 통섭 작용이 이루어진 시각화 작업이다. 예컨대, 건물과 대지를 일체화하는 것이 아니라 지각경험이나 오감을 통한 총체적 몸의 개념으로서의 건축물(퐁티), '자기생산(Autopoiesis) 구조 모델'에서 차용한 이용자의 감정이나 행동 변화를 일으키는 피드백인 건축물(마투-라나), 도시 공간에서 이질적 경계를 재배치하는 헤테로토피아로서의 건축물(푸코), 차연의 개념처럼

사태에 이르기까지 했다. 게다가 도시에 거주하는 사람들은 자동차, 버스, 지하철과 같이 머무는 장소가 아닌 이동수단의 장소 즉 제3의 장소들을 하루에도 일정 시간 경험하며 살고 있다. 그런 일회용적 공간들을 소비하면서 자신이 영위하는 공간의 특성들을 저마다 최소화(경량화, 휘발성)시키거나 최대화시켜, 종국에는 무한에 이르게 한다.

가령 이런 예를 들어보자. 서울에서 택시운수업에 종사하고 있는 30대 김氏의 일과를 떠올려보자. 그는 택시 안이라는 정적 공간에서 하루를 보내고 있지만, 그의 일터는 택시 안이 아니라 승객에 의해 만들어지는 우발적인 장소들이다. 아니 더 엄밀히 말해서는 출발지에서 도착지까지 가게 되는 도로 위 어느 곳이든 그의 일터가 된다. 교대 시간에 맞춰 운수회사에 들어가더라도, 김氏에게 회사는 출근지일 뿐이지 일터라고는 할 수 없다. 그러니 그는 움직이면서, 제 일터를 '만들어 나가는 상태'로 일을 하고 있다고 말할 수도 있을 것이다. 또 손님이 뜸해져 한 장소에서 일정시간 정차 중이게 될 때는 김氏는 어김없이 SNS를 하게 되는데, 그가 활동하고 있는 계정은 '현진건 봇'이다. 즉 이때 그는 움직이고 있지 않지만 가상공간에서 제가 선택한 다른 가면을 쓰고, 다른 주체가 되어 더 넓은 공간으로 자기 목소리를 내던진다. 스마트폰 화면 안에다 현진건 소설의 몇몇 구절들을 맨션하면서, 웹상에 블록들을 쌓고, 자신이 생각하는 '현진건의 스토리'를 재구축하고 있는

공간 대기를 통해 형태적 유희를 만들거나 분해, 변형, 전치를 조장하는 건축물(데리다), 리좀의 개념에서처럼 불확정적 공간 구조를 통해 이용자가 자유로운 선택이 가능한 비결정적, 불연속적 건축물(들뢰즈), 모바일이나 사이버 공간처럼 무 공간성의 관념화된 구상을 보여주는 건축물 등이 있다. 그중 가장 말미에 있는 현대 건축 양식 중 '이동건축'의 개념이 상주하고 있는 셈이다.

것이다. 이렇게 우리는 끊임없이 허상이 된 공간 속에서 없는 것들을 목도하면서, 없는 세계를 쌓아올리고 있다. 이런 식의 건축물들이 가능한 시대에 김기림식의 고전적 건축의 은유가 통할 수나 있을까.

물론 김기림 또한 일찍이 '이동건축'이라는 시어를 사용한 바가 있다. 김기림은 제2시집 『太陽의 風俗』을 엮으면서 총 6부로 구성을 하고 있는데, 그중 마지막 부에 해당하는 6부의 제목이 '移動\建築'이다. 이 시집에서 6부는 「훌륭한 아침이 아니냐?」, 「어둠속에노래」, 「商工運動會」 등 총 3편의 시로 구성되고 있는데, 『太陽의 風俗』 전체를 두고 살피자면, 여행 모티브의 시편들이 다소 많이 편중돼 있는 것을 제외하고는 '이동건축'에 대한 확실한 의미역을 유추[14]하기가 힘들다. 김기림은 당대 문명사회에 대한 표면적인 징후와 소박한 수준에서의 비판만 다루고 있을 뿐, '이동건축'에 대한 설계자로써의 면모[15]를 이 시집에서 전혀 보여주고 있지 못한다. 오히려 "이런 독수리가 / 파먹다남은 / 生活은 / 下水道에나 집어던저라."(「어둠속의노래」)[16]와 같은 감상주의적 면모나

---

[14] '여행 모티프=이동건축'과 같은 등식이 성립되기는 어렵다. 가령 모더니즘 시론과 결부하여 김기림의 시를 고찰하려는 시도가 여러 번 거듭되었으나, 이식된 한국적 모더니티라는 한계와 외형적 방법론을 제시하고 있을 뿐 윤리적 근대 주체의 면모까지는 지향하지 못하고 있는 수준의 시편들이 다수가 발견된다. 그리고 이 시집에서 '여행 모티브'가 주로 드러난 시편들은 6부의 수록된 시편들이 아니라 「여행」, 「항해」, 「象牙의 海岸」 등 각 부마다 분포되어 있다.

[15] 6부의 마지막 시이자 『太陽의 風俗』 전체를 닫는 시이기도 한 「商工運動會」는 당시 유행했던 제국박람회적인 시선주체가 등장한다. 상공운동회가 열린 가운데 서구의 유명인들("뭇솔리니, 뷔지니, 샤바니, 제르미니,/ 루-즈벨트,벨트, 벨타오 슈-베르트, / 힐트, 힘멘스, 히스트, 히틀러,)을 떠올리기도 하고 제국주의 산물들을 관람하면서, 구경꾼의 시선으로 전락한 시적 주체 처지와 그 곁에서 발동하는 풍자적 시각이 동시에 드러나고 있다. - 이광호 「金起林 詩에 나타난 近代性에 대한 視線」, 『語文論文』, 어문연구학회, 제40권 1호, 2012, 247-249면 참조.

[16] 김기림, 『원전 김기림 시 전집』, 새문사, 2015, 241면.

"보기싫은 失望과悲觀 아름다운고양이들 / 너희들은 내품에서서떠나 거라. 미지근한 잠자리에나 박혀있어라"(「훌륭한 아침이 아니냐?」)[17]와 같은 도시생활자의 비관적 시선이 나열될 뿐이다.

한국문학사에서 '이동건축'에 대한 보다 명확한 이해가 선행된 후, 시작 방법론적 활용으로 진전된 사례는 박주택의 시라 할 수 있다. 주지하듯이, 박주택의 등단작 「꿈의 이동건축」은 "프랑스 초현실주의 후예의 피를 이어받은"[18] 듯한 독특한 수사학적 외장과 오감의 적절한 겹침을 통해 사물의 입체성을 드러내는 율동적 언어 운용을 보여주는 가편이다. 「꿈의 이동건축」은 혹독한 갈증 상황을 겪고 있는 시적 주체가 '나무-숲-수맥-물'로 연쇄되는 이미지의 향연들을 통해 최초 낙원의 공간을 제 관념 세계 위에 건설해두려 한다. 더 나아가 주체가 겪고 있는 '현재 상태'와 '기원'의 뒤틀린 시간적 거리를 만남과 이별의 정념을 경유해서 교차 편집시킨다. 게다가 숲, 사랑, 나가갈 수 없음 등의 관념태들과 시행마다 끊임없이 병치 회전하면서 '꿈의 건축'과 '현실의 건축'의 경계를 미묘하게 허물어뜨린다. "나무들 사이의 行蹟을 깎"는다든가, "높낮이의 생애를 닮"아가는 "현기증", "나는, 흡반으로 길고 먼 바다를 빨아들인다.", "사랑 앞에 서면 반딧불보다 더 빛나는 나뭇잎들", "내 입의 불", "내 눈의 太陽", "꿈의 세계로부터 빛나는 아름다운 약속" "내 집으로 불러들이는 / 내 뒤를 밟던 새떼." 등과 같은 표현을 상기해보아도 좋을 듯하다. 동작태를 내장한 무수한 기호들이 몽환적 흔들림을 통해서 자기 존재의 시원을 복원해 내고 있다. 현실의 지평에서는 "나

---

17) 김기림, 같은 책, 236-237면.
18) 조정권, 뒤표지 글, 『꿈의 이동건축』(복간), 천년의시작, 2004.

는 집 구조와 가구들을 이동시킨다"와 같은 단조로운 행위에 지나지 않는 정황을 이토록 율동성 있게 그려내고 있는 이 처녀작은, (꿈의) 건축과 (현실의) 탈건축을 한 편의 시에서 동시에 확보함에 있어서 모자람이 없다. 또한 50여 년 전 김기림이 소박하게나마 사유하고 있던 '이동건축'에 대한 관념적 사유를 보다 실체적 범주에서 복원해 내고 있다.

그뿐만이 아니다. 여기서 정말 놀라운 점이라 하면, 박주택의 이런 공간과 탈건축적 사유 체계는 건축학에서 비정주적 특징을 반영하고 있는 건축물을 짓고 있는 것처럼, 공간을 소비하면서 채우는 형태를 지속적으로 자신의 시편들 속에서 지향하고 있다는 것이다. 요즘 같은 미디어 매체를 사용한 적이 없었던, 그러니까 이미 30여 년 전 박주택은 존재의 내발적인 운동성을 감지하고 그들이 가진 운동량을 최대치의 파토스로 끌어올리면서 박주택만의 '꿈의 지도'를 완성해놓고 있다는 것이다. 여기서 꿈이란 '이동건축'처럼 단발적이고 휘발적인 속성을 가지고 있는 것은 물론이거니와 시적 주체를 강하게 쥐고 비트는 원형 상상의 표상이기도하다. 즉 제로('0')과 무한('∞')을 동시에 겨냥하고 있는 건축학적 상상력이다. 그런 상상력의 결과물이라 할 수 있는, 동명의 첫 시집 『꿈의 이동건축』에 수록된 「전신음악법」 연작들은 등단작과 더불어 존재의 '생성'과 '소멸'을 그리는 절창들이라 할 수 있다. 그렇다면 이와 같은 시적 특성을 보다 확장시키고 있는 근래의 시편을 더 살펴보자.

이로부터 나의 것은 나의 것이 아니었으며
다만 사라지는 나를 붙들기 위함이었으니

공교롭게도 나로부터 멀어지는 것들은 나와 가까웠을 뿐

나는 여러분이 그런 것처럼 여기에 있다

앙상한 가지처럼 있다 우둔한 문을 열어

서울의 것들과 빌딩에서 내려오는 계단들은

나를 쓰러뜨리고 술집의 대부분이 수모였지만

아름다이 사라지는 차들로부터 눈을 떼지 못했다

비록 이자 없는 내일을 고대하며

우주로부터 오는 빛에 내가 얼마나 작은지를 헤아리기도 했지만

곧이어 나를 감싸는 것은 진척 없는 사랑뿐이었다

뿔뿔이 흩어져 가문의 명예는커녕

서로에 대한 증오로 저무는 밥상에서

모래 섞인 밥을 먹었지만 여러분이 그랬듯이

이 집에서 나는 여전히 가장이었다

꽃가루가 날리는 분리수거함 앞에서는

지금의 나와 같이 고양이가 울어대고

유품들을 버리며 울 때처럼 울어대고

새로 산 식탁에서 책을 읽는 동안

나를 거추장스럽게 여기는 사람들은

내 키를 헤아리며 얼마나 작아졌는지를 가늠하겠지만

여러분이 그랬듯이 나의 외모와 내가 그려가는 행적들은

나의 집과 함께 끝끝내 여기에 있을 것이다

- 박주택, 「즐거운 나의 집」 전문, (『현대시』 2016년 4월호)

「즐거운 나의 집」에서 '즐거움'이란 어디서 오는가. 이 시의 주체는 행간을 채워나가면서 '나'와 '나의 주변부'에 대해 다양한 각도로 진술하고 있으나, 채워지는 만큼 나의 행방은 더욱 더 묘연하게 지워진다. 예컨대 "이로부터 나의 것은 나의 것이 아니었으며 / 다만 사라지는 나를 붙들기 위함이었으니 / 공교롭게도 나로부터 멀어지는 것들은 나와 가까웠을 뿐 / 나는 여러분이 그런 것처럼 여기에 있다"라고 진술할 때를 생각해 보자. "나의 것"과 "여러분이 그런 것" 사이, 도시적 현재를 지각하고 공통 감각과 자신의 사적 영역을 확보하고 싶은 사적 감각들이 충돌되고 있다. 물론 그 둘은 단순히 대결하지 않는다. 대결인 듯 대결이 아닌 채로 양측이 서로를 허용하면서, "나는" 공동체 속에 뒤엉킨다. 아니 어쩌면 '공동체'가 나의 욕망이나 감각 작용 속에서 뒤엉켜 있는 것일지도 모르겠다.

가령 "아름다이 사라지는 차들"이라거나 "서울의 것들과 빌딩에서 내려오는 계단들", 수모가 가득한 "술집의 대부분"들은 나에게 소유된 것이 아니라 즐거움을 강요하는 신자유주의 도시적 삶이 제공해 주는 공간적 표지들이다. 이미 그것들은 시적 주체가 의지를 통해 만들어낸 것이 아니라 주체와는 무관하게 이 세계가 이미 만들어낸 가공 공간들이다. 개인에게 적절히 욕망을 소비하게 하되 시스템을 부정하거나 전복하려는 사유는 쉽사리 허용하지 않는, 이 지독한 세속의 세계는 주체의 욕망마저도 수동화시키거나 그 진폭을 한정한다. 그러므로 여기서의 '즐거움'이란 제공되고 가공된 세계에 대해 거부권을 행사하는 '비틀어 말하기' 방식[19]으로 읽히는 것 또한 충분히 가능할 것이다. '즐거움'을 과잉하도록 지시하지만, 즐거움의 본질에 가닿게 하는 것은 철저히 방해하는 지금 이곳의 정언명령들을 이미 다 인지하고 있는 시적 주체는 이곳과 적절히 조우하면서 뒤엉킨다. 그러나 「즐거운 나의 집」은 이런 인식 상태보다 더 먼 곳을 상정하고 있는 듯하다.

 우선 이 시에서는 "나의 것", '여러분의 것', "서울의 것" 등 적어도 세 가지 층위에서 소유격인 대명사가 등장한다. 그것은 각각 '주체인 나', '주체임과 동시에 공동 타자인 공동체', '질서를 건축하고 있는 도시 공간들'로 표상되면서, 그런 상징 질서 안에서 아무것도 소유할 수 없는 나의 자리를 강하게 노출시킨다. 그 가운데, 나는 사라져버리고 나는 나의 대한 소문으로 남는다. 오직 내가 소유하고 있는 것은 주체가 말했다시피, "나를 감싸는 것은 진척 없는 사랑뿐"이다. "진척 없는 사랑"이라니? "가문의 명예는커녕 / 서로에 대한 증오로 저무는 밥상"이라니? 이와 같은 사랑의 방식은 일반적으로 관념화 된 타자를 사랑하는 방식이라고 말하기는 어렵다. 가공 세계를 살아가는 나에게 찾아온 이 사랑은, 육친의 존재까지 거부한 듯이 '진척이 없는 상태'라고 말할 수 있다. 이 사랑의 테두리 안에서는 "가문"도 사라지고 "증오"만 가득 남아 이렇게 사는 일이 '모래를 씹는 기분' 같지만, 그럼에도 불구하고 나는 '가장'이었고 그 지위에 최선을 다하면서 미움과 사랑을 끊임없이 회전 운동시키며, 단순 관념으로 말할 수 없는 진짜 사랑의 근원적 의미를 추적해내고 있는 것이다. 그러니 이러한 사랑의 건축은 주체로 하여금 '나의 느낌'을 소유하게 하지도, '타자에 대한 사랑'의 고정관념으로 내버려두지도, 그렇게 강요하고 배우게 하는 지금 이곳의 '감정교육의

---

19) 김지윤, 「'즐거워야 하는' 나의 집 – 거짓 즐거움과 욕망의 토포스」, 『현대시』, 2016년 5월호.

실체'도 모두 허상으로 만들어버린다. 그러니 아이러니하게도 그런 '없는 뿌리'를 가진 사유 방식으로 허상을 강요토록 하는 이 세계의 억압 시스템을 거세게 뒤흔드는 것이다.

이쯤 되면 박주택이 건축한 세계는 이미 비정주적 '이동건축' 방식처럼 공백을 딛고 일어서고 있으며, 채움과 비움이 뒤엉겨 있는 형상이다. "나의 외모와 내가 그려가는 행적들은 / 나의 집과 함께 끝끝내 여기에 있을 것이다"라고 진술할 때, 더 이상 주체의 몸("나의 외모")이나 삶의 양식, 태도("행적들")와 같은 것들은 보편적 상징체계로 말할 수 없게 된다. "나의 집"이라는 장소성도 실제 집을 건축해서 안주했다기보다는 억압 체계 바깥에서 건축한 주체의 사적 영역에 속하는 건축물이다. 즉 그곳은 우리가 의미를 가늠할 수 없는 박주택만의 건축물이며, 고정불변의 주체가 거주하는 공간이 아니라 입체적 주체가 스스로를 지우고 채우면서, 입체적 발화 양식을 창출해 내는 공간이다. 그러므로 「즐거운 나의 집」에서 즐거움이라는 요소는 단순히 '즐겁지 못함'을 강조하는 것도 아니요, 정말 우리에게 처해있는 '과잉된 즐거움'도 아니다. '즐거움'이라는 감성 기표에 오염된 부분을 최대한 제거하려는 정념적 파동의 산물인 것이다.

3. 사라지는 건축

초기 현대 건축에서 르코르뷔지에는 '집은 거주하기 위한 기계'와 같은 표현을 고수하면서 다분히 근대정신이 투사된 기계적 우주관을 드러낸다. 이렇게 인간 중심적인 건축에 대한 규정은 자연을 사용하는 사용자의 측면만을 부각시키는 결과를 초래했으며, 정작 인간이 '거주'하는 근원적 의미를 훼손하고 말았다. 즉 인간 중심의 지배 논리가 인간 또한 건축물의 일부로 취급하게 되면서, 공간에 대한 채움의 논리가 선행되고 인간이 공간을 점유하는 또 다른 개체로 전락한 것이다. 이런 근대성에 대한 비판이 비단 건축에서만 한정된 것이 아니라는 것을 덧붙이는 일마저 이미 소모전이 될 소지가 가득하다. 이미 현대 건축은 탈경계, 통합적 사고 체계를 기반으로 정념을 시각화하는 형식에 가닿아 있다. 하이데거 이후 사용자(주체)의 지위를 고정불변의 대상이 아니라 열림으로 둠으로써 사용자와 건축물 간의 상호관계가 대두된 점은 말할 것도 없거니와, 더 나아가 개별 건축가들의 사적 미감이나 철학이 투사되어 현실 공간과 개별성을 획득하기 위한 해체주의적 건축물이 1990년대 이후 시각예술 조형물의 한 요소로 자리 잡게 된 것 또한 이미 오래 전 일이다.

한국시 또한 다르지가 않다. 1980년대 후반 해체시 이후, 1990년대의 키치, 환상·문화·기호주의 시, 2000년대와 포스트 2000년대의 시를 겪으면서 한국시의 주체 자리는 분열, 해체, 실패, 포기, 퇴조, 소멸의 과정[20]에까지 이르렀다. 건축에서 해체주의 전략이 미니멀리즘의 건축물로 자리 잡은 것처럼, 최근 우리 시의 소멸 전략은 서양의 그것과 조우하는 동시에 주체의 개별까지 탈각시키는 '없음'의 사태를 딛고 있다. 가령, 황인찬이 「종로」 연작시에서 이동하는 주체를 만들어 상호관계적으로 공간을 확보할 때, 그 공간은 시인이나 독자에게 점유되는 공간이 아니라 황인찬이 만들어낸 반투명의 다른 공간들이다. 특히 『희지의 세

---

[20] 박성준(졸고), 「마이너스 벡터의 시와 줄어드는 주체들」, 『문학과사회』, 2015년 가을호; 「마이너스 벡터의 시와 줄어드는 주체들 2」, 『문학선』, 2015년 가을호.

계』에서 엿보이는 "전방위적인 차원에서의 패러디"[21]는 현실을 믿지 못하고 오히려 가상을 믿고 있는 공백의 사유를 여실히 드러낸다. 즉 건축이 되는 것이 아니라 건축이 될 것을 예비하는 허상의 상태가 물음 그 자체로 남아 있게 되는 것이다. 송승언의 경우도 유사하다. 소위 플레이스 킨트 세대의 시[22]라고도 명명할 수 있는 송승언의 시는 빛이라는 요소와 결합하여, 자신이 발을 딛고 있는 세계만 믿을 뿐 오지 않고, 당도한 적이 없는 세계는 그에게서는 부정된다. 아니 엄밀히 말해서 주체 스스로가 걸어간(선택한) 모든 흔적들이 송승언에게는 그 자체로 건축물이자 시가 되는 것이다. 그런 목적 자체를 유발하는 과정에 머문 정념들이 아직 공백의 벡터량으로 남아 "관제탑"뿐인 감흥 없는(혹은 어떤 무엇도 감흥이 될 수 있는) 세계를 보여주고 있다. 때문에 이들이 건축하는 시는 상념하고 감상하는 목적의 시가 아니며, 비평적 욕망을 충동시키는 난해함을 갖추고 있는 시도 아니다. 그저 무엇도 덧붙여 사유해볼 수 있는 '공백 놀이'의 건축물로 독자(사용자)를 적절한 빈곳으로 유도하고 있으며, 그곳을 경험하고 관람하도록 한다. 때문에 이토록 무용한 공간을 각자가 유용하게 선택적으로 소통할 수 있도록, (현대)시의 장르적 규약을 허물고 해방시킨다.

친척의 별장에서 겨울을 보냈다 그곳에서 좋은 일이 많았다 이따금 슬

---

21) 조재룡, 「유有에서 유有를 산출하는 이 치열한 무력無力 – 황인찬과 본디 시란 무엇입니까?」, 『문학과사회』, 2016년 봄호, 471면.
22) 박성준(졸고), 「나는 그 돌연변이 모두를 사랑할 수밖에 없다」, 『현대시학』, 2015년 5월호, 74면.

품이 찾아올 때는 숲길을 걸었다 그러나 여기서 그때의 일을 말하지는 않을 것이다

그보다는 어떤 기하학에 대해, 마음이 죽는 일에 대해, 건축이 깨지는 순간에 대해 이야기하고 싶다

이 시는 지난여름 그와 보낸 마지막 날로부터 시작된다

"이리 나와봐, 벌집이 생겼어!"
그가 밖에서 외칠 때, 나는 거실에 앉아 있었다 불 꺼진 거실에 한낮의 빛이 들이닥쳐서 여러 가지 무늬가 바닥에 일렁였고
"어쩌지? 떨어트려야 할까?"
그가 물었지만 대답하지 않았다 벌집은 아직 작지만 벌집은 점점 자란다 내버려두면 큰일이 날 것이다 그가 말했지만 큰일이 무엇인지는 그도 나도 모른다
한참 그는 돌아오지 않는다 벌이 무섭지도 않은 걸까 그것들이 벌집 주위를 바쁘게 날아다니고 육각형의 방은 조밀하게 붙어 있고 그의 목소리가 언제부턴가 들리지 않아 무섭다는 생각이 들 때
"하지만 벌이 사라지면 인류가 멸종한댔어."
돌아온 그가 심각한 얼굴로 말하던 것을 기억한다

(……중략……)

그리고 이 시는 시간이 오래 흘러 내가 죽는 장면으로 끝난다
그때는 아름다운 겨울이고
나는 여전히 친척의 별장에 있다

잔뜩 쌓인 눈이 소리를 모두 흡수해서 아주 고요하다
세상에는 온통 텅 빈 벌집뿐이다

그런 꿈을 꾼 것 같았다

- 황인찬, 「건축」 부분, (『희지의 세계』, 민음사, 2015.)

 인용한 시는 황인찬이 생각하는 은유로서의 건축에 대한 사유 그 자체라고 말해볼 수도 있을 것 같다. 이 시에서는 네 가지 사태가 교차되고 있는데, 첫째로는 어느 겨울 친척 별장에서 머물었던 시적 주체의 경험, 둘째로는 "지난여름" 만나게 된 '그'와의 일화들과 벌집에 관한 정황, 셋째는 이 시를 발화하고 있는 주체의 위치와 현재의 정념들, 넷째는 앞선 세 가지 사태를 뛰어 넘어 전지적 입장에서의 건축과 삶에 대한 관망 정도로 요약해 볼 수 있을 것이다. 첫 번째 경우는 "친척의 별장에서 겨울을 보냈다 그곳에서 좋은 일이 많았다 이따금 슬픔이 찾아올 때는 숲길을 걸었다"와 같이, 어느 겨울 친척 별장이라는 시공간을 무미건조하게 서술하면서 정보를 최소화한다. 특수하지 않은 일상적 경험으로, 공간 자체를 뚜렷하지 못한 공통 감각으로 전락시켜 놓은 것이다. 이곳에서 나는 "그"를 만난 "지난여름"을 생각한다. "그"에 대한 묘사 역시 무

미건조하게 제시되고 있기 때문에, 그를 친척 별장에서 만나게 된 것인지 그를 만난 곳은 이곳이 아닌 다른 곳인지 명확히 판단할 근거가 부족하다. 하지만 '별장에서의 겨울'은 '그와 겪었던 여름'만큼 시적 주체에게 분명히 각인될 사건들이 있었던 것으로 보인다. 주체는 "여기서 그때의 일을 말하지는 않을 것이다"라고 별장에서의 겨울을 봉인해두고 있지만, 곧이어 "어떤 기하학에 대해, 마음이 죽는 일에 대해, 건축이 깨지는 순간"과 같은 관념태들을 진술하며, 그와의 여름을 떠올리고 있기 때문이다.

둘째로 그와의 여름은 구체성을 띤 장면들로 연출된다. 집 바깥에 벌집이 생겨 위협을 느끼는 대화의 정황이 제시되고 있는 가운데, 그는 벌집을 집에서 떼어내려고 오래 안간힘을 쓰다가 결국에는 집으로 다시 돌아온다. "그가 심각한 얼굴로" ""하지만 벌이 사라지면 인류가 멸종한댔어.""와 같은 말을 할 때, 나와 그는 주어진 불안과 그 불안을 유예시켜버리는 이런 방식의 농담을 주고받으며, 불안을 가중하지도 불안에 맞서지도 않는 무기력한 모습을 내비추고 있다. 나와 그가 안주하고 있는 이 집에서는, "벌집"은 둘 사이를 위협하는 위험의 요소로 작용하지만, 그 벌집을 떼어내고 나면 둘뿐만이 아니라 "인류"가 멸종한다니? 서로가 머쓱해지는 상황을 이런 식의 위트로 모면하고 있는 모습으로 보인다. 꿀을 만들어내기 위해 집을 짓는 벌들과 둘만의 안식처가 된 이 집의 공간이 대조가 되면서, 벌집이든 그들의 집이든 아무런 일도 일어나지 않게 되는 것이다. 때문에 정작 그들이 여전히 무서워하는 것은 그들이 그들만의 공간(집)을 소유했다는 것이고, 결국에는 꿀을 제공하고 허물어질 벌집들처럼, 이들에게 이곳 또한 찰나적인 공간임과 동시에 언제가 휘발될, 멸종될 공간임을 자각하고 있는 것이다. 그리고 정작 "나"는 어느 겨울에 친척 별장이라는 개별 공간과 개별 시간에 와서야, 그와의 여름 집을 사유한다.

여름에 그와 함께 있었던 (벌)집에 대한 이중적 경험은 이 시의 끝과 시작을 만들어내면서, 세 번째와 네 번째 사태가 발생하게 된다. 현재는 그와 만날 수 없는 처지로 보이는 시적 주체는 그와의 여름을 상기하고, 별장에서의 겨울도 같이 상기하며, "건축이 깨지는 순간"이라는 소멸만을 감지한다. 때문에 여기서의 "건축"은 아무것도 지을 수 없는 정념이다. 헌데 주체는 이런 "건축"을 "마음"이자 '관계'이고 한 종(種)이 살아가는 토대 공간이라 상징하고 있다. 그러나 그렇게 건축된 것들은 벌집처럼, 그와 같이 내가 소유했던 공간들처럼, 모두 과거의 기억들로 사라져갈 것이다. 경험했으나 경험하지 않는 것처럼, 집을 소유하는 것이 형벌(벌+집)이라도 된 것인 듯 "나"는 과도하게 관조한다. 그리고 그 관조는 일종의 '헤테로토피아'와 같이 재배치된 다른 공간(별장)에서 호출될 뿐, 시적 주체에게 아무런 영향을 주지 않는다. 자신에게서 종국에는 사라질 것들에 대해 또 마음을 내주지만, 혼자 남은 나는 마음을 죽이는 일에 대해 골몰한다. 이런 방식이 황인찬에게는 건축이자 마음이고 관계이다. 그러니 이 주체는 아무것도 세우려 하지 않고 주어져 있는 건축물들을 무너뜨리지도 않은 채, 공백을 가지고 끊임없이 이동한다. 이 시는 시작되지도 끝나지도 않으며, 철저히 건조한 3인칭 전지적 관조를 통해 서술된다. 나의 자리만 보더라도, 여러 층위에서 절편이 되고 있다. 가령 은폐된 겨울의 일화와 공개된 여름의 일화의 관계에서의 나도 다른 시공간의 나이고, 시 안쪽의 공간과 시 바깥의 공간의 나 또한 다른 질감으로 제공되고 있다. 그리고 시를 쓰는 자신과 자신이 죽고 나서야 끝나게 될 이 시를 보고 있는 죽은 주체인 나 또한 시 안에 등장하면서, 분리된 정황 속에서 서로가 서로를 낯설게 '거리 두기'를 하고 있는 형국이다.

때문에 우리는 사라지고 있는, 아니 잡고 나면 사라져있을 이 어리둥절한 건축물 속에서, 저마다를 은폐하고 또 노출시키며, 머물되 머물지 않고 있는 것이다. "세상에는 온통 텅 빈 벌집뿐이다 // 그런 꿈을 꾼 것 같았다"라고 진술할 때 또한 그렇다. 이 꿈과 같은, 이렇게 아무 일도 아닌 것만 같은 어떤 일들이 다분히 촉발되고 있는 이 시에 대해, 우리는 무엇이라 형언해볼 수 있겠는가. 그러니 지금 당장은 황인찬의 건축을 또 다른 방식의 '꿈의 이동건축'이라 불러보아도 괜찮지 않을까.

4. 미지가 되는 건축

건축가 안도 다다오의 작품 「빛의 교회」는 오사카 외각에 있는 한가로운 주택가에 위치해 있다. 다른 건축물에서도 빛의 활용이 잦았던 안도는 「빛의 교회」에서는 특히 제단을 향해 쏟아지는 빛으로 십자가를 만든다. 바깥에서 쏟아지는 빛이 콘크리트 벽면을 관통해 건너편 벽면으로 가닿아 마치 커다란 십자가의 형상을 만들어 놓은 것인데, 삐걱거리는 낡은 교회당의 의자들과 의도적으로 조명을 낮춘 실내 분위기 때문에 「빛의 교회」는 한껏 더 경건해 보인다. 게다가 마감을 하지 않은 콘크리트 외벽은 음습함과 모던함의 효과를 같이 주면서, 이 공간에 머물고 있는 시간들을 절편시킨다. 예컨대 우연의 효과를 주고 있는 제단벽은 중세, 낡은 의자들은 근대, 사방의 벽 소재는 회색의 현대적 분위기를 연출하고 있는 것이다. 이렇게 시간의 단층들을 건축물 내부에 재배치함으로써 지금 이곳과 단절된 다른 세계의 진입을 암시하고 있는 셈이다. 우연의 효과와 의도된 시간성을 토대로 말이다.

 안도는 예측할 수 없는 미래에 대한 은유로서 건축에서의 '긴장'과 '우연'을 언급한다. 가령, "나는 공간체험을 과정적으로 전개되듯이 만들려고 한다. 건축을 체험하는 것은 체험하려는 사람의 예상이 빗나가게 하는 것이라고 생각한다. 이러한 빗나감이 지닌 심오한 세계가 인간의 사고에 진폭을 부여하여 인간의 정신을 자극하게 된다."[23]라는 말이 그렇다. 인간은 긴장하면서 내면의 진폭을 발견하고, 우연히 정신의 자극을 받으면서 이곳과 다른, 혹은 새로운 세계로 진입한다. 의도된 것들과 의도할 수도 없는 것들 사이, 우연히 만들어진 것들과 만들어낼 수도 없는 우연들 사이, 혹은 그 모든 것을 빗나가는 건축가와 건축물, 사용자의 긴장 관계가 끝끝내 알 수 없는 미래처럼 우리들 앞에 돌연, 마주 서 있는 것이다.

 미래는 알지 못한다. 미래에 대한 판단마저 사실은 모두 사후적으로 평가될 뿐이다. 은유의 수준에 머문 김기림이나 도시 도면을 투사하듯 자신의 정신세계를 투사했던 이상, 꿈의 세계를 '이동건축'하며 다른 자아를 발견하고 그 자리에 총체성을 부여했던 박주택, 없는 대지에 있거나 없는 묘연한 사건을 건축한 황인찬이나 송승언까지. 우리는 이들이 선택한 세계들을 엿보며 다 지어지지 않는 신소재의 공간을 경험한다. 하지만 그곳은 시인 스스로밖에 안주한 적이 없었던 집이거나 여럿

---

[23] 이영일, 「안도다다오의 건축 세계」, 『PLUS』, 2015년 9월, 144면.

이는 안주할 수는 없는 끝내, 일인용(혹은 일회용)의 집인지도 모르겠다. 세계는 이동한다. 시처럼, 건축처럼, 이동하면서 닿을 수 없는 미지를 향한다. 그렇게 '지금 여기' 우리는 이동하면서, 결코 각자일 수밖에 없는, 각자의 미지들이 열렸다가 닫히고 있다.

행복한 질문하기
- 오지 않는 미래에 대한 단상

#

문장들 사이의 침묵이 점점 무서워진다. (김현, 『행복한 책읽기』, 86년 6월 16일 일기 부분)

이제 침묵보다는 침묵 이전의 침묵이 필요하고, 침묵을 깰 수 있는 침묵이 필요하고, 다시 침묵보다 더 두려운 '생각의 장'이 필요하다.

#

2000년대의 한국시는 무엇이었을까. 아니 질문을 수행하기에 앞서, 왜 2000년대라는 특수한 시간이 아직도 우리에게 당도하고 있는 것일까. 작년에 이어 올해에도 새로운 시인들의 첫 시집이 차례차례 도착하고 있다. 왜 그들은 일군으로 묶이지 못하고 소비되고 있는 느낌일까.

우선 2000년대 시가 60년대 후반에서 70년대 생들의 소산이었다는 것에 주목을 해보자. 90년대의 잘 쓰여진 서정시의 자리는 너무나도 견고하게 자리 잡고 있었고, 90년대 후반에서 2000년대 초반에 문단에 데뷔한 이들은 당시 서정의 질서에서 주변에 머물렀다는 이유로 출판이나 발표의 기회와 같은 호명에서 억압을 당해야했다. 그러나 그들은 그들만의 시를 쓰고 있었고 2005년을 기점으로, 일군이 되어 나타나게 된다. 물론 일군이라 하여 그들의 시 세계가 동일한 방향으로 흐른다는 것은 아니다. 다만 외연적으로 그들의 원고가 몇 년씩은 묵어 있던 원고였으나 빼어난 미학적 성취를 가지고 있었다는 점과 문학과지성이나 창비의 시선이 아닌 당시 랜덤하우스와 시작, 열림원 등 새로 시작된 시선을 중심으로 대거 등장했다는 점, 데뷔 경로가 중앙지에만 한정되지 않았다는 점 그리고 한 세대로 명명해도 좋을 만큼 비슷한 출생 시기와 등단 시기를 공유하고 있었다는 점 등이 그들을 묶어 볼 수 있는 미약한 근거가 된다.

그리고 97년에 시작된 IMF 체제라는 사회적, 경제적 지각변동과 김대중, 노무현 정부 10년간의 민주화의 분위기 속에서 우리 문학이 누릴 수 있었던 수혜와 문학이 해야만 하는 또 다른 역할 수행이라는 책무 같은 것들이 2000년대에 한꺼번에 소급될 수 있는 토대를 마련하고 있었다. 무엇보다 2000년대 시의 미적 성취가 2000년대의 것으로 귀속되기 타당한 미학적 근거들이 평단의 논쟁을 통해 활발하게 진행되었다.

무엇이 결핍이 되고 무엇이 과잉되었을까. 2000년대 문학을 접근하는데 있어, 2000년대에 생산된 시를 살피기보다는 비평 논쟁의 풍경이 먼저 떠오르는 것은 굉장히 불행한 일이다. 다시 말해, 2000년대를 시의 스캔들을 빙자한, 비평의 스캔들만 난무한 시대라고 말해도 괜찮을까. 권혁웅의 '미래파', 이장욱의 '다른 서정', 김수이의 '진화하는 서정', 신형철의 '에티카'와 진은영의 '시와 정치'까지. 논쟁의 과정을 지켜보는 일이 2000년대 시를 말하는데 더 명쾌한 어떤 것을 우리에게 주고 있다. 그것은 달리 말해, 비평이 시를 소외시킨 시기였다고 말할 수도 있겠다.

논쟁을 촉발시켰던 권혁웅은 '미래파'라는 수사적 명명을 통해 90년대의 서정시와 2000년대의 문학적 새로움을 대립시키면서 그들만이 가진 미학적 새로움에 대해 격려와 찬사를 아끼지 않았다. 너무 인용이 많이 되어서 다소 피로감이 생길 것 같은, 권혁웅의 다음과 같은 선언을 살펴보아도 그렇다. "어차피 우리 시의 미래는 이들이 적어나갈 것이다. 이들에게는 80년대 시인들이 걸머져야 했던 역사와 시대에 대한 채무의식이 없고, 90년대 시인들이 내세운 그럴듯한 서정, 고만고만한 서정이 없다. 그 대신에 다른 게 있다. 그리고 이들의 시는 무엇보다도 먼저, 재미있다." 권혁웅은 2000년대 이전의 문학적 토대 그러니까 90년대의 질서를 반하면서 2000년대의 문학적 생산물들을 겨냥한다. 그러나 여기서는 몇 가지 문제가 제기될 수 있다. 우선 '미래파'라고 명명한 개별 시인들의 시 세계가 모두 다른 곳을 향하고 있어 개념 자체가 모호하다는 것과 역사와 시대의 채무를 논하면서 8, 90년대를 대립시켜 당위를 만들고 있어 오히려 그곳에 기대고 있다는 인상을 같이 주고 있다는 것이다. 또한 '미래파'라는 느슨한 개념어가 이들을 명명하기에는 너무 크거나 비약적이었고, 평론가 개인의 신념을 나타내기에 오히려 적합했다는 것이다. 물론 후에 권혁웅은 「행복한 서정시, 불행한 서정시」를 통해 서정의 문제에 대해 다시 접근했고, 저서 『시론』을 통해 다시 야심차게 새로운 시에 대해 자신의 의견을 개진해나갔지만, 그때는 미래파라고 명명된 시인들의 두 번째 시집이 우리에게 도착했을 때였고, 이미 문학적 담론의 장은 다른 곳으로 향하고 있었다.

 권혁웅의 논의를 보다 구체적 문제로 접근할 수 있게 자리를 마련해준 이는 신형철이다. 신형철은 미래파와 서정이라는 모호한 대결 구도를 '에티카'의 문제로 바꿔놓으면서 "다른 총체성"과 "다른 윤리"에 대해 시사한다. 그는 이 시기의 시적 징후를 「전복을 전복하는 전복」에서 '뉴웨이브'라 명명하면서 2000년대 시가 품고 있던 서정의 위기를 지나 '변종'과 '기형'에 대해 통찰한다. 그로인해, 주체의 붕괴와 다성성, 불연속성, 권위의 부정 등과 같은 2000년대 시들의 탈 역사화된 문제들에 대해, 윤리성을 보장하면서 그들의 윤리에서 '실재'의 가능성을 엿본다. 그러나 이 또한 2000년대의 외부의 현실에서 자극을 받았다기보다는 2000년대 이전의 문학적 상황에 초점을 두고 개진된 당위와 목적론적 문학관이라는 문제에서 자유롭지가 않다.

#

 어떤 징후에 대해 재빠른 명명이 가진 '재미 보기'는 어디까지 지속될 것인가. 세대론 명명의 비약적 욕망은 무시무시한 것이다. 물론 호명에 대한 책임을 다하지 않는 근래의 분위기 또한 직무유기에 해당하는 것이지만, 소위 '미래파'라는 비평 스캔들의 순간과 유사하게 이제 막 '포스트-미래파'라 불리기 시작한 80년대 생들의 문학적 소산을 2000년대와 2010년대의 대립구도로 굳이 살피는 이유와 야욕은 또 무엇인가. 그것은 종전 담론의 대립구도가 90년대 서정시와 미래파였다면, 이번에 대립 구도의 전략은 미래파와 2010년대의 시라고, 복사판에 가까운 응전에 대한 응전이 아닌가.

그러나 분명한 것은 이것이다. 2000년대 한국시는 2000년대에 머물러 있다. 그리고 '포스트 2000년대의 시'가 '2010년대의 시'로 귀속되거나 상속될 이유가 굳이 없으며, 서정이나 자아의 문제는 그렇게 연대기 순으로 진화하거나 발전하지 않는다. 그러니 수혜와 상속의 개념마저 허상에 가까운 것이다.

#

담론은 누가 만드는 것일까. 2000년대의 비평의 장에서 흥미로운 점은 이장욱의 '다른 서정', 권혁웅의 '미래파', 진은영의 '시와 정치' 등등 담론을 생산하는 개별 주체들이 대체로 시인이었다는 것이다. 그들의 시와 비평을 철저히 나누어서 생각을 해보더라도, 그들의 비평적 기반과 도약 지점은 그들이 생산한 시와 전혀 다른 곳에서 시작되었다고 누가 말할 수 있겠는가. 때문에 2000년대 시인이 쓴 비평의 공백을 살피는 일은 일종의 논리적 당위를 만들기 위함에서 비롯된 것일 때가 많다. 그것은 다시 말해, 정교하고도 예리한 탐독이 아니더라도 시인의 비평에는 비논리적이나 솔직한 직관이 있고, 낭만적 욕망과 같은 정념들이 잠재태로 늘 가라앉아 있다. 때문에 그 비논리의 논리가 늘 아름답고 참혹하고 따뜻해 보이는 것이다.

#

2000년대를 돌아보는 이유가 현재의 문학적 토양을 살피기 위해서인가. 정리를 위한 정리인가. 혹은 그도 아니라면 2000년대의 논쟁의 성과에 힘입어, 다시금 2010년대까지 '이름 불러주기', '새것 만들기' 놀이에 또 발을 담글 속셈인가. 그것이 어느 쪽으로 향하고 있더라도 우선은 유의미한 일이다. 비평의 과잉마저 이루어지지 않는 적막한 이 순간에, 결핍과 불황을 맞고 있는 미래의 시인들이 아직은 우리 곁에 남아 있기 때문이다. 올해 봄에 발표된 강동호의 「파괴된 꿈, 전망으로서의 비평」과 신형철의 「2000년대 시의 유산과 그 상속자들」은 각각 2000년대의 비평과 시에 관해 탐독하면서 2010년대의 새로이 겪을 한국시에 대해 전망한다는 점에서 숙고할 만하다.

강동호는 고진의 근대문학의 종언과 미래파 담론, 시-정치론을 언급하면서 2000년대 시단의 논쟁의 풍경을 예리하게 살펴보고, 사회학자 김홍중의 표현을 빌려 '진정성의 종언'의 문제에 대해 다시 성찰한다. 시와 정치의 맥락에서 미래파적 주체가 진정성을 종식했다고 보는 일각의 목소리와 상반되게 용산참사, 두리반, 4대강, 한진중공업 사태, 작가선언 12·19까지 현실 문제에 대해 적극적인 행동을 취하고 있는 대다수의 작가들을 어떻게 보아야할 것인가. 이렇게, 강동호는 그런 현실 의식을 공유하고 있는 대다수의 작가들이 2000년대의 탈내면, 탈서정적 주체의 징후를 가진 작가라는 것에 다시 또 질문을 던진다. 그리하여 종국에는 진정성의 가치를 완전히 폐기할 필요도 없으며, 정치라는 문제를 실천과 문학작품의 본질적 계기로 보는 시각 또한 지양해야 하는 것이라고 시사한다. 대신 그 자리에 더 나은 삶을 바라는 인간이 가진 소망이 총집중된 기표로서의 '진정성'과 '정치'를 놓아두고, 앞으로의 비평의 역할과 수행해야할 전망들을 예기한다.

반면에 신형철은 빅토리아 시대의 정치적 상황과 그 시대 시인들의 새로운 발화 방식인 극적 독백을 연결 지으면서 2000년대 시인들의 발화 방식, 즉 딕션(diction)의 문제를 현실 정치의 상황으로 대응시킨다. 대의 민주주의의 정치적 조건이 가능했던 시기에 새로운 딕션이 출현했듯이 2000년대의 현실의 조건에 따라 '김행숙적인 것'과 '황병승적인 것'이라는 딕션이 출현했다. 그는 이런 감응적 인물이 내세운 1인칭 내면 고백의 시편들이 '2000년대적인 것'일 수 있다고 말하고 있다. 때문에 2000년대의 그것들을 상속받은, 2010년대 시인들이 있다는 것이다. 그리하여 "조인호의 인물들은 전쟁 중이고 김승일의 인물들은 수업 중"이라는 명쾌한 전망을 내놓는다.

강동호는 "비평의 진정성이라는 것을 상정"하는 가정을 통해, "비평이 비판적 대화를 수행할 의지와 능력을 보여준다면 비평은 이 시대의 유의미한 사유의 '장치'로 거듭날 수 있"다고 말한다. 다시 말해 작금에 현실에서 제 역할을 못하고 있는 비평에 대해 소위 반성과 성찰이 필요하다는 것이고, 비판적 대화가 다소 무심했던 지금 이 시점에 '비평의 정치'로서 대화의 장과 비판의 장을 열어보자는 것이다. 다만 그것이

이 글에 한정해서는 비평을 위한 비평의 영역에서 수행되고 있는 것이 아닌지 되물어 봐야한다. 이 뛰어난 독법을 가진 비평가가 앞으로 어떤 방식으로 '논쟁의 장'뿐만이 아니라 개별 시인들의 시 세계를 간파할지 기대와 염려를 같이 가져볼 일이다.

　신형철의 논의가 늘 매력으로 다가오는 이유는 문체나 접근의 치열성을 뒤로 미루어 이야기하더라도, 개별 시편들을 독파하고 명명하는데 있어 현실의 공간을 간과하지 않는다는 것이다. 빅토리아 시대의 민주주의의 문제와 발화양식의 변동이 2000년대의 그것과 유사한 성질을 가지면서 2000년대의 고유한 딕션을 창출했다는 시각은, 윤리성을 부여하면서 실재의 문제로 접근했던 종전의 그의 비평처럼 이곳에서 시를 쓰는 시인들을 역사와 당위적 맥락으로 귀속시킨다. 다시 말해 그의 비평은 개별 시인들의 개성과 문학사적 판단과 가치, 시와 현실과의 관계 등을 하나도 놓치지 않으려는 따뜻함과 차가움의 논리를 두루 갖추고 있다. 다만 그 서늘한 비평의 틈만 꼬집어 말해보자면, 2010년대의 시인들을 언급하는데 있어 너무 선형적인 판단을 통해 '상속'과 '수혜'의 개념으로 그들의 시적 위치를 협소하게 잡았다는 것이다. 2000년대의 현실 정치적 상황이 있었다면 2010년대는 그와 다른 맥락에서의 현실이 작용했을 것인데, 그것을 밝히려하지도 않고 우선 황병승과 김행숙, 조인호와 김승일 식으로 유사한 주체 발화를 통해 관계를 규정지었다. 그래서 랑시에르의 문장을 인용하면서 "2000년대의 시에 그러했듯이 2010년대의 시에도 적중하는 말이 되기를 기대한다."라고 원고를 마치고 있다. 주지하듯 랑시에르를 굳이 다시 수고롭게 이곳에 인용하지 않더라도, 신형철이 바라보고 있는 미래는 어쩌면 2000년대의 연장에서 혹은 2000년대의 진화를 통한 미래가 아니었을까. 때문에 신형철은 아직도 2000년대를 그의 비평적 호명의 범상한 통로로 선정해두고 또 다른 폭력을 지금-여기에 가하고 있는 것은 아니었을까.

#

질문이 아름다운 이유는 질문은 질문이기 때문이고, 진짜 질문은 답이 없는 동안에만 가능하다. 질문의 답을 만들어 놓고 질문을 시작하는 순간, 그 질문은 '소모'거나 '욕망'이거나 자칫 '저질'이 될 수도 있다.

#

숙의(熟議) 민주주의라는 말이 있다. 한 사회가 강제나 억압으로부터 공론영역 수립이 가능했을 때, 즉 복지국가 단계에 들어선 이후일 때, 신자유주의의 공세에 맞서 민주주의 사회가 가능하다면 그 사회를 운영할 수 있는 새로운 모색과 노력이 숙의 민주주의 개념의 출발이다. 롤즈는 자유주의적 접근을 통해 사회의 운영 원리가 시민들에게 어떻게 합의를 이끌어낼 수 있는지 주목했고, 비판이론으로 접근한 하바마스는 공론영역에 도달한 시민들의 의지들이 어떤 식으로 분출되고 조합이 될 수 있는지 관심을 가졌다. 다시 말해, 평등주의적 자유와 좌파적 자유의 만남을 통해 국가와 시민사회의 조우를 보여주고 있는 민주주의 이론인 것이다. 때문에 숙의 민주주의가 핵심적인 정치주체로서 관심을 갖는 것은 시민사회, 언론 대중매체 등이다.

한국적 정황으로 쉽게 가지고 와 보면, 과거로 회귀하고 있는 MB정부식의 4대강 전시 행정과 그와 상반되는 현재 서울의 박원순 시장의 시민 참여적 도심양봉장이나 한강둔치 캠핑장 운영과 같은 시 행정을 이야기할 수 있다. 전자의 경우 엄숙주의 정치를 재연하면서 서울 광장을 막고 시민들의 목소리 듣기를 거부하는 행태를 취했다면, 후자의 경우 시민들이 직접 참여해서 가꾸는 지역사회를 표방하고 있다. 즉 후자는 공론의 장이 형성된 공론영역이 가능한 정치 형태로 '중심의 의지'와 '주변의 의지'를 합의와 숙고를 통해 조율하며 중심을 위한 정치가 아닌 주변을 위한 정치에 무게를 둔다. 하지만 수월성의 입장에서 재고해보면, 전자 그러니까 MB와 현 정부식의 엄숙주의 전시 행정과 다르게 아무것도 움직이지 않고 변화하지 않으며 숙의에 대한 숙의만 하고 있는 것으로 비춰질 가능성이 있다. 그래서 그 외면상 정체된 것처럼 느껴지기도 한다. 하지만 그 정체는 모두의 동의와 합의를 이끌어내기 위한 절차 속에서의 정체이며, 권력을 가진 주체가 마음대로 의사결정권을 행사할 수 없도록 하는 견제의 역할도 하는 것이다. 비약을 하자면, 대의 민주주의의 제도적 함정에 견제가 될 수 있다는 것이다.

여기서 굳이 숙의의 개념을 꺼내온 이유는 그간 2000년대 논쟁의 장에서 소외당한 시인들의 자리를 다시 호명해주기 위해서이다. 과연 2000년대의 가장 큰 수혜자는 누구인가. 이리저리 평단의 도마 위에 올라야했던 황병승인가. 아니면 그를 딛고 일어선 비평가들인가. 물론 미래파라고 명명된 시인들이 당대에는 지명과 소외를 같이 겪어야했고 두 번째, 세 번째 시집을 출간하면서 그 예리한 미학적 의장이 이제 다시 충격을 주고 있지 못한 것은 사실이다. 그리고 그들 또한 이제 기성의 영역에 들어섰고, 그들의 시에서 나는 여전히 새로운 미래가 보인다고 말할 자신이 없다. 하지만 분명한 사실은 명명하기를 통해 시인들의 자리를 만들어주려고 노력했으나 그만큼 시인을 소비하는 과정까지는 다 살피지 못했다는 것이다. 그렇다면 우리는 섣부른 명명 놀이가 아니라 이제 숙의를 해야 할 때가 아닐까.

그리고 2010년대의 현실적 토양은 의식적으로는 숙의 민주주의를 표방해야할 것이지만 현실의 실패, 다시 말해 2013년 체제의 실패를 상기해 보더라도 우리의 의식과 현실의 조건은 불충분으로 돌아설 것이 분명하다. 그렇다면 우리는 더 생각해 보아야 한다. 2010년대의 시에 대해, 미래의 또 다른 시에 대해, 충분한 숙고의 과정을 거쳐야할 것이다. 그리고 그 토대 속에서 발발하는 (신형철의 논의와 같이) 딕션의 문제가 있다면 그것은 2000년대의 연장이 아니라 2010년의 것으로 인정해야 할 것이다.

#

한 시인의 시 세계를 선형적 관점, 진화와 문학사적 연속성의 관점에서 탐독한다면, 그 시인의 자리가 생겨남과 동시에 사라지는 것을 우리는 주지해야 한다. 이런 관점으로 바라보면, 현재의 김승일은 황병승과 김행숙의 어떤 것에서, 조인호와 주하림은 황병승의 어떤 것에서, 이이체는 조연호와 김경주의 어떤 것에서, 황인찬은 이수명과 김행숙의 어떤 것에서, 박준은 이병률과 문태준의 어떤 것에서 벗어나기 힘든 시인으로밖에 말하지 못한다. 이것은 호명을 가장한 폭력이 아닌가. 또 그런 연속성의 논리적 비약은 현재의 시인들의 시적 성취를 말살하고 있는 태도가 아닌가. 왜 전세대의 시인들이 현세대의 어떤 기류에 동참하거나 소통하려고 애쓰고 있는 시적 영향 관계는 간과하고 있는 것인가.

과거를 기억하려는 힘은 욕망인가. 욕망 이전의 논리적 적절성인가. 그것이 너무 궁금하다.

#

왜 또 숙의란 말인가. 매체적으로 접근을 하더라도 그렇다. 2000년대 시인들이 이제 막 다성적, 분열적 주체에 대해 감각적으로 이해하는 동시에 이들은 현실에서 지나쳐왔던 엄숙주의의 잔재나 8,90년대를 지나오면서 그 나름대로의 억압의 현실 상황을 감내해야 했을 것이다. 때문에 이들은 그만큼 2000년대적인 문학적 소산을 생산해냈다.

그러나 현재의 2010년대의 시인들은 이미 SNS, 미니홈피, 구글 등 주체의 다중성과 언어의 중첩 현상을 스마트 매체를 통해 어린 시절부터 경험해왔던 주체들이었다. 또 권위 형성보다는 평등한 공론의 장이 자연스레 몸 안에 내재한 주체들이기에 억압에 반하는 형태로 굳이 불협의 형식을 취할 필요성이 없었다. 즉 현실에서 공론영역의 '수평적 장'이 2010년대의 시인들에게는 굳이 찾아야하는 욕망이 아니며, 그것이 실현되지 못하고 있는 지금-여기가 기형으로 보일 뿐이다. 숙의가 가능하지 않는 것에 대한 숙의가 생겨나고 그런 과정에서 각각의 목소리를 자신들의 언어로 수행하려고 하는 것이다. 때문에 오히려 '2000년대 시'라는 자율의 기표가 이들에게는 또 다른 억압의 기표로 다가오고 있는 것인지도 모른다.

#

미래를 결정하는 순간, 미래는 현재가 된다. 미래는 숙의의 과정을 통해서만 미래가 될 수 있고, 그래서 미래는 여기가 아닌 다른 곳에서 아직도 논의 중이고 합의 없는 합의로 진행 중이다. 그런 미래를 보고 싶다.

미래가 보이지 않는 동안에만 미래
: 황인찬, 김승일, 박희수의 시

1. 끝이 나지 않는 끝

끝이 나지 않는 끝이 있다. 파국을 향해/위해 계속 무언가를 수행하고 있지만 '끝을 내고 있는 행위'만 있을 뿐 결코 끝이 나지 않는 서사들. 하나의 기준으로는 포섭되지 못하고 포섭될 수도 없는 파국의 징후들이 어떤 조건에 의해 분리된 개별체들로 모여 있다. 대체 누가 어디서 어떻게 시작을 했을까. 다다와 초현실주의에 매료된 근대 예술가들의 작업이 그러했고, 파괴와 충동의 시학에 빠져 있던 보들레르나 말라르메, 랭보, 로트레아몽 등 시인들의 시가 그랬을 테지만 왜 아직도 우리에게는 '파국'이라는 공백의 기호가 필요한 것인가. 우리의 의식 속에 공백으로 존재하는 '파국'은 때때로 허무나 실존의 논리로 현실과 선택적으로 재결합하기를 좋아했고 그 안쪽을 규명하기 위한 전략은 생성과 폐기를 반복하는 과잉 비평의 호소일 뿐이었다.

주지하듯, 1950년대의 모더니즘 시는 근대를 실존적인 조건으로 파악하고, 전쟁으로 인해 세계가 상실된 경험 속에서 어디로든 뿌리를 내려야만 하는 의식의 치열함이 필요했다. 다시 말해 그것은 파편화된 자아를 회복하여 다시금 이름을 불러 주어야하는 대상(김춘수 「꽃」)이 필요했다. 또한 떨어지는 꽃을 통해 인간의 생사의 섭리를 파악하려는 시도(이형기 「낙화」)나, 다시 '춘향'이나 '신라'(서정주)를 주저 없이 이야기해야 했던 이유 역시 서정성을 회복하기 위한 필요이거나 선택이었을 것이다. 이는 충분히 시대적 조건과 의무에 의해 의도된 전략이거나 파국을 피하기 위한 모색이지 파국 그 자체는 아니었다. 그리고 우리 시에서 파국과 퇴락의 과정을 역사성에서 해방된 채로, 전면적으로 드러낸 세대라 하면 2000년대를 말할 수 있겠다. 엽기와 충동 속에서 새로운 윤리관을 이끌어 낸 일군의 시인들은 '여장남자'거나 '없는 계절', '아나키스트'가 '되기'를 작정했다. 그러나 어느 순간 그들 또한 '소수의 예감'에서 벗어나 '귀족의 규범'으로 재편성되기에 이르렀고, 어쩌면 이런 현상 또한 자연스러운 변증법일지도 모르겠다. 즉 우리의 눈에 전시되어 있는 파국의 국면이 사라진 지금, 그것이 내재화되어 있는 파국의 국면에서 우리는 어쩌면 그 공백을 공백으로밖에 말할 수 없는 처지일지도 모르겠다.

벤야민이 알레고리와 상징을 구분하는 종래의 방식에서 다시금 알레고리에 힘을 실을 수 있었던 원동력은 근대라는 폭력적 시스템이 작동하고 있는 지금 이곳의 현실이 예술가에게 특정한 명령을 강요하고 있었기 때문이다. 상징이 이곳에 없는 가상의 세계를 통해 미학적 실천을 이룩한다면, 알레고리는 구원이 없는 잔혹한 운명을 그대로 보여주면서, 특정 시대의 흩어진 약속들을 도식 없이 뒤죽박죽 호출한다. 때문에 종교나 신화처럼 동일성이나 총체적 국면으로는 다가갈 수 없는 근대에서 파편화된 주체들이 바라보는 세계란, 이기하고 불안정한 사태 속에 긴장이며, 알레고리는 그런 "응결된 불안한 상"을 구체화하는 미학적 장치라고 할 수 있겠다. 파국과 폐허, 죽음과 몰락을 향해 나아가는 세계에서 다양하고 모호한 의미의 운동을 드러내는 파편들은 하나로 수렴될 중심(보편)을 마련하지 못한다는 지점에서 긴장하고 있다.

그런 긴장은 우리 시에서 '2013년 체제'의 실패와 같은 정치적 혁명의 실패나 1999년, 2012년 종말론의 허무와 같은 거듭되는 파국의 지연 속에서 더 가속화될 수밖에 없었다. 그러므로 2010년대의 시인들 또한 이와 유사한 영향관계 속에서 알레고리 미학을 구축하고 있는 것이다. 다시 말해, '2000년대'와 '2010년대'의 미학적 특권과 대립·공존 관계로써의 '의무'를 물어 현재를 살피자는 것이 아니다. 표현의 관습화를 배재한 채, 관습의 표현이라는 맥락 아래에서 각 시대 별로 파국을 경험했던 예술 주체들이 어떻게 파국의 조건들을 형상해냈는지 살펴보자는 것이다. 그리고 그것이 현재 어디까지 진행되었고 폐허의 형태 또한 어떻게, 얼마나 절망스러운 처지인지 그 수위를 살펴볼 필요가 있다는 것이다.

2. 정(正)이 사라진 시대의 긴장

우선 아케이드에서 우글거리는 창녀의 기표부터 언급하고 시작해보자. 창녀는 스스로의 몸을 고갈시키면서, 고갈과 동시에 몸을 상품화한 결과로 제 몸을 연명하고 사는 주체이다. 창녀의 정신과 몸은 점점 죽음으로 축적되어가고 있으나 소진이 곧 소생이 되는 양날의 모멘트 안에 들어와 있다. 즉 자신의 생을 마감하고 나서야 들여다볼 수 있는 죽음을 제 몸에 내재화하면서 삶의 도처에 흩뿌려져 있는 죽음, 파국의 국면들을 살피는 것이 창녀의 생이다. 이것은 창녀가 근대 자본주의 시스템에 대한 알레고리라는 보편적 전언임과 동시에, 보들레르가 시인 스스로의 삶을 아케이드에서 살아내는 매춘부나 거지의 모습으로 교차시킨 이유가 되기도 한다. 그리고 우리 시에서도 여성 콤플렉스(Female complex)의 발화방식이나 이성복이 형상해 낸 누이의 모습(Sister complex)에서 이와 유사한 인식을 발견할 수 있다.

"엘리, 엘리, 죽지 말고 내 목마른 裸身에 못박혀요 / 얼마든지 죽을 수 있어요 몸은 하나지만 / 참한 죽음 하나 당신이 가꾸어 꽃을 / 보여주세요 엘리. 엘리 당신이 昇天하면 / 나는 죽음으로 越境할 뿐 더럽힌 몸으로 죽어서도 / 시집 가는 당신의 딸, 당신의 어머니"(「정든 유곽에서」)와 같은 대목에서도 파악되듯이, '유곽'의 무대로 초대된 누이는 발화주체의 파괴 심리나 비애감, 수치심을 공유하는 존재론적 공간이자, 주체를 '살아 있음'과 '살아야겠음'의 아픔의 원리로 작동하게 하는 타자이다. 때문에 이곳에 내재된 진실은 호출된 누이나 호출한 주체나 유곽의 공간에서 서로 '죽음과 삶'을 공유했다는 사실밖에 남아 있지 않는다. 다시 말해, 유곽이라는 공간은 치유가 아니라 아픔과 고통을 지연시키는 은폐의 공간이며, 은폐를 통해 삶을 움직이게 하는 공간이다. 그러므로 이 시는 누이와 발화자 등 개별주체의 병증을 확보해 내면서 당대의 곤궁과 방황을 알레고리화하는 역설적 심층의 공간인 것이다. 그렇다면 유곽의 기표 또한 폐허와 파국 사태의 다른 확장이 아닌가.

그것을 생각하지 그것이 사라졌다

성경을 읽다가
다 옳다고 느꼈다

예쁜 것이 예뻐 보인다
비극이 슬퍼서
희극이 웃기다

좋은 것이 좋다

따뜻한 옷의 따뜻함을 느낀다
컵 속의 물을 본다

투명한 빛이 바닥에 출렁인다

그것은 마시라고 있는 것

- 황인찬, 「그것」 전문

　아무것도 없는 세계를 보여주고 있는 「그것」은 어떤 정념도 배치하지 않는 형태를 보여줌으로써 없음을 딛고 발발하는 제3의 정념에 도달하는 모습을 보여준다. 예쁜 것이 예뻐 보이거나 비극이 슬프다는 것, 희극이 웃기다는 것은 지시된 대상이 도달하려는 일반론적이고 당연한 인식이다. 좋은 것이 좋고 따뜻한 옷이 따뜻하고, 물이 마시라고 있는 것이라는 것도 언뜻 보아서 별다른 정보가 관여하지 않은 공백을 위한 공백들로 보인다. 하지만 이것들 사이의 인력은 굉장히 비현실적인 불안감을 호출한다. 발화주체가 최초에 지시하고 있는 것들은 이미 사라질 것을 예비하고 있는 듯 흔들리고 있다.

 우선 "그것을 생각하지 그것이 사라졌다"라는 1연을 살펴보아도 그러하다. 여기서 '그것'으로 앉혀놓은 것들은 뒤이어 나올 성경이나 예쁜 것, 좋은 것, 비극과 희극, 따뜻한 옷, 물 따위일 것인데 그것들은 이미 발화주체에게 사라지려고 지칭된 현상들이다. 다시 말해 주체의 입장에서 보면 모두 '긍정'을 하고 있는 듯 보이지만 지칭된 대상들은 모두 '부정'으로 향하고 있다. 가령, 성경이 옳다고 느꼈다는 것은 최초의 생각 속에서 성경이 옳지 않다는 생각이 모멘트로 작용하고 있다는 것을 반증하고 있고, 그런 성경이 옳다고 발화하는 것 또한 성경에 대해서 어떤 생각이나 정념도 두지 않고 이곳에서 약속된 논리대로 옳다고 따르겠다는 제스처만 보여주겠다는 의미로 다가온다. 그러니 발화주체에게 성경은 옳고 그름을 기표상으로 "다 옳다고 느꼈다"고 정리 되었을 뿐이지 판단이 유보된 상태로 남아 있다. 아니 오히려 판단 유보를 통해 내재하고 있는 질서들을 내파하면서 유예와 숙의(熟議)라는 불안한 논리에 들어서게 된다. 때문에 이곳에 모여 있는 '그것'들은 파편화된 대상들의 집합인 동시에 발화주체에게 발화의 동기만 부여할 뿐 어떠한 정념이나 욕망도 불러일으키지 못하는 환영에 가깝다.

 이와 같은 환영들은 대명사 '그것'과 조우하면서, 우울과 경멸의 세계를 구성하고 있다. 이를테면 그것들이 내연에 가진 의미 질량들은 동일한 대등절로 모여 있다. '그것'들은 '성경 - 예쁜 것 - 비극과 희극 - 좋은 것 – 따뜻한 옷 – 물'의 순서로 얼핏 보면 점감식으로 작아지는 것처럼 보인다. 하지만 1연에 '그것'에게 호출되고 있는 것에 주목을 해보면, 관찰을 수반한 물의 존재를 제외하고는 모두 적절한 질량값을 나눠 가진 형상으로 대등하게 배치되어 있다. 여기서 우리는 끔찍한 우울함과 마주서게 된다. 어떤 아름다움을 아름답다고 말할 줄도 모르고, 웃거나 슬프거나 감정의 표현에 대해서도 거세당한 채, 좋은 것이 무엇인지도 모르는, 성경의 말씀(신화적 세계)에서 버림받은 따뜻함을 잃은 주체의 세계관을 볼 수 있다. 즉 아무것도 확정짓지 못하는 주체의 탄생이다. 이때 발화주체는 그저 살아 있기 위해 물을 마시고, 물을 마셔야한다는 확고한 의지 때문에 파국 지연 상태를 더 깊숙이 경험하게 된다.

고추를 단 소녀들이 체조를 하고 있네, 사각팬티를 입고 고추를 들썩거린다.
너무 털렁거려서 실신할 때까지. 아찔아찔. 너도 나랑 같이 점프할래? 털렁거리는 것이 필생의 꿈이었던 것마냥. 소녀들이 팔 벌려 높이뛰기를 한다.
남자친구야, 나한테 고추가 생겼어. 우리 이제 불알친구지? 니네 집에 가고 있어. 체조를 하면서 가고 있어. 너한테 발기하는 법을 배우고 싶어. 발기 푸는 법도 배워야겠어. 너네 집에서 자고 갈 거야. 너희 엄마한테 혼날 거라고? 왜 혼나? 불알친군데.
우리 집 말고 잘 데가 하나 더 있어서 좋다. 불알친구의 침대, 불알친구의 이불. 너희 엄마가 방문에 귀를 대고 있어.

말씀 안 드렸니? 우리가 이제 친구라는 걸. 하루 종일. 너랑 같이. 우리가 사귈 적 얘기를 나누고 싶다.

얘기를 나누면서. 소녀의 고추는 앉았다 일어나고. 죽었다 살아나고. 새로 생긴 체조처럼. 끊임없이 움직일 거야. 소녀의 몸에는 조금씩 알통이 붙을 것이다.

네가 오지 말아서. 오늘은 너희 집에 가지 않았지. 아까부터 고추를 꽉 잡고 있어. 어떻게 죽이는지 아직 몰라서. 무작정 이렇게 꽉 잡고 있어. 내일은 너희 집에 가도 되니? 아니면 모레.

-김승일, 「생생한」 전문

김승일의 시는 이미 우리에게 잘 알려진 대로 알레고리적 서사 전략이 첨예하다. 보들레르에게 '아케이드'와 이성복에게 '유곽'이 있었다면 김승일「부담」, 「방관」, 「화장실이 붙인 별명」, 「가명」 등에서 확보하고 있는 공간은 '학교'와 '부모가 죽고 난 뒤의 집'이다. 이 연작시들의 공간 속에서 발화주체들은 아무것도 하지 않는 것 때문에 폭력과 학대의 가해자가 되기도 하고 피해자가 되기도 한다. 가해와 피해의 미묘한 집합 속에서, "형"과 "동생", "친구들"이 연대하는 우정의 조합은 '화해'라기보다는 폭력의 내재화와 상흔을 상흔 그대로 내버려두어야 한다는 식의 '죄의 공유' 상태를 전망하고 있다. 물론 그런 정념이 발발할 수 있는 정서의 토대는 아무것도 건설되어 있지 않는 공간의 공백에서 비롯된다. 김승일이 바라보는 학교는 아이들끼리 (폭력의) 질서를 만들어가는 공유의 장이며, 이곳에서는 어떤 확고한 윤리도 작용하지 않는 가능성의 무대이다. 형과 동생의 다툼이 있는 집 또한 부모가 죽고 나서 수일의 시간이 흐른 집으로, 상징질서가 무너진 무대에서 권력적 상호관계가 어떻게 무질서의 질서가 되는지 "화장실"(배설욕을 해결하는 공간)을 두고 형상화 된다. 이 두 공간은 정해진 답이 미리 마련되지 않는 파국의 공간이기 때문에 구원을 이끌어낼 수 없는 정지한 공간이자, 정(正) 그 자체가 상실된 공간이다. 즉 변증법으로는 해결이 될 수 없는 진보 불가능의 정지된 공간이자 '페시미즘의 세계'이다. 그러니 이곳에 누설되어 있는 주체들은 모두 '책임'과 '가책'에서 자유로우며 바로 잡은 사태가 부재하기 때문에 바로 잡아야할 미래마저 현재와 충돌하지 않는다. 다만 그 사태가 스스로의 에너지로 남아 있을 뿐이다. 즉 책임을 무를 수 없는 파편화 된 파국의 국면 자체가 현재이자 미래를 내재하는 불완전한 세계로 남아 휘발되고 다시 솟아오르기를 반복하고 있는 것이다.

「생생한」 또한 다르지 않다. "고추를 단 소녀들"이 선택한 남근은, 남근을 소유하고 싶은 표면적 욕망보다는 남자친구 집에서 자고 가고 싶다는 숨겨진 욕망의 결과이다. 우선 소녀의 의지는 남자친구와 사랑을 하고 싶다는 것이 아니라 남자친구와 같은 공간을 공유하는 데에 몰두하고 있으며, 그러기 위해서는 '여자 친구'가 아니라 "불알친구"가 되어야한다. 즉 소녀에게는 남근이 필요하다. 남근이 있는 불알친구가 되어야만 "방문에 귀를 대고" 있는 엄마(질서)의 감시망에서 피할 수 있고, 소녀와 남자친구가 마련한 무질서한 질서의 공간에서 서로 사랑 대신 우정으로 연대할 수가 있게 된다. 때문에 소녀는 스스로의 남근을 더 내밀하게 느끼기 위해서, "팔 벌려 높이뛰기"를 하거나 죽이는 법을 몰라 곤욕스러운 척 새로 생긴 남근을 꼭 쥐어 보고 있는 것이다. 그런 행위 속에서 발화주체는 "새로 생긴 체조"의 새로운 윤리를 발견하고, 그곳에서 더 '생생한' 미래를 엿본다.

그러나 소녀가 남근을 소유하는 일이란 환상조작의 영역에서 벌어지는 것이고, 동시에 '소녀'라는 자기 주체를 찢고 나와야만 가능한 일이다. 다시 말해 '소녀'는 '남근'과 결합하여 자신의 파국을 경험한 뒤에야 구원을 엿보는 듯 하지만 구원이라고 착각했던 공간마저도 질서의 감시망에서 피해갈 수 없고, 사랑 대신 우정을 성취할 수밖에 없는 실패를 감안해야만 한다. 그래서 소녀 몸에 기이하게 접붙여진 남근은 소녀의 자기 주체를 지우는 동시에 파편화시키고 어떻게 다뤄야하는지 모르는 남근에 대해 불안감만 가중되는 것이다. 물론 여기서의 불안이란 소유하고 싶고 매혹당하는 불안이자 거부하고 싶고 갈팡질팡한 이상한 힘이다. 김승일은 이런 복합적인 힘을 딛고 일어서는 기표들을 수렴하면서 이곳의 절망을 탐구하면서도 포기하고, 욕망하면서도 내버려두기를 감행한다. 그야말로 완결될 수 없는 '생생한' 미래이다.

3. 허무와 절망, 그 '무관한 예화'

1999년 종말론에는 노스트라다무스의 예언이 있었다면 2012년에는 마야의 달력이 지구 종말론의 중심에 서 있다. 전자 때는 2000년이 시작되면 컴퓨터 시스템에 버그가 일어나서 전 세계가 혼란에 빠질 것이라는 Y2K의 문제가 함께 야기되었고, 새 천년이 시작되고 나서도 아무런 징후가 일어나지 않음으로써 세기말적 기후에 따른 작은 해프닝 정도로 끝이 났다. 하지만 후자의 경우 여러 가지 잡스러운 가설들이 지구 종말론을 돕기 시작하면서, 세계의 페시미스트들과 언더도그들은 마야 달력이 멈추고 있는 2012년 12월 21일에 대해 긴장했다. 하지만 아무런 사건이 일어나지 않았고, 누구도 허무해하거나 절망하지 않았다. 다만 다시금 종말의 잔상들을 서로간의 주식으로 내면화 하고, 또 '다른' 종말론을 기다릴 뿐이었다. 그렇게 파국은 오지 않는 동안에만 당위적인 우리의 삶을 딛고 난해한 미래를 보증한다.

공장의 피스톤처럼 여기 왔다
무너지는 벽돌 쓰러지는 연통 넘어
무반주 피스톤처럼 여기에 왔다
쿵, 쾅, 쿵, 쾅
어쩌리, 악보는 새까맣고
새까만 악보는 탄가루로 가득한데
공장의 피스톤처럼 여기에 온다
청신경에 도는 유압

때늦은 도입

슬프네 나는 전체성을
전체성을 얻을 수 없네

바라본 꽃 다 가루되고
물결은 깨져 가라앉는

그 전체성을 내가
전체성을 얻을 수가 없네

⋯⋯ (중략) ⋯⋯

여기에 모든 것이 있다

단 하나가 없다

여기에 그 모든 것이 있다

기쁘다
여기에 쇠말뚝이 없다

- 박희수, 「전체성」 부분

 희망이 가능한 세계인가? 섣불리 이런 물음에 답을 낼 수 없다면, 희망이 불가능한 만큼 '절망이 가능한 세계'라는 명제도 제고되어야할 것이다. 어쩌면 희망뿐만 아니라 지금-여기는 '절망'마저도 허락이나 용인을 받아야하는 국면일지도 모른다. "나는 조각이고 그 극치다"라는 비젤의 말로부터 시작되는 이 시는, 우리의 세계가 허무와 냉소를 내재하기에도 버거운 환경이라는 것을 다시금 상기시킨다. 예술이 가능해지는 어떤 틈새를 생각해 보자. 주체의 의식이나 그 윤곽이 명징해졌을 때, 그로부터 시작해서 미적 순결성이 보존되었을 때, 그러므로 그것들이 동시대의 장을 형성하고 그곳에서 흘러나오는 대화가 현실의 지평을 견인해갈 수 있을 때가 아닌가. 실험과 모험에 관한 미적, 정치적 교차의 형식을 제외로 두고 보자면 그렇다는 것이다. 그렇다면 주체가 겨냥하는 정념의 시발점은 바깥이 아니라 안쪽에 자리 잡게 된다. 우리가 흔히 생각하는 서정시의 자리가 이곳이다. 하지만 박희수의 시에서 '총체적인 국면'은 '총체가 불가한 난국'으로 향해 있다.

  인용한 부분에서 분절되어 있는 도입부터 살펴보자. 비젤의 말에서도 그러했거니와 여기서 발화주체는 부품이고 기관화되어 있는 조각이다. 그리고 "공장의 피스톤처럼 여기 왔다". 이곳은 피스톤의 운동처럼 "무반주"로 건조하게 무언가를 계속 생산하고 있지만 주체에게 그 생산은 무관하다. 나는 분명 공장의 생산 구조를 돕고 있는 조각이지만 그 생산품들은 나를 매개로해서 비롯되었을 뿐, 나의 소산이 아니다. 발화주체의 자리는 그저 운동하는, 그 운동 자체를 의장으로 두고 있는 것처럼 보인다. 내가 부분으로 운동할 때마다 "무너지지는 벽돌"과 "쿵, 쾅, 쿵, 쾅"하는 소리와 "탄가루"를 경험하게 되고 주체가 그런 기표들을 딛고 앓는 증상이라고는 "청신경의 도는 유압" 정도이다. 기관화된 삶을 살아가기 위해 귀를 닫아야 하고 듣지 말아야 하고 청신경을 억압당해야 하는 것이다. 이런 국면은 근대적 주체의 모습을 그대로 알레고리화하고 있다. 무언가를 복제하고 꾸준히 생산하고 있지만 생산성이라는 억압 아래에서 자신은 아무것도 생산하고 있지 않는 모습이다. 아무것도 생각할 수 없는 모습이다. 즉 내가 기관이 되어서 돌리는 피스톤은 나를 위해서가 아니라 삼각형의 꼭대기에 있는 얼굴을 가린 어떤 존재를 위해서 돌리고 있는 것이다.

다음 부분도 마찬가지다. '때늦는 도입'에서는 발화주체의 상념은 슬픔으로 명징하게 제시되어 있다. 그 이유 또한 분명하다. 나는 지금 여기의 극소의 부품에 지나지 않고 나는 나를 회복할 수 없는 결합불가한 세계만을 보고 있다. 그러나 이상하다. "바라본 꽃 다 가루되고 / 물결은 깨져 가라앉는" 모습은 '꽃'이나 '물'이 제 스스로 '총체'가 되기 위한 당연한 움직임들이 아닌가. 꽃은 스스로 꽃가루를 흩날려서 자생을 해야만 하는 존재이고, 그러므로 가루가 되어야만 종을 연명할 수 있는 생태이다. 물 또한 물의 입자들이 모여 낙차에 따라 흐르는 모습이 물결일 것인데, 발화주체는 당연시되는 그 기관들을 전체가 되지 못한다고 역설적으로 관망하고 있다. 그리고 이런 꽃과 물의 '불가한 총체'를 통해 자신이 '전체'가 되지 못하는 것을 절망하고 있다. 그것은 아마도 주체가 스스로의 자생적 운동이 되지 못하는 사태를 보여주기 위한 전략일 것이다. 다시 말해 생존이 되고 있지만 종국에는 공백이 되고 마는 자신을 비추기 위한 거울로 삼으려는 의도가 아니겠는가. 그러니 자연의 섭리(물결과 꽃)도 이 파국의 세계에서 전체가 되지 못하고 부분이 되는 질서이며 적응해가는 생존의 양식일 뿐이라고, 박희수는 다시금 사망을 선고하려는 것이다. 그것은 스스로를 무중력화하고 탈속화시키는 시도이자 참혹한 고통이다. 그렇기 때문에 이런 진술들이 가능해지는 것이 아닌가. "여기에 모든 것이 있다 / 단 하나가 없다 / 여기에 그 모든 것이 있다"라고 말이다. 즉 주체의 공백이라는 사태는 공백으로 없는 것이 아니라 그 공백 자체로 있다는 것을 선언하면서, 박희수는 이곳의 질서를 부정하고 '다른 곳의 필요'를 더 밀착해서 가시화한다.

무관한 예화

벌들이 눈 뜬다. 노동을 위한 생성. 우윳빛 겹눈 위로 그림자가 지나갈 때 검은 날개는 체제를 지배했다. 꽃과 집 사이를 오가며 지나는 계절. 꿀에 전 작업복을 버리듯 일벌 두셋이 바닥에서 식는다. 개미들의 환영이 파도처럼 밀려오길 바랐지만 실상 가다 막히는 좁은 시냇물에 불과했다.

...... (중략) ......

미완결

창문 밖의 사람들은 창문 안을 이해하지 못한다!

아버지는 시계를 고치는 사람이었다!

어제 주운 고무공을 오늘 개가 물고 갔다.

- 박희수, 「전체성」 부분

「전체성」의 뒷부분을 살펴보자. 여기서 벌들은 지금-여기를 살아가는 노동 주체들의 모습일 것이다. 벌들에게 날아간다는 행위는 우선은 꿀을 모으기 위한 노동이다. 그러나 그 노동은 오직 검은 그림자를 만드는 행위이고, 스스로 "검은 날개"의 운동력을 돕는 행위, 즉 이곳의 체제를 지배하는 논리가 되는 운동이다. 꽃과 집을 오가는 벌들의 운동은 꽃으로 상징되는 '노동의 장'과 안식처로 상징되는 집의 경계를 무너뜨리면서 비극이 된다. 명령에 의해 꿀을 모아오는 벌들을 생각해 보라. 꽃에서 꿀을 캐오는 행위도 노동이지만 벌집에 와서 '질서정연'하게 꿀을 챙겨놓는 과정도 노동이 아닌가. 다시 말해 벌은 안식과 휴식이 없는 국면을 내재화하고 있는 주체인 것이다. 그렇게 노동으로 자신의 생애를 기관화시켰던 일벌 "두셋이 바닥에서" 식어가고 있지만, 아무도 그들을 애도하지 않고 개미에 의해 분해되어 장례가 치러지지도 않는다. 이런 국면은 이곳의 현실이자 징후이다. 오직 노동을 위해서만 생성되며 노동을 감당할 수 없을 때, 더 이상 생산을 책임질 수 없을 때, 그저 버려지는 '조각'들인 것이다. 그것은 우리에게 끔찍하게도, "무관한 예화"이며 아무런 자극을 줄 수 없는 개인의, 그 각각의 기관들의 사연인 것이다. 그저 "좁은 시냇물"을 건널 때 느끼는 불편함일 뿐, 근대의 역사 속에서 어떤 자극이 되지 않는 하찮음이다.

  꿀벌들은, 스스로 기관화 되고 노동의 형식이 된 그런 주체들은 제 안에 독을 숨기고 있지 않은가. 누군가 자신을 공격해올 때, 스스로를 지켜야할 때 제 몸에 있는 독을 다 뽑아내고 스스로 자살을 택하는 존재가 벌이 아닌가. 하지만 박희수는 그런 독을 이야기하지 않는다. 아니 그런 독이 있다고 하더라도 생애를 무너뜨리는 독, 스스로를 파멸로 인도하는 독이란, '조각이 극치로 가는 힘'이 아니라고 직관하는 것 같다. 때문에 시인은 전체가 될 수 없는 이곳의 형식을 "미완결"로 완결을 짓는다. 아버지는 시계를 고치는 사람이었으나 역사를 고치기에는 역부족이고, "창문 밖의 사람들은 창문 안을 이해하지 못"하는 것처럼, 창문

틀로 억압당한 유리의 심정과 안쪽에 갇힐 수밖에 없는 세계의 처지를 비관을 통한 비관으로 상영한다. 그러니 우리의 미래는 명명할 수 없다. 과거에 대한 반성과 그에 따른 진보("어제 주운 고무공을 오늘 개가 물고 갔다.")는 개가 물어간 것처럼 미궁에 빠져 있다. 세계는 변증법으로 아무래도 해결이 날 수 없으며, 파국의 연속만 계속되는 것이다. 그러나 그나마 다행인 것은 그런 파국을 이미 알고 있는 주체들, 몸속에 독을 품고 있는 주체들이 잘못된 질서를 인지하고 있다는 것이다. 다만 희망을 노래할 수도 없고 절망을 절망이라 말할 수도 없는 억압이 질문만을 도출하고 있는 형국이라, 우리는 계속 무언가를 협의하고 수행해야만 하는 불안한 중간 속에 함몰되어 있어야한다.

4. 우리에겐 마법이 필요해

최근 비평을 살펴보면 협의보다는 비평가 개인의 욕망이 과하다는 생각이 든다. 2000년대의 시를 아직도 범상한 통로로 상정해놓고 그것과 지금 사이에서 '상속'과 '수혜'의 개념으로 공론의 장을 열려는 시도가 있으니 말이다. 2000년대의 시를 기점으로 다시 다른 윤리나 다른 총체성이 생겨, 한국시의 역사를 기록하게 된 것이 아니다. 2000년대 시는 2000년대에 귀속되어 있고, 2010년대의 시는 2010년대적인 조건 안에 귀속되어 있다. 2010년대의 시는 결코 미래의 시가 아니며, '포스트 2000년대'가 되어야하는 진보적 책무 또한 없다. 그것은 과거 2000년대의 시, 앞으로 다가올 2020년대의 시 역시도 마찬가지다. 그저 우리는 현재에서 융기한 것들을 합의하고 숙의하는 과정 속에서 천천히 이곳을 지켜봐야하는 것이다.[1]

절대적 진리나 보편적 진실이 사라진 지금 여기, 정(正)이 사라진 세계의 매듭을 풀기 위해서는 반(反)을 기능화시키는 것이 아니라 '또 다른 정'이 필요하다. 2000년대의 비평적 스캔들이 2000년대 이전의 문학적 상황만을 철저히 '반'으로 두고 시작되면서 2000년대적인 어떤 것으로 '정'을 확보하려고 했다면, 그것은 결국 '새로움의 탄생'이라기보다는 질서 속에 '조금 다른' 질서를 편입시키려는 욕망에 가까울 것이다. 그러니 다른 총체가 가능할 턱도 없다. '다른 총제성'이 우리에게 도착하려면, 그러니까 새로운 언어를 통해 '실재'를 엿볼 수 있는 가능성이 우리에게 확보되려면, 우선 우리는 우리에게 걸린 마법을 풀어야한다. 그리고 '다른 마법'이 시작되었을 때만 가능한 것이다. 하지만 다른 마법이 가능할까. 혹은 우리가 그런 마법에 걸릴 준비가 또 되어 있을까.

우리는 다시 새로움의 발화를 찾기보다는 끝끝내 보이지 않는 것을 보려고 하고, 입법자가 되는 언어의 마법을 경험해야 할 것이다. 이미 주지하듯, 참회하는 것에도 습관을 부여한 이곳의 질서는 미끄러지는 것 또한 미끄러지도록 내버려두지 않는다. 이곳은 미끄러짐에서도 형식을 요구하고 있고, "학대"나 "간섭"은 보이지 않게 우리에게 더 깊숙이 투약되어 있다. 미끄러지는 '전위'는 미끄러지는 것일 뿐 상속이나 교육이 아닐 텐데 말이다. '앙팡 테리블'의 알레고리도 그런 것이다.

이와 같은 파국 속에서 나는 '앙팡 테리블'이 수없이 태어날 것이라고 믿는다. 그것은 풀리지 않는 이곳의 마법을 우리는 더 치열하게 인지하고 있기 때문이고, 그래서 다른 마법을 찾아 자발적으로 추상이 되고

---

1) 박성준, 「행복한 질문하기」, 『시로 여는 세상』, 2013년 겨울호, 졸고.

싶은 발화자가 늘 우리 문학에서 수없이 있어왔기 때문이다. 파국을 정지시킬 수는 없다. 미래는 미래가 찾아오지 않는 동안에만 미래라고 우리는 인지할 뿐이다. 미래가 보다 명징하게 우리에게 다가오는 순간이 온다면 그것은 미래가 아니라 그 찰나를 지나 현재일 것이다. 그러니 우리에게는 좀처럼 오지 않을 것 같은 그 '찰나'나, 이곳을 다시 건설할 마법이 필요하다. 결코 끝이 나지 않는 끝이 있다.

아직 다 부르지 못한 이름들
: 황인찬, 김승일, 박준의 시

너무 조급하게 지나간 것들 – 소비된 새로움

 2014년에 첫 시집을 출간한 시인들이 있습니다. 그런데 다소 조용하게 지나간 느낌입니다. 2000년대의 등장한 시인들을 소위 '미래파'라는 수사와 함께, 몇 차례 비평적 스캔들이 일어났던 것과 견주어보면, 이런 조용한 진통은 어떤 난감함이기도 합니다. 물론 우리가 지나온 2014년은 반복되는 현실의 진통과 치유조차 할 수 없는 상흔들이 유독 많았던 한 해이기도 했습니다. 4·16 세월호 침몰 사건이 그랬고, 12·19 통합진보당 해산 판결이 그랬습니다. 물론 이런 질곡의 현실태에 관해서는, 혹은 그곳을 겪어내고 있는 시적 양태에 대해서는 앞으로 덧붙여야 할 책임과 책무가 더 많겠습니다만, 지면의 요구와 부합하지 않아 그것은 후일로 미룹니다.
 2015년 새해를 벽두에 두고, 2010년대 한국시는 어느 위치에 있었던 걸까, 질문을 해봅니다. 아니, 대체 어디에 위치시키고 싶었던 걸까, 다시 질문을 바꿉니다. 그런데 질문을 수행하기 전에, 미리 짚고 넘어가야할 평문들이 있습니다. 다시 시작된 2010년대의 세대론에 관해 서둘러 지분을 확보하려했던 문예지의 몇몇 기획들[1]과 분산되어 발표된 개별 평문들[2]이 그것입니다. 여기서 재밌는 사실이 있습니다. 이 평문들이 공유하고 있는 독법의 대다수는 2010년대의 시를 읽어내는 방식에 앞서, 2000년대의 시와 견주어 2010년대의 시를 추적한다는 것입니다. 2000년대의 시의 다층적인 주체들의 투쟁들과 일군의 시인들이 열어놓은 미적 해방감은 현재 한국시가 보유하고 있는 유산임에 틀림없습니다. 다만 서운한 점을 말해야겠습니다. 2000년대 비평이 90년대 그것과의 '단절'과 '돌연변이'의 징후를 읽어내는데 열과 성을 다했던 반면, 2010년대의 비평은 2000년대와의 연속성이나 영향관계, '유산과 상속'이라는 다소 폭력적 호명방식을 택하고 있는 듯합니다.

우리에게 도착한 그들의 시가 어떤 '주체'를 통해서, 어떻게 변화한 '화법'을 가지고 있는지, 또 어떠한 '현상' 속에서 나타나고 있는지 고려하고 있다기보다, 이미 설정해놓은 2000년대라는 '유의미한 변화'에

---

1) 박슬기, 「새로운 화자話者의 탄생 - 혀에서 손으로」, 『현대시』 2012년 여름호; 이강진, 「안드로이드는 전기 양의 꿈을 꾸는가?」, 같은 책; 함돈균, 「최소-인간(the minimum human)', 전위인가 복고인가」 같은 책.
김영희, 「귀신전과 연출의 변」, 『세계의문학』 2012년 가을호; 박슬기, 「서정의 제3전선, 전환사 코기토의 탄생」, 같은 책; 서동욱, 「우리 - 문학적 인터내셔널」, 같은 책.
이광호, 「비성년 커넥션」, 『문학동네』 2013년 여름호; 조재룡 「주체에서 주체로 이행하는 목소리의 여행자들」, 같은 책; 김수이, 「시, '인간'을 향한 듣기와 발성연습」, 같은 책.
2) 양경언, 「누구에게 이것을 바칠까?」, 『실천문학』 2013년 여름호; 「누구에게 이것을 바칠까?(2)」, 『문학들』 2013년 여름.
이재원, 「'나'라는 이름으로 자라난다는 것」, 『시작』 2013년 여름호; 「'나'에게서 '나'에게로 걸어가는 동안」, 『문학과사회』 2014년 봄호.
신형철, 「2000년대 시의 유산과 그 상속자들」, 『창작과비평』 2013년 봄호.
함돈균, 「최소the minimum-인간: 모멘트moment'의 탄생」, 『문학과사회』 2011년 가을호.

'집착'하고 있는 겁니다. 여기서 그 변화라 함은 미래파라는 느슨한 개념에서부터 시작된 것이지요. '미래파'가 90년대 서정시에 대한 응전이었다면, '뉴웨이브'나 '윤리'의 논의들은 그 응전에 대해 당위성을 마련해준 근거였습니다. 그리고 이후 '정치성'에 관한 논의로 와서는 그러한 시적 주체들의 발화방식이나 시의 내/외부에서 반응하고 행동하는 양태들이 응당 나가야했던 정언의 일부였던 것이지요.[3] 시의 과잉이라기보다는 비평적 과잉에서 드러난 굴절상황이 '공동체의 신화'를 만들고, 그 신화로 인해 어떤 작은 움직임도 '교육된 진보'라는 절취선을 따라 거세당하고 있는 것이 아닌가 반문해 봅니다. 어쨌든 그렇게 2000년대에 2010년대의 생산물들을 가두고, 그 준거에 따라 잘 된 것과 그렇지 못한 것들을 나누고 있는 형국입니다. 물론 여기서 선택하는 방식들은 대체로 두 가지입니다. 2000년대와 얼마나 거리를 두고 발화된 '다른' 방식인가, 2000년대만큼 얼마나 전투적으로 지금 여기에 응전하고 있는가, 하는 것입니다. 물론 여기서 '포스트-미래파'라는 명명 방식의 위험이 그대로 노출되기도 합니다. 전자의 경우든 후자의 경우든 '반(反) 2000년대'이거나 '후기(後期) 2000년대'에 반복일 것인데, 이른바 2000년대를 범상한 통로로 삼고 있는 비평적 의지가 그대로 투사되고 있는 것입니다. 2000년대의 준거와 미적 조건들, 그러니까 2010년대 시를 바라보는 비평적 정치성에 대해 의심을 거둘 수가 없습니다. 때문에 "2010년대의 새로운 시인들의 첫 시집을 읽는 일이, 적어도 나에게는, 2000년대 시의 가장 결정적인 유산이 무엇인지를 되새기는 일"[4]이라는

---

3) 2000년대와 2010년대 세대론과 정치현실의 반영적 측면에 관해서는 박성준(졸고), 「행복한 질문하기」, 『시로 여는 세상』, 2013년 가을호 참고.

시선마저 동의할 수가 없는 것입니다.

이렇게 되면 2010년대 시의 독립성을 보장받고 그들의 개별적 시적 성취를 논하기가 일단 어려워집니다. 우선 신형철의 논의는 이렇습니다. 빅토리아 시대의 정치적 상황과 그 시대 시인들의 새로운 발화 방식이었던 '극적 독백'을 현재의 징후들과 연결 지으면서, 2000년대 시인들의 화법, 즉 딕션(diction)의 문제를 현실 정치의 상황에 대응시키려는 시도를 합니다. 대의 민주주의의 정치적 조건이 가능했던 시기에 새로운 딕션이 출현했듯이 2000년대의 현실의 조건. 그러니까 그가 예시하고 있는 "대의 불충분성과 대의 불가능성"의 조건 하에서 '김행숙적인 것'과 '황병승적인 것'이라는 '감응적 인물'과 '딕션'이 출현했다고 말하고 있습니다. 그리고 그러한 화법이 김승일과 조인호에게 상속되었고 수혜됐다는 것입니다. 그리하여 "조인호의 인물들은 전쟁 중이고 김승일의 인물들은 수업 중"이라는 겁니다. 여기서 우리는 양경언의 평문[5]을 숙고해야겠습니다. 양경언은 신형철의 논의를 2010년의 시에 적용하기 위해서는 작금의 "한국사회의 정치적인 상황에 대한 좀더 깊은 고민"[6]을 요구합니다. 양경언은 '안녕들 하십니까 대자보'의 낯익은 소통과 '안부'의 양식을 통해, 신형철이 그러했듯 2010년대의 화법의 정치적 조건을 제시합니다. 그러면서 2010년대 시는 "익숙한 말하기 방식으로, 시는 어느 자리에 있어야 하는지" 묻고 있으며, "'나'를 요청하는 발화"에 대해 그러니까 2010년 시적 주체가 어떤 위치에서 보존되고 범위를 갖는지

---

4) 신형철, 앞의 글, 363면.
5) 양경언 「작은 것들의 정치성」, (『창작과비평』, 2014년 봄호).
6) 양경언, 앞의 글, 346면.

탐구[7]하고 있습니다.

응당 그래야만 하는 것이지요. 2010년대의 시는 2010년대의 현실태와 부딪히는 것입니다. 과거의 시적 질서는 시인들이 당면한 현실태의 하위 조건에 지나지 않는 것이지요. 10년 전 변종에 대해 찬사를 아끼지 않았던 선배 비평가들의 시선이 작금의 시에서 와서는 동일한 변종의 방식을 기대하고 있습니다. 이것은 명징하게, 2010년대 시에 대한 억압입니다. 아니 바로 내일 당도한 우리 시에 대한 억압이기도 하지요. 부술 당위가 없는 자리에서 부수기를 요구한다면 그것은 부순다는 행위만 남게 될 뿐, 부순다는 의미는 폭력으로 변질되기 쉽습니다. 딕션의 문제로 한정해서 말해보자면, 2000년대의 일군의 시인들이 최근 시적 행보를 살펴본다면, 과거의 화법들과 판이하게 달라진 모습들이 보입니다. 주체를 찢고 분유하면서 그곳에서 시작하는 시적 발화가 더 이상 '미지'의 것이 아니게 된 것이지요. 2000년대의 미지(未知)를 기지(旣知)로 경험한 2010년대의 우리들에게는 다른 미지가 있을 것입니다. 그리고 그 각자의 모험들은 존중받고 보장받아야 마땅한 것입니다.

화법의 탄생, 주체의 탄생 – 김승일과 황인찬의 시

그럼에도 불구하고 시의 발화 방식에 대해 이야기를 하자면, 새로움에서 촉발되는 매혹의 지점들을 말하지 않을 수가 없습니다. 헌데 먼저 고려되어야할 것은 외재적 화법 그 자체가 아니라 이러한 화법으로 말할 수밖에 없는 주체가 왜 존재해야만 하는지, 하는 가능태들과 그 옹

---

[7] 양경언 앞의 글 347-8면.

호의 논리입니다. 새로운 화법의 탄생은 새로운 주체의 탄생이기도 합니다. 더 명확히 이야기하면 5W1H원칙을 떠올려 봐도 좋겠습니다. 누가, 언제, 어디서, 무엇을, 어떻게, 왜를 모두 고려해야 한다는 것입니다. 다시 말해 딕션이란 우선 어떤 주체(누가)가, 어떤 '내용-형식'(무엇을 어떻게)으로, 그리고 그것이 어떤 현실 공간(언제 어디서)에서 발화하고 있는지 가늠해 봐야 하는 것입니다. 여기서 '왜'는 발화하는 시인의 몫이자 비평이 옹호하는 시선 정도가 될 것입니다. 그리고 이미 우리에게 그 '왜'냐는 질문을 수행하고 지금 여기에 당도한 다른 목소리들이 있습니다.

쌀을 씻다가
창밖을 봤다

숲으로 이어지는 길이었다

그 사람이 들어갔다 나오지 않았다
옛날 일이다

저녁에는 저녁을 먹어야지

아침에는
아침을 먹고

밤에는 눈을 감았다

사랑해도 혼나지 않는 꿈이었다

- 황인찬, 「무화과 숲」 전문

앞서 언급한 평문의 각 편들을 주제나 호명의 측면에서만 살펴보면, 비성년이나 아이주체론, 최소-인간, 안드로이드 세대, '나'의 주체를 확보하려는 방식 등등입니다. 비성년론은 이미 2000년대부터 비롯된 호명 방식이라는 것에서 반복적 기시감을 지울 수 없고, 다른 주체론에 경우 '안드로이드 세대'라는 매체 결합적 주체 명명방식을 제외하고는 모두 주체의 변화태를 다루고 있습니다. 이제 어느 정도 재현할 수 있는 '나'가 도래했다는 것이지요. 물론 각 편들마다 이 현상을 두고 다른 명명과 관찰을 수행하고 있습니다만, 서정의 영역에 진입한 '나'의 출현은 언뜻 90년의 서정시의 그것으로 돌아가는 외연을 띄고 있습니다. 하지만 이런 시각 또한 지나친 세대론의 반복 논리에 지나지 않은 것이지요. 다른 시각이 필요합니다.

세대론의 비평적 호명에 가장 빈번히 노출되었던 황인찬의 경우, 2000년대의 시적 발화와는 가장 극명하게 다른 양태를 보이고 있습니다. 그의 딕션은 알려진 바와 같이, 언어를 최소한으로 쓰면서 '보이는 것'과 '보는 것' 아니 더 나아가 주체로부터 '감각되는 것'에서부터 비롯되는 희박한 언술형식을 띄고 있습니다. 인용된 시처럼 행간과 행간 사이의 여백, 거리 혹은 격차, 빈자리마저도 언어로 쓰고 있는 것이지요. 그러나 이런 외재적 특징보다 더 중요한 것은, 황인찬이 가시화하고 있는 주체가 왜 이렇게 발화할 수밖에 없는가 하는 물음이 먼저 해결되어야 합니다. 황인찬의 시의 주체는 희박하거나 희미한 주체도 아니고, 미니멀리즘도 그 형태상 조건일 뿐, 단지 아무것도 믿을 수 없는 권태로운 주체입니다. 그럴듯한 (정해진) 전망을 내포하지 않는, 현재의 가치판단들이 집중적으로 강화된 주체이지요. 우리는 여기에서 '다른 열림'을 읽어낼 수 있습니다.

인용 시에서 보는 바와 같이 시적 주체의 일상은 무료합니다. "저녁에는 저녁을 먹어야지 // 아침에는 / 아침을 먹고 // 밤에는 눈을 감았다" 사이에는 행간 사이에 여백이 있을 뿐, 주체의 개입이 없습니다. 저녁과 아침을 먹는 것, 밤에는 눈을 감는 것, 그런 일상의 행위일 뿐이지요. 감각된 것이라고 말하기에도 너무나 자동적인 일상이라 이 징그럽도록 무료한 일상 가운데에 빠져버린 주체가 왜 이 말을 사용해야만 하는지 '불안감'까지 발생할 정도입니다. 다만 이 시를 지탱하고 있는 두 축은 무화과 숲으로 들어가 사람이 나오지 않았다는 것과 시적 주체가 "사랑해도 혼나지 않는 꿈"을 밤마다 꾸고 싶어한다는 욕망입니다. 무화과는 꽃이 피지 않는 나무입니다. 그러니 생식의 불가함, 자연의 섭리가 발동하지 않는 나무이자, 꽃 없이도 열매를 맺는 '거역'의 식물인 것입니다. 그 무화과 숲으로 들어간 사람이 나오지 않았다는 것은 모든 사랑과 관계의 불가함을 상징하는 동시에, 그것들의 무용함까지 같이 내포하고 있는 겁니다. 그리고 이런 사태를 시적 주체는 "옛날 일이다"라고, 어떤 판단도 수행하지 않은 채 다시 일상과 현실로 돌아오는 태도를 취하고 있습니다. 즉 다시 말해 "사랑해도 혼나지 않는 꿈"이란 혼날 수밖에 없는 현실을 강하게 환기시킵니다. 이쯤 되면 '없음의 강화'가 아니라 '없게 됨의 현상'이 더 중요한 것입니다. '왜' 이렇게까지 말할 수밖에 없느냐라고 묻는다면, 그것은 주체가 사랑을 하고 있기 때문이고, 지금 여기에서 혼나기 싫기 때문이며, 일상을 견디고 있지만 늘상 꿈을 꾸고 싶기 때문입니다.

그러므로 황인찬의 딕션은 현실의 억압 기제들을 절충해서 인지한 결과라고 할 수 있습니다. 이를테면 시적 주체에게 가해지는 폭력의 강도에 대해, 주체는 유독 두껍게 반응하기 때문에, 그것들을 지연하는 것이고, 감각체들을 늘어놓음으로서 과거나 미래에 대한 인식을 정지시키는 것입니다. 여기서 '할 수 있는 말'과 '해야만 하는 말'을 판단하는 주체가 강하게 발현됩니다. 물론 판단이 유보된 말들을 소거한 채 말이지요. 때문에 그것은 안 쓰는 것이 아니라 다 쓰는 것이며, 시적 포즈라기보다는 황인찬의 시가 나아가야할 '파국의 태'들입니다. 그러므로 황인찬의 딕션은 나의 확보를 위함이 아니라, 더 어려운 곳에 가 닿고 있는 낯선 곳을 환기하고 있습니다. 그곳이 미지인 것입니다. 여기서 우리가 그의 시에서 소통의 경로로 삼는 것은, 형태상 쓸 수 있는 간격의 잠깐 속에 잠시 그럴듯한 현실을 끼워 넣는 것일 뿐, 그는 갈 수 없는 그곳을 우리에게 데려다 놓고 있습니다.

이름을 불길해하는 사람들. 윤곽을 좋아하는 사람들이 있다. 나를 나라고만 소개하고, 너를 너라고만 부르는 사람들. 우리는 대명사 캠프에서 만날 거예요.

갈대를 그것이라고 하고. 바람도 그것이라고 하고. 그것이 그것에 흔들린다고 하면. 주문을 웅얼거리는 기분이 된다. 주문을 그것이라고 하고 기분을 무엇이라고 하면. 우리는 그것을 웅얼거리는 무엇.

당신은 어디서 살다 왔나요? 저기서요. 이럴 수가. 나도 당신처럼 저기서 왔어요. 당신의 저기와 나의 저기가 같다고 생각합니까. 그렇게 생각하면 위로가 되죠. 우리는 빙 둘러앉아서 캠프파이어의 대명사가 되려고 한다.

황당하군. 여배우더러 이름도 없이 살라는 건 사형선고죠. 그녀를 그녀라고만 불러서 속상한 사람이 생겼다. 서운하면 돌아갔다가. 돌아오고 싶을 때 돌아오세요.

이름을 많이 부르면 빨리 죽는대. 엄마, 엄마, 자꾸 부르면 빨리 죽을까 봐. 나는 엄마한테 너라고 한다. 공교롭게도, 너도 나를 너라고 부르지. 죽음, 죽음, 자꾸 불러서 죽음은 더 유명해지고. 나는 나를 나라고 소개하네. 우리가 우리 속으로 더 깊숙이 들어갈 때.

대명사 캠프는 캠프의 대명사. 우리는 빙 둘러앉아서. 캠프의 윤곽만 남길 것이다. 캠프를 그것이라고 하고. 윤곽도 그것이라고 하고. 그것의 그것만 남을 때까지. 우리는 캠프파이어의 대명사. 우리는 그것에 흔들리면서. 우리는 그것을 중얼거린다.

- 김승일, 「대명사 캠프」 전문

김승일의 시도 마찬가지입니다. 이미 알려진 바와 같이 2010년대 시의 독특한 미학적 특장으로 일찌감치 주목을 받았던 김승일의 시는 '대가를 묻지 않은 소년 서사'를 전략화하고 있습니다. 그의 화법은 기존의 우리가 알고 있었던 '문학적인 수사'나 '주체의 찢김 사태'를 경유하지 않아도 충분히 혼돈과 무질서 곁으로 나아갈 수 있음을 가능하게 했습니다. 그것은 아마도 김승일 시에 등장하는 대다수의 인물들이 사회 제도나 역사, 공동체의 윤리 등등에 '빚진 것이 없는' 상태에서 발화하고, 행동하고 있기 때문일 것입니다. 그러나 여기서 우리가 집요하게 추궁해야 할 것들은 '왜' 빚진 것이 없느냐는 것이지, 빚지지 않은 '쿨'함이 아닙니다. 김승일의 시는 쿨하지가 않습니다. 오히려 김승일이 설계한 무대에는 부끄러움들로 가득한 인물들뿐이며, 선택을 강요받아야만 하는 시적 주체들의 판단을 유예시키는 '미끄러움의 연속'들로 그의 독특한 언술 형태가 드러납니다. 「부담」이나 「방관」, 「화장실에 붙인 별명」, 「가명」과 같이 부모가 죽고 난 뒤의 상황을 설정하는 연작시를 살펴보면, 상징 질서가 사라진 가운데에 동생과 형의 권력 이행관계가 말놀이를 통해 환기됩니다. 김승일은 유독 가능성의 부재에 집착합니다. 여기서 '가능성'은 다시 「마녀의 딸」에서 '물'이 부족한 상태로 제시되며, 「생생한」에서는 소녀의 가짜 성기, 「같은 부대 동기들」에서의 '좆값」, 「조합원」에서의 '징그러움' 등으로 변주됩니다. 이것들은 다른 말인 듯하고, 지시하는 것들이 다른 의미값인듯 하지만, 모두 '가능성'을 비워둔 자리에서 유예된 차연들입니다.

김승일 시의 가능성이란, 가능성이라는 의미값을 비워둔 자리에서부터 시작되는 것입니다. 다시 말해, 그것은 '대명사'이지요. 가능성은 과

거도 현재도 미래도 아니며, 오호판단을 선행할 수도 없으며, 의미를 고정하지 않고, 그저 계속 분열하고 변화해가는 것입니다. 즉 운동인 것이고, 운동되어지는 것입니다. 특히 이러한 특징은 「대명사 캠프」에서 언어의 절정으로 드러납니다. 인용 시에서는 모든 인칭이 자유롭게 뒤섞이는 교환의 재미가 있습니다. "'대명사 캠프'로서 시는 고유성과 비등가성의 '명사'를, 익명성과 등가성의 '대명사'로 바꿔씀으로써 주체와 타자의 호환가능성을 극대화"[8]하는 것이지요. 이때부터 시적 발화는 누구의 것이 아니라 공동의 말이 되는 동시에 그 누구의 말도 될 수 없는 무궁의 영역에 가 닿는 것입니다. 그런데 여기서 중요한 것은 그 형태상 가능성을 열어 놓은(혹은 등가를 가진) '대명사'이지만, 이곳에서까지도 시적 주체의 자리가 보장된다는 것입니다.

여기서 주체의 발화상황을 짐작해 보면, 세 가지로 축약이 가능합니다. 공론 영역에서 발화하는 발화자, 즉 대명사 캠프를 캠프의 대명사로 전환해버리는 '놀이자'가 있고, 5연에서 발생하는 엄마를 바꿔 부르는 주체이자 내 이름을 부르지 않고 '너'라고 부르는 것에 서운함을 갖는 '나에게 몰입된 주체'가 있습니다. 전자는 우리라는 공동체에 참여하고 있는 제안자이지만 후자는 공동체 내/외부에서 '나'를 강하게 세우려고 하는 주체입니다. 그리고 한 명이 더 있습니다. "황당하군. 여배우더러 이름도 없이 살라는 건 사형선고죠"라고 발화하고 있는 이 장소에 없는 말을 옮기고 있는 주체입니다. 여기서 김승일 시의 부끄러움이 드러납니다. ①상징 질서를 축약하거나 용인하지 않겠다는 주체(들)과 ②그곳

---

8) 김수이, 앞의 글, 395면.

에서 '자기'를 세우고 싶어하는 '나'와 ③'이름값'을 인지하고 있는 가장 질서 속에 저당 잡힌 말을 쏟는 현실의 주체가 같이 공존하는 것이지요. 마지막에 제시된 이 주체는 "한번 들어온 징그러움은 영원한 협력자"(「조합원」)라는 진술과 같이 가장 폭력에 노출되어 있는 주체입니다. 다시 말해 이 주체는 삼총사에 속할 수 없는 달타냥(「같은 과 동기들」)의 자리와도 같고, 친구들끼리의 장난을 "위험해 보이는 구나"(「웃는 이유」)라고 공동의 영역에 개입하는 바깥 주체의 말과도 같습니다. 담배를 피우는 비행 상황에서 "뚱뚱애"(「옥상」)가 핸드폰을 들어 이곳 바깥을 호출하겠다는 의지도 그런 것이지요. 즉 다시 말해 현실을 잘 견뎌 낸 부끄러운 주체가 등장한 것 입니다.

김승일은 시 속에서 바깥의 규율들을 빈번히 등장시킴으로써 지금 이곳에서 행해지는 폭력이나 학대를 사태를 강화시키고, 그 바깥을 쓸 수밖에 없고, 인지할 수밖에 없는 부끄러운 주체의 개입을 또 다시 부끄러워합니다. 그러니까 김승일이 내세운 주체는 제 힘으로 도저히 어쩌지 못하는 것들을 인지하고 있는 것조차 부끄러워하는, 그런 끔찍한 결벽의 주체인 것입니다. 그래서 이런 참혹한 현실을 극복해 내기 위해서, 혹은 반복되게 하지 않기 위해서 그는 도저히 교육되거나 교육당할 수도 없는 다른 곳에서 시작된 '에듀케이션'의 필요를 요청했는지도 모르겠습니다. 이곳도 우리가 가본 적 없는 미지인 것이지요.

기시감을 넘어선 다음의 자리에서 – 박준의 시

저는 제 다른 글을 통해 신형철의 논의를 보충하면서, 양경언이 '안녕들 하십니까 대자보'를 언급했듯, '숙의 민주주의'에 관한 이야기한 적이 있습니다. 한 사회가 강제나 억압으로부터 공론영역 수립이 가능했을 때, 즉 복지국가 단계에 들어선 이후일 때, 신자유주의의 공세에 맞서 민주주의 사회가 가능하다면 그 사회를 운영할 수 있는 새로운 모색과 노력이 숙의 민주주의의 개념에 출발입니다. 다 용인할 수 있는 것은 아니지만, 박원순 시장의 정치 형태를 이해해 보면 쉽습니다. 공론영역 확대와 발전이 없는 서울, 느린 서울의 현상을 정치적 조건[9]으로 삼아 저는 2010년대의 시편들을 고찰하고자 했습니다. 허나 정치적 조건이란 늘 변화하는 것이고 현실태라는 것도 각자에게 다른 농도로 감지되는 것입니다. 그러니 각자의 바깥태가 있고, 각자의 '숙의(熟議) 지점'이 있을 것입니다. '중심의 의지'와 '주변의 의지'를 합의와 숙고를 통해 조율해나가는 가운데에, 이렇게 말해야만 하는 시적 주체들이 탄생하게 되는 것이지요.

우선 박준의 시는 낯선 주체이거나 새로운 주체라고 말하기에 어려움이 있습니다. 박준의 시에서 우리가 감지할 수 있는 것은, 이미 알고 있는 낡은 것들과 그 낡은 것이 왜 이리도 낯설게 느껴지는가 하는 의문 사이에 두리번거림 혹은 매혹입니다.

나는 유서도 못 쓰고 아팠다 미인은 손으로 내 이마와 자신의 이마를 번갈아 짚었다 "뭐야 내가 더 뜨거운 것 같아" 미인은 웃으면서 목련꽃같이 커다란 귀걸이를 걸고 문을 나섰다

---
9) 박성준, 앞의 글, 67-68면.

한 며칠 괜찮다가 꼭 삼 일씩 앓는 것은 내가 이번 생의 장례를 미리 지내는 일이라 생각했다 어렵게 잠이 들면 꿈의 길섶마다 열꽃이 피었다 나는 자면서도 누가 보고 싶은 듯이 눈가를 자주 비볐다

힘껏 땀을 흘리고 깨어나면 외출에서 돌아온 미인이 옆에 잠들어 있었다 새벽 즈음 나의 유언을 받아 적기라도 한 듯 피곤에 반쯤 묻힌 미인의 얼굴에는, 언제나 햇빛이 먼저 와 들고 나는 그 볕을 만지는 게 그렇게 좋았다

- 박준, 「꾀병」 전문

그해 윤달에도 새 옷 한 벌 해 입지 않았다 주말에는 파주까지 가서 이삿짐을 날랐다 한 동네 안에서 집을 옮기는 사람들의 방에는 옷보다 못이 많았다 처음 집에서는 선풍기를 고쳐주었고 두 번째 집에서는 양장으로 된 책을 한 권 훔쳤다 농을 옮기다 발을 다쳐 약국에 다녀왔다 음력 윤삼월이나 윤사월이면 셋방의 셈법이 양력인 것이 새삼 다행스러웠지만 비가 쏟고 오방(五方)이 다 캄캄해지고 신들이 떠난 봄밤이 흔들렸다 저녁에 밥을 한 주걱 더 먹은 것이 잘못이었다는 생각이 새벽이 지나도록 지지 않았다 가슴에 얹혀 있는 일들도 한둘이 아니었다

- 박준, 「옷보다 못이 더 많았다」 전문

첫 번째 인용 시에서도 드러나고 있는 부분이지만, 박준의 시에서 끊

임없이 호출되는 미인의 자리는 미인이 지금 이 자리에 없기 때문에 가능한 공간의 확보입니다. 즉 기억의 서사를 택하고 있습니다. 그려내는 대상과 말하고 있는 주체 사이에서 이미 '거리'가 발생하고 있으며, 그 거리 사이에서 다 말하지 못하고 흔적으로밖에 기술할 수 없는 어떤 슬픔이 있습니다. 이런 가운데 박준의 시집에서 미인의 실체를 찾는 일이란 아주 무용한 일이겠으나 그 무용한 추적 속에서, 이런 화법으로 이야기할 수밖에 없는 주체의 절망감이 드러나는 아이러니가 있습니다. 저는 박준 시집을 뒤에서부터 읽기를 제안한 적이 있습니다.[10] 「세상 끝의 등대에서」 연작에서부터 놓쳐버린 존재의 호흡을 만지면서 읽어보게 된다면, "너머를 너머로"라는 없는 공간에서 흘러나온 '말의 위독'들을 가늠할 수가 있습니다. 그것은 말이라기보다는 애도 이후의 숨소리에 가깝습니다.

어쨌든 각 편 속에 흩어져 있는 '미인'의 실체는 한마디로 촌스러운 여자입니다. 그러나 무언가 사연을 품고 있는 여자이기도 하지요. 미인의 외양은 작은 눈에 손이 차고, 발과 무릎이 희며, 앞니 사이에는 자주 바람이 새는 새침한 여자입니다. 또는, 비린 것을 잘 먹지도 못하면서 시장을 빙빙 돌거나, "식당에서 다른 손님을 주인으로 혼동하는 경우가 많"(「미인처럼 잠드는 봄날 」)거나 "황도를 백도라고 말하는(「환절기」)" 실수가 잦은 왈가닥한 숙녀이기도 합니다. "목련꽃같이 커다란 귀걸이를 걸고"(「꾀병」) 다니는 촌스러움과 마루에서는 간호조무사 학원을 다녔던 것인지, "총정리 문제집을 베고"(「미인처럼 잠드는 봄날」) 잘

---

10) 박준 시집을 뒤에서부터 읽는 독법에 관해서는 박성준(졸고),「내재하는 주체 외재하는 관람객」,『시와 반시』 2013년 여름호.

도 눕는 넉살 좋은 촌의 처녀이기도 합니다. 그럼에도 불구하고 유화는 곧잘 그리며(「호우주의보」) 동생이 열이 나면, 열나는 이마를 따뜻하게도 짚어주던 누이(「꾀병」)여서, 그런 "미인을 좋아했던 남자들은 다 하나 같이 안경을 쓰고 있지 않"(「학(鶴)」)고, 학이나 접어 선물하는 어딘가 좀 모자란 사람들로 제시됩니다. 이들은 모두 현재가 아닌 과거형의 인물들이며, 미인이 단수 인물이라고 쉬이 판단할 수는 없겠으나 우리는 그의 시를 읽으면서 미인이 단수였으면 좋겠다는 인상을 받습니다. 물론 그런 정서는 부재를 온몸화하는 시적 주체의 정념 곁에 같이 기대고 보고 싶기 때문입니다.

다음 인용 시에서도 마찬가지입니다. 시적 주체의 기억을 경로 삼아 통속적인 소재들이 난무한 가운데 주체는 일대일 대응이 되지 않는 정념의 확장 상태를 보여줍니다. 윤달에도 새옷을 해 입지 못한다는 '가난한 처지'나 양장으로 된 책을 훔쳤다는 '욕심', 선풍기를 고쳐준 '선행', 밥을 더 먹고 싶었던 '식탐' 등, 이 모든 의미들이 시적 주체에게는 "가슴에 얹혀있는 일들"입니다. 물론 그중에서 가장 절창인 부분은 이 시의 제목이기도 한 "옷보다 못이 더 많았다"는 가슴 쓰린 사태를 발견한 것이지요. 이사를 한다는 정황은 가릴 수도 없이 세간들(일상)이 모두 빠져나오는 순간입니다. 일상이 짐이 되는 순간이지요. 시적 주체는 그 '가릴 수 없음'을 감지합니다. 다시 말해 박준은 은폐할 수 없는 슬픔의 영역을 쓰겠다는 의지를 발현하겠다는 것이고, 자신을 가리고 보호할 수 있는 옷보다 제 몸에 박힌 못이 많은 주체의 위독을 드러냈다는 것입니다. 이런 박준의 화법을 두고 전세대의 누가 보이는 것으로 판단하기에는 너무도 강한 주체의 통각들이 낭자합니다. 그것은 '기시감'

이라 말할 수 있는 것이 아니라 우리가 모두 가지고 있는 서정의 기지(旣知)입니다. 물론 여기서 그 기지를 미지로 돌리는 박준의 독특한 지점은 재현되는 대상이 아니라 재현할 수 없는 대상을 재현하겠다는 불가능을 품고 있기 때문입니다. 게다가 여기서의 주체는 '따뜻한' 정념과 시선까지 품고 있습니다. 그러므로 박준에게 재현되는 것들은 없음을 절충하려는 주체의 판단이지, 통속적인 말을 부리려고 하는 있음의 사태가 아닙니다. 즉 '옷'을 쓰려는 것도 아니고 '못'을 쓰려는 것도 아니며, 시적 주체 스스로만 정도를 알고 있는 마음에 얹히는 그 모든 것들을 쓰고야 말겠다는 다짐입니다. 또한 제 삶을 은폐하지 못하겠다는 다짐이지요. 그러니 이런 정념은 살아 있으되 죽음을 예비하는 유서와도 같은 말일 수 있는 것입니다. 박준은 지금 당장 현재를 정지시키고 그 죽음에 가 닿는 순간에 쓰는 유서처럼 언어를 부리고 있습니다. 그렇게 가장 여린 곳에서 가장 강한 주체의 발화가 시작되는 것이지요. 다 알고 있는 것처럼 보이지만 그의 말은 우리가 모르는 말입니다. 그곳은 미지이고, 박준이 내세운 시적 주체들에게만 유독 더 가혹한 말이 됩니다.

부르지 못한 이름들

사실은 고백을 하고 싶었습니다. 늘상 제가 쓰는 시에 대해서 고백하는 반성문을 쓰고 싶었지만, 반성이 변명이 될까봐 그 마음을 우선 접어둡니다. 세상에 없는 시를 쓰고 싶었으나 이곳에서 그럴 듯한 수사를 쓰고 있는 졸작들을 다시 읽어보면서, '다른'이란 말 속에 매혹이라는 옹호와 '옹호'라는 말 속에 지금 이곳과 교차하는 필요라는 몇몇 조건들을 엿보게 됩니다. 그럼에도 불구하고 모든 시인에게 첫 시집은 '하고 싶은 것'이 아니라 '할 수밖에 없는 것'을 쓰는 거라고 믿습니다. 때문에 그 누구의 '첫'도 아름답지 않은 통증일 리가 없습니다.

다시 시작해 봅시다. 2014년에 첫 시집을 출간한 시인들이 있습니다. 그런데 다소 조용하게 지나간 느낌입니다. 단지 그들의 호명대로 끄덕이지 않기 위해 '다른' 곳에다가 정체성 사전을 적고 있는 김현이 있고, 김수영 식의 침을 뱉는 대신에 제 기침에서부터 통증을 시작하려는 성동혁이 있습니다. 말의 청교도주의자 주원익과 실패와 몰락을 발견하고 발명하려는 이현호, 보이지 않는 부분과 보이는 부분의 격차에 햇빛을 채워 넣는 박지혜도 있습니다. 그뿐입니까. 몸때의 흐른 풍경들을 고요하게 불러주는 신미나, 달을 깨물어 소화시킨 민구, 목숨 가장 아래께를 만지며 낯선 이미지로 조직해 내는 유병록과 위로와 안부가 되지 않는 모계 질서 속에서 자라지 못한 채 겨우 죄책감밖에 말할 수 없는, 아득한 주체 임경섭도 있습니다.

미처 다 부르지 못한 이름들 때문에 열병이 돋는 지금 여기, 나를 두고 보는 얼굴 하나가 지나갑니다. 그 얼굴은 내가 잘 알고 있는, 아니 유독 나만 모르고 있는 얼굴입니다. 미세하게, 다 하지 못한 말들이 떨리고 있습니다.

마이너스 벡터의 시와 줄어드는 주체들 2
: 박상수, 최정진, 이우성의 시

1. 포기를 배우는 마이너스 벡터량

일본에서는 1980년대 후반에서 1990년대 중반까지 태어난 청년 세대를 '사토리 세대'라고 부른다. '사토리(悟り)'는 일본식 불교 교리에서의 '득도'나 '달관'을 뜻하는 말이다. 아무런 욕심이 없고, 소비를 최소화하며 사회 진출이나 사회적 지위를 획득하고 싶은 욕망 또한 없는, 현재 주어진 상황에 만족하고 살아가는 젊은 층을 빗댄다. 이들 세대는 일본 경제성장의 주역도 아니고, 근대화나 역사적 이데올로기의 부채감도 없으며, 어려서부터 불황을 모르고 자란 세대다. 하지만 일본의 거품 경제가 붕괴되고 매 해 거듭되는 저성장 경제상황에 따른 어두운 미래를 피부로 받아들이고 있는 세대이기도 하다. 혹독한 청년 취업난에 시달리고 있고 과도한 경쟁 체제 속에 살고 있지만 노력을 통한 보상이 쉽게 실현되지도 않는 암울한 현재를 보내고 있는 세대다. 한데 흥미로운 점은 '사토리 세대'는 절망 대신 주어진 것들에서 소소한 행복감을 느끼고 사회에 대한 '저항' 대신 현재의 '안주'를 택하며, 그런 일상의 권

태롭고 무기력한 상황마저도 크게 개의치 않는다는 것이다. 일본 내각부에서 2014년에 조사한 국민생활 관련 지표에 따르면, 20대의 79.1%가 현재 자신의 생활에 만족하고 있다는 응답[1]을 했다. 만족이라는 범위나 만족을 판단하는 잣대가 개개인마다 다를 수는 있겠지만, 이처럼 불안하고 미래가 불투명한 사회에서 만족을 느낀다는 것이 쉬이 이해가 가지 않는다. 일본 사회의 특수성이라고 말하기에도 일단 뭔가 석연치 않은 풍경인 것이다.

일본의 '사토리 세대'와 비교해서 살펴볼 수 있는 한국 상황의 용어로는 '3포 세대'가 있다. 지금은 연애, 결혼, 출산을 포기하는 것에 덧붙여서 취업과 내 집 마련을 포기하는 '5포 세대'라는 신조어도 등장했다. 게다가 인간관계, 희망까지 포기하는 '7포 세대', 건강과 학업까지 포기하는 '9포 세대'라는 말까지 회자가 되고 있다. '사토리 세대'가 스스로 주어진 상황에 대해 대결 의지를 망각하고 안주하고 있는 형국이라면, 한국의 '3포 세대'는 '포기'를 강요하고 있는 사회 질서에 대해 풍자의 방식을 통해 대결하려는 미약한 저항 의식을 놓치지 않고 있는 듯 보인다. 하지만 이 모든 것들을 포기하더라도 사회의 구성원으로 자리 잡을 수 있을 지에 대해 미래는 늘 불투명하다. 게다가 한국의 상황이라면 일본과 달리 미래가 불투명하니, 현재에서 행복을 느끼라는 식의 유예 사고마저도 쉽사리 허락되지가 않는다. 이런 점에서 후루이치 노리토시의 『절망의 나라의 행복한 젊은이들』과 김남도의 『아프니까 청춘이다』라는 책을 비교해서 살펴보면 좋을 듯하다. 전자가 '사토리 세대'

---

[1] http://survey.gov-online.go.jp/h26/h26-life/index.html

가 만들어질 수밖에 없었던 현상적 징후를 저항과 비저항의 관점에서 추적하는데 힘쓰고 있다면[2], 후자는 현 사태의 모든 부채감을 젊은 층에게 미룬다는 측면에서 시대를 역행하는 훈계로 들린다. '젊어서 고생은 사서도 한다'는 식의 무책임한 훈계는 젊은 세대로 하여금 이 주어진 난관을 일단 이겨내라는 이데올로기를 주입시킨다. 물론 이런 사고는 과거 기성세대들이 한국 경제를 성장시켰던 '성실'과 '근면', '하면 된다', '빨리 빨리' 식의 성공 경험에서 기인한 것이라 보아도 무방하다. 하지만 젊은 세대에게 남아 있는 미래는 성공이냐, 실패냐가 아니라 스스로에게 죄책감을 가중하고 있는 현실태뿐이다. 그러니 순응하는 자와 순응을 거부한 자, 순응에 실패할 수밖에 없는 자가 남아 있는 것이다.

이러한 상황을 한국 시단의 모습으로 옮겨보면 어떠할까. 최근 젊은 시의 형식적 유행을 꼽으라면 비성년의 화법, '미니멀리즘' 등으로 요약할 수 있다. 미니멀리즘화의 경우, 논자들에 따라 최소 인간(함돈균)[3], 중간계급(박상수)[4], 미니멀리즘(이재원)[5], 자기 테크놀로지-희미하게

---

[2] 후루이치 노리토시, 『절망의 나라의 행복한 젊은이들』, 민음사, 2014, 134-13면; "오늘보다 내일이 더 나아질 리 없다"라는 생각이 들 때, 인간은 "지금 행복하다."라고 생각한다. 이로써 고도성장기나 거품경제 시기에 젊은이들은 '생활 만족도'가 낮게 나타났던 이유가 설명된다. 말하자면, 그 시기의 젊은이들은 "오늘보다 내일이 더 나아질 것이다."라고 믿었다. 더불어 자신들의 생활도 점차 좋아질 것이라는 희망도 품고 있었다. 따라서 지금은 불행하지만, 언제가 행복해질 것이라는 '희망'을 가질 수 있던 것이다. -(중략)- 오늘날의 젊은이들은 소박하게 "오늘보다 내일이 더 나아질 것이다."라는 생각을 믿지 않는다. 그들의 눈앞에 펼쳐져 있는 것은 그저 '끝나지 않는 일상'일 뿐이다. 그래서 "지금 행복하다"라고 말할 수 있는 것이다. 다시 말해, 인간은 미래에 대한 '희망'을 잃었을 때 비로소 '행복'해질 수 있는 것이다." 와 같은 후루이치 노리토시의 주장은 사토리 세대의 등장에 정당성을 마련해준다. 포기와 행복, 희망과 절망의 관계를 '지금 여기'를 소중히 여기는 감각 즉 '컨서머토리(Consummatory)'. 자기 충족적 완료행동으로 설명한다.

[3] 함돈균, 「최소the minimum-인간: 모멘트moment'의 탄생」, 『문학과사회』 2011년 가을호; 「'최소-인간(the minimum human)', 전위인가 복고인가」, 『현대시』 2012년 여름호.

(양경언)[6], 마이너스 벡터의 시(박성준)[7] 등으로 이미 명명된 바 있다. 이런 주체의 특징은 희미한 주체가 세계를 축약(황인찬)해서 그리거나 언어로 재현해 내는 것보다 언어 바깥에서 기인하는 벡터량에 더 민감한 상태를 지향한다. 더 나아가 코기토 명제를 붕괴시켜 생각을 지우는 주체(이준규)의 모습으로 표상되기도 하고, 스스로 '메타-오타쿠'가 되거나 롤플레잉 게임에서처럼 '플레이스 킨트' 주체(송승언)가 되어, 스스로가 조합한 세계를 일단 유형해보는 '유보적 모험 주체'로 나타나기도 한다. 혹은 언어를 탕진하는 방식을 택하며 반복과 나열(이제니)에서 오는 미감을 시적 전략으로 삼기도 한다. 이러한 화법적, 주체적 특징은 사토리 세대, 3포 세대의 시적 지향과 닮아 있다. 포기를 강요받고 포기를 내면화한 화법이며, 생각량을 줄이고, 주체를 나약하게 만들고 또 줄어들게 만드는 화법이다.

2. 숙녀(되지 못한)의 기분이거나 윤리를 포기하는 기분

'썸'(Something)이나 '케미(Chemistry)'라는 단어가 젊은 층을 중심

---

4) 박상수, 「기대가 사라져버린 세대의 무기력과 희미한 전능감에 관하여」, 『문학동네』 2015년 여름호.
5) 이재원, 「'나'라는 이름으로 자라난다는 것」, 『시작』 2013년 여름호 ; 「'나'에게서 '나'에게로 걸어가는 동안」, 『문학과사회』 2014년 봄호.
6) 양경언, 「누구에게 이것을 바칠까?」, 『실천문학』 2013년 여름호.
7) 박성준(졸고), 「마이너스 벡터의 시와 줄어드는 주체들」, 『문학과사회』 2015년 가을호; 코기토 불가능의 문제, 포기를 내재화한 화법과 주체의 탄생 문제 등을 이준규, 박지혜, 송승언, 임솔아의 시를 토대로 해서 다뤘다. 「마이너스 벡터의 시와 줄어드는 주체들」이 뵈메의 분위기 이론에 근거해서 기분, 분위기, 연출가치, 엑스터시 등 형식적 현상에 주목했다면, 「마이너스 벡터의 시와 줄어드는 주체들 2」는 사회 현상을 기초로 한 세대론적인 고찰과 주체 포기의 보다 다양한 양상들을 살핀다.

으로 유행이 되더니 이제 보통명사로 매체 속에서, 혹은 생활 속에서도 빈번하게 쓰인다. 썸의 경우 남녀가 사귀는 것은 아니지만 사귀게 되는 과정에 있거나 사귈 수 있는 가능성이 있을 때, 애정 섞인 감정의 서사가 서로 간에 주어졌을 때, 그 과정들을 통칭해서 지칭하는 말이다. 그러니까 연인이 되지 않았지만 연인이 될 수 있는 가능성의 기류만 흐르는 '중간 상태'이다. 젊은 세대들에게 '썸'이라는 단어가 유행이 되는 이유는 '지연된 주체'로 사회의 구성원이 되지 못한 젊은 세대들의 슬픈 삶이 그대로 반영된 결과라 할 수 있다. 썸은 '결과'가 아니라 '중간'이나 '과정'을 지칭하기 때문에 관계에 대해서 책임의 소지를 가질 필요가 없고, 꼭 연인이 돼야한다는 결과를 보장하지도 않는다. 다시 말해 썸은 끝없이 서로 간의 어떤 결핍을 조장하는 사태이자 연인이 된 이후보다 더 감정의 과잉 상태를 유발하는 관계이다. 이런 '과잉-결핍'의 상태는 유예와 포기를 배우고 있는 젊은 세대의 군상들과 꼭 빼닮아 있다. 부담이 없는 상태인 것이다. 정서적 과잉을 누리면서도 서로에게 책임이나 신뢰를 지지 않아도 되는, 이런 결핍된 사랑의 방식은 '케미'가 도는 화학작용 그 자체로 동의할 수 있는 것, 혹은 마음이 동할 수 있는 모든 것들을 쉽게 선정하고 또 쉽게 휘발시켜버린다. 무엇에 멈춰서 오래 생각하고 사유된 결과로써 대상을 파악하는 것이 아니라 대상은 이미 휘발될 소지가 가능한 존재이다. 나(주체) 또한 어떤 것도 쉽게 확답하거나 보증할 수 없는 처지이기 때문에, '중간자'로써 중간(과정, 유예, 지연)을 최대한 느끼는 방식을 택하는 것이다. 더 나아가 젊은 시인들의 시적 형태로 이런 관계 방식을 옮겨보자면, 결핍에 대해 무엇이 결핍되었는지 대항하거나 겨냥하지 않고, 그저 결핍을 최대한 누리고 있는 주체의 출현이 가능해진 것이다. 이러한 주체는 중간이라는 가능성에 처해 있기 때문에 매혹적이고, 또 결핍을 만든 질서에 대해 공격적 태도를 취하지 않기 때문에 그 안에서 저 나름대로 해방되어 있다.

박상수가 『숙녀의 기분』에서 그려내는 '숙녀'는 좀처럼 숙녀가 되지 못한 '중간자'의 모습으로 표상된다. 여기서의 숙녀는 화려하거나 빼어난 외모를 가지고 있지도 않고, 교양이 있거나 품격을 갖추지도 못한 '지금 이곳'에 처해 있는 보통 여자들의 모습이다. 아니 숙녀라기보다는 숙녀가 되지 못한, 숙녀에서 밀려나 있는, 더 나아가 숙녀가 아닌 하녀에 가까운 군상들로 그려진다. '숙녀'라는 질서를 세뇌시키는 억압자에 대해 사고하는 생각량은 우선 유예시켜버리고, 자아를 발견하는 일 또한 철저히 봉쇄되어버린 이들은 착실해지거나 귀여워질 수밖에 없는 일종의 "굴욕 플레이"(「기숙사 커플」)를 인정한다. 그리고 더 굴욕으로 가 버린 가엾은 '중간 주체'들이다.

그럼 그냥 거기 갈까?

거기가 어딘데, 니 거기가 어딘데, 아까 니가 설렁탕이나 먹자고 할 때부터 알아봤어 그때부터 눈물이 났다 오늘쯤은 교외로 나갈 줄 알았어 야경을 내려다보면서 서빙을 받고 싶었지 세상 모든 걸 내 눈에 담고 싶었다, 힐까지 신고서, 그래도 참고 설렁탕을 먹었는데……

너…… 울어?
그렇게 담배만 피우면 니가 심각한 줄 알지, 난 알아, 네가 지금 아무 생각이 없다는 걸, 나는 소리도 없이 눈물을 흘렸어 발레파킹 아저씨도 나한테 안 이래, 커피잔을 감싸쥐고 손을 떨었다 가방에서 카드랑 초콜릿을 꺼냈지 밤새 만든 수제 초콜릿, 너에게 밀어주었다

- 박상수, 「기대」 부분

반지하 습기처럼 밤새 들러붙길래 한번 안아줬어, 라고는 안했다 그냥 집에 가버리면 개한테 맞을 것 같았지 많이 접어줘도 걔는 9급 영어에서 끝날 아이, 30년 뒤에는 업소용 콩기름 통을 기울이고 있을 거야, 왜 나는 그런 것만 보일까 몰라 다른 건 안 보여서, 멀리서 보면 울창한데 가까이서 보면 날개미들이 우글거릴 뿐이지, 고작 이런 델 오려고!

그래도 너의 것이라면…… 나는 모든 남자를 조금씩 사랑할 수 있다

- 박상수, 「편입생」 부분

박상수의 시가 난감하게 느껴지는 이유는, 그의 시에서 등장하는 여성 주체들의 행동들은 철저히 윤리관이 배제된 채 형상화되고 있기 때문이다. 대개의 경우, 진술구를 쓰거나 정황을 관장하는 3인칭 발화자가 등장하지 않기 때문에 장면을 겹쳐놓은 방식에 의해 정황이 연출된다. 1인칭 여성주체의 입장에서 느끼는 비루함 같은 것이 표현되고 나면, 이 여성이 왜 이런 선택이나 생각을 하고 있는지 의아함이 먼저 든다. 「기대」에서 여성은 남자친구와 "교외"로 나가거나 "야경"을 보는

멋진 데이트를 기대했지만 "힐까지 신고서" 설렁탕을 겨우 먹었고, 남자친구는 이제 모텔을 가자고 요구한다. 남자친구는 여성에게 근사한 무엇을 준비하지 못했고, 여성은 근사한 데이트를 생각하고 있는데 상대방은 자신의 몸만을 요구하고 있는 것처럼 보인다. 남자친구가 "나"를 성적 해소 대상으로 도구화하고 있든 아니든 그건 중요하지 않다. 이 여성 주체는 남자를 만나기 위해 아파트를 돌며 살을 뺐고, "수제 초콜릿"을 준비했으며, 하이힐도 신었고, 남자친구의 데이트 코스가 마음에 들지 않았지만 묵묵히 따라 주었다. 이미 이 정황 속에서 남자는 몸이 야해진 형국이고, 여자는 마음이 야해지지 못해 난감한 상태다. 여기까지는 그럴 수도 있겠다고 판단이 되는데, 시 말미에 드러난 행동, 그러니까 "손으로 입을 틀어 막"고 남자친구를 남겨두고 떠나는 장면에서 남자가 자신의 이름을 부르며 따라오는 상황을 낭만적이라 느끼는 과잉된 생각을 우리는 어떻게 판단해야 하나. 그런 난감할 뿐이다. 인용을 안 한 부분을 통해 유추해 보자면 이 여성은 지난 번 연애에도 이와 같은 상황 때문에 연애에 실패를 했다. 전화번호까지 바꾸면서 지난 번 상대를 떨쳐낸 경험이 있다. 이쯤 되면 이 여성의 행동은 현실감이 없어진다. 과잉된 연출을 통해 사랑을 보상받고 싶어하고, 드라마나 영화, 동화 속 여주인공이 되고 싶어 하는 등 그릇된 숙녀의 교육을 받은 난감한 주체의 표상으로 보인다.

「편입생」에서는 이런 여성의 모습이 더 적나라하게 드러난다. 이 시에서 여성이 안아줬던 남자는 그녀가 판단하기에 "9급 영어에서 끝날 아이"이자 "30년 뒤에는 업소용 콩기름 통을 기울이고 있을" 사람이다. 즉 같이 미래를 설계할 수도 없고, 이 여성 주체가 느끼기에는 사회에서 철저히 루저이며, 자신이 그를 안아줬던 것마저도 남들에게 감추고 싶은 단발적 이벤트에 지나지 않는다. 그러니까 이 여성 주체가 남자("현수")에게 행했던 모든 행위들은 일종의 적선과 같은 것이다. 이쯤 되면 "나는 모든 남자를 조금씩 사랑할 수 있다"라는 자기 진술 또한 무시무시해지는데, 왜 여성은 주체가 되지 못하고 객체가 되어야만 하는가. 혹은 그런 수동적 입장에서 남성들을 자본 가치로 환원해서 판단하는 것이 과연 올바른 것인지 우리를 반문하게 한다. 남성 질서의 억압으로 인해 반발적인 혹은 방어적인 행위라고 보이기에는 너무도 사변적이고 또 너무나 여성 편향적 입장에서 일어난 행위들이다. 게다가 여기에 등장하는 남성들은 권력 관계의 우위에 있는 것이 아니라 똑같이 나약하고 가난하고 어리숙한 젊은 세대들의 어떤 표상으로 제시되기 때문에, 이 남성들에게 남성사회 질서의 책임소지를 묻기 또한 어렵다. 어찌됐든 여성이든 남성이든 시 안에서 행한 모든 행위들이 어느 누구도 정당성이 확보되지 않는 사례로 제시되고 있음으로써, 청춘들의 다소 끔찍한 군상들을 연출한다. 물론 "근대 국가는 언제나 '이등 시민'의 역할을 계속 '여성'에게 부과해 왔다."[8] 그런 불합리한 여성적 자각이 이 여성들에게는 너무나 결여되어 보인다. 이 여성들은 주체가 되기 이미 포기한 여성이고, 그 포기로 인해 남성 질서에 다시금 복무하며, 어떤 방식으로든 숙녀가 되겠다는 잘못된 성장관을 가지고 있다. 남성의 경우도 여성을 단지 도구로 인지하는 등의 여성에게 육체적 감각만을 요구하고 있다.

---

8) 후루이치 노리토시, 앞의 책, 307면.

자라지 못하는 비성년의 주체(『후르츠 캔디 버스』)를 그렸던 박상수가 이제 자라고 나서도 자란 것이 아닌, 성인이 될 수 없는 유령들을 그려내고 있는 것이다. 아무리 성장을 거부하더라도 시간은 피터팬을 늙어가게 하듯이, 박상수의 시에서 여성들은 이미 세상의 불리한 상황을 다 알고 있다. 그러나 결투하지도 않고 쉽게 길들여지는 방식을 택하며, 존재에 대한 생각조차도 회피해 버린다. 그러니 '숙녀의 기분'이란 성숙을 거부하는 가운데 성숙을 강요한 사회에서 살아가는 스스로 '퇴행한 주체들'의 고백록인 것이다. 이들은 질서에 포섭되어 있기를 희망하지만 끝끝내 '중간자'로 머물며 질서에 포섭되는 보다 쉬운 방법을 택한다. 헛된 신데렐라 콤플렉스를 꿈꾸며 봉쇄된 자아의 처지조차 망각하며, 그 망각된 과정이 자신의 삶에 그리 중요한 억압이 아니라는 식으로 절충해가면서 말이다. 다시 말해, 그것은 "굴욕 플레이"이며 '과잉-결핍'의 내재화이다. 그러니 숙녀의 기분이라기보다는 숙녀가 되지 못한 기분이거나 하녀로 전락한 청춘들의 군상이라 불러야하지 않을까. 그리고 그곳에는 '포기'를 내재화할 수밖에 없는 주체들의 쓰린 선택들이 숨어 있다.

3. 주체 '포기'와 마이너스 벡터의 파동들

어떤 부분을 '포기'하고 말하겠다는 시적 의지는 아무것도 재현해 낼 수 없다는 '섬약한 주체'의 모습으로 나타난다. 시 안에서 주체가 언어적 권력을 행사할 수 있는 장소는 무위에 있으며, 시를 장악하고 있는 주체의 자리마저도 희박해져 있어서, 불안정한 그 주체의 비인칭적 발화를 질서 없이 내려놓을 수밖에 없는 것이다. 2000년대의 시는 주체를 복수로 만드는 집단적 유행에 복무하거나 제도화되어 있는 질서를 부정하는 방법을 택했기 때문에, 공격력이 강한 주체의 모습이 빈번하게 드러났다. 반면에 2010년대 시는 아무 것도 '하지 않음', 무엇도 질서나 표준이 될 수 없음 등을 주체의 발화 태도로 삼고 있기 때문에 그 외형상 시적 주체는 공격적이지 않고 부정을 내재화 하지도 않는다. 때문에 이들은 분열, 탈주, 전복, 소외와 욕망, 탈구조, 기표의 미끄러짐 등을 의식적으로 시 속에 끌어들이지 않고, 오히려 주체 자체를 소멸시키는 과정, 그 '중간'에 있는 마이너스 벡터량에 민감한다. 예컨대 여장 남자(황병승), 귀신(김행숙, 김경주), 아나키스트(장석원), 비성년(김행숙, 황병승)과 같은 발화 주체의 특징을 상기해 보면 접근하기가 더 쉽다. 이들은 모두 질서를 부정하는 전투적 의지 가운데에서 발생하는 주체의 의장들이다. 여장 남자가 소수자를 통해 다수를 전복하려는 시도였다면, 귀신은 탈주체의 모습을 상징하고 있다. 그리고 아나키스트의 면모 또한 정부와 전체의 거리를 둔 발화자의 상징일 것이다. 비성년 주체의 발화법의 경우도 어른이 될 수 없음을 상징하면서 세계를 아이의 눈에 의해 축소시키고, 그 축소된 세계에서 전망을 꿈꾸는, 질서를 공약하기 위한 아주 현명한 주체의 모습이라 할 수 있겠다. 이런 특징이 2000년의 시적 주체의 전략이라면, 2010년대의 시적 주체는 그런 시적 모험을 시도하지 않는다. 2010년대의 주체는 교란할 대상이 없고, 세계를 교란시킬만한 정당한 이유 또한 없다. 세계는 너무 편리하고 끔직해서 더 이상 시적 주체가 장악할 수도 없는 '거리를 둔 저 곳'에 가 있다. 더 나아가 주체 스스로까지 타자화되고 있으며 주체의 발화 의지까지도 '거리'가 생성된 '어떤 곳'에서 솟아나고 있는 형국이다. 때문에 독자는 이와 같은 시를 만나면 먼저 난감해질 수밖에 없다.

아침은 한 번 더 실망스러울 것이다.

실내에서 문을 두드린다.

회의 중에 베란다 화분의 물이 넘치는 것을 본다.

잎맥까지 바람이 닿는 것에 한 번 더 실망하고 잠들 것이다.

실내를 옆문에 빗대어 두드린다.

아무것도 묶여있지 않는 줄이 한 번 더 풀어진다.

나는 물을 이기려고 어두워하는 것일까.

- 최정진, 「서정과 개」 전문

대개 최정진의 시에서 호명하기 힘든 깊은 우울감이 감도는 이유는 우울을 느끼고 있는 주체의 명확한 자리 확보가 힘들기 때문이다. 주체는 몇 겹으로 은폐되어 있는데, 주체의 느낌은 미세하게 누설되어 있다. 인용 시에서도 주체의 발화 장소가 단발적인 것처럼 보이지만 늘 복수의 입장, 단절된 시간 속에서 각각 감춰진 사태로 느낌이 지연된다. "아침은 한 번 더 실망스러울 것이다"라는 문장에서 "아침"은 문장 단위에서는 주어이지만 주체가 되지는 않는다. "문을 두드"리는 행위자나 "화분의 물이 넘치는" 것을 보는 행위자 또한 한 명인지 여러 명인지 명확하지가 않다. 다만 '익명'의 누군가가 그런 행위의 장소감 속에 처해있다는 것. 그리고 그런 익명성에 의해 감지된 감각들이 뒤엉키면서 감지된 물상들이 조금씩 뒤틀린다는 것이 최정진 시의 매력이다. 최정진에게서 현실이란 '찰나적 느낌'의 산물이지 재현될 수 있는 피조물이 아니다. 다시 말해 주체의 의지에 의해 관장되거나 이동되고 사용되는 물상이 아니라 그저 그 공간 속에 '처해 있는' 섬약한 것들이다. 발화 주체 또한 그 섬약한 사태에 기대어 세계를 작고 사소하게 연출한다. "잎맥까지 바람이 닿는 것에 한 번 더 실망하고 잠들 것이다"라는 진술은 물이 넘치고 있는 화분을 보고 사유한 것인데, 왜 실망을 했는지 그 실망이 "바람"과 어떤 상관성이 있으며 "아침"은 또 어떻게 실망이 될 수 있는지 쉽사리 유추해 내기가 힘들다. 그렇게 "실망"(우울)을 은폐시킨 주체는 그렇게 또 알 수 없는 상념으로 '물을 이기는 행위'를 상상한다. 화분에 물이 넘치는 것은 화분이 물을 다 받아 내리지 못하는 난감한 상태를 말하는 것일 텐데, 그런 난감함이 시인이 느끼는 아침의 기후일 수도 있고, 실내의 빽빽한 긴장감의 상징일 수도 있다. 그러니 시적 주체는 이 현실을 이기고 싶은 것. 그렇지만 이길 수 없는 것이다. 아무런 문제가 없는 현실의 물상 속에서 무슨 문제를 느끼고 있는 듯한데 그 문제가 왜 문제가 되는지 어떤 문제가 되는지 드러내지 않음으로써, 세계를 더 끔찍한 사태로 몰아간다. 주체는 이상하고 민감한 어떤 히스테리에 몰입된다. "아무것도 묶여있지 않는 줄이 한 번 더 풀어진다"라는 구절 또한 이런 상황을 나타내는 진술구가 아닐까. 아니 좀 더 적극적으로 말하자면, 현실은 끔찍하리만큼 고요한데 주체는 이러한 현실이 두렵고 실망스러우며, 어떤 것도 할 수 없는 포기 상태에서 말할 수 없는 자기 의지를 감춤으로써 말하고야 말겠다는, 역설적 충동 발화 의지가 최정진에게는 있다.

게다가 이런 것을 '서정'이라고 말한다면 우리는 그의 서정을 어떤 식으로 가늠해봐야 할까. 제목이 "서정과 개"인데 '서정'이 상징하는 부분과 '개'가 다소 모호하지만, 그런 모호성 때문에 다시 이 시를 읽게 하는 매력 또한 생성된다. 다만 짐작컨대 서정 불가의 사태와 그곳을 살아내는 포기를 내면화한 주체들의 일종의 복종 상징으로 '개'가 제시된 것이 아닐까. 물론 어쩌면 정확한 의도는 중요하지 않을 수도 있다. 그 의도마저도 포기되어 있는 찰나적 느낌 한 조각이 최정진의 시에서는 배치되어 있기 때문이다.

나는 나에게서 나왔다 예전에 나는 나로 가득 차 있었다

입안에서 우성이를 몇 개 꺼내 흔든다
사람들은 어떤 우성이를 좋아하지

우성이는 어둠이라고 부르는 곳에 살았다
그때는 우성이가 다를 필요가 없었다 심지어 미남일 필요조차
그러나 가장 다양한 우성이는 우성이었다
공기의 모양을 추측하는 표정으로 사람들이 서 있다

우성이가 사실인지 어리둥절하다
우성이를 만진다
우성이가 자신과 똑같다는 사실이 놀랍다
그러나 우성이가 모두 다르다는 사실은 놀랍지 않다

나는 내가 다 어디로 가는지 모르지만
수십 수백만 개의 우성이가 떠오를 거라고 말했다

— 이우성, 「사람들」 전문

    이우성의 경우 주체의 자리를 복수로 만들어내면서 정작 자기 주체의 자리를 지운다. 이우성의 시집 『나는 미남이 사는 나라에서 왔어』에서는 여러 명의 "우성이"들이 등장하는데, 이 "우성이"들은 이우성 시인 자신으로 쉽사리 소급되지도 않고, 자아 혹은 주어의 자리를 확보하고 있는 시적 주체의 면모마저도 희박해 보인다. 이우성이 만들어내고 있는 "우성이"들은 영영 시인이 모르는 "우성이"며 순식간에 복수가 되었다가 발화자의 선택에 의해 단수가 되기도 혹은 중첩이 되기도 한다. 즉 복수의 "우성이"는 다성성의 전략이 아니다. 여러 목소리를 쥐고 있다기보다는 한 목소리에 의해 관장되고 있는데, 그 모든 "우성이"를 부르고 나면 시적 주체는 아이러니하게도 "우성이"가 아닌 '어떤 존재'가 되어버린다. 이것은 주체가 분열되는 것이 아니라 지워지는 현상이다. 인용 시에서도 시적 주체는 "우성이"라는 대상을 끊임없이 부르고 있고 또 누군가에 의해 호명되고 있지만, 주체는 "나는 내가 다 어디로 가는지 모"른다고 말한다. "수십 수백만 개의 우성이가 떠오를 거라고 말했다"는 구절도 누가 발화했는지 모르겠는 상태로 진술되는데, 이미 시 말미에 와서는 '우성이'는 누구여도 상관이 없는 사태로 진입한다. 좀 더 쉽게 생각해보면, 나를 알고 있는 많은 사람들에 의해서 나는 여러 명이 되고 있는 형국이지만, 그 사람들의 입을 통해 혹은 생각을 통해 상기되는 나는 내가 알지 못하는 나이다. 다시 말해 나이되 내가 아닌, 혹은 나라는 '영기'(Aura)가 다수의 사람들에 의해 각각 다르게 지각되는 과정을 보여주고 있는 셈이다. 그러는 중에 시적 주체는 스스로에게마저도 '절대적 타자'가 되어버린다. "가장 다양한 우성이는 우성이었"지만 절대 누구도 "우성이"를 알 수 없는 것. 본인조차도 알지 못하는 것. 그런 비밀과 같은 자아를 시인은 최대한 드러냄으로써 역설적으로 은폐시킨다. 이쯤 되면 시적 주체는 '자아 찾기'가 아니라 '자아 소멸시키기'를 하고 있는 셈이다. 그렇다면 우리는 여기서 어떤 "우성이"를 상기해야 하나? "사람들" 속에 일부가 되어버린 "우성이"의 난처함을 상기할 것인가, 그럼에도 불구하고 자신을 "미남"이라고 믿고 있는 "우성이"를 떠올려야 할 것인가.

    여기서 스스로를 "미남"이라고 칭하고 있는 우성이의 정념도 사실 난감한 것인데, 시집 어디에서도 시편 어디에서도 "우성이"가 "미남"이라고 근거할 만한 표지가 없다. 오히려 여기서의 "우성이"들은 여자친구와 헤어져서 잘 못 살고 있다고 생각하는 마초남이자, 야동을 다운로드 받으며 시를 써야지 결심(「이우성」)하는 '룸펜(Lumpen) 오타쿠'의 삶을 살고 있는 섬약한 주체이다. 한데 이런 모습이 어쩌면 청년 세대의 군상들이 아닐까. 야동과 시의 대립이라든가, 룸펜과 미남의 대립은 결국 '과잉-결핍'의 상태를 반복하는 것이고 쉽게, 쉽게 휘발되고 있는 감정과 제 뜻대로 아무것도 되지 않는 사태의 반복 또한 시적 주체 "우성이"가 겪고 있는 곤궁함이다. 희망이 없고 희망을 품을 용기나 기회조차 주어지지 않았을 때, 주체는 스스로에게 "미남"이라 최면을 걸며 다 괜찮다고, 우리는 모두 자신(자아)을 확보할 수 없는 비록 유령이지만 모두가 유령들이기에 그 또한 괜찮은 거라고 그릇된 최면을 거는 것이다. 이처럼 주체가 지워지는 상황 또한 주체를 '포기'할 수밖에 없는 현상적 억압을 공유하는 가운데에서 일어난다. 때문에 그것은 윤리를 품을 수 없는, 윤리 바깥에서의 단지 '향유' 상태에서만 스스로의 존재됨을 보장한다. 그렇다면 이우성의 언어감은 약간 우스꽝스럽고 쓸쓸함을 전제로 하고 있지만, 그 보다 더 고통스러운 통증이 숨어 있는 게 아닌가.

4. 한국시의 절망과 비전

한국 시의 비전은 어떠한 방식으로 갱신되는가. 우선 '비전'이라는 철저히 '문학-정치성'에 입각한 생각과 그에 따른 교양, 교조주의에 대해 우리는 어떤 태도로 '지금 여기'의 현상을 가늠해볼 수 있을까. '미니멀리즘'이나 마이너스 벡터의 시에 관한 소고는 주지하다시피, 지극히 현상주의적 관점에서 탐구할 수 있다. 물론 그것은 문학-현상주의임과 동시에 사회-현상주의의 관점, 그러니까 한국 문학의 최전선에 있는 젊은 시인의 화법의 형태와 주체론의 관점에서 사회 현실태와 어떻게 조우하고 와해되고 있는지 살피는 현상주의일 것이다. 여기서 다시 한 번, 이들의 시를 한국 시의 새로운 갱신이라고 말해본다는 것은 너무 본질을 져버리는 일이 되는 것은 아닐까. 코기토 불가, 탕진, 주체 줄어듦의 양태, 단발적 휘발적 시적 감각, 일상시 과도한 불안화 전략, 사유·윤리 유예와 같은 유령화 징후 등등은 종국에는 우리가 알고 있는 대문자 시 'Poetry'의 또 다른 붕괴 현상을 나타내고 있다. 근대시가 불가능한 가운데에서 씌여지는 근대시의 면모를 보여주는 사례이기도 하다.

적절한 예시가 될지는 모르겠지만, 가라타니 고진이 「근대문학의 종언」을 이야기할 때, 한국 시단의 풍경은 '미래파' 논쟁이었다. 물론 고진은 소설을 주 예로 들고 있기는 하지만 말이다. "내가 근대문학의 종언을 정말 실감한 것은 한국에서 문학이 급격히 영향력을 잃어갔기 때문입니다. 그것은 충격이었습니다."[9]라고 말할 때, 정작 한국 시단에서는 새로운 시와 시인들에 대해 찬양하고 찬미하는 형태에 비평문[10]을 가지고 논쟁하고 있었다. 이런 돌연변이 젊은 시인들을 우리 문학사 내부에서 어떻게 평가해야 할지 또 한 차례 유행으로만 그칠 것인지 평단에 잦은 호출이 계속되었다. 그렇다면 그 당시 젊은 시인들이 기성이 되어버린 현재 상황은 또 어떠한가. 그 논의가 아직도 유효하다 말할 수 있겠는가. 문학이 종언인지 시작인지 판단할 수 있는 잣대는 더 많은 시간과 합의 과정을 필요로 한다. 문학이 위기가 교접하고 싶어하는 교차 심리, 아니 더 엄밀히 말해 비평이 위기와 접붙어 공론 생산의 장을 만들어가는 재래적 논단 생태[11]가 아직도 한국 문학에는 비평적 유효성으로 남아 있을 뿐이다. 그러나 그것은 문학(시)을 읽는 대다수의 영상

---

9) 가라타니 고진, 「근대문학의 종언」, 『근대문학의 종언』 도서출판b 2005, 48면.
10) 권혁웅, 「미래파 - 2005년, 젊은 시인들」, 『문예중앙』 2005년 봄호.
11) 소영현, 「그나마 남은 비평의 작은 의무 - 자본, 정념, 비평」, 『문학과사회』 2015 봄호,

세대 독자들의 반영 심리가 아니라 소수 비평 독자들의 생산 윤리인지도 모르겠다. 한 쪽에서 절망을 말할 때, 한 쪽에서는 새로운 문학의 시작을 선언했듯이, 그러한 정치적 권위와 권리를 주장했듯이, 나는 이런 없는 주체들의 절망을 내재화하는 주체와 화법들을 '새로운 세대의 도래'라 명명하고 싶다. 물론 그것이 섣부른 비평적 판단과 소-집단, 한 세대가 한 시절을 권리하는 또 다른 미적 양태라 할지라도 말이다.

421면; "이론 열풍이 근대 이후로 변주되어 반복되는 '새것 콤플렉스'로서 비난되어서는 곤란하다. 그간 풍미했던 이론 열풍은 개별 비평가의 취향이나 이론적 선진성 혹은 참신성의 맥락보다는 위기 담론에 대응하는 문단 전체의 반응이었던 것으로 이해 될 필요가 있다. 비판적 지성의 그나마 남은 작은 의무 혹은 존재 의의를 두고 지젝이 지적했듯이, 비평의 존재 의의는 지배 담론과의 '거리'를 유지하는 것에 있다"라는 대목에서도 읽을 수 있듯이, 비평의 쟁점이나 비평의 이론적 유행이 위기담론에 대응하고 복무하는 재래적 논단 생태의 모습으로 읽혀진다. 하지만 비평의 장에서 진정 요청되고 있는 것은 쟁점을 위한, 비평 생존을 위한 복무가 아니라 뚜렷하게 작품, 작가(시인) 현상을 고찰하는 것이 아닐까.

나는 그 돌연변이 모두를 사랑할 수밖에 없다
: 이제니, 이준규, 황인찬, 송승언의 시

1. 언어 바깥에 복무하는 세계

　시가 언어를 통해 건축한 구상물이라는데 이의를 달기 힘들다. 하지만 언어를 가지고 재현해낼 수 있는 세계의 한계점이란 늘 존재해왔다. 그게 비단 시가 아니더라도 말이다. 언어는 물상들이 가진 단순 차이를 구분해내는 데에서도 역부족일 때가 많다. 이를테면 'Octopus'나 'Seaweed'를 떠올려보자. 대다수의 영어권 언어 사용자의 경우 '낙지'와 '문어'를 구분해낼 수 없고, '해초'와 '김', '미역' 등을 구분해낼 수 없다. 그들은 식생활 문화권 속에서 경험해 보지 못했던 단어들이기 때문에 차이를 느끼지 못하는 것이다. 즉 한 문화권, 지리적 환경, 역사적 조건 속에서 빚을 지거나 동승하며 형성된 언어는 그곳에서 벗어난 문법 체계를 내재하기 힘들다. 같은 관점으로 에스키모에게 '무더위'란 단어나 아프리카인에게 '눈사람'이란 단어는 그 문화권에서 생성된 단어로 보기가 힘들다. 그것은 이식된 것이며, 또는 이식 당한 결과의 용례일 것이다. 헌데 시인이 사용하는 언어들은 그 문화권을 초과해서 혹은 합의된 질서 바깥에서부터 시작되는 경우가 있다. 다시 말해 시인이 시어에 복무하는 목적의 끝은 어쩌면 스스로의 언어를 '방언화'하는 전략을 통해 그 존재를 보장받으며, 1인 화자, 1인 문화권자를 표방하고 있는지도 모른다. 그것은 비단 모더니티 그룹들과 서정주의 그룹들이 세계를 재현하는 방식의 양태 차이를 두고 하는 말이 아니다. 이미 물상이나 정황들을 언어 안에 안주시키는 과정 속에서 '문법적 개인'이 발생하고 있으며, 언어를 통해 형상화를 하고 있지만 언어 때문에 절대 형상화 될 수 없는 공백들이 생긴다. 범박하게 말하면 시는 단 한 번도 언어 체계 안에 안주한 적이 없다. 그리고 언어화되지 못하는 불가능과 그 공백들 때문에 각기 다른 시적 주체의 탄생을 예고한다. 그 공백의 간격들의 좁고 넓음에 반응하는 주체들의 정념이나 직관들에 따라 언어의 발화점마저도 차별화 된다.

그럼에도 불구하고 시인은 자신이 처한 '문법적 개인'을 자각하지 못하는 동안에만 제 안에 개인들을 갱신할 수 있다. 제 언어에 중독된 자리에서는 내부적 팽창만이 가능할 뿐 저 바깥 세계에 대해 도달할 수가 없다. 물론 그 미지의 바깥 또한 도달하고 나면 판단할 수 없는 '무의 공간'이며 도착하는 순간 다시 내부가 되고 거기서부터 시작되는 더 먼 외부가 있을 뿐이다. 때문에 이미지나 은율, 침묵, 분위기 등에 매혹이 되는 작시 형태나 인식적 태도들 또한 시가 예측 가능한 언어의 회로들을 통해 시인이 점거한 곳이지 가지 못한 곳이 아니다. 언어 바깥이란 작시 형태를 통해 가 닿는 것이 아니라 시를 쓰는 매순간마다 시인 자신도 모르게 가 닿게 되는 낯선 곳일 뿐이다. 블룸이 말한 '대담한 시인'이나 언어를 '저 바깥의 세계'에 진리를 발견하기 위한 매개물로 취급하는 초과적 인식론과 사유체계를 가진 철학(자)들에서의 요청도 그렇다. 지금 이곳이 아닌 저 바깥을 인지하거나 바라보기 위해서는, 우리는 고작 언어를 통해서만 사유의 전진이 가능하다. 그러나 철학이나 시학, 언어학의 교의를 통해서도 그 '바깥'에 대한 인식을 인지만 할 수 있을 뿐 해명할 수는 없다. 물론 이 또한 '언어 바깥'이 '세계 바깥'이라는 부등호에 대해서 전적인 신뢰와 가능성을 지지한 가운데에서나 할 수 있는 말이다. 그곳은 분명 있으되 지금 여기 없는 곳이며, 이곳에서는 부재하지만 부재하는 명명을 통해 존재한다.

그러니까 '언어 바깥'에 대해 더 가혹하게 이야기하자면, 비평은 그 모름을 모르는 대로 내버려두는 가운데에서만 비평으로서 복무해야 한다. 어차피 창작 주체이든 비평가든 그곳은 모르는 곳이다. 이를테면 나의 경우, 시인 '김수영'을 자주 '감수성'으로 읽게 되거나 그 반대의 경우에 놓일 때가 있는데, 음운 구조가 유사하지만 너무 다른 두 단어를 중복해서 자꾸 오인하게 되는 것을 명쾌하게 해명하기가 힘들다. 그것은 아렌테족의 '토끼말' 놀이처럼 메타언어학적 정보를 가지고 있지도 않은 상태에서 발생하는 일종의 푼크툼이다. 그리고 시인이 "창작과정에서 복잡한 음운론적, 문법적 구조를 고안해 내는 주 설계자 혹은 유일한 설계자는 직관"이라는 말밖에 보탤 수 없는 야콥슨의 말처럼 언어의 바깥을 해명해 내기는 너무 어려운 난제다.

예를 들어 우리가 오인하고 있는 것들, 그러니까 시 본문에서 기울어진 이탤릭체나 두껍게 쓴 부분, 혹은 행간에 어떤 모양을 만들어 타이포그래피의 효과를 보여준 시편을 만났다고 할 때를 상정해 보자. 우리는 '신명조 정자'를 기초로 두고 나머지 활용 사례들을 강조나 텍스트

밖의 구문으로 이해하기가 쉽다. 이건 누가 규칙으로 삼은 것인가. 우리가 이미 만나본 황병승의 여러 시편들의 경우 신명조 정자체가 강조이고 기울어진 이탤릭체가 기초 본문일 수도 있는 것이다. 또는 김현의 시에서 주석을 본문으로 읽고 본문을 주석으로 읽는 것 또한 가능할 것이다. 그러니 시에서 '언어 바깥'이란 범주는 이미 불투명한 난제 속에 있다. 그런데 여기서 나는 먼저 역으로 그 오인들을 인정하는 데에서부터 시작할 수밖에 없다는 변명을 해야겠다. 때문에 이 글은 '그럼에도 불구하고'에서부터 시작한다. (그럼에도 불구하고) 언어 바깥에 거주하는 시의 가능성들을 이제 이야기해 보고 싶다.

2. 수사적 채무를 지불하지 않는 세계

우선 형식적 외향에서 느껴지는 메타기호들의 차용 사례에 대해 숙고해 볼 필요가 있을 것이다. 함기석의 근간 시집 『오렌지 기하학』을 상기해 보자. 비단 이 시집뿐만이 아니라도 함기석이 그간에 구축해온 시계는 시가 언어로 이루어진 산물이라는 것 자체를 부정한다. 함기석의 시는 인간이 언어로 표상할 수 없는 부분 또한 시가 표현해 내야만 한다는 의지에서부터 출발한다. 우리가 익숙하게 절충해온 사유 체계를 전복하고 파괴시킴으로써 끊임없이 시의 외부이자 언어의 외부를 향해 이동한다. 그러니까 우리가 가본 적이 없는 곳이거나 시를 통해 가려고조차 상상할 수 없던 곳에 시의 자리를 통각하는 것이다. 이상에서부터 이어지듯, 냉철하게 기하학적 논리구조와 질주하는 상상력의 부산물들을 한데 엮어 회전시키는 시적 모험을 함기석은 감행하고 있다. 그 과정에서 시인이 향하고 있는 미지의 장소는 언어뿐만 아닌 '다른 모든 것'을 사용하여 표상되고 있는 것이다. 그림이나 좌표, 붓글씨, 음성적 기호나 음악 기호, 미로, 도면, 수학이라 이름 붙일 수 있는 논리나 음악의 높낮이까지도, 함기석의 시는 언어의 한계에서부터 출발하고 전복하며 다시 한계로부터 무한히 확장하며 이동한다. 이처럼 그의 시는 외부를 강하게 노출시키는 방법론을 택하고 있지만, 사실 이 또한 시를 쓰는 주체 내부를 들여다보는 거울일 수밖에 없다.

대개의 메타시의 경우 시행을 채우고 있는 언어형식이 '날 것'으로 놓여있을 때가 많다. 함기석의 시편들 속에서 구사하는 언어들 또한 '수사학적 빚'을 거의 지지 않고 있는 것으로 보인다. 다시 말해 언어의 질료들 간의 부딪힘과 용해 과정을 통해서 정신적 초월이나 화학작용에 도달하는 주체가 아니라 함기석의 페르소나는 언어와 언어 바깥의 모든 것의 부딪힘 속에서 시의 형성 질서가 탄생되는 것이다. 유사한 예로, 연왕모의 「상처」라는 시는 "다시 여밀 수 없는 // 얇은 가슴이여"가 시의 전문이고 시집 페이지는 날카로운 무언가에 의해 찢겨진 상태다. 여기서 '찢어진 종이'와 "얇은 가슴"은 은유의 조건 속에 놓여있게 되는데, 우리가 이 시를 보고 충격 효과를 경험하게 되는 것은 그러한 가슴=종이라는 비유 때문이 아니다. 시인이 직접 종이를 찢었다는 행위태를 짐작하게 하는 '찢어진 종이'는 우선 독자의 눈으로 전시된다. 『개들의 예감』 26면과 27면에 「불타는 나무」라는 시가 갖는 위치적 긴장과 낯섦들이 우리를 다른 미지의 공간으로 이동시키는 것이다. 그리고 찢어진 페이지의 뒷장 25면의 시가 「글4」라는 것. 그러니까 「글4」의 전문이 "공기의 // 털실 한 올"이라는 것 등등 독서 상황 속에서 느껴지는 모든 아우라가 우리를 멈추도록 한다. "가슴"-(종이)-"글"-"4"-"털실"-"공기"와 같은 존재의 의미들이 가진 뒤엉킴과 차이들, 그런 미세한 충동들을 같이 독자가 경험할 때 연왕모는 세계를 어떻게 인지하고 있는지 우리 겨우 가늠해 볼 수가 있다. 즉 연왕모가 구조화하고 있는 언어란 비언어와 언어의 간극 사이에서 행방을 추론할 수 없는 시적 행위들, 시 바깥에서 시인이 했던 행동들이 글(시)이며, 가슴(정념)이며, 공기(삶)였던 것이다. 그러니 연왕모의 페르소나 또한 이런 의식적 비언어적 행위들을 통해 추상을 응시하며, 시가 가 닿을 수 없는 장소들을 모험하려는 주체라 할 수 있다.

그뿐만이겠는가. 김현 시집 『글로리홀』에 수록된 50편의 시 모두에는 각주가 달려 있고, 강정의 『키스』에서는 시편들 중간 중간에 연작의 형태를 띠고 있는 그림이 그려져 있다. 김현의 경우 각주라는 형식을 전면적으로 내세우고 있지만 우리가 으레 짐작하듯 각주가 단순히 본문의 정보만을 보충해 주고 있지 않으며 각주 또한 정서 혹은 서사를 띠며 본문의 기의들을 오히려 차연시키며 미끄러지도록 돕는다. 함성호의 시집들에서 시집 맨 끝에 「主」라는 시가 배치되어, 전체에 주석을 미주의 형태로 보여주면서 독립적 시의 모습을 확보해낸 경우와는 또 다른 것이다. 김현의 시의 경우, 본문과 각주가 각각의 독립적 의미체를 이루고 있으며 바깥과 내부의 경계를 모호하고 흐릿하게 설정하고 있다. 다시 말해, 김현 시의 각주들은 안팎의 위치가 모호한 자리에서 빛난다. 단지 서브텍스트로써 작용하는 정보의 다발들이 아니라 본문(시)의 독해를 지연시키고 무한이 확장시키는 '거리감 형성'의 입체적 사유 구조를 전면화하는 '아주 솔직한' 작시법의 모양세인 것이다. 독자가 페이지마다 위아래로 앞뒤 면으로 각주의 밑줄을 넘나들며 독서 상황을 전개할 때, 저자는 정보를 모으는 것이 아니라 오히려 착란을 시키고 차단이 되도록 의도하고 있다. 주체의 자리는 끊임없이 분유되어 다 보여주고 있으되 무엇 하나 제대로 보여주지 않으려고 애쓰고 있는 듯 보인다. 그러므로 이 시집의 정보 계열의 것들은 퍼즐이거나 음영으로 비취는 형국에 처한다. 각주와 본문에서 사용된 SF적 상상력이나 게이 소재의 반복적 차용 또한 주체가 놓여있는 장소감의 불확정성과 주체의 성별에 다양성을 배가시킨다. 김현은 각주의 형태를 통해 최대한의 정보로 오히려 주체의 자리를 은폐하고 최소화시키는 '역효과의 효과미'를 누리고 있는 것이다. 이런 방식의 페르소나는 겹겹의 가면을 통해 감춤을 전시시키는 주체가 아닐까.

강정의 경우도 마찬가지다. 그림이 배치되어 있는 일정한 규칙을 찾아 그 규칙들을 논리적으로 해명하기에는 여러 어려움에 놓여 있다. 다만 『키스』의 바로 전 시집 『들려주니 말이라 했지만,』에서 당대 쉬이 찾아볼 수 없었던 남성적 어조의 특장과 물상들의 이름붙일 수 없는 자리들을 호명하려고 한 언어의 불가능성을 그려냈던 시인이라는 선생정보를 두고, 이 시집을 읽어낸다면 또 다른 문제이다. 명징한 타자와 외부체를 주체 앞에 두고 말랑말랑하고 감각적으로 전희하듯이 대상들을 만져내고 있는 언어감과 그러면서도 대상이 절대 주체에게 속박당하지 못하고 실패될 수밖에 없는 사랑의 윤리를 그림을 제외한 텍스트 속에서 읽어낼 수가 있다. 이것은 이전 시집에서 말의 실패를 경험한 이후 대상에서 다가가는 정서적 실패 또한 경험할 수밖에 없다는 사유의 연장이다. 그러나 그림은 언어로 드러내는 세계보다 더 모호한 구석이 있다. 이를테면 104면의 시 「침입자」에서 뱀의 이미지가 사용되었는데 106면에서 시가 끝나고 107면의 그림에는 뱀과 비슷한 무엇이 등장하지만, 앞에서 시를 해석하고 있거나 다음 장에 시 「코끼리 간다」와 상호연관 관계는 있는 것은 아니다. 색이 없이 점, 선, 면의 형태로만 구성된 그림의 의미는 그림대로 독립성을 띠고 있다고 보아도 무방하다. 그렇게 배치된 그림이 시를 더 외설적으로 만들기도 하고 명징한 묘사시와 대상시 계열의 시편들을 모호한 감각시로 변이시키는 현상을 돕고 있기도 하다. 시어에서 표현할 수 없는 추상과 그림이 표현하고 있는 정서의 추상화가 서로 겹치는 형국인 것이다. 극단적으로 말하면, 강정은 『키스』를 통해 시 안에서 설정된 대상의 기준, 나와 타자를 가름하는 기준, 그림과 텍스트 사이에서 잡고 있는 시적 주체의 포즈, 시를 순서대로 읽어야 한다는 억압과 같은 모든 질서의 촉발들을 헛되게 만든다. 그러면서 누구도 구속하지 않으되 온전히 자기 감각에만 복무하는 '감정 중독'의 주체를 탄생시킨다. 그림이라는 가면과 방패를 쓰면서 여성적 시선을 뒤집어 쓴 남성 과잉의 페르소나를 선보인 것이다.

그러나 이와 같은 시 작업을 '실험'이라 명명하는 순간, 무한이 팽창하고 확장되는 수 갈래의 운동 질료들이 실험이나 해체라는 우리의 합의된 인식적 구조 아래 갇혀버리게 된다. 시의 외연으로 드러나는 형식적 측면에 방점을 찍어 시를 고찰하다 보면, 앞서 탄생한 주체들의 특장은 이른바 해체시로 명명되어 온 황지우, 박남철, 장정일 등에서 찾아볼 수 있는 모습이기도 하다. 그러나 황지우의 해체는 '광주'라는 역사적 기표에서 발현된 내상에 의한 해체였고, 장정일의 놀이는 미국을 대타항으로 두고 시도된 해체였다. 다만 박남철의 경우 자기 연민과 열등의식 표출로서 독서 상황을 만들었고 그 과정에서 끔찍한 폭력성을 외부로 발출하는 이상 주체를 만들어냈다는 것에서 역사적 부채감이 덜한 편이다. 90년대 또한 어떠한가. 하재봉, 함민복 등 키치세대가 민감하게 차용해왔던 것은 하위문화였고, 이원과 서정학이 메타로 삼고 있는 것은 인터넷 환경, 비디오 등 미디어 소통 구조에서 탄생될 수 있는 새로운 주체에 대한 고민이었다. 다시 말해, 2000년대 이전의 메타기호의 차용 사례들은 언어 불충분성의 불가함을 인지하는 것과 동시에 언어로 다시 돌아가기 위한 낯선 '여행'의 기록이었지 '미지' 자체를 염두에 두고, 온전히 언어에서 상승하기 위한 '모험'이 아니다. 그러므로 메타기호의 차용 목적의 기표 또한 불확정적이고 불명확하게 느껴지는 것이 아니라 명확한 목적 아래서 시행되었음을 느낄 수 있다.

이를테면 김경주의 『기담』을 상기해보면 「프리지어를 안고 있는 프랑켄슈타인」이라는 시는 문학과지성사 시인선 시집 앞표지와 뒤표지에 있는 표지 디자인의 산문 형태를 형식적 의장으로 내세우고 있다. 시집 겉표지라는 텍스트를 시의 의복으로 입혔을 때는 의도가 무엇이었을까. 그러니까 세대론적으로 문학적 권위에 대항해 싸우려고 했던 일군의 시인 중 하나였던 김경주가 두 번째 시집을 낼 때, 문지의 표지 상품성조차 키치적으로 처리해버리겠다는 시적 의지의 반영이 이 시 형식에 내재되어 있는 것은 아닐까. 물론 부정과 전복의 의지와 향유 주체의 놀이 심리가 같이 비롯되었다고 보이기도 하지만, 이 시편 하나를 떠나서라도 김경주가 두 번째 시집을 메타소재들로 가득한 '기이한 이야기' 즉 기담의 형식으로 꾸밀 줄은 누가 알았겠는가. '걱정스러울 정도로 뛰어나다'는 찬사를 받은 그의 낭만적 언어운용 방식에 대한 독자들의 기대 심리를 모두 배반해버리고 김경주는 자신의 시 정신과 시 세계에 복무하기 위한 모험을 감행했다는 것에서 그의 시집 『기담』은 의미를 가진다. 그러니 이와 같은 형식적 모험은 '실험'이라는 말로 구속될 수 있는 시적 양태가 아니라 '그럴 수밖에 없는' 시의 고행과 같은 통증의 기록인 것이다.

3. 리듬과 여백, 더 멀리, 저 너머의 세계

언어의 바깥이라는 공간을 상정함에 있어서 비-언어, 탈-언어적 활용 사례, 그러니까 언어를 초과하고 있는 언어 외적 형식이나 장치들이 동원된 메타시의 외연들 이외에도 '언어의 바깥'이라는 장소감을 불러일으킬 수 없는 것인가. 우리는 이미 다른 경우의 수들을 만나본 적이 있다. 이를테면 언어를 사용하고 있는데, 잦은 반복적 언어운용을 통해 주체로 인해 언어가 발화된 자리보다 잠재된 다른 운동성들이 유독 더 가시화되는 경우가 있을 것이다. 혹은 너무 단출한 언어 사용으로 인해 시작과 동시에 너무 일찍 끝나버리는 시편들도 있다. 전자의 경우는 이준규와 이제니의 시편들이 그렇고, 후자의 경우는 황인찬의 시가 그렇다.

너는 쓴다. 손가락에 물을 묻혀 쓴다. 몇 줄의 문장을. 몇 줄의 진실을. 몇 줄의 거짓을. 거짓 속의 진실을. 진실 속의 환각을. 환각 속의 망각을. 망각 속의 과거를. 과거 속의 현재를. 현재 속의 미래를. 미래 속의 우연을. 우연 속의 필연을. 필연 속의 환멸을. 환멸 속의 울음을. 울음 속의 음울을. 음울 속의 구름을. 구름 속의 얼굴을. 얼굴 속의 어둠을. 어둠 속의 문장을. 다시 몇 줄의 문장을. 다시 몇 줄의 희미한 문장을.

돌아보는 사이 다시 가라앉은 돌

돌과 돌은 멀다. 달과 달은 멀다. 물과 물은 멀다. 말과 말은 멀다. 말과 물은 멀다. 물과 돌은 멀다. 돌과 달은 멀다. 달과 말은 멀다. 달과 달이라는 말은 멀다. 돌과 돌이라는 말은 멀다. 물과 물이라는 말은 멀다. 말과 말이라는 말은 멀다.

멀어지는 사이 다시 떠오르는 말
달아나는 사이 다시 사라지는 달

— 이제니, 「달과 돌」 부분

바나나를 먹었다. 어제는 거부되었다. 바나나를 먹었다. 담배를 피우고 커피를 마셨다. 어제는 거부되었다. 어제는 거부되었고 바나나를 먹었다. 책을 읽었다. 창밖을 보았다. 새들이 날고 있었다. 참새였다. 어제는 거부되었다. 오늘은 거부될 것이다. 내일은 없다. 내일은 오늘일 뿐이다. 오늘은 거부될 것이다. 바나나를 먹었다. 어둠 속에서 어제는 거부되었다. 어제는 영원히 거부되었고 우울할 틈이 없다. 바나나를 먹었다. 새들은 날고 구름은 흘러가고 해는 뜨고 사람들은 일하러 간다. 오늘은 거부될 것이다. 바나나를 먹었다.

— 이준규, 「바나나」 전문

인용된 두 편의 시는 자칫 유사한 언어운용의 방식을 공유하고 있는 것처럼 보인다. 그러나 이제니와 이준규가 반복을 통해 고안해 내고 있는 세계의 전혀 다른 백터와 색채감 속에 있다. 우선 인용된 시에 한정해서 말해보자면, 이제니의 시는 구문의 반복이 드러나 있지 않다. 단어 단위로 말이 이동하면서 인접성과 유사성 관계로 유추된 단어들의 이동 경로와 그 안에서 발생되는 리드미컬한 호흡 전개가 시행 대다수를 채우고 있다. 인용하지 않은 시의 첫 부분을 정보로 해서 보면, 이 시는 밤바다라는 공간에서 돌을 바다에 던지며 깊이를 가늠해보고, 밤바다라는 장소 속에서 시적 주체가 어떤 정념을 복합적, 입체적으로 경험했는지 형상화하고 있는 시이다. 이렇게 단순하고 정적인 정황 속에서, 돌이 바다를 향해 가라앉은 찰나와 달빛이 쏟아지는 어떤 바다의 장소감을 주체는 정적이지 않게 묘사하려고 한다. 그리고 정지하면서 정지되지 않게, 감각된 모든 바깥 세계의 편린들과 파편화된 사유 다발들의 연쇄 작용에 대해 거침없이 반응한다. 쓰다, 문장, 물, 거짓, 진실, 환각, 망각, 과거, 현재, 미래, 우연, 필연, 환멸, 울음, 음울, 구름, 얼굴, 어둠으로 연쇄되는 단어들의 배치는 위치를 엎치락뒤치락하면서 한 가지로 명명될 수 없는 관념 상태의 참혹함과 정서의 상승을 돕는다. 가라앉은 돌의 '깊이'와 떠는 있는 달의 '높이' 또한 뭐라 형용할 수 없는 시적 주체의 거리감을 돕는 외재적 물상들이다. 이곳에서 주체는 사유하고 사유하며 다시 사유할 수밖에 없는 스스로를 공간적 매혹으로 진입시키는, 초극사태를 보여줄 수밖에 없는 것이다. 다소 정지되어 있는 상태에서 끊임없이 운동하고 있는 사유들의 폭발이 전시되고 있으며, 이것은 무의미가 아닌 의미의 역학적 밀고 당김, 혹은 그 사유의 밀도와 무게감으로 전달된다. 이와 같은 이제니의 도전적 울림 운동은 그 무엇도 재현해 낼 수 없다는 실패를 담보로 끝끝내 실패를 재현해 내겠다는 참혹함 속에서 융기한다. 다시 말해 존재하지 않는 듯 해명할 수 없지만 분명 시적 주체가 느꼈던 정념의 질감들을 언어가 할 수 있는, 그 언어의 무력감을 통해 겨우 증명해 내려고 애쓰는 것이다. 그런 증명 과정을 통해서 우리는 가장 살아있으려고 하는 '살림의 의지'를 읽을 수 있는 것과 동시에 죽어 있는 외부태들의 희미한 음영들 또한 한꺼번에 느끼게 된다.

반면 이준규의 시에서는 생활의 흔적들이 종종 엿보인다. 인용한 시의 경우도 커피를 마시고, 담배를 피우고, 책을 읽고, 새들이 날고 해가 뜨고, 구름이 흘러가는 무료한 생활의 정황들이 제시되고 있다. 어제와 오늘과 내일을 다르지 않고 단지 우리가 시간에게 측량법을 부여한 것처럼, 우리는 그런 합의된 시간에 스며들어 살고 있을 뿐, 정작 그 시간 측량 바깥의 공간을 경험할 수 없다. 그럼으로 이 시는 자칫 일종의 권태를 느끼는 현대인의 일상을 묘사한 것처럼 읽힌다. 그러나 그런 일상에 틈입해있는 "바나나를 먹었다."는 문장에 주목해 보자. 혹은 바나나를 먹는 시적 행위에 주목해 보자. 첫 번째 등장하는 "바나나를 먹었다."와 "어제는 거부되었다."가 발설되고 난 후의 "바나나를 먹었다."의 의미는 전혀 다른 것이다. 또 몇 문장 뒤에 이어지는 "어제는 거부되었고 바나나를 먹었다"는 또 다른 의미일 것이다. 같은 말을 반복하고 있지만 같은 말을 하는 가운데에 앞뒤에 배치되는 일상의 권태나 우울감도 그렇고, 무엇보다 시적 주체가 바나나를 먹은 사태로 시간의 흐름을 단절시켜버리는 행위 때문이라도 각각의 다른 바나나를 우리는 떠올리게 된다. 어제와 오늘과 미래의 바나나는 늘상 다르게 주어진 바나나일 것이고 바나나는 그렇게 우리에게 '주어져 있는 무엇'일 것이다. 어쩌면 시간이 간다는 것은 천천히 온몸으로 느끼는 행위이다. 우리에게 주어진 공간은 시간과 끊임없이 헤어지면서 현재를 확보하고 있는 공간이며, 다시 찰나들을 축적하면서 무엇인지 명명할 수 없는 미래로 내보내질 공간이다. 즉 공간은 남아 있지만 시간은 공간을 놓치면서 제 존재를 드러낸다. 몸이 늙는다는 것도 그렇고, 물상들이 낡아간다는 것도 그렇다. 하지만 그것은 시간을 증명하는 것이지 시간을 해명하는 것이 아니다. 단지 시간을 유기적 산물로 인식하는 것은 소극적으로 이미 만들어진 세계에 반응하는 것이다. 이준규는 그런 시간으로 봉합된 세계의 속박 자체를 거부한다. 물론 그의 시적 주체가 택하고 있는 자리는 현재 정서의 불연속성을 계속해서 들어내는 반복적 언어운용, 그러니까 현재만을 인지하는 강한 부정의 감각적 소고를 통해 단단하게 구획된 세계를 깬다. 마치 바나나가 노란색 껍질로 감춰져 있지만 그 속살이 하얀색인 것처럼, 우리가 알고 있는 관념세계의 껍질을 벗겨내려고 단편적 '사유 찰나'들을 집중해서 호출한다. 즉 세계의 의심스러운 안쪽을 파는 행위를 통해 바깥을 엿보고 있는 것이다.

　물론 이제니와 이준규가 공유하고 있는 지점들이 있다. 이제니의 「나선의 감각」 연작들 중 「나선의 감각- 음」, 「나선의 감각- 목소리 여행」과 같은 시와 이준규의 장시 「문」, 「토마토가 익어가는 계절」을 떠올려보자. 이 시편들에서 엿볼 수 있는 낭자한 주체들의 찢어지는 소리들, 재현될 수 없는 장소와 재현될 수 없는 관념태들은 말놀이가 아닌 '응시놀이'를 통해 응시의 시간을 두껍고 밀도 있게 보여준다. 이제니는 음악과 음색, 말을 통해 '저 너머의 세계'를 지향하고 이준규는 처용서사와 형용할 수 없는 자기 생활의 헛된 지연감을 통해 '저 너머의 세계'를 건축한다. 우리를 구속하고 있는 세계를 거부하는 방식으로 우리의 세계를 재현함과 동시에 세계 바깥에 있는 어떤 곳을 지명하고 있는 셈이다.

    교탁 위에 리코더가 놓여 있다
    불면 소리가 나는 물건이다

    그 아이의 리코더를 불지 않았다
    아무도 보지 않는데도 그랬다

    보고 있었다

    섬망도 망상도 없는 교실에서였다

- 황인찬, 「레코더」 전문

그러면 이제 황인찬의 언어 체계에 대해 생각해보자. 인용된 시는 황인찬의 시편 중에서도 너무나 제시된 부분이 없는 다소 당혹스러운 시이다. 공간은 아무도 없는 교실이고, 교탁 위에 리코더가 놓여 있다. 리코더는 "그 아이의 리코더"이고 시적 주체는 리코더를 불지 않고 보고만 있다. 그러다가 리코더라는 사물과 대면하고 있는 나와 교실이라는 공간이 행간 하나의 차이로 "섬망도 망상도 없는" 감성적 수사가 보충된 교실로 새로이 탄생한다. 왜일까? 무엇을 말하려고 하는 것일까? 대체로 황인찬의 시편들은 언어가 닿지 않는 지점에서 도약하는 정서의 미세한 자극들로 다채롭다. 이 시의 경우도 마찬가지다. 우선 시적 주체는 '감시를 당하는 주체'인 동시에 "그 아이"에게 특수한 감정 상태를 느끼는 주체라고 할 수 있다. 황인찬의 첫 시집 『구관조 씻기기』에 등장하는 주체들이 사랑의 감정을 내재하고 있는 상태의 발화라는 것에 집중해 보자. 이 시에서 나는 그 아이를 "섬망"하고 그리워한다. 때문에 그 아이의 물건(악기)에 접촉(입술)을 해보고 싶고, 그 아이의 물건 속에서 그 아이의 영기를 느껴보고 싶다. 아무도 감시하지 않고 그렇게 해도 괜찮은 충분한 조건이지만, 주체는 자신의 사랑이 어쩌면 '혼나는 일'(「무화과 숲」)일지도 모른다는 생각에 "교실"이라는 공간과 "교탁"이라는 권위적 물상 위에 놓인 리코더를 그저 바라만 보고 있을 수밖에 없다. 즉 감시당하는 자기 스스로를 자신이 다시금 감시하며 아무것도 할 수 없는 '정지 상태'를 경험하게 되는 것이다. 예를 들어 베르그송이라면 리코더의 운동이나 변화, 진화에 가치를 두고, 리코더의 물자체를 "불면 소리가 나는 물건"의 지속에서 다른 방향성을 제시하는 이미지들을 회전 방향들로 이동시켰을 테지만, 황인찬은 그 모든 것을 인지하면서도 인지할 수 없는 자신의 강한 윤리관을 내비추는 것으로 '멈춤의 통증'을 겪는다. 불면 음악이 될 것 같지만 그저 불기만 하면 소음이 되는 리코더는, 시적 주체에게 스스로를 되물어 보는 사유 과정을 유발시킨다. 그래서 '리코더'는 '레코더' 즉 자기 주체를 다시 기록하는 기계가 되는 것이다. 그러니 최소의 정황 사태를 가지고 최소의 언어를 부리면서 주체에게 스스로를 다시금 호명해 내는 기이하고 낯선 화법을 택하고 있는 셈이다. 황인찬의 시는 이렇게 언어가 지칭하고 있는 부위보다 지칭 밖에 할 수 없는 세계의 난처함과 파국 상태를 언어에서 언어 바깥을 겨냥하며 가시화한다. 다시 말해 황인찬의 시에서 읽히는 것은 정황이 아니라 정황 바깥에 있는 모든 것을 내포하는 것이다. 시 행간들의 여백을 통해 일어날 것만 같은 가능성의 서사들과 일어나고 난 후 충분히 고민하고 있는 주체의 민낯들이 형상화되고 있다. 그러므로 황인찬 시의 주체들은 권태롭지만 단지 권태롭지만은 않고 모든 것을 파멸로 인지하지만, 그 파멸 속에서 스스로를 닫고 지키고 있는 모양새다. 그 안쪽에는 사유에 사유를 엮어 꿰고 있는 자아의 참혹함 또한 느껴진다.

4. 플레이스 킨트; 언어 놀이를 넘어 사유 놀이에 복무하는 세계

여기서 한 가지 질문을 더 보충해야만 한다. 송승언의 시다. 승승언의 시집 『철과 오크』에 수록된 대다수는 시편들의 외형은 반복적인 구문들이 가진 리듬감과 말하지 않는 부분의 여백미가 적절히 교차되어 있는 것으로 보인다. 그렇다고 해서 이제니의 경우처럼 정서적 언어의 역동적 자리 배치가 있는 것도 아니고, 이준규의 경우처럼 생활의 찰나들이 지연되는 가운데에서 튀어 오르는 응시의 세계라 하기에도 부족함 감이 있다. 또 황인찬 시와 공유하고 있는 텅 빈 세계의 윤리관만으로도 송승언 시만의 언어적 변별점을 구분해내기가 어렵다. 이것은 주체의 문제다. 아니 주체가 위치하고 있는 장소의 문제이며 시적 주체가 내재하고 있는 정념의 문제다. 송승언의 시의 발화는 내장된 정념 안에서 시작되지 않는다. 아무것도 존재하지 않는 무의 상태의 설계된 프레임 안에서, 자아는 주어진 상황을 겪어가면서 정서가 붙을 수 있는 각각의 장소들을 조직해가고 있다. 그러므로 내파된 정서를 쏟는 것이 아니라 순간, 순간 들어온 정서들과 반응하며 사유 조직을 두텁게 바꾼다. 「돌의 감정」, 「증기의 방」, 「여름」, 「새와 드릴과 마리사」, 「모든 것을 볼 수 있었다」 등등 여러 편의 시편들 속에서 이와 같은 특장들이 드러나는데, 이런 경우 매번 탄생하게 되는 시적 주체의 형성 조건이 바로 시의 형식 그 자체가 되는 모습이다.

「증기의 방」을 예로 들어보면, 처음에는 프레임 바깥에서 주문과 명령을 내리는 바깥의 언어가 빈 자리로 있고, 색감이 없는 시적 주체는 우선 그 명령에 굴복을 하고, 명령대로 진행했다가 절망을 하는 방식이다. 그러다가 이제야 정서가 내장된 시적 주체는 부정을 하고, 이 모든 일들은 없었던 일이 되어 버리거나 질문이 되어버리는 구조가 반복된다. 즉 바깥 주체의 명령→ 상황 굴복→ 주체 절망→ 상황 부정→ 현실(사유) 무화 → 질문 찾기(던지기)의 사유 수행을 하고 있는 셈이다. 이러한 사유 구조는 롤플레잉 게임을 진행하는 모습과 유사하다. 세계를 설계하는 것이 아니라 '주어진 세계'에서 주어진 만큼 최대한 시적 주체는 행동할 수 있고, 자기 서사를 그 주어진 프레임 안에서만 채워나가며 온전한 자아가 아닌 거듭되는 시도들을 통해 복제된 자아를 만나게 되는 것이다. 즉 '아스팔트 킨트'를 지나 '모니터 킨트'를 너머 '플레이스 킨트'의 주체가 탄생한 것이다. 플레이스 킨트 주체의 언어감이란 어떠할까. 이런 주체는 어떤 부채감도 지지 않고, 어떤 정념에 의해 쓰는 것도 아니며 찰나마다 '사유 놀이'로서 주체를 촉발시키는 '찰나적 주체'

이다. 그것은 비어있으되 비어 있음으로 무엇이든 덧칠해질 수 있는 아니 덧칠될 준비가 되어 있는 무엇이다. 그렇기 때문에 이 주체는 늘 피동적일 수밖에 없고 스스로를 구속하거나 관장해서 사유를 진행시키는 일에도 끔찍함을 느낀다. 또한 송승언의 시가 빛과 그림자, 광물적 상상력에 민감한 이유도 롤플레잉 게임과의 근접성에 의한 결과라고도 유추해볼 수 있을 것이다.

잎과 가지 너머 많은 잎과 많은 가지 그 너머 보이지 않지만 길이 있지 그 길가에 많은 잎과 많은 가지가 있다 보이지 않는 길로 보이지 않는 차가 지나가고 보이지 않는 사람이 지나간다 보이지 않는 벤치에 들리지 않는 말이 있는 창고에서 말이 되지 않는 사건이 일어난다 내용이 없는 수업이 있고 아무도 없는 교실이 있다 반쯤 걷힌 블라인드에 가려진 잎과 가지가 있다 많은 잎과 많은 가지 그 너머의 잎과 가지는 간격을 잃고 울고 있다 그 소리는 아직 들리지 않는 것

- 송승언, 「피동사」 전문

인용된 시는 송승언이 관제하고 있는 세계와 시가 왜 언어 바깥에 놓일 수밖에 없는 형국인지를 잘 보여준다. 여기서도 시집에서 누차 반복하고 있는 "내용 없는 수업"이라든가 "아무도 없는 교실"이 등장한다. 그것은 누구의 명령도 어떤 억압도 작용하지 않는 무극의 세계, 교육도 없고 내용도 없는 텅 빈 주체의 세계와 다름이 아니다. 거울을 겹쳐 놓았을 때 거울과 거울이 끊임없이 서로를 비추며 무한으로 거울의 프레

임을 반복하게 되는 것처럼, "잎과 가지 너머"의 공간이란 시적 주체로 인해 상상된 공간이고 무언이든 상상될 수 있는 상상을 당한 공간이다. 주체에 의해 상상 건축된 길과 차, 벤치, 창고에 관한 장소감도 만져지지 않는 환영에 가깝고, 그저 우리에게 던져진 것에 가깝다. "말이 되지 않는 사건"에 대한 정확한 정보도 알 수 없거니와 "잎과 가지는 간격을 잃고 울고 있다"는 정서 또한 서사적 연결 과정 안에서 무언가 빠져있는 듯 너무 불충분하다. 그렇다고 어떤 빼어난 수사가 있는 것도 아니고 '피동사'라는 제목과 시적 정황(서사) 사이의 거리가 좀 먼 것 같다는 인상을 줄 뿐이다.

   그럼에도 불구하고 이 시를 송승언 시인의 새로운 세계의 선언으로 읽는 이유는 '피동사'가 쥐고 있는 의미역 때문이다. 시는 언어로써 구상하는 것이 아니라 언어로써 포기하는 것, 그럴 수밖에 없는 것을 포기하면서 또 포기하게 되면서 단지 포기만 알게 되고 영영 모르게 되는 것이기 때문에, 우리는 우리에게 처한 모든 우연들을 그리워하며, 고작 다른 어떤 힘에 의해 '행동을 입어 행해지는' 피동의 상태에서 정서를 쏟아낼 수밖에 없는 것이다. 그러니까 "잎과 가지 너머"에서 일어나는 상상 건축들도, 촉발된 정서들도 결국에는 아직 일어나지도 않았고 일어날 수도 있고 일어나지 않을 수도 있는 헛된 운명에 처해있는 것들이다. 다시 말해 쓰고 있지만 아무것도 쓰지 않았고 사유했지만 종국에는 모두 증발해버린 사유들이다. 왜냐하면 그것은 내 것이 아니라 자아의 자리에 어떤 무엇도 대체될 수 있는 '피동의 세계'이기 때문이다. 이토록 무시무시하고 참혹한 주체의 재발견이 또 있을까. 여기서 언어는 기록을 하고 있을 뿐 시적 정서의 내부를 발설하지 않는다. 바깥을 향해, 바깥만을 위해 탈주되는 것이다.

  예술이 기존 예술에 대한 괴리에서부터 출발한다는 사실은 이제 너무도 뻔한 이야기다. 돌연변이들 중에 소수가 진화를 한다면 나는 그 돌연변이 모두를 사랑할 수밖에 없다. 각자의 변이와 위기 때문에 세계는 진화한다. 시가 움직이는 것을, 이동하는 것을, 시가 어떤 공간이 되려고 하고, 미지에 가려고 하는 모든 율동들 굳이 진화라 부르고 싶다. 그것을 변화나 변이로 부르지 않고, 위기라 부르지 않고, 꼭 진화라고 불러보는 이유는, 끝끝내 시의 불가능한 어떤 영역들, 그러니까 그 바깥에 부위들을 나는 여전히 믿고 있기 때문이다. 언어로는 다 부를 수 없는 모르는 어떤 곳을 본다. 아니 본 것 같다고 고백해 본다. 그럼에도 불구하고. 그럼에도 불구하고.

감당할 수 없는 나는
: 유계영, 김소형, 황유원의 시

1. 나를 만든 수많은 나에게, 나는?

　로버트 하인라인(Robert A. Heinlein)의 단편 「All you Zombies(너희 모든 좀비들)」(1963)[1]에서 등장하는 인물들 모두는 주인공 '제인'의 각각 다른 시간 속 모습들이다. 이 소설의 모든 인물들은 시간여행과 그에 따른 시간의 역학 관계에 따라 모두 '나'의 모습으로 재현된다. 소설의 내용을 간략히 정리해 보면 이렇다. 1945년 고아원에 버려진 '제인'은 암울한 유년기를 보내다가 낯선 떠돌이에게 끌리게 된다. 떠돌이와 사랑에 빠져 임신을 했으나 남자는 '제인'을 떠나고, '제인'은 출산 과정에서 남성기와 여성기가 같이 발달했음을 알게 되어 외과 수술로 인해,

---

[1] 이 소설은 호주에서 마이클/피터 스피어릭 형제의 연출과 각색으로 〈Predestination(예정된 운명)〉라는 이름으로 개봉한다. 한국에서는 〈타임패러독스〉라는 이름으로 개봉했다. 연출자 혹은 배급사에 의해 바뀐 제목은 원작 「All you Zombies」라는 제목 보다는 '시간의 역설'이나 '예정된 운명'에 대해 더 강한 방점을 찍고 있다. 원작에서 'Zombie'가 의미하는 '무기력한 인간'이나 아프리카 원주민이 숭배하는 '뱀의 신'의 의미가 소거되고 나면, 이 소설이 가진 강력한 상징까지 모두 소거되어 버린다. 이 글은 '나'를 보존하고 결정하고 있는 완전체적 나의 서사에 관심을 둔다.

여성에서 남성으로 변한다. 게다가 사생아인 아이까지 납치를 당하고, 홀로 '로버트'란 이름의 남성으로 삶을 이어나가게 된다. 그러다 시간이 흘러 1970년, 로버트는 술집 'Pop's Place'의 바텐더에게 자신의 과거를 고변하게 되는데, 여기서 바텐더는 로버트에게 시간여행과 복수할 기회를 제안한다. 그렇게 로버트는 자신이 제인이었을 때 떠돌이와 사랑에 빠지게 된 시점으로 돌아가게 되는데, 여기서 흥미로운 점은 복수를 하러 간 로버트가 제인을 만나서 사랑에 빠진다는 설정이다. 즉, 제인이 사랑한 떠돌이 남자는 성전환이 된 자기 자신, 바로 로버트였던 것이다. 그 후 로버트는 다시 시간여행을 통해 1985년으로 건너와 '시간여행 단체'에 등록된 채 살아가게 된다. 그리고 훗날 원로가 된 로버트에게 맡겨진 임무는 바텐더로 변장해 1970년 자기 자신을 만나고 오는 것이었다. 또 제인과 로버트의 사생아를 훔쳐다가 시간여행을 통해 1945년 고아원에 버리고 오게 되는 것이 그의 마지막 임무였다.

이쯤에서 정리를 해보면, 고아원에 버려진 아기, 제인, 로버트, 'Pop's Place'의 술집 바텐더는 모두 '나' 자신인 셈이다. 시간여행을 통해 나 자신을 탄생시키고 나의 모습을 여럿으로 분열시키기도 했지만 결국에는 그 분열된 모든 자아가 더 명징한 '나'일 수밖에 없는 플롯에 놓여 있는 것. 그러니까 시간여행의 필요성도, 여성에서 남성이 된 이유도, 제인과 로버트가 사랑을 나눠 태어낸 아기가 다시 제인이자, 로버트이자 변장한 바텐더(시간여행자)로 자라게 되는 이유도, 소설에서 '나'를 만들어내기 위한 서사적 변주일 뿐이다. '꼬리를 삼키는 자'를 뜻하는 '우로보로스(Ouroboros)'처럼, 영원히 되풀이되고 있는 생성임과 동시에 또 영원한 소멸임을 암시하는 이 소설의 플롯은 역설적이게도, 무한 절대적 존재성인 '나'를 제시하고 있다. 나에게서 태어난 나는, 나와 사랑을 나누고 다시 나를 낳고, 나로 자라나며 이러한 순환적 고리를 나로 의해 유지시키는 것이 이 소설의 역설적 상황인 셈이다. 뱀이 자기의 꼬리를 물고, 주어진 상황에 진실의 꼬리를 물면 물수록, 결국은 꼬리가 아니라 자신의 머리를 무는 것과 같은 상황은 '나'를 지우는 동시에 가장 '나'를 확보하는 방법론이 된다. 그것은 소멸되는 것이 아니라 더 완전하게 자신이 되는 형국이고 세계를 만들어내는 우주적 사태가 되고 있는 셈이다. 이 서사는 역설이되 역설이 아니다. 존재와 부재가 얽혀 있는 '나'의 참된 존재론, '나'라는 주체를 '열림'으로 놓아두는 존재론일 수도 있겠다.

    비단 이 소설에서만 그러하겠는가. 소설 「All you Zombies」에서부터 시작했지만, 이 글은 시적 주체인 '나'에 대한 기록이나 변주를 통해, 주체의 영속성, 영원성에 가 닿으려고 하는 시인들에게 바쳐지는 글[2]이다. 시는 왜 끝끝내 나에게 복무할 수밖에 없는지, 나를 권리화하는 과정을 통해 '나'라는 주체는 얼마나 큰 목소리를 낼 수 있는지, 하는 물음을 수행하기 위해서 먼 길을 돌아온 셈이다. 이 소설에 대한 관심 또한 운명 앞에서 무력해지는 나를 만들기 위한 서사로 읽으려는 것이 아니라, 모두가 다 '나'이기 때문에 '나의 완전체'에 한 걸음 더 나아간 '나'의 운명과 발화 양식에 대해 관심을 품겠다는 것이다. 물론 그와 같은 시적 전략이 너무 온몸을 다해 외치는 목소리라서, 스스로를 방어하

---

[2] 이 글에서 대상으로 삼는 시편들은 지난 계절 출간된 유계영, 『온갖 것들의 낮』(민음사, 2015), 김소형, 『ㅅㅜㅍ』(문학과지성사, 2015), 황유원, 『세상의 모든 최대화』(민음사, 2015)이다.

는 것이 아니라 오직 자기 자신을 해칠 수밖에 없는 '자기 공격성'의 결의만을 품고 있지만은 말이다. 그런 공격성을 통해 태생될 수밖에 없는 최근 시적 주체들이 처한 곤궁함마저도 함께 생각해볼 문제다.

2. 온갖 것들의 '나': 유계영의 경우

대개 2010년대 시인들의 발화 양식은 '모험'이나 '분열'에 방점을 찍지 않는다. 2010년대의 시는 '모험'보다는 '포기'에 가 닿아 있고, '분열'보다는 '퇴조'에 가 닿아 있다. 시적 주체의 관점에서도 '주체 퇴조', '주체 소멸', '섬약한 주체', '희박한 주체', '줄어든 주체' 등 마이너스 벡터량[3]이 작용하고 있는 것으로 보인다. 물론 이러한 징후적 판단은 대상 텍스트를 무엇으로 삼느냐에 따라 상이[4]한 결론을 도출할 수 있다. 2000년대와 2010년대 시의 다름의 지표를 거울삼아, 우리가 너무 서둘러 2010년대식 발화 양식은 이것이다, 라고 섣불리 결론을 내렸던 시도도 반성해야 하거니와 개별 비평가에 의해 옹호·선택된 시인들과 시편들이 너무 한 쪽으로 경도된 양상 또한 재검토할 필요성이 있다. 물론

---

3) 이 부분에 관해 졸고 「마이너스 벡터의 시와 줄어든 주체들」, 『문학과 사회』, 2015년 가을호, 527-553면 과 「마이너스 벡터의 시와 줄어든 주체들2」, 『문학선』, 2015년 가을호, 33-48면 참조. 전자는 이준규, 박지혜, 송승언, 임솔아의 시를 대상으로 뵈메의 분위기 이론에 근거한 마이너스 벡터량의 관심을 보였다면, 후자는 박상수, 최정진, 이우성의 시를 대상으로 '사토리 세대'의 발화 양식에 대해 관심을 가진다.
4) 양경언은 '주체 퇴조' 현상 너머 있는 여전히 '활발한' 어떤 기미들을 포착한다. 그는 '무기력'이나 '퇴조'라고 섣불리 진단하기 이전에 그 너머 있는 능동적 운동성에 관심을 가진다. (「이제 되었다니, 그럴 리가」, 『문학과 사회』, 2015년 겨울호, 541-559면 참조.) 한데 양경언의 글에서 주된 관심은 임승유와 안희연의 시이다. 대개의 경우 주체의 소멸과 관련해서 황인찬, 송승언의 시편들을 대상화하는 것을 감안해볼 때, 어떤 텍스트를 두고 2010년대의 시를 준거하느냐의 따라, 전혀 다른 징후가 감지될 수 있다.

재검토의 전제는 2000년대의 시에서 비평의 역할이 그러했던 것처럼, 2010년대의 시를 옹호함과 동시에 소진하고 소비시키는 양가적 힘의 작용에서 자유로워야 한다. 보다 충분한 숙의가 이루어진 이후에야 그 징후적 판단은 가능한 일이다.

다만 작품 안에서 주체가 언어적 권력을 행사할 수 있는 장소가 무위에 가 닿아 있다는 점이나, 말을 장악하기보다 주어져 있는 사태에서 '비인칭적 발화'를 통해 세계를 축약시키는 방식들을 감안해 봤을 때, 또는 그러한 시적 발화에 복무할 수밖에 없는 이런 마이너스 벡터량이 작용되는 형상적 측면을 모두 간과할 수는 없는 일이기 때문에, 2010년대의 발화법을 '포기'나 '퇴조'로 보는 것은 설득력이 있다. 또한 이렇게 쓸 수밖에 없거나 쓰게 되는 외부적 잠재태들, 그러니까 젊은 세대들이 겪고 있는 사회·경제적 측면에서의 '소외'와 '룸펜(Lumpen) 오타쿠'의 삶, 혹은 '자아 찾기'가 아니라 '자아 소멸시키기'밖에 할 수 없는 '자기 공격성'의 시적 심화 역시 그런 현상적 진단을 근거하고 있다. 하지만 '포기'와 '소멸'로만 2010년대의 시를 정리할 수 있는 것은 아니다.

이러한 가운데 우리에게 유계영의 첫 시집 『온갖 것들의 낮』을 만나게 된 것은 너무나도 기쁜 일이다. "내가 누구인지 모르겠"다는 그런 "하나의 의문으로"(「온갖 것들의 낮」) 시작하는 유계영의 시적 발화는 흔들리는 나를 찾아가는 나의 고행기로 읽힌다. 주체를 지우는 방식이 아니라 주체를 더 뚜렷하고, 명징하게 권리화하는 방식을 통해, 앞으로 우리가 나아가야할 어떤 목소리의 결기 같은 것들을 내재하고 있다. 가령 「일요일에 분명하고 월요일에 사라지는 월요일」과 같은 시에서도 '생각하는 자아'가 등장한다. 아니 이 경우 생각하는 자아라기보다 응답과

책임을 같이 수행하는 '생각을 강요당한 자'의 모습이다. "3과 4의 사이"나 "0과 1의 사이", "9와 0의 사이"와 같은 '소수점 아래의 세계'들은 유리수로는 인지될 수 없는 '무한한 사이'[5]들이라 할 수 있다. 이런 사이의 세계 앞을 대면하고 있는 시적 주체는 어떤 억압적 질서에 의해 강요받지 않는다. 여기서의 사이는 '무한'임의 동시에 주체의 의해 자유롭게 결정될 수 있는 결정이 가능한 세계이다. "0과 1의 사이 / 바늘의 말투를 훔치려다가 비가 되었다 / 말 없는 사람들이 돌을 던지러 강가로 몰려왔다 / 유령들은 강의 괘를 따르며 빠른 노래를 불렀다"와 같은 진술들을 살펴보아도 그렇다. 이 시적 주체가 대면하고 있는 소수점 아래의 세계는 무엇이라 불러도 또는 묘사해도 상관이 없는 지형이다. 즉 '자기 인상'의 강한 천착이 일어나는 곳, 다시 말해 주체에 의해 결정되어지고 있기 때문에 질서화, 고정화 되지 않는 중간의 시작이며, '가능성의 시작' 지점이라 부를 수 있겠다. 제목에서부터도 그렇지 않은가. 월요일은 일요일에게 있어서 분명한 내일(미래)이지만, 월요일에게 월요일은 순간, 순간 사라지고 있는 제 몸의 '현재성'이자 자기 존재의 열림의 순간일 것이다. 그러니 이 시적 주체에게는 미래란 '도래하는 현재'이며, 과거 또한 '이미 지나간 현재'일 수밖에 없다. "다 할 수 있으면서 / 아무것

---

[5] 이 '무한한 사이'에 대해, 장은정은 '잘 죽지 않는 기분의 시대'를 살아가는 시적 주체를 문제시 삼는다. '질서의 포섭되지 않는 영역'에서 「지그재그」와 같은 운동성과 2010년대 시인들이 공통적으로 구상화하는 '하강의 방향성'을 두루 살피면서, 유계영 시와 더불어 세대론적 징후를 "가장 조용한 혁명"이라 명명하고 있다. (「뒤섞인 채로」, 『현대시』, 2016년, 1월, 112-133면 참조.) 양경언 역시, 유계영의 시적 주체를 "생각하는 레이디"로 바꿔 부른 뒤, 자기 긍정과 견유주의 관계, 구획된 세계 너머를 보는 '악필화'와 그에 따른 '발랄함'에 초점을 맞추고 있다. (해설 「큰소리로, 훗!」 참조.) 이 글에서 유계영의 시에 대한 관심은 장은정과 양경언의 견해를 모두 동의하는 가운데, 시적 주체가 '나'를 확보하고 권리화하는 방식에 대해 더 관심을 갖는다.

도 하지 않는 내가 좋다"(「내일의 처세술」)라거나 "사랑할 수 있을 것 같아 / 너희가 잠자코 있어 준다면"(「아이스크림」)과 같은 구절에서, 시적 주체가 어떤 운동태를 내재하고 있지만 아무것도 하지 않고 있는 모습 또한 '할 수 없음'에 방점이 있는 것이 아니라 '하지 않고 있음'의 방점이 찍혀 있는 것이다. 즉 움직이지 않고 있다고 해서 소멸이거나 줄어듦을 가시화하고 있는 것이 아니라는 것이다. 그것은 움직이지 않은 채 '있음'을 강조하고 있는 형태로 우리에게 제공된다. 즉 강한 현재의 잠재태가 이 주체에게는 보장되고 있어서, 외적 형태가 정지되고 있어도 전혀 폐쇄적이지 않다. 가령 다음과 같은 시편들도 그렇다.

레이디는 상자에서 빠져나오며 마술에 대해 생각했다

미치기 직전의 상태로 끝까지 살아가는 식물처럼
나는 아프고 너는 지켜보기만 했는데
너를 좋아해서 웃어만 지는 얼굴

잘려 나간 팔다리가 식어가는 동안에도
몸에서 부드러운 털이 자라났지

— 「지그재그」 부분

입안에 총구를 물고 방아쇠를 당겨 봐
바람 맛이 난다고 했다

하필 내가 가진 총 속에만 가득했던 총알을
너는 모르고 나는 알았다

너와 나의 단면에 대하여
생크림 케이크처럼 근사한 협화음을 감추었을 것이라는 믿음이
너에게는 없고 나에게는 있었다

누구의 생일인지 기억나지 않는 모호한 축하를
반씩 나누는 나의 샴, 나의 뒤통수, 나의 휠체어
살았다고 감동하는 모든 순간
죽지 않았다고 말하는 모든 유감이여
생일상 아래 흔들거리는 왼발 오른 발이여

- 「오늘은 나의 날」 부분

"미치기 직전의 상태로 끝까지 살아가는 식물"이란 어쩌면 이 시적 주체인 '레이디'의 처지일 수도 있겠다. 일단 '식물'이라는 부동성과 대상화 될 수밖에 없는 레이디의 처지는 우리가 흔히 알고 있는 재래적인 여성상에서 크게 벗어나지 못하고 있는 것처럼 보인다. 그러나 이 모습이 온전히 미치지 못하는 "미치기 직전의 상태"라는 것에 주목해 보자. 또 "끝까지 살아가는" 그 영속에 대해서도 생각을 해보자. 미쳐서 분열되는 것이 아니라 미칠 때까지의 정념이 여기에 있다. 즉 현재를 쉽사리 바꾸지는 못하지만, 현재를 바꾸는 방식이 스스로를 미치게 하는 것밖

에 없는, 이 레이디의 통증은 '지그재그'로 절단해 마술 무대 위에 올라가 있다. 이때 마술이라는 정황 설정 때문에 "잘려 나간 팔다리"로 "식어 가"고 있는 모습은 전혀 슬프지가 않았다. 몸이 잘리는 것이 마치 하나의 룰이라는 듯, 몸이 잘라짐으로써 관객들은 더 크게 웃고 박수를 보내는 것이다. 그러니 미칠 노릇이 아니고 무엇이겠는가. 오직 미칠 수밖에 없음을 강제하고 있는 이 몸은 위험해 보이되 위험하지 않다. 위험을 시도하고 있는 것으로 보이는 낯선 형태일 뿐이다. 그렇다고 해서 레이디는 무대 위에서 웃음 밖에 지을 수 없는 것일까. 그렇게 수동적으로 웃는 미소의 사유에 대해 시적 주체는 "나는 아프고 너를 지켜보기만 했는데 / 너를 좋아해서 웃어만 지는 얼굴"이라 언술하고 있다. 다시 말해, 당장 웃고 있다고 해서 괜찮은 것이 아니며, 질서대로 복무하고 있다고 해서 질서화 된 것도 아니라는 것이다. 식물과 같은 정지 상태는 움직이지 않음으로써 가장 통증을 내재한 몸의 상태이며, 그것은 온전하지만 마술과 같이 모두 몸이 절단 당한 상태인 것이다. 통증이되 통증이 아니라고 말하는 시적 발화는 우리에게 가장 통증일 수밖에 없는 "통증으로만 구성된 꿈"을 꾸게 한다.

유계영이 다른 시편들에서 말하기도 했거니와, 이렇게 "웃는 무덤"(「휴일」)의 장면들을 우리 시에서는 얼마나 많이 보아왔던가. 물론 여기서의 "무덤"조차 정지된 모습인 듯하지만 '웃음'이라는 활력이 내재하고 있다. 그러니 그의 세계는 "사물의 말은 오직 동사로만 이루어져 있다"(「오가 죽는 세계」)고 고변할 만한 세계인 것이다. 마치 '생활'에서 '생'이 빠진 '활' 그 자체의 상태가 유계영이 온몸으로 체득하고 있는 세계인 것이다. 즉 현재를 감돌고 있는 움직임이 너무나 충만해서 "오늘이 불편하면 내일을 기다리면 된다"(「활」)라고 희망도 절망도 아닌 가능성만을 내걸고 전진하는 시적 결의가 그에게는 있다. 그러니까 "미치기 직전의 상태로 끝까지 살아가는" 방식이란 "내가 사라져 주길 원하겠지만 / 나는 잘 사라지지 않는다"(「뛰는 사람」)는 진술과도 다르지 않다. 나를 소멸시키면서 가장 나를 보장하려 하는 존재의 한 양상인 것이다. 인용한 「오늘은 나의 날」을 살펴보아도 그렇다.

  인용하지 않은 이 시의 첫 부분에서는, 너에게서 버려질 것을 예감한 시적 주체가 그 예감은 "모두 틀렸다"고 말하는 부분이 등장한다. 그리고 곧이어 그 둘에서 러시안룰렛 게임을 하고 있는 장면을 연출하는데, 여기서 독특한 부분은 시적 주체인 '나'는 이미 이길 수밖에 없는 게임을 하고 있다는 것이다. 내가 가진 총에는 총알이 가득하다. 그러니 러시안룰렛이라는 게임 자체가 불가능하고 내가 가진 총으로는 오직 당신을 해칠 수밖에 없는 노릇이다. 그 사실을 "너는 모르고 나는 알"고 있다. 그러므로 내가 불행해지거나 버려질 것이라는 것 또한 타자에 의해 강요당하는 것이 아니라 내가 스스로 불행이나 외로움 속으로 침잠해서 들어가는 것이지, 어떤 억압도 이 시적 주체에게는 적용되지 않는다. 오히려 너무도 넘치는 자존감 때문에 "나"는 "너"를 허락해주고 있다. '너(바깥)의 세계'는 "너와 내가 취향이 맞지 않다는 이유"처럼 차이와 불협화음의 세계이지만, 나의 세계는 "생크림 케이크처럼 근사한 협화음"을 알고 있는 조화의 세계이다. 불협을 알고 있으면서도 그것은 "근사한 협화음"이라 에둘러 말하며, 차이에 의해 누군가를 죽이고 내모는 것이 아니라, 여기서의 나는 "살았다고 감동하는 모든 순간"을 최대한 느껴보려는 것이다. 그러니까 이 시적 주체는 누군가를 해치거나 경쟁하지 않는다. 그런 차이와 서열화된 질서들을 거부하는 데에서부터 시가 태동하고, 그런 외부의 질서들에 관해서도 강한 공격성을 띠지도 않고 있다. 대신에 이 주체는 총알이 가득한 총을 가지고도 "나의 샴, 나의 뒤통수, 나의 휠체어" 등, 나를 둘러싼 미약한 부분을 발견할 수 있는 자기 연민적 주체이다. 게다가 "나는 나를 밀어내고 / 나는 나를 밀어내"(「위하여」)며, 끊임없이, 또 따뜻하게 "믿는 집"(「녹는 점」)들을 만들어낼 수도 있다. 이렇게 유계영은 '나'를 보장하는 가운데, 현재를 횡단하며 나로부터 시작하는 '우리'를 보존하고 있다. 유계영이 만들어낸 '우리'라는 주체는 줄어들지도 소멸하지도 않는다. 늘 정지된 상태로 가장 활달하게 자라고 있다.

3. 'ㅅㅜㅍ'에서 만난 'ㄴㅏ' : 김소형의 경우

유계영의 시적 연출이 "아무도 없는 공간에서만 열연했다 / 발견할 수 없을 때 가장 입체적이었다"(「재연배우 모모」)는 진술처럼 나를 의뭉스럽게 하는 장치들 가운데에서 빛을 발했다면, 김소형은 나를 소거시킨 가운데 낭자해진 나를 찾는 방식으로 도모된다. 김소형의 시적 태동은 죽음을 내재화하거나 죽음에서부터 태동되었다는 것 때문에 자칫 그 모습이 폐쇄성을 띠고 있다고 볼 수도 있겠으나, 유계영의 정지가 사유를 내장하고 있는 가장 활발한 자기 주체성의 발현이었듯, 김소형 역시 죽음이라는 사유 정지와 몸의 정지를 통해 폐쇄가 아닌 어떤 열림들을 구상화하고 있다. 물론 여기서의 열림이란 '나'를 보장하기 위한 열림이다. 그렇다면 왜 죽음인가, 하는 질문부터 시작해 보아야겠다. 가령 죽음으로 가득 채워졌으나 전혀 죽었거나 산 것이 없는, 다음과 같은 시가 있다.

> 어제, 지하실에서 죽은
> 내가 줄줄이 발굴되었다
> 어둠 속에서 깜빡이는 얼굴들, 어둠 속에서 나타나는 얼굴들
> 잇따라 나오는 나체들 생각해보니 나는 참
> 잘도 죽었구나
> 이제는 꽤 많이 쌓인 것 같은데
> 그러거나 말거나 놔두고 살았지
> 맨발로 가볍게 밟으면서
> 이걸 언제 치우나 싶어 엄두가 나질 않았는데
>
> 슬그머니
> 너희들 도망가고 있었다
>
> 놀자, 데굴거리며 따라다니던 너희들
> 몰래 한 명씩 한 명씩 사라졌지
> 나와 놀자, 따라다니던 너희들
> 눈길도 주지 않았건만 어느새
> 방 말끔하게 비워져 있었네
>
> ―「일월」부분

인용한 시에서는 시적 주체가 '죽은 나'를 대하는 태도만이 가득하다.

우선 "지하실"에서 "나체"로 죽은 나를 발견한 정황에서부터 시작하고 있는 이 시는 내가 왜 죽었는지, 시 한 편이 끝나는 동안 끝끝내 알려주지 않는다. '죽은 나'들("너희들")을 발견하고 그들과 어울리며 또 시적 주체를 두고 몰래 떠나가는 '나'들을 진술할 뿐이다. 여기서 시적 주체가 '나'를 인지하는 방식을 몇 가지로 요약해 볼 수 있다. 첫째 '나'는 '죽은 나'들을 지하실에서 만났다는 것. 그러므로 여기서의 "나"는 '복수성', '다중성'의 존재인 동시에 나를 타자화시킨 "나"이다. 둘째로 나에 대한 '다중'과 '타자성'을 강조시킴으로써 '나'의 존재는 죽지 않고 지속된다. 즉 "죽은 너희들"과 관계 맺고 있는 "나"는 살아있는 "나"이고 또 동시에 '죽었던 나'를 인지하고 있는 "나"이기도 하다. 그러나 이러한 주체의 다중적인 분열 증상은 "나"를 절대 타자로 두면서, '나'의 존재를 영속적으로 확보[6]한다. 그러므로 무한한 내가 가능해진다. 셋째, 이렇게 죽음을 내재한 후에야 무한해진 나는 정작 "너희들"에게 외면을 당하고 있다. '타자화 된 자아'들은 나에게서 "도망가고 있"으며, "놀자"고 달려드는 것도 잠시, 살아 있는 시적 주체를 외면하고 또 어디론가 사라져버린다. 보통은 이때가 돼서야 분열을 그친 주체가 자기 동일적인 주체성을 발휘하게 되기 마련인데, 여기서 시적 주체는 떠나가는 복수의

---

[6] 레비나스는 『전체성과 무한』에서 타자를 나의 인식과 포착 그 너머에 있는 무한한 다른 자로 설정한다. 그러면서 타자의 외재성과 초월성에 대해 논한다. 타자는 '나'가 아니지만 '나'의 다른 호명이며, '나'에게 요청하고 '나'는 끊임없이 그런 타자와 대면하고 있다. 이런 타자와의 관계, 타자의 초월성은 일종의 윤리성과도 구분하기 힘든 형국이기도 하다. 레비나스에게 있어 주체는 자신을 지배하는 타자성에서 빠져나올 수 없는 '있음'의 존재로 제시된다. 인용한 시에서 보는 것처럼 나에게서부터 비롯된, 타자의 낯선 출현은 우주, 신, 혹은 죽음과 같은 관념 세계와의 관계를 암시한다. 여기서 무한성이란 사유에 대한 재현의 대상이 아니라 활동성 그 자체, 즉 주체의 죽음 이후, 타자의 세계에서 '생명성의 지속'(무한)의 의미로 압축된다.

주체들에게 어떤 힘도 행사하지 못한다. 할 수 있는 일이라고는, 인용한 시의 말미에 따르면 "그만 나도 모르게 손을 흔들었다 // 안녕,"하고 건네는 허망한 인사뿐이다. 다시 말해 '온전한 나'로 되돌아오는 어떤 순간에 자아를 강하게 확보하는 것이 아니라 가장 흔들리게 되는 모습을 하고 있는 셈이다. 그러니 오히려 '다수의 나', '타자성의 나'가 시적 주체를 가장 강인하게 만들고 있다.

  그렇다면 이쯤에서 다시 물어야겠다. 인용한 시에서 아니, 더 나아가 김소형의 시적 주체들은 왜 이리도 많은 죽음을 겪어야했는가. 김소형의 첫 시집 『ㅅㅜㅍ』에서 도처의 깔린 주검의 존재들은 상기해 보자. 「관」에서 "방을 구하러 왔소" 하고 문을 두드리는 목소리의 주인공 또한 「일월」과 마찬가지로 시적 주체에게는 타자인 동시에, 방을 관이라 여길 수밖에 없는 '다른 나'의 형상들이다. 때문에 그들 역시 죽음을 예비하거나 혹은 죽음을 이미 겪고 난 현실에서 탈각된 주체들이다. 그리고 「하얀 장미, 숲」에서 "유령이 되어 피어오르는 숲"은 그런 주검들이 기거하는 공간성("관")의 다른 변주일 수 있으며, 「흑백」에서 "활짝 열린 / 죽음", 「사물함」의 '닫힌 세계', 「연소」의 "불타는 개", 「섬」의 "정전된 태양", 「궤」의 "물에 잠긴 도시" 등등은 모두 시적 주체가 구상해낸 죽음의식이 투영된 직조물들이라 할 수 있다. 물론 나열한 시편들에서도 죽음에 대한 명징한 이유가 없다. 일예로 「흑백」의 경우 "고요한 밤, / 버려진 시청에는 소녀의 익사체가 떠 있다"라는 식으로 이미 1연에서 주검 상태가 제시되며, 그 주검을 대하는 시적 주체의 몰입으로부터 진술들이 파생되어 나간다. 다만 표제작이기도 한 「ㅅㅜㅍ」에서는 "빛이 주검이 되어 가라앉은 숲에서" "이미 죽은 당신"을 병사들이 다시 묻기 위해

땅을 파는 명징한 장면이 연출될 뿐, 왜 죽음에 이르렀는지는 계속 부재된 상황이다. 그렇다면 이쯤에서 다시 또 질문을 바꿔야겠다.

왜 김소형의 시는 사인(死因)이 묘연한 죽은 존재들을 꼭 경유하면서 시가 시작되어야만 하는가. 그리고, 이러한 죽음 이후의 세계에서 "숲을 두고 숲을 두고 / 그저 당신과 하루만 늙고 싶"은 간절함이란 또 무어라 형언해야 하는가. 말할 수 없는 가운데 분명히 말해볼 수 있는 것은, 김소형식 시적 주체라면 누군가 죽고, 찢어지고, 분열되어야만 울창해지는 "숲"이 있다는 것이다. 앞서 「일월」에서 '분열-죽음-타자화 된 나'를 통해 나의 영속성을 확보해 냈듯이, 숲이 가진 신성함이나 영속성은 그렇게 온몸을 찢어내고 나서야 가능해지는 것이다. 한데 기이한 이 주체는 자신 앞에 제시된 "거대한 무덤"(「푸른바다거북」) 앞에서 '감흥의 입체적인 태도'[7]를 줄곧 보인다. 시편들에서 기쁨과 슬픔, 그리움과 내침, 울음과 소외 등등의 감수성들을 충돌적으로 진술하는 부분이 다수 노출되고 있는 것은 물론이고, 이런 입체화가 의도적으로 연출됐다기보다는 매우 자동적으로 직조되어 있는 것으로 보인다. 안타깝게도 김소형이 가진 주검에 대한 입체적 감흥이란 몸의 언어인 셈이다. 이렇게 주검에서부터 시작할 수밖에 없는 몸이라면, '숲'이 되지 못하고 'ㅅㅜㅍ'이 되고야 만다. 음소 단위로 모두 분절되어 버리는 것, 그렇게 결

---

[7] 이광호의 해설 「방과 숲, 사랑의 아토포스」에서 "방-몸"의 발견은 푸코식의 헤테로피아의 실현을 가시화하고 있다. 한데 방점이 '사랑'에 맞춰져 있다. 섣불리 그것을 '사랑'으로 규합하지 말고, 제 몸으로 '다른 장소들'을 만들어내는 언어 그 자체의 향연이라, 계속 진행시켜 보면 어떨까. 김소형의 시에서 감흥이란 사랑으로 규합되기 보다는 입체적인 감흥 다발들로 발동되고 있기 때문이다. 또한 김소형이 본 다른 공간은 다르되 가장 가까운 제 몸에서 일어나는 죽음이자 그에 따른 구분 짓기, 즉 '건넘'으로 보인다.

합을 거부할 수밖에 없는 것이다. 한데 이 '분절된 몸'들을 주체의 '퇴행'이 아니라 '진화'라고 되돌려 불러보면 어떨까. 스스로를 찢으면서 본래의 나로 돌아가 나를 확보하며, 나를 통해 전진해 나가는 방식. 그러니까, "진심으로 슬퍼하는 괴물"(「진화」)이 된 이후에나 가능해지는 어떤 세계가 김소형에게는 주검으로 주어져 있는 것이다. 때문에, 서둘러 슬퍼할 필요도 기뻐할 필요도 없다. 그의 시는 'ㅅㅜㅍ'에서 만난 'ㄴㅏ'를 되돌리려는 나의 결심이자, 혹은 다른 몸의 징후일 뿐이니까 말이다.

4. 나의 모든 최대화: 황유원의 경우

황유원의 시집 『세상의 모든 최대화』는 근래 보기 드물게, 나에서부터 시작해 다시 끝끝내 나로 귀결되는 '(나의) 감흥 탐색집'이자 '사유집'이다. "꿈에서만 얻을 수 있는 전지적 작가시점"(「변신 자라」)을 가지고 세계를 보는 것만 같은 황유원의 감흥 결정들은 외연상 '세상의 모든 최대화'를 노래하고 있으나 결국 자기 자신을 곁에 두고, 자아를 경유해서 세계를 보는 방식, 즉 시행을 끌고 나가는 감흥적 육성이나 시적 묘사에 있어, 1인칭 시점의 자기 소유권을 강하게 주장하는 듯한 인상이다. 때문에 황유원의 시는 '세계의 최대화'로 인해, 혹은 세계를 축소하는 방식을 취함으로 인해, 자기 주체를 최소화시키는 최근 일군의 젊은 시인들의 시적 양태와는 전혀 반대의 자리에서 자기 목소리를 가공하고 있는 것처럼 보인다. 그도 이와 같은 시선의 태도를 "꿈에서만 얻을 수 있는 전지적 작가시점"이라 했거니와 그 길은 그가 표현한 대로 "비정규위험탐방로"(「바톤 터치」)라 부를 만하다. 특히 "그것은 그것에 불과하다 / 사회적 통념의 확대 재생산 / 기껏해야 자기 위안으로의 이론적 지식들 / 그것은 한갓 벽에 불과하다"(「변신 자라」)라고 진술하며, 자기 몽환적 정황(변신 자라의 "은폐 엄폐술")에 대해 온몸을 다해 대결을 시도하려는 시도가 그렇다. 이런 주체의 의지적 육성들을 살펴보면, 황유원의 시가 가 닿으려고 하는 어떤 무위에 관해 우리는 조금은 짐작해볼 수 있을 것이다. 아무래도 사유를 그칠 수 없는 이 시적 주체는, 사유를 통해 스스로를 은폐하고 드러내는 환상조작을 통해 자기 존재의 이유를 쉼 없이 강제한다. 한데 이때의 은폐와 드러내기의 이질적 행위는 음악과도 같아서, 뚜렷하지 않은 공명의 질감으로 우리의 귓가에 오랫동안 떠돌게 되는 것이다. 가령 이런 시들이 그렇다.

어둔 방
창밖으로 들려오는 자욱한 빗소리 속에서
나는 기타를 치고
기타는 허공에
나무 한 그루 심어 놓는다
기타의 목질이 허공에서 축축이 젖어 가는 사이
나무는 비를 맞아 무럭무럭 자라나고
우리는 그 아래서 비를 그으며
젖은 머릴 말리며 다시
기타를 친다
내가 기타를 치면 참
평화롭다고 너는 말하지
나는 고작 어디서 무엇을 어떻게

틀렸는지 생각할 뿐인데 너는 그게

평화롭다고 말하고 진심으로 평화로워지지

나는 어리둥절해지고

내가 치고도 듣지 못한 음악을 너의 입으로 전해 듣고

평화로워진다 오래된 나무 한 그루처럼

- 「전국의 비」 부분

자라서 무엇이 되어 있었을까요? 묻는 말에

아무도 대답은 없고

그러나 그 대답 없음은 오늘처럼 아주 깊고

밤은 아직 산더미처럼 쌓여 있어서

밤이 파먹은 만큼 줄어들었는지조차

알 수 없다

이 밤을 다 파먹고 나면 우린 또 어디서 무엇이 되어

함께 무엇을 하고 있을까요?

이번엔 묻지 않고

혼자 속으로만 되뇌는 동안

창밖으론 하얗게

눈이 내리고 있었다

- 「끝없는 밤」 부분

인용한 두 편의 시는 황유원의 시에서 가장 뛰어난 가편들이라 예단할 수는 없겠으나, 그의 시가 갖는 정황적 공통성들을 어느 정도 최대공약수로 갖추고 있는 시들이라 할 수 있다. 첫째로 황유원의 시적 정황은 '낮'보다는 '밤'의 감각에서 이루어지고 있는 언어라는 점이다. 「끝없는 밤」에서 "산더미처럼 쌓여 있"는 밤이란 시적 주체에게 질문의 가능성을 만드는 공간이다. 그러나 밤은 질문만을 허용하고 매혹할 뿐 어떤 정답도 내려주지 않는 매혹 그 자체, 오직 그것밖에 허용되지 않는 자기 주체에 침잠하는 공간일 뿐이다. 황유원은 어딘가에 홀린 듯이, 몽유병[8]에 걸린 듯이 자신을 경유해가며 물음의 세계를 확장시킨다. 고로 시적 주체는 답을 내릴 수 없는 질문을 스스로에게 유도하고, 답이 되지 않는 답을 유추한 뒤 이윽고 모든 질문의 부질없음으로 자기 주체를 소외시키고, 자신이 빠져들었던 세계를 확장시켜버린다. 다시 말해, '밤(어둠)'-'질문 허용'-'문답 불가'-'자기 소외'-'감흥 도취'-'달관(풍경에 정서 투사)'과 같은 방식으로 시의 경로를 마련한다. 이와 같은 방식으로 시행을 밀고 나갈 때 우리는 황유원의 시가 구투라고 느껴질 만도 할 것인데, 비단 이런 시적 형태를 구투로 안 느끼게 하는 부분은 답을 내릴 수 없는 사태, 즉 음악에 있다. 음악을 경유해서 보이지 않는

---

8) 블랑쇼는 『문학의 공간』에서 말라르메를 경유해서 낮과 밤이 암시하는 존재의 심연의 상태와 '영감'이 오는 공간으로써의 밤을 논한다. 그 중 부록 3장 잠, 밤에서는 이런 진술문이 등장한다. "몽유병자는 우리에게 수상쩍다. 그는 잠속에서 휴식을 찾지 못하는 사람이다. 잠들어도, 그에게는 자리가, 말하자면 믿음이 없다. 근본적 본래성이 그에게는 결핍되어 있거나 혹은, 보다 정확히 말해서 그의 본래성에는 근거가 결핍되어 있다. 또한 그의 휴식이기도 한 이러한 그의 위치에서, 그는 지주(支柱)가 된 그의 부재의 확고함과 부동성 속에서 스스로를 확인한다." 황유원의 시적 언어를 밤을 경유하고 있는 몽유병의 상태로 진단할 수 있는 이유는 자기 매혹에 빠져 있는 부분만큼, 자기 부재의 자리 또한 '물음의 확장'을 통해 동시에 보장하고 있기 때문이다. (모리스 블랑쇼, 이달승 역, 『문학의 공간』, 그린비, 2010년, 386-392면 참조.)

'감흥적 지도'를 만드는 것이 황유원 시의 두 번째 전략인 셈이다.

「전국의 비」는 '비'와 '기타를 치는 나'와 그 음악 소리 곁에서 '평화를 느끼는 네'가 등장하는 시인데, 여기서 시적 주체가 기타를 치면서 만들어 놓는 풍경은 "허공에 / 나무 한 그루 심어 놓는" 일 뿐이다. 그 나무가 어떤 나무이며, 어떤 질감인지 우리는 충분히 알 수 없으나 다만 이 음악을 듣고 있는 타자를 통해 그곳에서 '평화로움'이라는 정감이 가시화 된다. 물론 이 평화로움 또한 "나는 어리둥절해지"는 답변일 뿐이고, 음악에는 답이 있을 리 없다. 오히려 이 음악은 너와 나를 이어주는 매개체라기보다는 나를 현실 속에서 고립시키고("내가 치고도 듣지 못한 음악을 너의 입으로 전해 듣고"), 오로지 나의 감흥에만 몰입할 수밖에 없는 단절적 기제로 등장하고 있다. 한데 여기서 주목할 점은 이렇게 모르는 답 같은 음악을 통해, 나와 타자는 '평화로움'이라는 오답을 내리고, "오래된 한 그루 나무처럼" 친연성을 띤다는 결론을 도출하는 것이다. 다시 말해, 시적 주체가 자기 몰입을 통해 만들어낸 '감흥적 지도'를 따라 타자 역시 무언가에 홀린 듯 자기도취에 빠지고 그곳에서 엉뚱한 결론을 얻는 방식인 것이다. 물론 여기서의 결론이란 답도 아니며, 스스로를 보호하려고 하는 미약한 안심에 지나지 않는다. 그러나 이 안심 때문에 주체는 끊임없이 하강하고 흔들리면서 전진한다.

셋째로는 안과 밖의 공간 사유가 빈번히 드러난다. 인용한 두 편의 시에서도 '창밖'은 각각 '비'와 '눈'이 내리는 상태로 시적 주체를 방에 고립시키는 역할을 하고 있다. 황유원의 공간의식은 '바깥'을 마련해두면서 철저히 방으로 몰입할 수밖에 없는 핍진함을 만들어내곤 하는데, 가령 계절감이 나타나 있는 「쌓아 올려 본 여름」과 「초겨울에 대한 반가 사유」에서도 그렇다. 전자의 경우는 여름의 상징적 지표를 나타내는 물상들, 그러니까 '개미', '매미', '축구하는 아이들', '짧은 치마 입는 여자'와 '노인' 등등의 관찰들이 시적 주체인 나와 부딪혀 "모든 것을 증발시키며 / 정신이 증발"한 상태의 이르는 과정을 그린 시이다. 이 시에서 나와 접촉하는 '여름의 다발들'은 나의 외부에 놓인 것들이며, 나에게 여름이라는 감각을 습득시켰던 세상의 모든 바깥들이다. 여기서 시적 주체는 그 모든 경험들을 자기 내부에 쌓아 놓고, 시 말미에서 "돌을 쌓듯이 거기 여름을 쌓아 놓고 / 발로 한번 차 보"는 상상을 한다고 말한다. 즉, 내가 느낀 모든 여름의 외부태들은 내 안에 들어와 나에게 어떤 변화도 이루지 못하고 "잠시 같이 타올라 보는" 찰나들일 뿐이고 증발되는 것일 뿐이다. 숨이 턱턱 막힐 것 같은 더위 곁에서 시적 주체는 몰입된 '나'(방)를 발견하고 다시 그것들을 자기 안에서 분출하고 자기 몰입에 빠진다. 그러니 이 시는 시가 끝나고 난 뒤부터 우리가 모르는 자기 은폐적 시적 감흥이 또 시작되는 셈이다. 「초겨울에 대한 반가사유」는 이 보다 더 자기 몰입을 시도하는 시라 볼 수 있다. 나의 모습과 반가사유상의 모습이 때때로 대치 혹은 병치되면서 시행을 이끌어 나가고 있는데, 이 시에서 일어나는 일련의 사건들은 모두 이곳에서부터 시작된 "흔들림"에서부터 확장된다. 이 시 역시 "저기", "창밖" "모니터 속" 등등 외부적 사태들이 일어나는 공간은 모두 나의 바깥에 놓여 있고, 나는 이곳에서 그 바깥들을 모두 배척하며 고립된다. 나의 사유는 "스페이스 바"와 "엔터 키"를 누르는 등의 아주 단순한 행위를 통해 변동·확장되면서 또 알 수 없이 "엎질러지고 있는" 그 과정을 드러내고 있는 것이다.

이처럼 황유원의 시는 '나'를 중심으로 미끄러질 듯 붙잡고, 붙잡은 듯 확장시키며, 언어를 소비하면서 언어를 가두는, 언어의 이중적 이동 축조물을 건축해 낸다. 그도 표현해 냈듯이, "흔적도 남지 않는 삶이 아니라 / 다 살아 낸 삶이 남아 있는 흔적과 / 이제 다 끝났다는 착각의 평화가 동시에 미끄러지는 / 넉넉하고 공평한 언덕"(「새들의 선회 연구」)으로 우리를 인도하는 것이다. 물론 그곳에는 "마음이 있는 한", "차가워지거나 뜨거워지거나"(「레코드 속 밀림」)하는 '두 종류의 예술'이 우리를 기다리고 있다. 모두 시적 주체가 강하게 나를 보장하면서 말이다.

5. 감당할 수 없는 나는

최승자의 산문에서부터 시작해보자. 최승자는 이렇게 말한다. "시로써는 아무 것도 할 수가 없다. 밥벌이를 할 수도 없고 이웃을 도울 수도 없고 혁명을 일으킬 수도 없다. 다만 다른 사람들이 배고파 울 때 같이 운다든가, 다른 사람들이 울지 않을 때에 그럼에도 불구하고 과감히 울어버릴 수 있다는 것뿐이다."(최승자 『이 시대의 사랑』, 뒤표지 글) 이 산문에서도 읽어낼 수 있듯, 시인은 '혁명'과 '무력감' 사이에서 자기 존재를 보장받는다. 특히나 여기서 '과감히 울어버린다'라는 행위는 공시적 행위라기보다는 개별 시인들이 겪고, 겪어내고 있는 '사적 행위'에 가깝다. 그러니 최승자에 따르면 혁명과 무력감 사이, 나와 타자들 사이에서 시인은 또 다른 어떤 사이를 소유하게 되는 나의 기록자들이라 할 수 있다. 지금이라고 다르다 할 수 있을까.

여기 '나'로 시작해서 '나'로 끝나는 시, 나에 관해 쓰겠다는 의지로 똘똘 뭉친 시편들이 있다. 이곳에는 밤마다 자신의 '감흥적 지도'를 그리면서 몽유병을 앓고 있는 주체(황유원)도 있는가 하면, 정지된 것들 속에가 가장 활달한 율동성을 발견해내는 "믿는 집"을 짓는 주체(유계영)가 있기도 하다. 또 죽음에서부터 도약하는 분절된 몸의 언어로 쓴 무한록(김소형)이 펼쳐지기도 한다. 그들은 이렇게 나에게 일정 부분 빚을 지고 시작하는 시작 행위를 통해, 자신에게 있어 '뒤틀린 인상적 세계'를 그려내고 있다. 일상에서 이을 수 없을 것 같은 그 절취된 부분을 이어붙이면서, 시를 쓰는 행위로써 자기 윤리를 만들어내고, 그 윤리에 복무하며 삶에 대한 의지와 결기를 드러낸다.

  2010년대의 이렇게 '가공된 페르소나'는 80년대의 주체 최대화, 연대화 전략, 90년대 주체 서정의 재현 양식화 전략, 2000년대의 주체 분열화 전략을 모두 겪고 난 이후의 '가공'이라는 것에서 주목할 필요가 있다. 2010년대의 시가 한편에서는 마이너스 벡터량의 하강 전략이 작용(황인찬, 송승언)되고 있다면, 또 한편에서 플러스 벡터량이 충만한 시적 양태가 동시에 드러나고 있는 것이다. 특히 이 '플러스 벡터'의 경우, '퇴조'가 아니라 하강을 통한 '진화'라는 관점에서 고찰될 필요성이 있다. 이들은 섬약하지만 희박하지 않고, 흔들리지만 그 흔들림을 통해 부재의 확고함을 드러낸다. 다시 말해, '포기'이되 '분열'이고 '채움'을 통해 '모험'에 이르는 다른 방식의 '탈 2000년대의 시'라고 부를 수 있을 것이다. 또한 단편 「All you Zombies」을 가득 채운 '나'들처럼 '나'로부터 순환된 '나'의 권리화가 가득하다. 그렇게 시인은 존재한다. 최승자의 산문에서처럼, 다시 "상처받고 응시하고 꿈꾼다. 그럼으로써 시인은 존재한다. 그(들)는 내일의 불확실한 희망보다는 오늘의 확실한 절망"을 여전히 믿고 있는 이름이다. 여기 그런 젊은 시인들이 있다.

2부

빛의 가면과 확장

빛을 체험하고 포기하는 몇 가지 방식
: 안태운, 유이우, 백상웅의 시

무엇이 체험되고 무엇이 소거되었을까. 분명 체험했으나 체험되지 않았다고 망각하는 것. 아니 선체험에 대해 인지하고 있다는 것을 아예 휘발시킨 채, 자동화 된 망각을 통해 세계를 인지할 때가 있다. 대개 관념을 언어화할 때가 그렇다. 이를테면 '침묵'이라는 관념태를 인지할 때를 떠올려보자. 일단 침묵은 불가능한 관념을 언어화하려는 시도이다. 존케이가 절대 침묵을 부정할 때 사용한 개념을 상기해 보자. 무대 위에서 어떤 연주도 하지 않고 조용히 앉아 있다가 무대를 내려온 공연 「4분 33초」(1952)의 전위성을 떠올려 보면, 우리는 침묵이라는 것에 대해 다시금 질문해 볼 수 있다. 4분 33초 간 연주가 없었으나 연주로 할애된 시간만큼을 채운 여러 소리들이 존재한다. 이를테면 관객들의 숨소리, 기침소리, 왜 연주를 하지 않느냐고 웅성거리는 소음 등등이 피아노 연주 대신 4분 33초를 에워싸고 있었다. 그러니 「4분 33초」는 연주를 하지 않음으로써 침묵을 보여준 전위적 사례가 아니라, 절대 침묵이란 불가능하다는 것을 전위의 형태를 통해 다시금 상기했던 사례라고 할 수 있다. 좀 더 엄밀히 말하자면, 우리에게 '침묵'은 관념태나 상상으로 남아 있는 개념이지, 체험될 수 있는 실체태가 아니다. 그러니 '말'이 없는 곳에 '침묵'이 존재한다는 것은 틀린 명제다. 인간은 침묵을 지각할 수 없다. 소위 우리가 침묵이라 느끼는 것은, 침묵을 지각하고 있다는 그 착각들을 지각하는 것이다. 우리에게 주어진 아주 자동적인 착각으로 말이다.

이러한 관점에서 '침묵'과 '말'이라는 상관 관념은 '빛'과 '어둠'에 관계에서도 유사하다. 아른하임에 따르면 빛을 반사하는 모든 개체는 광원이라 볼 수 있는데, 이를테면 태양이나 전구와 같이 스스로 빛을 내는 개체가 아니더라도 빛이 투사되고 반사되고 또 걸러지고 과정을 통해 빛을 담은 모든 개체들을 그는 광원이라고 전제한다. 즉 빛과 어둠의 개념을 우리는 빛의 양과 현상적 체험에 따라 언어적으로 '빛' 혹은 '어둠'이라 지각하고 있지만, 사실 절대 어둠이라는 개념은 없다. 이 또한 지각자의 착각일 뿐이다. 가령, 빛이 없다고 느껴지는 불 꺼진 공간에서도 우리가 사물을 지각할 수 있게 되는 이유는 미약하게나마 빛이 존재하기 때문이다. 그 반대로 어둠이 전혀 없는 공간에서 오직 빛만으로 우리는 아무것도 인지 할 수 없게 된다. 이처럼 빛과 어둠이 가진 벡터량은 한 쪽을 모두 실체화할 수 없으며, 일반적으로는 지각자의 아주 자동적인 착각에서부터 비롯된 오류들로 인해 왜곡되고 굴절된다.

이 왜곡과 굴절에서 우리는 여러 가지 다른 관념들을 생각해 볼만하다. 가령 인상파 이후 회화에서 보다 적극적으로 빛과 어둠의 대비가 화가의 관념적 상상력을 보장하는 장치로 이용되는 이유도 이와 같다. 빛은 회화에서 상상력의 근거가 된다. 문학작품에서 침묵과 말의 관계 또한 그러하거니와 시적 화자가 어둠과 빛에 대해서 인지하는 방식에서도 그렇다. 인지할 수 없는 관념에 대한 왜곡과 굴절 속에서 언어화를 감행할 때, 시적 화자는 일단 형언할 수 없는 세계의 틈입을 발견할 수 있다. 그런 난감한 관념태 때문에 스스로를 오인하고 스스로를 부정할 수 있다. 우선 이런 언어적 감행은 빛의 민감한 시적 화자들의 전략적 방법론 중 하나이기도 하지만, 세계를 지각하는 여러 방식 중 유독 빛과 어둠, 말과 침묵에 대해서 민감하게 반응하게 되는 이유 또한 늘 우리를 궁금하게 만드는 지표이다. 특히 지난 계절에 읽은 젊은 시인들의 몇 편의 시들이 그렇다. '빛' 혹은 빛에 따른 지각의 문제, 즉 빛에 따른 '몸'의 변형에서부터 비롯된 권태로운 일상과 탈출구가 없는 삶에 곤궁함을 저마다의 모습으로 구현해낸 것으로 이들의 시가 읽힌다.

꿈으로부터 내쳐진다. 감은 눈으로, 일부러 눈 뜨지 않고 걸으면 나와 함께 내쳐진 논이 있고 논 위로 걷는 내가 만져진다. 보이지 않은 눈앞에서 그러나 내가 만진 것들은 다 사라지고 사라진 것들은 내 손을 멈추게 하고 손은 어둠에 익숙해진다. 걷고 난 후의 일들은 다른 곳에서 벌어지고 있다. 짚이 타고 있다. 눈을 뜨면 꿈과 함께 내쳐졌다.

- 안태운, 「감은 눈으로」 전문, (『문학과 사회』 2015년 겨울호)

이 시의 화자는 "일부러 눈을 뜨지 않고" 걷고 있다. 눈으로부터 들어오는 모든 빛을 차단하고 외부 세계를 인지할 수 없으니 화자의 도보가 정방향이 될 수 없는 것은 너무도 당연한 일이다. 그러므로 "꿈으로부터 내쳐진다." 이후에 도래하는 일련의 사태들은 눈을 감는 정적 행위를 통해 화자에게 다시금 인지되는 동적인 지각 반응들일 것이다. 여기서 "내가 만진 것들은 다 사라지"고 있는 착각들이나 "걷고 난 후의 일들"이 "다른 곳에서 벌어지고 있다"고 믿는 감각들 또한, 눈을 감고 걷는 화자에게 찾아온 별 대수롭지 않은 재인지의 과정들이라 볼 수 있다. 그럼에도 불구하고 안태운의 시에서 의문이 해결되지 않는 몇 가지 이유는 이 시에서 행위를 관장하고 있는 주체가 누구인지 의문이 생긴다는 것 때문이다. 일단은 "일부로"라는 부사어 때문에도 그렇다. 눈을 감는 행위가 스스로를 판단하고, 발화자가 자기 주체를 이곳과 단절시킨 채 자신을 봉인해버린 듯 억압을 가하고 있는 모습처럼도 보이지만, 또 한편으로는 눈을 감으라 명령을 내리는 주체가 뚜렷하지가 않다. 여기서는 오히려 주체 위에 다른 주체의 명령이 강요한 듯한 인상을 끝끝내 지울 수가 없다.

가령 화자가 "나와 함께 내쳐진 논이 있고 논 위로 걷는 내가 만져진다"고 진술할 때를 생각해 보자. 여기서 화자의 지각 방향이나 그 위치는 몸의 내부도 아니고 외부도 아니다. 마치 카메라 앵글을 머리 위에서 넓게 줌 아웃한 것처럼 혹은 자신의 몸을 관찰하는 위치가 몸 밖의 낯선 곳에 떨어져 있는 것처럼 그려지고 있다. 그리고 이어지는 진술구는 "내가 만진 것들은 다 사라지고 사라진 것들은 내 손을 멈추게 하고 손은 어둠에 익숙해진다."라고 말한다. 처음에는 내가 나를 만지는 행위에서 온 정보였다가 그 정보는 돌연 사라지고 그렇게 감각된 모든 것이 나를 되레 억압하면서, 시적 화자는 어둠에 익숙해진다. 아니 이쯤 되면 발화자의 몸은 어둠의 일부가 된 것처럼 더 막막하게 묘사된 셈이다. 그리고는 "걷고 난 후의 일들은 다른 곳에서 벌어지고 있다."고 말하니? 그리 특별한 억압도 특별한 경험도 이 화자에게 강제되지 않았는데, 시적 화자는 이곳에 없는 탈존재가 일순간 되어버린다. 명확히 무엇이라 호명할 수 없는 '다른 곳'으로 화자는 진입한 것이다.

'내쳐진다'는 동적 잠재태만을 두고 생각을 해보아도 그렇다. 화자가 일부러 눈을 감았기 때문에 꿈에서 내쳐진 것인지, 눈을 감아 빛을 차단하고 스스로를 스스로에게 가두는 몸의 가혹을 그렇게 내재화함으로써 꿈에서 내쳐진 것인지, 일단 이 시에서 드러난 정보로는 선후 판별을 명확히 할 수 없다. 아니 어쩌면 명확히 할 필요성이 없다. 이곳에서 저곳으로 내쳐지는 행위 자체가 화자 스스로가 결정한 것이 아니기 때문이다. 그것은 일단 위험으로 주어져 있는 것이다. 논에 짚이 타고 있는 외부 정황 또한 이 시적 화자를 위험에 놓이게 하는 한 요소로 작용되고 있는 것은 물론이며, 이 위험에도 불구하고 눈을 감고, 걷는 등의 행위를 통해 화자는 제 존재가 살아있다고 보장받아야만 직성이 풀린다. 자신이 처한 위험을 더 위험하게 강요시키는 것이다. 하지만 화자는 여기서 어떤 저항도 하지 않는다. 아니 사태를 개선하기 위한 저항이 아니라 사태를 악화시키는 저항을 감행함으로써 자기 주체를 소멸로 치닫게 한다. 때문에 여기서 '꿈이 없어진 몸'이란 꿈을 꿀 수 없는 몸이 아니라 꿈을 꾸지 못하도록 조정당한 '포기의 몸'일 수 있다.

    모두 다 손을 잡고
    뛰어내렸다

얼굴 가득히
고개가 아픈 옥상

호시절이 저 멀리 기차처럼 지나고

청바지 같은 하늘 속으로
기적이 걸어나가지 않아도

산책이 많은 몸이었습니다

도착할 거라 믿었던 발도 없이
우리들은 늘 세상 속이었고

커지며 사라지며
세상을 고요하게

살아내기 시작했다

- 유이우, 「햇빛」 전문, (『시로 여는 세상』 2015년 겨울호)

"산책이 많은 몸"이란 어떤 몸일까. 안태운이 빛을 강제하여 빛 없는 세계에 처해진 몸을 가시화해냈다면, 유이우는 빛으로 이루어진 그 전부의 몸을 형상화한다. 그런데 어쩐 일인지 이 몸은 밝지 않고 어둡다.

우선 첫 구절에서부터 "모두 다 손을 잡고 / 뛰어내렸다"는 행위 주체는 '햇빛'이라 쉬이 읽힌다. 수사적 어휘를 걷어내고 정황을 짐작해 보자. 햇빛 좋은 날, 옥상의 빨랫줄에는 청바지가 잘 마르고 있고 옥상에서 내려다 본 기찻길과 저 멀리 숲이 보이는 배경은 햇빛을 받아 아득하게 기울고 있다. 그렇게 아득한 햇빛의 질감이 몰려온 듯 빨랫줄 앞에서 고개를 떨어뜨리며 졸고 있는 시적 화자는 사는 일이란 무엇인가 불현 듯 고민한다. 물론 이렇게 이 시의 풍경은 다소 회화적으로 읽힐 소지가 있다. 그런데 가만히 더 곱씹어보면, 아득하고 고요한 가운데 햇빛이 이동하는 경로들은 아주 낭자한 모습이다.

먼저 '뛰어내리는 햇빛'이란 햇빛의 자살을 암시하기도 하거니와 햇빛 또는 화자의 얼굴에 스미듯 겹쳐진 옥상의 모습도 "고개가 아픈" 통증이 가득한 형국이다. 그뿐인가. "청바지"를 가득 채운 "하늘"은 빈 몸 혹은 기적을 일으킬 수 없는 작금의 사태를 암시하는 매개체라 할 수 있는데, 빈 몸으로 살아가는 우리는 목표도 없고("도착할 거라 믿었던") 닿으려고 하는 미래도 불투명할 뿐이다. 그저 권태롭게 "산책이 많은 몸"으로 가시화된다. 이렇게 만들어진 '햇빛-몸'은 무능하다 못해 절망밖에 품을 수 없는 몸으로 표현될 수밖에 없다. 이미 그 몸은 자살한 몸이기 때문이다. 한데 시 말미에서는 보여지는 기이한 희망 같은 것들은 "커지며 사라지며 / 세상을 고요하게"라는 구절에 와서는 아무런 대결도 이루어내지 못하고 소멸된 '햇빛-몸'의 처지로 형상화된다. 그저 '살아있음'을 전제로 "살아내기 시작"한 수많은 우리들의 면면들을 무작정 희망이라고 불러보는 것, 도무지 그것 밖에 할 수 없다는 것을 보여주려고 하는 대목이다. 게다가 '햇빛-몸'은 고정 불변이 아니라 어디에 가서도 존재 양상을 드러낼 수 있는 에테르와 같은 것이라서, 쉽게 과장되고 쉽게 소멸되는 가능성의 몸이기도 하다. 이런 가능성의 몸을 전제로 불가능과 포기만 품게 되는 표현의 양상을 두고 우리는 또 무엇이라 형언해야하는가. 일단 섣부른 희망을 말해보는 것 또한 희망이 아니라 절망스러운 통탄의 세계를 다시금 부르는 형태가 아니겠는가.

검정은 자주 손이 간다.

스무 살이면 필요하대서 검정 정장을 사 입고 미팅과 상갓집과 결혼실을 다녔다.

검정으로 데이트 하고 고개 숙이고 악수를 했다.
지금의 감정도 그때와 같다.

야근하고 집에 도착했을 때 방 안은 칠흑 같고, 불을 켜니 사랑하는 사람의 눈썹은 검정이다.
밤에 나뭇가지는 그림자로 흔들린다.

출생신고도 이력서도 부동산 계약서도 글자는 새까맣다.
죽는 것은 대체로 암흑이라고 알려졌다.

머리 검은 짐승은 거두지 말라고 했으나 급하면 막막하고 먹먹한 검정에도 손을 내민다.

어둠이 눈에 익을 때쯤 검정은 검정이 아닌 게 된다.

입 다물면 식도부터 항문까지가 깜깜하다.
갱은 더 자라지 않는다.
나는 다 컸다.

— 백상웅, 「검정」 전문, (『시인수첩』 2015년 겨울호)

　백상웅의 시에는 보다 구체적인 빛의 상태가 제시된다. 그것은 검정이다. 인용한 시는 시적 화자의 성장기를 그린 시라 할 수 있는데, 성장 과정에서 검정이 뜻하고 있는 다양한 의미 다발들을 화자가 겪고 시 속에 동원시킴으로써 '검정'의 기표에서 벗어나려는 몸부림이 읽힌다. 시적 화자에게 검정의 의미역은 고정되어 있지 않는 유동적 기표이다. 이를테면 스무 살 무렵, 미팅과 상갓집, 결혼식을 다녀야 하는 성장의 기표이기도 하고, "고개 숙이고" 엄숙한 일들을 배우는 배움의 기표이기도 하다. 또 검정은 사랑하는 사람의 얼굴 속에 있기도 하고, 퇴근 후 나무 그림자에서 자신의 처지를 발견하게 되는 매개체이기도 하다. 이처럼 화자에게 검정은 동일시의 문제를 거부하는 데에서 의미를 획득한다. 한 가지이면서 그 모든 것인 검정의 기표는 시의 말미로 흐르면서 지나치게 삶과 생활의 문제와 밀착된다. 문서 속 각인되어 있는 글자들도 검정이고, 삶과 죽음의 경계를 만들고 구분 짓는 것 또한 검정이며, 먹고 사는 일 그 자체를 총체적으로 통칭하는 것이 이 시적 화자에게는 검정으로 남아 있다. 한데 이 시에서 주목할 점은 다양하게 변주되는 검정의 의미와 이미지들뿐만이 아니다. 마지막 연을 살펴보자.

"입 다물면 식도부터 항문까지가 깜깜하다"와 같은 구절은 시적 화자의 몸이 검정을 품고 있는 상태를 암시한다. 검정에게 배우지 않으면, 입을 다물게 되고 밥벌이를 할 수 없게 되고 제 몸 자체가 캄캄한 검정이 되는 것이다. 이 시적 화자에게 사회적 죽음은 이런 식으로 형상화되고 있지만, 이미 이 화자는 더 이상 자라지 않는 몸을 가지고 있다. "갱은 더 자라지 않는다."는 구절에도 알 수 있듯이, 화자의 몸은 더 이상 자라지 않은 성인의 모습일 테지만 그런 성장은 이미 "스무 살"에 그쳤다. 사회적 "필요"로 인해서 화자는 검정과 함께 더 성장할 수밖에 없는 처지에 놓였던 것이다. 다시 말해 몸에 갱도를 키우면서 막장까지 깊이, 깊이 나를 키우는 행위가 백상웅에게서는 지금 이곳에서 성장하는 일일지도 모른다. 그렇기 때문에 "나는 다 컸다"라는 말은 아직도 더 커야 한다는 말처럼 들릴 수밖에 없다. 그러니까 우리는 여전히 검정을 품고 더 크고 있어야 한다는 의미를 내재하고 있는 셈이다. 빛이 없는 가운데에서 삶이 가능하다는 생각이다.

무엇이 체험되고 무엇이 소거되었을까. 분명 체험을 했으나 체험되지 않았다고 망각하는 것이 있다. 경우에 따라 그 망각은 스스로를 보존하기 위한 자구책이 되기도 한다. 몸의 감각을 포기하는 '포기의 몸'이 되기도 하고, 온몸이 빛이 되는 '햇빛-몸'의 존재 양상이기도 하다. 혹은 보다 명징한 현실태를 품은 검정을 통한 '사회적 성장기'이 되기도 한다. 이렇게 시적 화자들이 갖는 빛의 민감함은 몸의 변이, 생각의 변이를 일으킨다. 하지만 이들 모두가 변이를 일으키고 싶었던 것은 단지 몸만은 아니었을 것이다. 그것은 몸에 한정되어 있는 것이 아니라 몸 바깥 아니 세계의 그 바깥에 있다. 우리의 빛이 줄어들고 있다. 그렇게 변이시키고 싶은 바깥을 본 적이 있다.

비우지 않고, 확장하는, 증산되는
: 정다연, 한인준, 최정진의 시

　최근 시단에서 시와 정동(affect)에 관한 논의가 활발하게 진행되고 있다. 2015년 겨울『시와 사상』특집을 시작으로『현대시학』과『현대시』에서 나란히 새해 첫 기획으로 지면을 마련하기도 했으며,『현대시학』의 경우는 평론가 그룹에서 뿐만이 아니라 철학자, 시인 등 인문학 저변으로 필자 폭을 넓혀 이 기획을 앞으로도 몇 차례 더 진행할 것으로 보인다. 이 논고들을 그간 묵묵히 지켜보던 입장에서 범박하게 이야기하자면, 우선 '정동'은 그 시기나 언급된 출처, 번역으로 이해한 과정 등에 따라 변동하는 유동적인 개념으로 보인다. 때문에 이 기획들이 가진 숨은 의도가 또 명확하게 다가오지 않는 측면도 있으며 '정동'만을 따로 떨어뜨려놓고 이야기하기에는 그 개념적 정의마저도 다 제각각인 듯 느껴진다.
　근대 이성 중심주의의 반발이라는 측면에서 '도구적 이성'의 대항으로 '감정'(emotion)이 아닌 '정동'을 개념화했던 정신분석에서의 입장이나 고전적 의미에서 데카르트를 비판한 스피노자의 정동, 그리고 들뢰즈식의 이행하는(혹은 이행 중인) '사이'의 개념에서의 정동 또한 개념화되는 것이 다 제각각이다. 더군다나 '시와 정동'을 덧붙여서 이해하기란 더 난감할 때가 많다. 어떤 시가 '정동적이다'라고 말하기에는 모든 시가 정동적이지 않은가. 게다가 이렇게 흔들리는 정동의 개념으로 시를 읽어볼 때, 가령 들뢰즈식의 정동을 경유해서 최근 시인들의 시를 파악해볼 때, 주체 중심적인 이해가 아니라 주체-타자식의 관계를 우선 부정하게 되고, 주체가 되어가는(이행해 가는) 과정에서의 어떤 에너지를 견지한 뒤, 비평적 잣대가 서게 되는 것이다. 이와 같은 과정 속에서 한 편의 시를 해명한다면 비평은 자칫 인상적 수준에 머물 수밖에 없다. 엄밀히 말하면, 시인은 정동적 에너지를 내장하고 시상에 착상되는 것이며 이미 한 편의 시로 언어화가 되는 순간까지만 유효한 것이다. 한데 그것을 정동을 통해 비평하겠다고 말하기에는 조금은 애매한 부분이 있다. 언어를 입는 순간, 시는 어떤 방식으로든 광의의 개념에서 재현된 산물이며, 재현된 세계에서 '정동적 징후'를 파악하는 일이란, 정동의 이론 틀 자체가 부정되고 흔들리는 결과를 초래한다. 다시 말해 시가 정동의 산물이라고 가정할 때, 개별 작품에 있어서 몇몇 시인들의 시편들만이 편중되어 다뤄질 수밖에 없는, 비평적 정치성이 이 논의들에는 함몰되어 있는 것이다.

가령 정동에 관한 논의 이전에 한동안 시단에서 젊은 세대의 시인들을 명명했던 비평적 수사들을 상기해보자. 최소 주체(함돈균), 중간 계급(박상수), 마이너스 벡터 주체(박성준) 등의 명명들은 모두 주체 퇴조의 입장에서 최근 시편들을 탐독하고 있다. 크게 보아 이들의 논의는 주체론이지만 주체가 희미해져 가는 과정과 그렇게 될 수밖에 없는 사회·문화적, 혹은 문단의 생리들까지도 고찰하고 있기 때문에 다시금 도래한 세대론이라 말할 수 있겠다. 대상으로 삼는 시인들 또한 중첩이 되고 있는 모양새이고, 여기에 반복적으로 언급되는 황인찬, 송승언 등의 시편들을 떠올려보아도 비록 단편적이긴 하지만, 세대적 징후가 반영되고 있다고 하기에 충분하다. 필자가 졸고들을 통해 언급한 부분은 주체의 '메타-오타쿠'적 특징이라든가, '플레이스 킨트' 게임 주체의 양상 등이었다. 물론 이런 특징들은 이 세대의 한정된 모습만을 담보로 하고 있다. 게다가 이 '무기력'이나 '퇴조'에 관한 논의들에 반하는 어떤 활발한 기미들에 집중하고 있는 논고들 또한 연이어 발표되고 있으니, 지금 여기에 도래하고 있는 발화주체들의 양상에 대해 우리의 비평은 여전히 숙의의 과정을 거치고 있는 셈이다. 한데 정동의 관점에서 이들의 시를 이해해 보면 너무 명쾌한 모습으로 황인찬, 송승언 등의 시가 해명되기 때문에, 시와 정동이 갖는 비평적 정치성에 대해 쉽사리 동의할 수가 없는 것이다.

앞서 언급한 바와 같이 모든 시는 '정동'적 산물이라 할 수 있는데, 발화주체가 소멸하는 외연을 보여주는 특정 시편들이 마치 정동의 모습을 가장 잘 드러내고 있는 시처럼 인식되는 건 문제의 소지가 있다. 그리고 범박하게 주체가 되기 이전의 상태를 정동이라 인식해 보면, 젊은 시인들의 '주체 퇴조'의 모습을 수사하기 위한 수사적 역할에 충실한 '정동'만이 비평의 장 안에서 떠돌아다니게 된다. 다시 한 번 말하건대, 흔들리는 정동 개념 때문이라도 비평적으로 이해되기 힘든 부분들이 일단 많은 상황에서, 정동을 협의의 개념으로 너무 좁혀서 보는 것이 아닌가, 반문을 하고 싶다. 그러니까 자칫 정동 이론의 한 틈에서 엿보이는 주체의 최소화 전략(주체 되기 이전 전략)에만 집중되는 문제를 염려하려는 것이다.

  물론 이런 문제의식 또한 정동을 너무 편협하게 인식하고 난 이후의 결과인지도 모르겠다. 어쨌든 지난 계절에 만난 시편들을 이야기하기 위해 너무 먼 길을 돌아온 셈이다. 주체를 비우든 주체가 되지 않든 비우거나 무기력하지 않은 가운데에서, 시적 파토스가 확장되고 증산되는 모습을 만나볼 수는 없을까. 그럼, 말을 하기 이전의 상태에서 쓰고 있는 말이라면 어떠하겠는가. '없는 말'을 말하려고 하는 시 한 편을 읽어보자.

백지를 걸어두고 그 속에 앉아 기다렸지요

두꺼운 얼음을 가르며 오는 배 한 척 없이
조용했지요

깊은 하양 속에 손을 묻고
바닥을 헤집어도
물풀 하나 떠오르지 않고
놀라 도망치는 물고기 하나 없어
끔찍해

백지를 망치고 싶었지요

가짜 입을 그려 말을 지어내고
없는 상처를 만들면
그것이 나인 것 같았지요

비가 오면 적시기 좋고
불태우면 그대로 그을리는
눈물 얼룩 하나 없는 표면으로
기다렸지요

모든 것이 되어보려
사라진 내가
조심조심
세계를 비추려
물드는 순간을

— 정다연, 「그림 없는 그림」 전문, (『열린시학』 2016년 봄호)

언뜻 제목이 비문처럼 읽히기도 하는 「그림 없는 그림」은 비문으로밖에 성립되지 않는, 어떤 주체의 형성 과정으로 읽어보아도 무방하겠다. 이 시에서 발화주체가 걸어둔 그림이란, 그림이되 어떤 정보도 함의하고 있지 않은 백지의 형상이라서 이것을 그림이라 불러야할지 그림이 아니라 불러야할지 우선 난처하다. 한데 주체는 "그 속에 앉아 기다렸지요"와 같은 첫 구절에서처럼, 백지를 통해 자기 자신을 재현하려고 한다. "백지"가 가진 '가능성'과 '잠재태'를 시행을 거듭하면서 이리저리 형상화하고, 종국에는 "모든 것이 되어보려 / 사라진" 나를 형상화하려는 전략인 것이다. 이렇게 읽어보면 이 시는 다소 밋밋한 느낌을 준다. "나"와 "백지", '백지의 잠재성'과 '모든 것이 되려는 나'가 동일선상에서 읽혀지면서 빈틈없이 이미지가 교환되고 있기 때문이다.

그럼에도 불구하고 「그림 없는 그림」에 오래 머물게 되는 이유는 "모든 것이 되어보려 / 사라진" 나를 명명하기 전까지 '백지의 잠재성'을 구현해 내는 주체의 하강하는 정서들 때문이다. "백지"는 아무것도 그려지지 않았다는 무(無)의 존재이기 때문에 무엇이든 그려 넣을 수 있는 가능성의 범주에 놓여 있다. 발화주체는 그 가능성을 딛고 자기가 품고 있던 어떤 정념태라도 덧칠할 수 있는 계기를 마련한 것이다. 즉 이런 잠재성은 '나'라는 1인칭 주체가 생겨나기 이전의 상태를 독자로 하여금 엿볼 수 있게 한다. 그러니 여기서 "백지"는 빙하와 같은 태초의 시간이 보존돼 있는 "두꺼운 얼음"이었다가, "물풀" 따위로 "바닥"을 가늠할 수 있는 수심이 되기도 하고, 그 물성도 "적시기 좋"은 것이었다가 "그을리"기 좋은 것으로 쉽게 몸을 뒤바꿀 수 있는 것이다. 각 연마다 포진해 있는 정서도 그렇다. 겉으로 감정이나 감정적 동태가 깃든 단어들만을 나열해 보더라도 '기다림', '고요(조용함)', '끔찍함', '됨(수동성)', '조심(신중, 주저함)' 등등 직렬적 연결이라기보다는 저마다 정념의 지분을 가지고 있는 병렬적 연결로 읽힌다. 때문에 이런 식의 정념의 다발들은 발화주체가 온몸을 다해 느끼고 있는 정념태일 수도 있고, 휘발성이 짙은 기표 수준의 단어들일 수도 있다. 다시 말해 이와 같은 정서들은 주체 생성 이전의 백지 상태의 언어를 호출한 결과이기 때문에 '없는 그림'처럼 '없는 정서'일 수도 있는 것이다. 이렇게 되면, "백지를 망치고 싶었"다는 진술도 '나(=백지)'를 망치고 싶다는 하강 정서를 함의함과 동시에, '모든 것이 될 수 있는 나'와 '아무 것도 될 수 없는 나' 사이에서 무엇도 될 수 없는 '난처한 나'가 되는 것이다. 단지 '나'를 유발할 수 있는 잠재적 범주만 남긴 채 말이다.

그래서 5연의 "가짜 입을 그려 말을 지어내고 / 없는 상처를 만들면 / 그것이 나인 것 같았지요"와 같은 진술이 나를 망치고 싶다거나 "세계를 비추려 / 물드는 순간"들을 애써 보려고 하는 '모든 가능성의 나'를 표상하는 진술들보다도 더 힘이 실려 있다. 보다 적극적으로 이해하자면, 백지라는 없는 공간에서 가짜 말을 지어내는 시인의 언술이, 단지 수사적 언술, 정황적 장치처럼 읽히는 것이 아니라 가장 진실해 보이는 숭고함을 내장하는 듯 보인다는 것이다. 이런 숭고는 어쩌면, 발화주체가 성립되기 이전의 천연성으로 스스로를 돌리고 난 이후에나 가능한 일일지도 모른다. 그러므로 정다연의 그림은 '없는 그림'인 동시에 '없는 말'이다. 파동과 싱싱함이 가득한 채로 말이다.

내가 가족이다.

나는 '그러므로'와 화목하다. 어디서든 자세하게 앉는다. 하지만

방파제로 운다.

주문진과 바다 하지는 않았다. 아무도 몰래는 왜 자꾸 와 함께 닫혀야 했나.

당신의 열린 핸드백처럼

그것은 립스틱과 핸드백에 담긴 한꺼번이었을까. 이제 더는 겨울과 걷지 않을 것이다. 겨울과 걷지 않는다.

나는 산책이다.
'빨리'를 당신과 함께 떠나보내야 한다. 아무도 몰래

나는 어떻게 알았나.

항구가 모래사장 하지 않았다. 햇빛이
폭풍우와 아니었다. 무작정과 도무지를 당신과 함께 떠나 보내야 한다.

어떤 자작나무에서 아무도 몰래 쏟아지는 하얗다.

당신아, 나는 어떻게 알았다. 그리고와 함께 다시 당신을 만나러 간다.

우리가 모르는 온도가 사라질 거야.

- 정다연, 「종언」 전문, (『파란』 2016년 봄호)

비문 다발들로 시행을 가득 채우고 있는 「종언」은 외연상 문법 규칙을 이탈하면서 단어들의 부딪힘을 만드는 과정을 통해 낯선 의미들을 창출해 내고 있는 것으로 보인다. 이를테면 '바다가 울고 있다.' '파도가 친다.' '이곳은 주문진이다.' 정도의 문장 정보를 가지고, "방파제로 운다. / 주문진과 바다 하지는 않았다."와 같은 구문을 재조직함으로써 "주문진과 바다 하는" 것이란 과연 어떤 의미인가 하는 질문을 연이어서 도출시킨다. 또 시행 내부에서도 '핸드백에 립스틱이 무엇과 한꺼번에 담겨 있다.'라는 문장 정보가 "그것은 립스틱과 핸드백에 담긴 한꺼번이었을까."와 같은 문장으로 변환하면서 "립스틱"과 함께하는 다른 대상을 은폐시키고 낯선 의문형을 만들어내기도 한다. 이 경우 단어의 재배치를 통해 문장 수준에서 "한꺼번에"가 강조되고 있는데, 시 전체를 관통하고 있는 공통체적 표지, 즉 "가족", "우리", "함께", 주체와 타자의 관계 등등 또한 강조되고 있어, 한층 이 시의 매력을 돋우고 있다.

 우리란 무엇인가. 우리는 가능할 수 있는가. 혹은 우리가 사용하는 언어(문법체계)는 우리의 언어라고 할 수 있는가, 등등의 질문들을 수행하면서 이미 주어진 문법들의 '부정 변주곡'을 이 시의 발화주체가 육성화하고 있다. 단지 새로운 문법체계에 진입한 주체의 형성 과정을 보여주고 있는 것은 아니다. 또한 단지 그것이 '말놀이'로 그치는 것이 아니라 주체 바깥에 놓여 있는 범주들을 끊임없이 가시화하면서 '종언'을 수행하고, 우리가 끝끝내 "모르는 온도"를 추적하려고도 한다. 게다가 "내가 가족이다" 하고 시적 주체가 자기 존재의 복수성을 선언하는 순간, 묘연하게 무너뜨리고 있는 '가족 판타지'까지 느껴지고 있으니, 이 주체가 앓고 있는 '없는 말' 또한 있으되 없어진(질) 말들인 셈이다.

 그렇다면 왜 이렇게까지 말을 소비하는 듯, 결코 소비하지 않고 버려진 말들을 주워다가 복원을 해야 했을까. "어디서든 자세하게 앉"아야만 직성이 풀리는 이 발화주체는 아마도 어디 한 곳 자기 자리가 있을 거라고 믿어본 적이 없었던 것 같다. 나 스스로가 "가족"이라서 "도무지", "무작정" 타자와 좀처럼 교우할 수 없고, "나는 산책"처럼 끊임없이 이동하고 있으며, 철저히 혼자인 세계를 살거나 꿈꾸고 있는 듯하다. 그리고 한편으로는 그런 결함을 가지고 있으면서도 늘 내 앞에 있는 당신과 '미끄러지는 것'이 못마땅해서 "함께"라는 단어만큼 "몰래"라는 단어를 사랑하고 있다. 자신에게 아무도 오지 않더라도 "아무도 몰래" 올 것이라는 기저의 믿음을 품고 있는 것으로도 보인다. 이쯤 되면 한인준의 「종언」은 '종언'이라기보다 '종언 이후'의 말이거나 '종언'이 되지 않기를 은연중에 내재한 종언일 수밖에 없다. 그러나 그렇게 온몸을 부수면서 앓고 있다는 것. '말 앓이'를 통해 자기 주체를 묘연하게 수사하고 있다는 것이 이 시가 이른 도착 지점이자 도착할 수 없는 곳이다. 물론 그곳은 미지에 가까워서 다시 '먼 곳'이 되어버린다. 끝끝내 모르는 서로 간의 온도처럼 말이다.

들판의 나무는 움직이려 한다

네가 사라지기 전에도
너는 없었다고 말하려다가 말았다

또 다른 나무가 생기려 한다

네가 들판의 한 가운데로 향하는 동안

한 가운데로 향하는 누군가를 보게 된다

나무가 자란 적은 없으려 한다

아무도 너를 부르지 않았다는 말이
마치 그것이 내가 하려던 말인 것처럼

들판의 한가운데를 향해 질문을 기도하는 것이다

　　　　- 최정진, 「모든 것의 근처」 전문, (『시인동네』 2016년 봄)

　인용한 시를 논하기에 앞서, 필자는 그간 최정진의 시편들을 다각도로 이해해 보려고 노력했다. 문장이나 단어들이 부딪힐 때마다 파생되는 긴장과 이완 관계 혹은 운동성 등으로 현상학적 측면(「버스의 탄성」, 「로션의 테두리」 계열)에서 해제하려는 시도를 했었고, 시편 내부에 흐르는 우울이나 하강 정서, 혹은 느림과 거리 두기의 전략들을 시인의 선체험(Vorerlebnis)의 관점(「몽야간」, 「기울어진 아이」 연작 시편 계열)에서 이해해 보기도 했었다. 그리고 발화자의 태도의 관점에서는 포기, 마이너스 벡터의 운동량 등으로 그의 시를 파악하면서 세대론적 징후의 한 가운데 최정진의 시가 어떤 발화 양식을 띠고 있는지 견주어 살피기도 했다. 「모든 것의 근처」 역시 이와 같은 세 가지의 담론구성체 안에서 충분히 읽어볼 수 있는 시편이다.
　일어나지 않은 사건의 주변부를 통해 '중심의 부재' 내지 혹은 독서를 통한 중심의 재구성을 유발한다는 점이 그렇고, 첫 시집에서부터 반복되고 있는 "나"와 "너" 사이의 흔들림을 포착하는 현상학적 측면 또한 그렇다. 전작들에서 보아왔던 것처럼, 수많은 멈춤들이 독서를 지연시키면서 시행마다 여러 가능성을 쥐고 뻗어나가는 길목들이 많다. 이를 통해 의미역을 확장, 열어놓은 부분 또한, 여타의 다른 시인들과 변별점이 되는 최정진 시만의 독특한 스타일이라 명명해 볼 수 있겠다. 한데 이 시는 조금은 다른 부분들이 부각된다. 아무런 일도 일어나지 않았는데 무슨 일인가 마치 일어난 것처럼 읽히는 것은 기존의 방식과 유사한 부분도 있지만, 그 사건들이 무언가 '되려고 하기'보다는 아무것도 되지 않으려고 하는 것이 되려 낯설다. 다시 말해, '-되기'보다는 '부재-되기'의 모습을 띠고 있어서 1인칭 주체의 자리를 소수점 밑으로 떨어뜨리는 것 같은 느낌까지 유발하고 있다.

언뜻 단출해 보이는 인용 시의 기표 기저에 깔린 상황들을 다시금 상기해보면, 활발한 이미지들의 충돌들로 가득하다. 고정된 사물들로 보이는 "들판"과 "나무"는 이 발화주체에게는 움직임을 내발하고 있는 대상물들이다. "들판의 나무는 움직이려 한다"라는 구절에서, "들판" 뒤에 붙은 조사 "의"의 사용으로 미루어보아 이 나무는 들판의 소유격인 셈이다. 이 소유의 정서가 최정진 시에는 희미하게 흐르고 있다. 하지만 어떤 대상도 관장하지 않는다. 여기서 '움직였다'는 결과는 어디에도 없다. 모두 '움직이려 하는' 이행의 과정 중에 놓인 사태들이다. 즉 아무런 사건도 일어나지 않았으며 발화주체로 하여금 그렇게 인식(상상)된 대상들의 연결다발들 뿐이다. "네가 사라지기 전에도 / 너는 없었다고 말하려다가 말았다"라는 진술 또한 "들판"과 "나무"의 관계처럼 나와 너의 관계로 연장되고 있는데, 여기서도 발화된 것이 아니라 발화되지 않은 주체 내부의 정념으로 보인다. 그 다음 구절도 마찬가지다. "또 다른 나무"는 너와 나 사이 끼어든 다른 2인칭의 존재를 명시한 것일 텐데, 여기서도 '생긴 것'이 아니라 "생기려 한다."로 진술된다. 다시 말해 여기까지 들판이든 나무든, 너든 나든 아무런 일이 일어나지도 않았던 것이다. 때문에 "나"의 자리마저도 끊임없이 흔들리고 있다. "너"(타자)에게 의존해서 "나"(주체)의 감각이나 정념들을 투사하는 것이 아니라 모두가 무미건조하게 없어질 듯한 모습으로 그 자리에 그저 있다. 하물며 이 모든 관계들 속에서 "한 가운데"라는 미지의 공간을 상정하면서, 아무것도 산출해 내지 못하는 발화주체는 더 약소해진다. 그러니 사건이 발발되지 않는 부재의 상황 속에서 난감한 질문들만 던지게 되는 것이다. 그 질문의 내용을 뚜렷하게는 알 수 없으나 그것은 "질문을 기도하는 것"이라 표상된다. 자란 적이 없는 나무처럼, 혹은 말을 해 본 적이 없는 제 자신처럼, 나도 너도 나무도 들판도 허상이 되고 "한 가운데"라는 공간 또한 더더욱 허상이 되는 것이다. 그럼에도 불구하고 단지 이 허상들을 통해 최정진은 '허무'를 이야기하는 것이 아니라, 관계 안에서 무언가 결정할 수 없음의 쓸쓸함과 우울감을 강력하게 내비추고 있다. 이쯤 되면 이 고요하고 단출한 시가 왜 역동적인가 하는지도 곧 눈치챌 만도 하다. 인용 시에서 주체는 부재하는데, 정념은 강하게 내장되어 있는 모습이기 때문에, 이 시는 무기력하다기보다는 활달하다. 정념은 크고 주체는 줄어든, 이런 모습이 최정진 시가 가진 매력이자 여타 시인들과의 변별점이 아닐까.

다시 원점으로 되돌려 이야기하련다. 최근 시단에서 시와 정동

(affect)에 관한 논의가 활발하게 진행되고 있다. 필자의 짧은 식견으로 보기에, 시와 정동의 조합은 너무도 당연한 것이기도 한데, 그 정동됨의 과정을 보여주고 있다고 명명되는 몇몇 시인들만이 너무 많은 지분을 소유하고 있다. 그래서 자꾸 주체가 배회하는(이행되는) 과정의 시편들이 하나의 유행으로 자리 잡는 위험에 대해, 우리는 한 번쯤 견지해볼 필요가 있다. '모든 것의 근처'는 모든 것의 전부일 수도 있다. 비우지 않고 확장하는, 또 증산되는 모습들을 보고, 또 볼 수 있을 때까지 우리는 조금 더 숙의의 과정을 거칠 필요가 있을 듯하다.

이상한 나라에서 결코 또, 이상한 비전에 관한 소고
: 윤성아, 배수연, 임솔아의 시

    루이스 캐럴의 『이상한 나라의 앨리스』에서 '이상한 나라'보다 더 불편한 요소는 아무리 곱씹어보아도 착하고 수동적인 '앨리스'의 인물상이다. 앨리스는 너무 예의가 바르다. 부주의와 혼란, 부조리, 모순, 게다가 우연성까지 난발되고 있는 이 '이상한 나라'의 공간감과는 전혀 다르게 앨리스는 줄곧 대립과 갈등을 지양하는 인물로 제시된다. 늘 주의를 기울이며 상대방의 이야기를 듣고, 어떤 일이 벌어질지 모르는 난감한 상황에도 전혀 대항하거나 분노를 드러내지 않는다. 앨리스에게 적대성까지 드러내는 '이상한 나라'의 주체들에 반해, 앨리스는 오히려 호기심을 잔뜩 품은 어린 아이의 모습으로 예상을 빗나가는 상황 전개에 당혹과 재미를 함께 느끼는, 그저 귀여운 아이로 묘사되고 있는 것이다. 과연 이런 임의성들의 위협 앞에서 친절과 상냥함은 억압을 비껴나가는 방패가 될 수 있을까. 적어도 캐럴이 고안해 놓은 '이상한 나라'에서나 가능한 일이었을 것이다.

    주지하듯 이런 앨리스의 모습은 빅토리아 시대의 중산층 아동들의 면면들을 그대로 드러낸다. 예의범절은 빅토리아 시대의 아이들이 가져야할 덕목이자 계급적 지위를 상징하는 교육 프로세스 중 하나였다. 가령 '하트여왕'이 분노조절장애 환자처럼 그려지는 것 또한 당대 어린 아이의 눈으로 바라본 중산층 계급 어머니들의 전형성을 반영한 것이며, 앨리스가 반복해서 자신이 누구인지 자꾸만 정체성을 찾으려는 행동 가운데에 집에 대한 동경이나 계급의식을 드러내는 언표들로 미루어보아도, 앨리스는 빅토리아 시대에 살고 있는 중산층 계급 아동의 군상이라 말할 수 있겠다. 이상한 나라에서 앨리스가 겪어내는 시퀀스는 독자와 앨리스 자신을 난감하고 놀람, 환상 기호 체계로 치우치게 하는 동시에, 이들 계급의 계급 됨을 다시금 교육시키는 다른 경로의 콘텐츠가 아니었을까. 그리고 더 나아가 '아름다운 정원'에 몸이 납작한 카드로 묘사되는 정원사나 병정들, 그리고 홍학과 두더지를 놀이의 도구로 사용하는 등의 신체성의 유린을 생각해 보자. 캐럴이 표현한 대로 이곳의 질서는 먼저 욕망하는 '아름다움'의 역설이거니와 빅토리아 시대의 억압질서 논리를 상징하는 동시에 그곳을 탈주하려는 반이성적 작용까지 상징해 내고 있으니, 그 모든 사태에서 묵묵히 예의바른 여자 아이로서 어쨌든 살아가는 앨리스의 모습이 여간 불편하지 않을 수가 없는 것이다.

이렇게 엄숙주의의 조화와 그 조화 바깥의 미지들을 동시에 상정하고 싶었던 캐럴의 의지는 이상한 나라에 '빠진' 앨리스의 모습 그 자체보다, 이상한 나라에서 '어쨌든 살고 있을' 앨리스의 모습을 더 짐작하게 한다. 이런 부분이 지금 여기서 앨리스를 다시금 문제시하고 싶은 이유다. 최근 시인들의 시를 상기해 보아도 그렇다. '이상한 나라'에 방점을 찍어 말하자면 두말할 것도 없거니와 '이상한 나라'를 걷니는 앨리스들의 '이상한 비전'에 관해 우리는 좀 더 숙고해 볼 필요가 있다. 나는 다른 여러 졸고들을 통해서도 마이너스 벡터 주체에 관한 세대론을 이야기하기도 했거니와 대체 왜 이 젊은 시인들이 최소량의 주체 현상을 띠며 이토록 무력해지고 나약해져야만 했는가, 하는 다분히 개별 주체들의 입장에서 그 영향관계를 해명해내려 했었다. 그것은 아마도 나 또한 그들과 다르지 않다는 감흥적 입장에서의 태도였을 것이다. 물론 여전히 나는 이런 태도를 고치고 싶은 마음은 없다. 그러나 겉돌고 쉽사리 소비되고 있는 논의라면 이제 여기서 조금은 방점을 틀어보려고 한다. '이상한 나라'를 사는 앨리스보다 '이상한 나라'에서 앨리스가 택했던 '비전'에 방점을 놓아보려는 것이다.

그간 '이상한 나라'에 대한 접근 방식을 정리해보면 다음과 같다. 문단 내부에서는 포스트 2000년대를 지탱하기 위한 변별점, 주체 최대화에서 주체 소멸로 가는 주체의 퇴행기, '메타-오타쿠'이거나 '플레이스킨트' 세대의 지각 감각에 대한 고찰 등이었고, 정치·사회적 맥락에서는 하바마스 이후 숙의-민주주의적 관점에서 '숙의' 개념과 빼앗긴 광장 앞에서 개별 주체들이 저마다 내파할 수밖에 없었던 하강 정서들, 일본의 '사토리 세대'와 달리 '아프니까 청춘 세대'의 욕망과 포기 사이의 갈등과 그 내재화 등등이라 요약할 수 있겠다. 여기에 언어의 반복이나 소비를 통해 묘연하게 만드는 주체의 복층화 전략도 '이상한 나라'를 수식하는 통로이자 개별 주체들의 대응 현상들이었다. 여기에 또 하나를 첨언하자면 근래에 분위기, 기분, 감정 등을 경유해서 보려는 주체 현상들, 그러니까 주체를 정동으로 되돌려 주체 이전의 에너지 상태를 가늠하려는 근래 비평의 움직임을 비판한 사례도 문학 정치적 소비 전략의 관점에서 이 '이상한 나라'를 수식하려했던 나의 또 다른 입장이라 할 수 있겠다.

그런데 더 생각해 보자. 누군가에게는 이상한 나라이겠지만 또 누군가에게는 이 이상한 나라의 불편이 그래도 살만한 '그럴듯한 불편'이 아니겠는가.『이상한 나라의 앨리스』가 그랬듯이 말이다. 물론 이미 과장된 세계를 더는 과장하지 않고 주어진 그것들을 묵묵히 받아들이고 있는 자아와 그런 무력함을 가지고도 이상한 나라를 견디기 위해 더 가볍게 미끄러짐을 택했던 자아는 언뜻 보아 같은 태도를 취하고 있는 것처럼 보일 수도 있다. 그러나 전자의 경우는 이상한 나라가 더 공고하게 건설되는 데에 일정부분 일조하게 되는 무력감이라 할 수 있고, 후자의 경우는 비록 미약하지만 이상한 나라를 개폐할 수 있는 가능성을 내재한 무력감이라 할 수 있겠다. 이런 측면을 작금의 시에 가져와 대입하고 가늠해 보기란 비평적 취향이 앞서기 때문에 또 현상이나 징후만을 에돌아 나가는 몇몇 수사를 보충하고 종사하는 일에 그칠지도 모르겠다. 그러나 분명한 것은 캐럴이 그리고 싶었던 앨리스의 인물상은 전자보다는 후자에 있다는 것이다. 속편이라 할 수 있는『거울나라의 앨리스』,『실비와 부르노』를 집필할 때, 캐럴의 전망을 떠올려 보아도 그렇다. 물론 이 두 작품은 『이상한 나라의 앨리스』에 비해 실패한 작품이란 평이 잦지만, 강력한 무규칙의 전시로만 끝나는 것이 아니라 앨리스와 실비의 성장기를 통해 주어진 '지금 이곳'을 해결해나가는 발전형 서사를 택하고 있다는 것을 주목해야한다. 이것은 캐럴이 투사하고 싶었던 작가 정신일 것이다. 그러니 이상한 나라에서도 이상하지 않게 살아갈 수 있는 강렬한 앨리스의 모습을 상상해 보는 일이 그리 어려운 일만은 아니다. 그리고 또 그 모습이 더 지독하고 강렬해서, 우리는 그런 앨리스들의 '비전'을 생각해 보지 않을 수 없는 것이다.

이번 계절의 시를 논하는데 있어, 너무 먼 곳을 돌아온 것이 아닌가 하는 인상을 접어두고서 몇몇 시편들을 살펴보자. 이곳의 주체가 자처하고 있는 존재 양태나 제 존재감을 지각하/시키는 장소감은 하강이나 줄어듦만을 지향하지 않는다. 가령 원성은의 경우 「나프탈렌」에서 "모든 것을 포기한 얼굴로 현기증을 일으키는 초식동물"(「나프탈렌」, 『시와사상』 2016년 여름호)이라 명명하며 주체를 하강시킬 때, "연극적인 햇빛이" "짐승의 삶을 집도하는" 억압이나 "기요틴의 발명" 같은 것들을 묵묵히 이해하는 입장을 취하고 있는 무력한 존재상이 먼저 드러난다. 그러나 여기서 나는 "따위"를 난발하는 냉소적 주체이고 "십 년 만의 추위에 대해 드라이아이스 따위, 라고 말"한다거나 추미(醜美)의 아름다움을 다 알고 있는 가운데, 주어진 아름다움을 쫓는 것만이 아니라 "우리 제발 아름답지 말자"라고 제 육성을 내던질 수 있는 강인한 주체의 운동성을 보이기도 한다.

그 뿐인가. "외식을 한다. / 땀을 뻘뻘 흘리는 육식을 하기 위해. / 굽은 등을 가리는 긴 목의 의자, 의자가 없어 / 생활이 무방비하게 드러난다."(「육인 식탁」, 『시와 반시』 2016년 여름호)라고 언술하는 손유미는 「육인 식탁」에서 육식이라는 욕망과 자리를 소유할 수도 없는 배제의 경험, 사인(死因)을 내재하고 사는 "사인 가족"을 동시에 호출하고 있다. 물론 여기서 "육인"이란 4인에게서 소거된 2인이 합해진 온전한 6인을 상징함과 동시에 욕망이 다 해소된 '육식을 하는 사람' 즉 육인(肉人)을 뜻하기도 한다. 그리고 시 말미에서는 "아 따뜻해 아 포근해 하다가 / 마침내 깔려 죽으며 아 밤!한다."고 위트와 불편 사이에 어떤 발화를 쏟기도 하고 "큰 여자를 다른 별에 사는 나라고 불러도 좋을까."라고 육성을 쏟으며 앞에 건축한 이미지들을 무너트리기도 한다. 이렇게 자기 정체를 재구성해 내던지는 당찬 면모를 하강과 상승을 회전시키는 이곳 앨리스들의 '감흥적 의지'라 불러볼 수도 있지 않겠는가.

그뿐만이 아니다. 심지현은 「게르니카」와 「최후의 그래프」에서 기형적으로 상징질서가 어떻게 동생과 나에게 폭력으로 작용되고 있는지 낭자하게 잘 묘사해가고 있다. "동생이 먼저 팬티를 벗었어. 우린 능숙하게 서로의 오줌을 받아먹었지. 선생님이 꺄르르 웃고 좋아했다. 나도 한숨 돌리고, 선생님 웃는 거 처음 봐요."(「게르니카」, 『발견』 2016년 여름호)와 같은 장면에서는 유린당한 주체들의 굴욕들만이 전면에 서기도 하지만 「최후의 그래프」에서 "멋대로 믿는 건 쉬운 일. 무책임한 희망을 갖기 좋은 일. 우리가 만든 가벼운 신앙심의 몸집이 팽창 중"(「최후의 그래프」, 『발견』 2016년 여름호)이라고, 종교를 경유해서 이상한 팽창감을 형상화하거나 「게르니카」 말미에서는 "동생이 우는 표정으로 웃었다. / 우와 그거 어떻게 하는 거야? / 표정을 푼다. / 다 알고 있었다는 듯이."라고 언술하는 것을 상기해보았을 때, 다 알면서도 당하고 당하면서도 버릴 것과 지킬 것을 제 스스로 찾아 내재해가는 더 강력한 주체의 모습을 내비추기도 한다. 이러니 이들이 택하고 있는 미래를 단순히 '보수'라고 말할 수도, '전망 없음'을 딛고 작금의 파국만을 전시하는 나약한 목소리라고 평가할 수만도 없는 노릇이다. 그리고 이쯤 되면 굴욕과 치욕에 대해서 더 이야기해 보지 않을 수가 없다. 앞서 언급한 후자의 엘리스들처럼 이 무력함은 단순히 무력함을 통한 협력이 아니라 굴욕, 치욕, 실패를 내재하면서 이곳을 더 잘 알아가는 주체들이 호흡을 고르는 움츠림의 행위라고 다시 또 말해볼 수 있는 것이다.

가령, 포기를 내재하거나 움츠림이 더 많이 엿보이는 듯한 시편들도 그 운동성만을 두고 보면 내재된 정도가 만만치 않다. 최호빈은 「열린 사회」에서 "접어둔 페이지를 읽고 나서야 / 앞에 뭐가 있었는지 궁금해진다 …(중략)… 나의 하루는 / 하얀 우산을 쓴 채 / 서둘러 / 기울어지겠지"(「열린사회」, 『현대문학』 2016년 8월호)라고 말한다. 기울어지는 주체의 나약함의 배후에는 늘 다른 것들이 더 있다. 이곳을 개선하려고 하는 주체의 질문들이 선행하고, 주어진 질문을 이리저리 굴려보는 현대 지성의 자리가 결국에는 이곳을 개방할 것이라고 믿고 있는 것이다. 그러니 이것은 단순히 굴욕이나 치욕이 아니다. 물론 유진목의 「1988」의 경우에서처럼, 굴욕 그 자체의 자아가 등장하기도 한다. "그해 여름에 나는 옆 방에 사는 남자가 궁금했다"는 궁금증이 남자와 여자의 결별과 방세를 내지 않고 떠남의 결과를 지나서 나에게 "두 달치 방세"의 선불을 요구하는 상황까지 치닫지만, 이 시에서 나는 이상할 정도로 그 남녀에 대한 동일시와 관심을 거두지 못하고 있다. 다시 말해 나에게 피해가 되는 서사임에도 불구하고 나는 그들에 대한 관심을 배가 시키면서 시적 주체가 지각하고 있는 자리, 즉 빌린 방의 공간('월세방')마저도 아련하게 흔들고 있다. 이런 '관심의 배가' 상태는 정적이고 굴욕적이게 보이기도 하지만, 한편으로는 지성만큼 이곳의 냉철한 생리를 더 명징하게 구상하면서 자아의 회복 아닌 회복 세계를 전면에 내세우는 것이 또 아니겠는가. 이런 방식의 정적(靜的)이면서 정적(情迹) 주체의 등장은 박찬세의 경우는 죽음 목전에서 욕망을 품는 노인의 모습과 육성을 통해 "죽음 밖에서 죽음이 기다리고 있었다 / 죽음 밖에서 죽음이 웃고 있었다"(「거푸집」, 「시와표현」, 2016년 6월호)는 진술로, 배진우의 경우는 "도시의 밤에는 한번 접혔다가 펴진 상자처럼 어색한 선"(「그 사람2」, 『시인동네』 2016년 여름)이 생긴다는 기이한 도시 공간의 현상으로 재현되고 있다. 그리고 이쯤에서 세 편의 시를 인용해 봐야겠다. 윤성아, 배수연, 임솔아의 시편들이다.

자장자장. 계단을 오르는 밤이었지. 씨앗을 감싼 손처럼 주먹을 쥐고. 팔다리를 휘저으면서.

믹서기에 사과를 넣고 갈았다. 건더기가 없어질 때까지.

겨울마다 하나씩 찢는 습관이 생겼어. 소매를 찢고. 바짓단을 찢고. 여름을 준비해야지.

아무렇지 않게 땀을 흘리자. 아이들은 아장아장. 잘도 웃으니까.

옥상에서 내려다 봐야 작은 무리들. 내가 다 찢어버린 옷가지처럼 보였다. 너는 모르겠지만.

- 윤성아, 「구역」 전문, (『문학 선』 2016년 여름호)

이 집은 내 삶일 수 있나
이 삶은 내 집일 수 있나

삶은 지붕 닮은 모자를 흉내 내 쓰고는
넓고 높거나 낮고 좁은 얼굴로 거리를 내려다보거나
우우
외곽으로 내몰려 다닌다

이따금 그 얼굴에 아무 전구나 갈아 끼우는 손
이봐, 너는 내 삶이 될 수 없어
손목을 휘어잡고 다그쳐봐도
집은 기어이 입술을 앙다물고

한복을 끌며 걷는 할머니의 치마 속에 불을 켜러 나간 정신 나간 집
할머니는 모퉁이에 지쳐 쓰러진 자기 집을 보고
이빨을 볼링핀처럼 쓰러뜨리며 웃는다

놀라 담벼락 아래로 떨어지는 저 고양이의 집은 저녁 하늘에
뺨 터진 아기 무덤처럼

  － 배수연, 「아현」 전문, (『현대시학』 2016년 6월호)

효의상실이라는 가게 옆에 참의상실, 봄의상실, 새의상실이 있다.
상실들은 모여 있고 문은 열려 있다. 누구냐고 묻길래
아무것도 아니라고 대답했다.

개의 주인을 찾는다는 전단지를 보면 개의 주인이
길을 잃어버린 것 같다. 골목의 테두리를 골똘히 헤매고 있을 것 같다.

운동장을 가로지르는 건 망설여져서
테두리를 돈다. 내 팔에 주근깨가 생겼다는 걸 발견한다. 새로운 것들이
내 몸에서 자꾸 생겨난다.

이 동네엔 실패한 왕의 무덤이 있다. 주민들과 함께
무덤의 테두리를 산책한다. 실패한 죽음은 커다랬다. 정자각에는
죽은 사람의 밥그릇이 놓여 있다. 밥그릇의 테두리가
어둠 속에서 빛난다.

오픈한 죽집에서 풍선을 나눠주고 있다. 공기로 가득 찬 공기의 테두리
를 받아들고서 죽을 떠먹는다.

데이트라는 간판 옆에 물망초, 마이걸, 해뜰날이 있다.
여자들은 모여 있고 문은 열려 있다. 가져가지 마세요. 눈으로만
예뻐해 주세요. 물망초 앞에 물망초 화분들이 모여 있다.

― 임솔아, 「석관동」 전문, (『현대시학』 2016년 7월호)

먼저 세 편 모두의 공통점은 구체적인 공간에 대한 시적 주체의 '장소애'가 드러난다는 것이다. 그리고 그런 장소들은 주체가 '애착'하고 있는 가운데 율동성을 내재한 정서감이 발현된 자리이다. 한데 그에 반해 그 장소들은 고정 불변되어 있는 것이 아니라 '언어적 유희'를 통해 모두 상실되어 있거나 기울어져 있고, 주변부로 밀려난 장소들로 형상화되는 것이 특징이다. 먼저 윤성아의 「구역」은 온전한 공간이 아니라 찢어지거나 곧 찢김을 당하는 공간이다. 아이가 잠든 밤과 그 꿈속, 그리고 방이 있는 건물의 옥상 등이 제시되고 있는데, 이곳은 "씨앗을 감싼 손처럼 주먹을 쥐"고 있는 형상이지만 씨앗이 언젠가 주먹 속에서 벗어나듯 곧 이곳의 구속을 벗어날 수 있는 운동태를 내재하고 있다. 그러나 이곳을 벗어나는 순간 믹서기에서 갈리는 사과처럼 아이의 꿈과 시적 주체의 성장 욕망, 혹은 사랑과 같은 것들은 모두 갈리고 찢겨지는 것이다. 윤성아는 이렇게 어쩔 수 없이 자신이 처한 정황을 '구역(區域)'이라 칭하는 동시에, 명확히 시적 주체에게 억압을 행사하는 타자인 "너"를 상정함으로써 '구역(區域)'을 '구역(嘔逆)'으로 되돌려, 토악질을 하듯이 자기 비천함을 전시한다. 조용하게 더 싸우겠다는 의지인 것이다.

배수연의 「아현」은 '아현동 설화'를 바탕으로 하고 있다. "외곽으로 내몰"린 아현동의 가난은 얼굴에 전구를 갈아 끼우는 장면이나 "할머니의 치마 속에 불을 켜러 나간 정신 나간 집", "이빨을 볼링핀처럼 쓰러뜨리며 웃는" 할머니의 웃음 아닌 웃음과 같은, 행려병을 앓고 있는 듯한 삶의 시퀀스들을 연속적으로 제시한다. 물론 그 토대에는 아이를 버렸다던 아현동 고개, 즉 아이고개(애오개) 설화를 경유해서 시적 주체와 '미친 할머니'가 갖는 정서를 보다 복층적으로 묘파해 내고 있다. 죽어 도성을 벗어나 묻힌 아이들과 다 늙고 나서야 다시 천연성으로 돌아간 '미친 할머니'의 아이 됨은 시간을 다 겪은 존재와 시간을 전혀 겪지 않은 존재의 격동이 만나는 시간성을 초월한 공간감이다. 그곳에서 배수연은 "이 집은 내 삶일 수 있나 / 이 삶은 내 집일 수 있나"와 같은 묵직한 진술을 던져볼 수밖에 없는 것이다. 그러니 이 시적 주체가 상정하고 있는 '아현'이란 절벽 앞에선 버린 자아의 목소리라 부를 만도 하고, 그런 현실감의 고통을 때때로 미끄럽게 벗어날 수도 있는 "고양이의 집"이기도 하다. 그러니 이 또한 범상치 않은 앨리스의 견딤 과정들이 아니겠는가.

임솔아의 「석관동」 또한 유사한 맥락에서 읽힌다. 우리 시대의 젊은 시인으로써 온몸으로 상처받은 일을 마다하지 않는 시편들을 쏟아내고 있는 임솔아는 늘상 그래왔듯이, 관찰자 수준에서 경험자 수준으로 제 몸을 되돌려 다시금 묘한 고통들을 자아낸다. 이번에는 간판 이름들 속에서 그곳에 머물렀던 주체들의 비천한 삶의 면면들을 가라앉히면서 변주를 시작하고 있다. 의상실 이름들을 나열하는 언어유희를 통해 삶의 '상실감'에 대해 논하거나 과거 중앙정보부가 있었던 석관동 앞 방석집 간판들을 통해 더 혹독하게 주변부로 밀려난 '삶의 식물성'들을 형상화하고 있다. 가령 석관동에 "실패한 왕의 무덤이 있다"는 것은 장희빈의 아들인 경종 무덤 의릉만을 뜻하는 것은 아닐 것이다. 과거 이곳에 머물렀던 권력에 대한 멸시와 그 권력들이 갖고 있던 윤리성의 부재,

그리고 이곳에 머문 사람들이 그 과거를 이어 나가면서 실패에 실패를 거듭하고 있는 형국을 입체적으로 구현하고 있는 것이다. 다시 말해 "개의 주인을 찾는다는 전단지를 보면 개의 주인이 / 길을 잃어버린 것 같다."는 구절에서처럼 우리가 주인 됨으로 살아가는 것이 아니라 우리가 우리 위에 주인을 가지고 있어야만 살아갈 수 있는 기형적 삶에 대해, 전면적으로 묘파하며 그것들에 대해 '아주 조용히'도 거부권을 행사하는 것이다. 그러니 이쯤 되면 임솔아의 고통은 개별 주체의 고통에서 끝나는 것이 아니라 우리 시대의 고통을 온몸을 다해 체화한 결과라 어찌 아니 부를 수 있겠는가.

이처럼 수많은 앨리스들이 저마다 갖고 있는 '이상한 나라'에서 우리는 '이상한 나라'의 형국보다 그들이 겪어내고 있는 이상한 증상과 이상한 비전에 대해 더 숙고해 봐야 한다. 이상한 나라를 관장하고 왕이 되는 일, 혹은 이런 나라에서 어떻게 견뎠다는 성공기를 바라는 시의 독자는 아무도 없을 것이다. 그러니 그런 고통들을 고통 그 자체로 조용한 저항 그 자체로 또 불러볼 수밖에 없는 것……. 나는 그 수많은 앨리스들을 사랑한다. 그 앨리스들이 갖는 비전들 때문이라도 결코 이 이상한 나라를 사랑할 수 없다. 그리고 불러본다. 안녕하신가요, 나의 앨리스들이여!

추신: 지면 관계상 전문을 전하지 못한 수많은 시인들께 송구함을 전하며…….

나의 친구를 불러보는 방식
: 성동혁, 정영효, 민구, 김승일의 시

　시가 나에게 하는 고백이라는 것을 전제할 때, 대게 독자는 그 고백을 엿듣는 복수인칭의 위치에 서 있다. 이 때 독자는 1인칭 화자 자신도 아니며, 시 안에 내재해 있는 청자의 위치도 아니다. 텍스트 바깥에서 온전히 엿보기만 하는 탈인칭의 위치에서 그 고백을 엿듣게만 되는 것이다. '너'나 '당신'이 될 수 없는 독자는 시를 이해하려고만 애쓴다. 여기서 몰입의 문제가 발생한다.
　섣부르게 판단하고 접근하겠다. 몰입 없이, 나와 당신이 될 수 없는 독자는 시를 듣지 않고, 시를 보기만 한다. 시를 엿듣는다. 이런 경우라면 애초의 시인의 고백은 성립되지가 않는다. 단지 어질러 놓은 이미지와 진술들, 왜인지도 모를 질문 밖에 남아 있지 않는 것이다. 그렇다면 이런 질문을 해보자. 시를 독서하는데 꼭 몰입을 해야 하는가? 전혀 그렇지 않다. 몰입은 독자에게나 시인에게 모두 수고로운 일이다. 몰입은 시를 오해하기 쉽고, 오히려 몇몇 문장에 독자를 갇히게 하는 함정을 만든다. 어쩌면 명료함을 방해하고 모호함을 소환해가면서, 읽는 사람에게 자의를 갖게 하는 오해의 한 방식이다. 하지만 그런 오해가 필연으로 따라와야만 하는 시가 있다면, 그것은 시인이 자신을 호명하려는 형태를 취했기 때문이라고 말해야겠다. 질문과 상황을 만들어내는 시가 아니라 판단의 유무와 정황의 호오(好惡)는 유예한 채, 고백의 상태만을 늘어놓는 시가 그렇다. 물론 나는, 그런 오해를 늘 사랑해왔다.

1.
세수를 할 때마다 흘러가는 기도를 아끼자 더 흘려보내기엔 세면대의 구멍이 작아
물속에 얼굴을 넣었다 빼도 나는 물의 미간을 그려내지 못한다

거울을 보면, 숨이 차고
젖은 아스피린과 가보지 않은 옥상이 보인다
오래 마주치기엔 서로 흐르고

대신 나는 이가 투명해. 표정을 잃을 때마다 사라지는 다리
골반까지만 반복되는 거울

잠시 엄마와 월요일이 사라진 것을 메모했다
그때는 아가미가 생겼다

침대에 누우면, 눈썹들이 쏟아지고
돌고래의 문장을 배워본다

지느러미가 생기면
파도의 단추를 모두 채워주고 싶다

스위치를 켜면, 물이 우르르 밝다
오늘이 짙고 밤이 숨차고
창문을 상상한다
방의 동공이 크다

- 성동혁, 「그 방에선 물이 자란다」 전문, (『시와반시』 2011년 여름호)

 나는 세수를 하면서 '변신'한다. "이가 투명해"지고 "표정을 잃"고 다리는 사라진다. 작은 세면대에서 바다로, 방으로 공간은 변이하고 있다. 그때마다 나는 "아가미가 생기"고 "지느러미가 생"겨났다. 나에게서 물고기로 변신하는 과정이다. 이 시를 읽어가는 동안 나-물고기, 세면대(물)-양수(바다), 거울-물이라는 흔한 상징공식이 도처에서 독서를 방해했다. 오히려 이 시는 그런 이미지들의 은유보다는 왜 '변신'인가를 찾아보는 게 좋을 듯하다. 그래야만 시인이 자신을 소환해가는 방식으로서, 저 이미지들이 제 몫을 할 것 같았기 때문이다.
 얼굴에 닿은 물은 화자 얼굴에 다녀간 "기도"-표정일 수도 있다-이다. 기도는 흘러넘치기 쉽고 나와 "오래 마주치기엔 서로 흐"른다는 물의 속성을 가진다. 물론 여기서 나 또한 그 기도처럼 흐른다는 속성을 가지고 있다. 기도와 내가 만나는 일이란 세수를 하는 찰나의 순간 뿐, 기도와 나는 흩어진다. 기도는 나를 쥐지 못하고 흩어지기 때문에 기도

다. 닿을 수 없는 상태로 닿았다는 느낌만 줄 뿐 나는 물의 미간, 즉 물의 표정이나 기도의 표정(내용) 따위는 발설하고 싶지도, 기억해내고 싶지도 않다. 그저 "아끼"고 싶을 뿐이다. 기도라는 형식의 첫 번째 청자는 화자 자신이기 때문에, 기도는 자신에게 발설하는 고백이다. 그 고백을 듣고 세수를 하는 화자의 머릿속에는 "젖은 아스피린과 가보지 않은 옥상이 보인다." 혹은 "잠시 엄마와 월요일이 사라진 것을 메모했다"라는 완료된 사건의 기억들이 떠오르고 있다. 그러면서 완료된 사건의 사이, 사이로 태초로 돌아가는 상태, 즉 인간이 물고기로 변신하는 상황이 연출되고 있는 것이다.

이 시는 겉보기엔 변신의 진행 상태가 눈에 더 띄긴 한다. 하지만 내용을 알 수 없는 기도에 대한 화자의 태도나 완료된 사건에 대한 제시, 혹은 태초의 상상 상황에서 "돌고래의 문장을 배워본다"라거나 "파도의 단추를 모두 채워주고 싶다"는 고백이 시인의 더 명징한 목소리라 느껴지는 것은 무슨 이유일까. 같이 숨이 찼다. -「초대장」을 받은 것처럼.

2.
내가 받은 첫 번째 친절은
열두 마리 짐승 중 한 놈과 생일을 엮어 만든 계획
작명은 태내의 이후를 찾아 출생에 보태는 것이지만
간혹 내 이름을 불러보면
먼 소식이 풀리지 않는 사주를 차려 놓는다
그렇게 하고, 해야 한다는 식의 믿음
또는 다짐이 나와 다르게 흐르고

문틈에 낀 밤의 외막 같은

몰래 다가오던 적요가 출입을 들킨다

이름이 가진 줄거리는 계속되는 이설

그걸 채우고 죽은 사람은 자신의 명命을 탐독했을까

남의 이름을 외울 때 뇌압에 귀가 멍하곤 하다

글자에 묻은 음색의 취향과 얼굴을 함께 떠올리면

인연을 데려온 이혁이 궁금하고

낯선 공명이 관계를 꺼낸 채 탁하게 사라지는 것이다

알아야 해서 곧 숨겨버리는 망각

이름이라는 것이 처음 만나 베푸는 예의라면

기억하기 힘든 이들은 전래가 어긋난 속계俗界를 지닌 걸까

정해진 문답으로 인사하는 순간마다

내 육성을 의구하므로

이름은 나를 훔치기 위한 혐의인지

자주, 잊힌 이름들의 주기가 돌아온다

— 정영효, 「이름들」 전문, (『현대시』 2011년 6월호)

시인이 "받은 첫 번째 친절"이란 무엇인가. 대게 친절을 기억하기 보다는 불친절을 떠올리는 것이 시인들이 갖는 생각의 습성이라면, 여기 불친절을 친절이라 부르고 싶은 시인도 있다. 태어났다는 사건(대상)에 관해 호명되어진다기보다는, 태어나는 사건부터 멀리 풀려 있는 운명과 연유된 이름의 습성을 말하는 시인. 다시 말해 적어도 이 시인에게는

'이름'이란, 대상을 호명하고 하나의 편린을 지시하는 기호가 아니다.

이름은 대상의 탄생 이전에서부터 다가올 미래까지의 생태를 응축해 놓은, 나(화자)에 관한 유기물이다. 그간 변해 온, 그리고 앞으로 변해갈 내가 있기 때문에, 시인에게 '이름'은 단수의 형태를 취하는 것이 아니라 복수를 전제한 "이름들"로 여기 존재한다. 그러나 여기서 '여기'란 나와 가까운 여기가 아니라 "간혹 내 이름을 불러보면 / 먼 소식이 풀리지 않는 사주를 차려 놓는"것처럼, '저기'라고 지칭하기 싫은 '먼 여기'이다. 그리고 시적 화자에게는 "다짐이 나와 다르게 흐르고" 있는 것처럼 만남이 자유롭지 못한 여기다. 그렇다. "작명은 태내의 이후를 찾아 출생에 보태는 것"이다. 그러나 "이름이 가진 줄거리는 계속되는 이설"의 속성을 취하고 있어서, 이름은 이름만으로도 서사를 가지며, 살아 있고 살아나가는 것이다. 그렇다면 그 이름을 옮긴 말의 주체는 누구인가.

"남의 이름을 외울 때 뇌압에 귀가 멍하곤 하다"거나 "글자에 묻은 음색의 취향과 얼굴을 함께 떠올리면 / 인연을 데려온 이혁이 궁금하"다는 시적 화자의 언급은, 나 바깥에 있는 다른 이름들의 생태를 말하려는 것은 아닐 것이다. 이 시는 "이름이라는 것이 처음 만나 베푸는 예의라"고 전제하며, '너'의 이름에 관한 이야기를 하려는 것이 아니다. '나'의 이름. 혹은 너에게 가 있는 나. 그도 아니라면 나에게 되돌아온 너에 관한 이름의 사건을 말하려는 것이다. 물론 너와 나의 위치는 역전된 상태라도 무방하다. 왜냐하면 여기서 나와 너는 서로가 공생하고 있으며, 서로가 서로에게 이름에 관한 명상을 나눈 그 이후의 관점에서 언술되기 때문이다. 결국 이것은 나의 이야기다.

그러면서 화자는 나에게서 연유하여 나에게로 돌아오는 회귀적 태도를 취한다. 다시 나를 발설한다. "정해진 문답으로 인사하는 순간마다 / 내 육성을 의구하"면서 "이름은 나를 훔치기 위한 혐의인지" 다시 질문하면서, "자주, 잊힌 이름들의 주기가 돌아온다"고 고백하고 있다. 헌데 아이러니하게도 그 고백의 주체가 화자가 아니라 독자가 되고 있다는 느낌이 드는 건 뭘까. "문틈에 낀 밤의 외막 같은 / 몰래 다가오던 적요가 출입을 들킨" 것만 같이 잠시 차분해지는 나를 본다. 아니 너를 본다.

3.
어느 겨울 밤
나는 드디어 내 안에 웅크려 있는
새로운 존재의 형상을 보게 되었다.
마음은 두근두근하여 기대와 불안을 가늠할 수 없었지만
적당한 양의 취기는 굳게 잠근 철문을 단숨에
부수고 들어가기에 용이했다.

내 목을 조르고 있던 자의 정체란
대단히 우스운 몰골이어서 나는 그것이
침묵 속에서 훈제된 생선의 살덩어리인지
아무 적의가 없는 자의 여유로운 얼굴인지
잠시 헷갈리기도 하였다.

하지만 그것이 쏟아낸 말은

뜻밖의 것이었다. 우레를 맞은 건너편 산은
고기 굽던 집게로 나를 내리쳤고
내 혀는 동굴 속에 잠들어있던 사자를 풀어
사내를 물어뜯기 시작했다. 근처를 지나던 여자는
혀의 구령에 맞춰 굴 위를 지나는 짐승이 신기했던지
가만히 서서 구경만 하고 있었다.

한바탕 폭풍이 휘몰아 친 뒤 정적이 흘렀다.
여자는 깨진 소주잔을 치우고 고기를 뒤집었다.
사내가 갈갈이 찢긴 표정을 수건으로 훔치는 동안
불판 위를 어슬렁거리던 사자는 아까부터 계속 우는 새끼가 생각났는지
아직 숨이 채 멎지 않은 먹이를 물고 동굴 속으로 사라졌다.

— 민구, 「혀」 전문, (『현대문학』 2011년 6월호)

또 다른 경우를 생각해 보자. 나에 대한 소문과 서사로써, 나를 소환해가는 것이 아니라 나의 한 기관을 빌려 나를 소환하는 방식도 있다. "어느 겨울 밤 / 나는 드디어 내 안에 웅크려 있는 / 새로운 존재의 형상을 보게 되었다."며 고백해오는 시인의 혀는 폭력성을 소거한 채, "굳게 잠근 철문" 속에 갇혀 있다. 그리고 그 혀를 깨운 것은 자신이 아니라 "적당한 양의 취기"라고 화자는 말한다. 그때부터 혀는 "동굴 속에 잠들어있던 사자를 풀어" 같은 공간에 있는, 혹은 나와 겸상을 하고 있는 "사내를 물어뜯기 시작"한다.

사실 사건의 이유를 전부 다 알기에는 충분한 정보가 없다. 2연에서 "내 목을 조르고 있던 자의 정체란"으로 시작하는 대상에 대한 명명들도 "혀"를 말하는 것인지, "사내"를 말하는 것인지 불분명하다. 하지만 분명하고 명료한 사실은 혀가 싸움을 하고 있다는 것이다. 여기서 싸움의 주체는 '혀'이지 내가 아니다. 때문에 "내 혀"가 사자를 풀어놓는 것이지, 내가 사자 같은 폭력성으로 혀를 사용하는 것이 아니다. 혀의 주체로 제시된 "사자"라는 비유는 시의 말미에서도 "아까부터 계속 우는 새끼가 생각났는지 / 아직 숨이 채 멎지 않은 먹이를 물고 동굴 속으로 사라졌다."고 언급되면서, 나와 무관한 다른 존재로 설정된다. 물론 취중이라는 상황이 혀를 사자로 비유한 것에 관해 개연성을 만들어주고 있어 매력을 반감시키기도 한다. 하지만 화자가 자신의 기관화된 몸의 일부를 발견하는 데에서 "마음은 두근두근하여 기대와 불안을 가늠할 수 없었"다는 느낌을 가진 것은, 독자가 매력을 느낄 만하다.

'사자'라는 '형상'을 입기 전에 화자가 느꼈던 다른 존재의 대한 출현은 화자, 즉 나에게서 다른 나를 탐독해가는 발견과 질문의 언어일 것이다. 때문에 2연의 제시된 언술들도 그런 관점에서 모호한 것 자체로, 발견과 질문의 언술형태를 띄고 있다고 할 수 있다. 그리고 독자는 화자가 겪은 그 두근거림의 곁에 서서 같이 몰입을 할 수도 있을 것이다. 하지만 혀가 구체적으로 형상을 입고 난 이후부터는 왠지 맥이 빠지는 기분이다. 내가 보고 싶은 쪽을 못 보고 고개를 돌린 것 같다. 화자가 아닌 다른 인물들. 사내와 여자 같은 상대방들도, 화자가 다른 존재를 느낄 때처럼 존재의 대해 소환해가는 방식을 취했으면 어땠을까. "한바탕 폭풍이 휘몰아" 칠 것처럼 나는 "뜻밖의 것을" 기대했지만, 기대 대

271

신 "정적이 흘렀다."

4.

두 친구가 서로 때리고 있어. 때리고, 맞아주고.

번갈아 가며.

너희는 틈만 나면 팔 때리는 놀이를 한다.

재미가 있니? 누가 학교 짱인지. 누가 더 맷집이 센지. 서로 다 아는 애들이. 친한 애들이.

어깨랑 팔을 때리고 논다. 때리는 게 재밌어서 웃는 친구와 너무 아파 헛웃음이 터지는 친구.

집에 가면

샤워기로 뜨거운 물을 뿌리고, 문지르고, 분하지 않고, 비교적 덜 아픈 팔을 내밀어

이다음 쉬는 시간엔 또 다른 팔을, 다시 또 다른 쪽 팔을 내밀고.

거긴 멍이 심하니까 피해서 때려.

웃는다. 신이난다. 누가 이길까? 누가 매번 이겼니? 글쎄요. 기록해두지 않는다.

이거요? 이건 게임이에요. 얘도 때리고 저도 때리고. 못 참는 사람이 지는 거예요. 그만해라. 위험해 보이는구나.

우리는 숨어서 계속

때린다. 단련하려고, 조폭들도 자주 이 게임을 한대. 행동대원 말이지? 너도 그거 할 거야?

몰라, 뽑히면 해야 된댔어. 뽑혔는데 안 하면 어떻게 된대? 몰라, 더 세게

때려. 왜 갑자기 약하게 때려. 어차피,

내가 세게 때려도 안 아프잖아.

친구의 주먹은 훨씬 더 센 주먹인데. 안 아파서 두 친구는 웃지 않는다. 너는 왜 세게 안 때리는데?

다시 한 번 해보자.

- 김승일, 「웃는 이유」 전문, (『시와사상』 2011년 여름호)

우리가 웃는 이유는 무엇일까? 나는 이상하리만큼 이 질문을 '우리가 쓰는 이유는 무엇일까'로 바꾸고 싶다. 헌데 질문을 던지고 나면 우선 '우리'라는 주어가 사라지는 기이한 상태에 마주하게 된다. 우리는 '우리'에 관해 쓰는 것이라기보다는 '우리에 속해 있는 나'에 관해, 혹은 '우리가 아닌 나'에 관해 쓰고 있다. 언제부턴가 쉽게 '우리'라고 호명하고 있지만, '우리'는 대체로 성립되기 힘든 상황에 놓여 있었다. 최근 들어 몇몇 평문과 시작 태도 혹은 좌담들에서 다시 '우리'라는 공동체를 부르는 사례가 있었지만, 그것 또한 과거의 우리가 아니라 나로 감각되는 '우리'였다. 때문에 '우리'라고 주어를 써놓고 읽어봐도 나는 '나'라는 개체적 질문과 쉽게 마주하게 된다. 그리고 여기 질문만 양상해 내는 놀이가 있다.

시인은 그 놀이를 "팔 때리는 놀이"라고 부른다. 화자에게는 "두 친구"가 있고 두 친구는 "때리고, 맞아주고. / 번갈아 가며." 서로에게 고통을 주고 있다. 하지만 그 고통은 간지러움을 타는 것처럼 몸은 고통스럽지만 서로에게 즐겁다. 때문에 시적 화자는 "재밌어서 웃는 친구와 너무 아파 헛웃음이 터지는 친구."를 경험하게 된다. 그러면서 자신의 위치를 관찰자로 두고 즐거운 고통의 참여자가 된다. 물론 소극적인 태도 속에 있지만 화자는 이 정황 바깥에 있는 "그만해라. 위험해 보이는구나."라는 '우리'에 '속하지 않는 자'의 말도 같이 듣는다. 그리고 친구들과 같이 숨어 계속 이 게임을 관객으로 참여한다. 친구들이 나누고 있는 조폭들이 단련하는 이야기들이나 조폭들의 행동대원으로 뽑히면 어떻게 하냐는 등의 두서없고 사소한 고민들에 관해서도 차근차근, 화자는 게임이 진행되는 동안의 이야기를 모두 다 들어주고 있다. 아니 같이 웃어주고 있다는 느낌이 든다. 이런 느낌은 이 시 서두에서 제시된 "재미가 있니? 누가 학교 짱인지. 누가 더 맷집이 센지. 서로 다 아는 애들이. 친한 애들이."와 같은 부분 때문일 것이다.

  서로 다 알기 때문에 그들은 서로에게 고통을 주는 일이 즐겁고, 참아 줄 수 있는 것이다. 그러나 조폭과 행동대원에 관한 이야기는, 그들에게 섣부르게 현시로 돌아오는 촉매제라도 된 것일까? 이유는 의외로 간단하다. 친구들이 했던 행동은 조폭의 모방이었다는 것. 또는 일명 '노는 친구들'이 현재의 재미에서 복잡한 미래의 사건에 대해 고민을 던졌다는 것. 그런 것들 때문에 한 친구의 주먹이 약해지고 더 이상 친구들은 웃을 수가 없었다. 이들은 서로를 "단련하"지도 못했고, "안 아파서" 고통을 즐길 수도 없었다. 이것은 "서로 다 아는 애들이. 친한 애들이." 하고 있는 이야기이지만, 너무 서로를 알았기 때문에 하지 말아야 할 선을 벗어난 것처럼, 모든 행동은 정지되고 잠깐의 뒤틀림이 발생하게 된 것이다. 이런 것을 '실재'라고 말하면 너무 적극적일까. 시인은 우리라는 공동체 안에서 잠깐, 질문을 만들어내는 놀이를 통해, 시인은

'왜'가 아니라 '어떻게' 그것이 생겨나는지를 보여주고 있다. 그래서 이 알레고리 속에는 바깥으로 끌어내는 질문보다는, 시 내부에 있는 구성원들 간에 주고받는 연민 관계가 더 두드러진 양상을 보인다. 그래서 "웃는다. 더 신이 난다."

   그러면서 이미 예정된 실패를 위해 달려가는 시 속의 인물들이 고백을 해오고 있다. 여기서 나는 나를 위한 내가 아니라, 너를 위한 나일까? 내가 쓰는 이유는 내가 아니라 너(대상) 때문일까. 그래 나를 견디는 방식은 그래, 너 때문이다. 질문을 한다. "웃는다. 더 신이 난"다고, 다시 독서를 하면서, 보이지 않는 우리에게 나를 끄집어내면서, 안 될 것 같은 최면을 걸면서, 계속 실패와 실패를 체험하면서, 웃는다.

   그래, 우리 "다시 한 번 해보자."

가면 쓰고 살아가기
: 박희수, 김은지, 김유미, 서윤후의 시

글쓰기 수업에서 자기소개서를 쓰는 교수-학습 과정 중 가장 지양해야 할 방법이 있다. 대뜸 바로 종이를 던져주고 자신을 소개하라는 것이다. 이렇게 되면 열에 일곱은 나는 어떤 학교를 졸업했고 무슨 과를 다니며 가족 관계는 어떠어떠하고, 어떤 가정환경에서 지금과 같은 전공을 택하게 되었으며 앞으로 어떤 일을 하기 원한다는 식의 천편일률적인 자기소개가 이어진다. 누가 가르쳐준 것도 아닌데 모두 그것을 자기소개의 표준으로 삼고 있는 것이 이미 오래며, 자신을 소개하는 일을 자신을 둘러싸고 있는 환경들로밖에 수사할 것이 없다는 게 참으로 안타깝게 느껴진다. 내가 누군지 해명하는 방법이 과연 고향, 가족, 학교, 전공, 장래희망과 같은 외부적 요소밖에 없는 것일까.

어빙 고프만은 『일상생활에서의 자아표현』에서 "사람(person)이라는 단어가 그 첫 번째 의미로서 가면(mask)이라는 뜻을 지녔음은 결코 단순한 역사적 우연만은 아닐 것이다." 라고 언급한다. 옥타비오 파스 또한 『활과 리라』에서 "우리는 생존하는 한 각자의 이름과 가면으로부터 벗어날 수 없다. 우리는 항상 이들과 공존하며 결국 가면이 곧 우리의 모습임을 발견하게 된다."고 기술하고 있다. 즉 모든 사람은 의식적으로 어떤 역할을 수행하고 있으며, 그 의식된 역할 수행을 스스로 아는 것과 타자(서로)가 알고 있다는 인식 속에서 우리의 관계나 사회가 형성되는 것이다. 그리고 우리는 발화 행위를 통해(라틴어 personando, 발음하다) 자신에게 그 가면들을 부여하면서 일상을 유지하고 있다. 가령 내가 쓰고 있는 일상의 가면이란 어떤 모습일까. '가족 내 나'와 '사회 내 나'가 다르듯이 나는 내가 선택한 가면들로 인해 유지되고 발전되며 때때로 퇴행과 정체 혹은 열림과 발전의 순간과도 마주한다. 이런 순간마다 행하게 되는 선택의 과정과 역할, 그 지위 등을 통칭하여 '사회적 가면'이라 호명해 볼 수도 있겠다. 즉 여기서 사회적 가면이란 단순히 제 얼굴이나 성향, 정체를 숨기는 기능만을 수행하는 것이 아니라 숨김과 '다르게 드러냄'을 통해 자기 초월과 '열림의 세계'를 지향한다는 데에서 '나'이되 내가 결코 아닌 어떤 에테르를 갖는다.

시를 쓰는 상황이 시적 페르소나 즉 자기가 쓴 가면의 내력에 대해 논하는 행위라는 것을 가정할 때, 이때 시인은 가면 안에서 '선택'보다 '질문'을 수행하는 어떤 중간의 통증들을 줄곧 전시하는 것으로 전부를 바칠 때가 있다. 물론 이 또한 시인이 자기 정념을 소비하여 자신의 시적 지향을 소개하는 '자기(가면)소개'의 일부분이라 볼 수도 있을 것이다. 한데 그것이 이상의 영역에서 뿐만이 아니라 일상의 영역에서 여전히 시인에게는 반복되며, 애써 드러내려고 하거나 혹은 애써 드러내지 않으려할 때조차도 어떤 에너지들로 드러나게 된다. 그런 가면 다발들, 시가 시일 수 있도록 하는 알리바이 즉 정동의 시발점에서 이번 계절의 시편들을 읽어보려 했다. 먼저 박희수의 시를 살펴보자.

그들은 눈이 없는 가면을 쓰고서
입을 가린 채 다가온다

- 너는 우리의 하나가 되어야 한다
흰 가면이 말했다

흰 가면의 가면은
구름을 눈비시게 반사하는 흰색

그것은 너를 희게 만들어준다
너는 결백하다

- 네 두 손을 피가 흐르는 강물에 담그고
- 하늘에 절하라. 우리를 낳아주고 우리를 죽이는
- 죽어가는 하늘에 절하라. 그는 어두운 껍질이며
- 귤 속에서 뛰고 있는 심장이다
가면을 쓴 그가 말한다
나는 그때 두 손을 포박당한 채
바닥에 무릎을 꿇고 있었다
귓가에 차가운 총구가 닿았다

〈손이 닿으면 뻗어〉라고
그것은 말했다

나는 숲에 난 창문을 통해
창밖의 거리를 본다

젊은 아이가 힘차게 뛰어가고 있었다
길 끝의 장미가 아이를 부르고 있다

― 엄마, 저 왔어요.
― 그래, 왔구나. 엄마는 행복해.

길가에서 아이는 엄마의 품에 안긴다 길에는
아침의 신선한 바람이 불고 있다

나는 아이와 엄마를 보고 있었다
그때 내 얼굴 위로 구름의 어두운 가면이 다가온다

- 박희수, 「가면의 숲」 전문, (『문학과사회』 2016년 가을호)

가면이란 무엇인가. 인용한 시 「가면의 숲」은 두 부분으로 나눠져 있다. 가면을 쓴 그들을 만나 내가 겪게 되는 실제 체험의 부분과 그 체험 이후 "나는 숲에 난 창문을 통해 / 창밖의 거리를 본다"고 발화하며 아이와 엄마 사이 겪게 되는 정황을 내가 추체험하는 부분으로 나눠진다. 전자의 경우 나를 억압하는 가면을 쓴 그들에 대한 나의 태도가 주를 이룬다면, 후자의 경우는 아이의 행동을 관찰하는 나의 시선이 주를 이룬다.

 우선 전자의 정황을 꼼꼼히 읽어보자. "흰 가면"을 쓰고 눈과 입을 모두 가린 채 나에게 다가온 그들이 나에게 "결백"하라거나 "하나가 되"라고 주문하고 있지만, 나는 그들에 대해 뚜렷한 반응을 보이지 않는다. 자신의 태도를 뒤로 미루고, "두 손을 포박당한 채 / 바닥에 무릎을 꿇고" 화자는 그들의 말을 듣고 있을 뿐이다. 여기서 그들이 쓰고 있는 "흰 가면"이란 자신의 정체를 가리는 것과 동시에 자신을 속박시키고 있는 구속의 산물일 수 있다. 물론 이런 대립적 기표가 화자에게까지 영향을 주어 아무것도 볼 수 없고, 듣고 말할 수도 없는 불투명한 정서감을 유발하기도 한다. 또한 그들의 존재는 억압자인 동시에 심판자처럼 읽힌다. 그들이 쓴 "흰 가면"은 마치 천상의 어떤 것들을 상징하는 것과 같이 "구름"의 기표와 조우하는 부분들도 그러하고, 나에게 총구를 겨누고 있는 상황이나 그밖에 나에게 청하는 다른 언사들도 그렇다. 가령 "너는 우리의 하나가 되어야 한다", "하늘에 절하라. 우리를 낳아주고 우리를 죽이는", "죽어가는 하늘에 절하라.", "〈손이 닿으면 뻗어〉"와 같은 언사들은 하늘의 계시를 받은 듯한 사도들의 언사이다. 즉 묵시록적 발화라 읽어볼 수도 있겠다. 그러나 그들이 계시하는 '다음 세계'에 대한 주문이란 단지, "〈손이 닿으면 뻗어〉"와 같은 모호만 말 뿐이다. 물론 이 모호한 접촉의 주문이 의미를 획득하는 부분은 후자의 정황에서 일어난다.

시적 화자가 겪고 있는 어지러운 상황과 정체를 알 수 없는 "흰 가면"을 쓴 그들이 행하는 억압이 숲처럼 무성하게 자라나고 있는 것이 이 시의 비유라면, 아이가 엄마를 향해 달려가는 부분 즉 아주 명확한 화자의 관찰을 통해 드러나는 묘사들은 "숲에 난 창문을 통해" 습득되는 정보가 맞는 듯하다. 한데 정작 화자가 보고 관찰하게 된 것은 "길 끝의 장미"의 부름을 따라 "힘차게 뛰어가고" 있는 아이가 "엄마의 품에 안"기는 다소 단순한 장면일 뿐이다. 의문스러운 점은 이때 다가오는 아이를 바라본 엄마는 마냥 "행복"하고, 아이는 "젊은 아이"라는 것이다. 다시 말해 엄마와 아이 사이는 먼 시간의 격차가 발생했던 것으로 보인다. 굳이 '젊은'이라는 형용사를 사용해서 수식한 아이의 모습은 시간을 역행해서 어려진 아이의 모습처럼 보이고, 엄마는 그런 아이를 오래 기다린 뒤에야 만나게 된 엄마처럼 보인다. 그러니 화자는 숲속 창을 통해 타자의 시선으로 단순히 "아이와 엄마를 보고" 있는 듯하지만, 스스로 아이나 엄마의 주체가 되어 그 시선 속에 참여하고 있는 어떤 주체의 지위를 획득하고 있다는 인상이 강하다. 때문에 "〈손이 닿으면 뻗어〉"라는 가면 쓴 이들의 명령은 닿을 수 없는 곳에 서면 그것을 외면하지 말고 닿으라는 명령과 다르지 않다. 이쯤 되면 이렇게 정리해 보는 것도 가능하지 않을까.

과거 모계 사회의 어떤 결함들을 상흔으로 가지고 있던 시적 화자는 스스로를 결박하며 청결해지거나 죄 없음을 누차 주입하지만, 정작 상흔의 오브제 그 자체와 접촉하여 자신의 내상을 해결하지 못한다면 다시 자신은 "흰 가면"을 쓴 그들의 존재태와 다를 바가 없이 살아갈 수밖에 없는 위험을 말하고 싶었던 것일지도 모른다. 즉 이 시는 해결되지 않는 상흔들 때문에 제 시선("눈 없는 가면")과 언어("입을 가린 채")를 획득하지 못하고 분별없이 유령처럼 살아가는 화자의 일상에 관한 거부권을 행사하는 시일 수도 있는 것이다. 그러니 화자는 시 말미에 와서 "흰 가면"을 쓴 / "결백"한 자신보다 "구름의 어두운 가면"을 택했을지도 모른다. 그러나 이런 시적 결단은 화자가 종국에 '선택'하고 결정한 것인가. '질문'한 채 유예한 것인가. 이 시에 전반적으로 흐르는 환상적 요소들을 고려해 보았을 때, 후자에 더 가깝지 않을까. 다음 시편들을 또 읽어보자.

여자는 일본 가정식을 먹고
나는 여자의 먹는 소리를 듣는다

여자는 친절한 사람일까?
이 늦은 밤에 무슨 일이 있었을까?

여자는 표현이 서툰 사람이다
최근에 힘든 일을 잘 이겨냈다

아니 여자는 어떻지도 않고
나는 여자에 대해 그 어떤 생각도 하지 않는다

수사자처럼
초목과 코끼리와 습도에 감응하는 모든 방식을

바꿔가고 있다
귓불을 누르며
삭제!

그릇에 오늘치의 온기가 나왔다
옆에 앉은 사람은
온기를 빨리 먹고 나갔다

국그릇에 연보라색 꽃이 그려져 있고
나는 그 꽃의 이름을 모른다
꽃이 무엇인지 찾아보지 않을 것이다

누군가 앉았을 때
내가 있는 그대로 대한 사람이
한 명 늘어났다

- 김은지, 「일인식 식당」 전문, (『실천문학』 2016년 가을호)

돌아누운 토끼인형은 돌려 눕혀도 등이었다

태엽을 감으면 녹물이 묻어나왔다

태엽이 풀리면 창문들이 춤을 추었다

창문 아래로 모래가 쏟아졌다

모래는 저음이 흘러나오는 곳에서 쌓였다

침묵의 입술들이 가지에 박히는 저녁이었다

여름의 나무 위에 눈꽃이 피어 고독해지는 웃음

앉은 자리마다 구덩이가 되어 걸어나갔다

신발이 헐거워져서 오늘이 왜소해졌다

오늘은 어느 쪽이 옳은 방향입니까?

- 김유미, 「사주」 전문, (『포엠포엠』 2016년 가을호)

  인용한 두 편의 시는 모두 시적 화자에게 주어져 있는 하루치의 시공간에 대해 형상화하고 있다. 한데 여기서 주목할 부분은 모두 그 '하루'라는 시공간이 화자로 하여금 모호와 불안과 무방향성을 띤 채 화자의 존재상이 무척이나 탈인격적 형상으로까지 제시된다는 점이다. "그릇에 오늘치의 온기"(「일인식 식당」)를 해치우고 나가는 공간이 갖는 '익명성'도 그렇고, "돌아누운 토끼인형은 돌려 눕혀도 등"(「사주」)인 것처럼 이런 주체들이 갖는 유린된 '신체성'도 그렇다. 이들이 공유하고 있는 결함은 '녹물로 범벅된 태엽'을 등허리에 꽂고 살아가도 이미 '정해진 운명 틀'에 갇혀 있는 형국이다. 또한 "누군가 앉았을 때 / 내가 있는 그대로 대한 사람이 / 한 명 늘어났다"(「일인식 식당」)는 진술에서처럼 우리는 동일한 한 가지 형태의 가면을 강요받고 있는 세계의 억압을 그대로 용인하며 살아가고 있다. 그러니 이것은 (너무도 반복해온 말이지만) 아무것도 결정할 권리가 없는 발화자들의 생태적 기후라 볼 수 있겠다.

가령 김은지의 시에서는 시적 화자가 옆 칸에서 혼자 밥을 먹는 여자를 존재감을 가늠해나가는 방식이 그렇다. '유추'-'관찰'-'무념'-'동일화'하는 화자의 정동 이동을 통해 종국에 화자가 발견한 것은 이름 없이 무늬로 남은 꽃과 같은(그래서 아무도 찾지도 않을) 모습이지 않은가. 그러니 '일인식 식당'이라는 특수 공간은 마치 관 속에서 식사를 하는 듯 죽음과 생존이 부딪히는 지금 여기의 실재성이다. 그리고 나 또한 익명의 가면을 쓰고, 누군가에 의해 '유추'-'관찰'-'무념'-'동일화'의 과정으로 처분될 것이라는 것을 시적 화자는 이미 알고 있다. 그러므로 여기서의 나와 타자("여자")는 동일화가 될 수 있는 것이다. 서로의 가면을 주고받으면서 말이다.

김유미의 시도 다르지 않다. 앞뒤 없이 유린된 신체("토끼인형")가 가진 태엽은 감으면 감을수록 나를 바꾸는 것이 아니라 "풀리면 창문들이 춤을 추"게 하는 요소들이다. 그러므로 화자는 "토끼인형"의 신체성을 가면처럼 뒤집어쓰고, 수동적 삶을 유지하고 있는 비천한 처지를 드러내고 있는 것이다. 게다가 창문 밖은 "모래가 쏟아"지는 사막이 아닌가. 고음이 아니라 "저음"으로 대화가 아니라 "침묵"으로 화자의 행동을 저해하는 것은 물론이고, "여름의 나무 위에 눈꽃이 피어" 있는 것처럼 계절감마저도 뒤엉킨 파국이 이곳인 것이다. 그러니 화자는 "신발이 헐거워져서 오늘이 왜소해졌다"고 말해볼 수밖에 없지 않을까. 물론 여기서의 "신발", "토끼인형", "태엽", '사주' 등은 일상에서의 화자가 가면성을 드러내고 살아가는 모습의 또 다른 유사 기표들이다. "어느 쪽이 옳은 방향입니까?"라고 육성을 발설한다면 우리는 옳은 방향이란 없다고 말할 수밖에 없다. 그저 견디고 있는 수많은 방향들과 질문들만 있을 뿐, 무엇도 답이 될 수는 없는 노릇이기 때문이다.

    탁자에 놓인 잡지를 넘기다
    마음에 드는 옷과 가방을 발견한다
    그게 비록 작년의 간행물이라도
    우리가 결코 늦지 않았다면

    땅으로 떨어질 듯 피어난 나팔꽃을 보며 아내는 슬프다 말하고 난 예쁘다 말하며 걸을 때
    멈춰 서게 되거나 혹은 서둘러 집에 가고 싶은
    이 나란함을 자세히 볼 필요가 있다면

    주말 오후 바닥을 쓸고 있는
    아내의 손목에 노란 고무줄이 자꾸 생겨난다면
    언젠가 우리가 버린 내일을 주어다
    오늘을 고쳐 쓰고 있는 거라면
    피곤한 서로를 관두며 그러려니 하는 끄덕임으로 달력을 채워왔다면

여보, 우린 왜 이렇게 다를까

좋지도 싫지도 않은 표정 속 이름 없는 아기의 기저귀가 뭉개져 있으면

끝까지 하지 않는 말이 진짜라면

오래된 달력에서 토요일을 월요일로 착각하고 있다면

아내가 달력 있던 자리에

생활용품점에서 산 마네의 풀밭 위의 식사 액자를 걸어놓을 때

알뜰해졌네, 우아해 보인다!

그런 핀잔 속에서 가짜를 진짜처럼 믿고 있다면

너무 많은 진짜 속에선

모두 가짜로 보이듯

베란다 너머로 아파트 불빛이 하나둘 켜지고, 그들을 자세히 보기 위해 이제 불을 끄고 싶다면

문턱에 발을 찧고

코앞에 시차가 생길 때

우리의 띄어쓰기가

다음 줄거리를 기약하지 않아서

망원경을 선글라스처럼 쓰게 된다면

유행이 우리를 버리고 떠돌다

촌스러운 무늬로 사랑을 짓는

밤의 얼굴로 돌아오고 있다면

나타나는 일과 사라지는 일이 같아진

우리가 오래오래 꿈을 헤매다 얻은 지도를 펼쳐

밝은 낯으로 아침을 맞이하고 싶어서

아내와 내가 캄캄한 두 눈으로

수수께끼를 풀고 있다면

- 서윤후, 「망원경을 선글라스처럼 쓰고 다니면」 전문,

(『현대문학』 2016년 11월호)

    서윤후의 시는 앞서 언급한 시편들 보다 명징한 관계 연출하고 있다. 결혼한 지 얼마 되지 않은 두 남녀는 서로에 대해 권태를 느낀다. 물론 이들의 관계는 겉보기에 전혀 문제가 없어 보인다. 아니 없어 보인다기보다는 화자인 나의 입장에서 그것들은 대개 부부들이 흔히 겪는 권태기 정도에 지나지 않는다. 가령 "땅으로 떨어질 듯 피어난 나팔꽃을 보며 아내는 슬프다 말하고 난 예쁘다 말하며 걸을 때"처럼 같은 것을 보고 나와 아내는 전혀 다른 감흥과 정서감을 느끼고 있지만, 그것이 둘 사이의 생활을 전복할 정도의 '다름'이라고까지 느껴지지는 않는다. 다만 남자(나)로 하여금 '~한다면'과 같은 가정법 진술구를 불러오게 할 뿐이다. 그러나 이렇게 화자의 발화 질감이 달라지는 것은, 아무런 문제 없는 것이 아니라 아주 커다란 문제가 내재되어 있다는 반증이다.

    가령 "우리가 결코 늦지 않았다면", "이 나란함을 자세히 볼 필요가 있다면", "언젠가 우리가 버린 내일을 주어다 / 오늘을 고쳐 쓰고 있는 거라면", "가짜를 진짜처럼 믿고 있다면"과 같은 언술 속에 가정된 미래들

을 예측해보아도 그럴 것이다. 만남의 지속을 의미한다기보다는 이미 화자로 하여금 마무리된 마음의 면면들을 드러내고 있는 가정들이다. 다시 말해, 서로의 사랑이 온전했을 때에는 전혀 문제가 되지 않는 상황들이라도 일단 관계의 균열이 시작되면 작은 갈등이나 부딪힘 그 전부가 서로에게 문제시 되는 것이다. 그러니 '~한다면'과 같은 가정법 진술구은 그런 균열된 정서를 드러내는 언표라 할 수 있다.

화자는 이미 아내와의 만남을 유지하는 동안 유행을 식별할 수 있는 안목("마음에 드는 옷과 가방을 발견 한다 / 그게 비록 작년의 간행물이라도")과 시간적 여유를 잃었고, "좋지도 싫지도 않은 표정"을 하고 미래의 "이름 없는 아기의 기저귀" 따위나 걱정하게 되는 이 생활의 빡빡함을 견뎌내기가 좀처럼 힘든 상태다. 아내도 마찬가지다. (물론 그것이 화자의 시선을 통해 관찰·기술된 묘사라 할지라도) "주말 오후 바다를 쓸고 있는 / 아내의 손목에 노란 고무줄이 자꾸 생겨난다"는 식의 누추함이나 "달력 있던 자리에 / 생활용품점에서 산 마네의 풀밭 위의 식사 액자를 걸어놓"으며 "알뜰해졌네, 우아해 보인다!"와 같은 부조리한 말들만 늘어놓는 일상을 아내의 입장에서도 택하고 싶지 않았을 것이다. 그러나 그들은 "피곤한 서로를 관두며 그러려니 하는 *끄덕임*으로 달력을 채워"나갔고, 지독한 문제가 있으나 전혀 문제가 없어 보이는 "(촌스러운) 무늬"를 가진 채로, 그렇게 감정을 유예해 온 셈이다. 그러니 이들 또한 서로에게 부여된 역할들을 각자가 수행할 수 있는 수준에서, 서로에게 가면을 씌우고 살아왔던 것이다. 마치 결혼 생활이라는 역할극을 하면서 말이다.

여기서 서로에게 '부여하고 있는 가면'은 "여보, 우린 왜 이렇게 다를까" 이후에 말문을 막아버리는 억압의 기제로 작용한다. 표면상 드러난 문제들을 더 깊이 있게 접근하지 못하고 적당히 미끄러뜨리거나 유보하면서, "너무 많은 진짜 속에"서 "모두 가짜로 보이"는 삶을 지속하고 있는 것이다. 그간 아내와 살아왔던 이 삶은 화자가 직접 나날이 겪고 있던 진짜들이 분명한데, 사실 이 모든 것이 가짜라고 느껴진다면 시적 화자는 과연 이제 어떤 결정을 해야겠는가. 「가면의 숲」에서 시적 화자가 다다를 수 없는 상흔의 시원과의 접촉을 도모했다면, 「망원경을 선글라스처럼 쓰고 다니면」에서의 화자는 어떤 결정도 내리지 않는다. "베란다 너머로 아파트 불빛"으로 압축되는 바깥 풍경("그들을 자세히 보기 위해")을 견지하기 위해 스스로의 불을 끄고 생각에 잠기는 섬약한 행동태만 내비칠 뿐이다. 제 안의 불을 껐을 때 생기는 "시차"를 감지하듯, 가면을 쓴 부부의 삶을 좀 더 바깥에서 넓게 바라보기 위해 상념에 잠기는 것이다. 그렇게 감은 눈으로 스스로나 서로를 읽어보려 하면 할수록 이들에게 남은 것은 "오래오래 꿈을 헤매다 얻은 지도"이거나 변함없이 지속되는 서로 간의 "수수께끼"들 뿐이다. 그러니 이 시의 화자 또한 종국에는 '선택'하고 결정한 것이 아니라, 지금 화자가 처한 이곳에서 '질문'한 채 유예하기만 한 권태로움이 아니겠는가.

라캉은 일찍이 주체와 타자 사이에 존재하는 '보이는 나'로써의 '가면성'을 논하면서 실존과 구별하여 외존에 대해 논한 바가 있다. 들뢰즈에 와서는 이를 "반복"의 개념으로 설명하는데, 가령 위장으로써 자신의 정체성을 구성해가는 반복적 충동이 주체와 타자 사이에 주체가 삼는 가면성이다. 그러니 가면은 상징계의 기호도 실재의 기호도 아닌 그 중간에 놓여 있는 기호 표현인 셈이다. 우리는 우리 안에 내재된 가면성을 통해 타자에게로 자아의 정체성을 전이시키고, 다시 역-전이를 통해 자기 안에 결여된 부분과 (무)의식적으로 촉발된 자아의 면면들을 되찾는 도구로 삼기도 한다. 아마도 시는 이 가면성을 모두 부정하는 가운데 실재와 상징 사이, 주체와 타자 사이에 잠시 흔들리고 있었을 잔영 같은 것이 또 아닐까. 때문에 시의 정동이 대상을 관장하거나 어떤 새로운 세계를 열 수 있다는 믿음으로 서는 것이 아니라, 우리는 수없이 당면하고 있는 결정들을 유예하면서, 타자(들)에게 그것을 미루면서 또 여기서 이상한 부채감마저 감내하면서, 지금 여기를 기록하고 있는 것이다.

그렇다. 나는 가면을 쓰고 산다. 이제 그 가면이 당신 얼굴처럼 부드럽게 느껴져 자꾸 내 얼굴을 만져보는 것이다.

3부

안녕, 나의 페르소나

말놀이 ⊂ 말
: 오은의 시

    종종 우리는 단어와 시인을 연관시키려는 시도를 한다. 어떤 시를 읽고 그 시가 우리에게 오래도록 남아 있다는 것은, 시인이 직관을 통해 장악한 단어가 이미 우리의 사고 속에서 새로운 의미역으로 출현하고 있다는 증거다. 이를테면 '김춘수'하면 꽃이 떠오르고 꽃을 떠올리면 꽃이라는 의미의 활용 끝에 김춘수가 노래한 「꽃」이 놓여 있게 된다. 이 뿐만이 아니다. 채호기는 '게이', 황병승은 '여장남자'라는 주체가 떠오르고, 송찬호는 '동백', 남진우는 '책'이라는 대상이, 김선우는 '몸'이라는 공간이, 김영승은 '반성'이라는 사유구조가 떠오른다. 이들 모두 그 의도와 상관없이 우리가 사용하는 일상어를 시인만의 언어로 장악함으로써 우리에게 새로운 의미역을 만들어준 시인들이다. 빤한 이야기겠지만, 시인이 자신의 언어에 대한 소유욕을 갖고 그것을 스스로의 미적 기준에 준거하여 시를 생산하는 일은 분명 그 자체로 아름답다. 하지만 독자 입장으로 돌아가 보자. 우리가 어떤 단어를 떠올리고 그 의미의 끝에 시인의 자리를 마련해둔다는 것은, 다시 말해 우리가 떠올린 기표가 다른 누군가의 기의를 품고 우리의 언어체계를 구속하고 있다는 것은 어쩌면 폭력이 아닌가. 그렇다면 지금 여기, 우리에게 남아 있는 시라는 것은 독자에게 일방적인 폭력을 가하면서 소통의 가능성과 난해함을 함께 안겨주는 의미역일지도 모른다. 시인이 얼마나 기의를 독자적으로 장악했으며, 소통의 가능성을 또 얼마나 적당히 열어놓았느냐가, 우리가 단어로써 시인을 기억하게 하는 지표일 것이다.

하지만 단어가 아니라 말 자체로 기억되는 시인이 있다면 그것이 가능할까. 단어와 단어가 내포하고 있는 상징적 주체거나, 대상이거나, 공간이거나, 사유구조가 아니라 단어의 다발들로 기억이 되는 시인의 출현을 우리는 어떻게 설명해야 할까. 말 자체와 말의 운용(말놀이) 방식, 혹은 우리말이 가진 자율성을 바탕으로 해서 단어들의 증폭과 가감의 미를 통해 스타일을 창출해 내는 시인이 있다면, 그를 기억하기 위한 단어는 '말'이어야 하는가. 아니면 그가 쏟아낸 편편들이 가진 말의 운용 방식이어야 하는가. 달리 말하면, '말'과 '말놀이' 중에서 시인을 시로 견인해가는 내재된 에너지는 어디에 있는 것일까. 혹은 이중에서 독자를 시의 매력으로 빠져들게 하는 그 가능성은 어디에 있는 것일까.

2009년 오은의 첫 시집 『호텔 타셀의 돼지들』은 전면적인 말놀이의 형식을 껴입고 출현했다. 이토록 전위적으로 말놀이 자체에 집중하여 시집을 구성한 시인을 우리는 경험한 바가 없었기 때문에 그는 등장과 함께 우리가 이미 가지고 있던 '말'과 '말놀이'의 의미역을 구속했다. 어떤 이들은 오은의 첫 시집에 부쳐, 일상의 언어체계를 흔드는 말놀이 방식에 주목하여 기의에서 기표들이 미끄러지는 방식을 고찰했다. 어떤 이는 말의 혼잡함 속에서 자아의 최소한과 '지금 여기'의 흔들림 사이를 포착해냈다. 또 어떤 이들은 아이들의 문법 속에서 실행되는 말놀이의 가능성을 되짚으며 유희성 바깥에 놓인 억압과 감시, 경향과 스타일에 대해 주목했다. 모두 오은의 말놀이가 가진 유희나 명랑 경쾌함의 형식을 통해 그 안팎에 놓여있는 다른 질문들을 소환해가는 방식들로 오은을 읽었다.

오은의 시작 방법은 그 형식상 언어의 규율을 무너뜨리고 자유롭게 기표들을 연쇄, 대립시키면서 새로운 정황들을 불러오거나 새로운 질문과 가라앉은 문제의식을 길어오는 방식을 택한다. 하지만 그의 시를 읽는 과정에서 이러한 말놀이의 형식을 '경유지'로 삼아야 한다는 것은 꽤나 불편한 일이다. 말놀이는 시인의 형식적 선택이지 그의 시를 구성하는 필연이 아니다. 혹여나 그런 필연을 요구하고 기대하는 독자가 있다면, 그것은 시인의 자율성을 무너트리는 일이고 고립시키는 일이다.

다시, '말'과 '말놀이'에 관해 생각해 보자. 우리는 시인이 민감하게 반응한 말의 각 편들과 말의 행로와 그 내연에 주목해야 하는가, 아니면 말놀이를 경유지 삼아 즐겁게 튀어 오르는 놀이의 파편들 그 외연에 주목해야 하는가. 이런 이분법에 답을 찾는 것은 진부한 일일 테지만, 전자, '말'에 대해 주목해 보려는 시도는 그간 한쪽으로 경도된 오은 읽기의 다른 활로를 마련할 수 있다고 생각한다. 또한 오은의 시 읽기를 풍요롭게 하는 일이 되리라 믿는다.

익은 감자를 깨물고 너는 혀를 내밀었다 여기가 화장실이었다면 좋겠다는 표정이었다 바로 지금이었다 나는 아무도 듣길 원치 않는 비밀을 발설해버렸다 너의 시선이 분산되고 있었다 나에게로 천장으로 스르르 바깥으

로

　　방사능이 누설되고 있었다 너의 눈빛을 기억할 시간이 얼마 남지 않았다 너는 여기가 바로 화장실이라는 듯, 바지를 내리고 시원하게 노폐물을 배설했다 노폐물은 아무런 폐도 끼치지 않지 너의 용기에 힘껏 박수라도 치고 싶었다
　　이 모든 일이 내년의 첫째 날에 일어났다 그날은 종일 눈이 내렸다 소문처럼 온 동네를 반나절 만에 휩싸버렸다 문득 폐가 아파와 감자를 삶기 시작했다 여기가 화장실이 아닐지도 모른다고 생각하니 말이 더 마려웠다

-「설」 전문

　「설」은 여러 기의를 품고 떠도는 '설'들로 가득하다. 우리가 경험했던 오은의 시편들이 그러했듯이 「설」 또한 미끄러지는 기표들의 조직으로 시인은 하나의 '가설'을 제시한다. 우선 제목과 본문을 한 번에 읽어보자. 시적 화자는 "「설」익은 감자를 깨물고" 불편한 이물감을 호소하는 "너"를 관찰을 하고 있다. 여기서 너는 다 익지 않은 감자의 이물감에 대해 "혀를 내미"는 행동을 취한다. 화자는 그 모습에서 "여기가 화장실이었다면 좋겠다는 표정"을 읽는다. 이것은 일종의 계산된 오해다. 왜 굳이 화자가 읽어낸 표정이 화장실을 가고 싶은 표정이어야 했겠는가? 설익은 감자의 '설다'와 혀를 내미는 행위에서의 혀(舌)라는 대상과 배설(排泄) 행위가 있는 화장실의 공간은, '설'이라는 기표 안에서 하나의 다발이 된다. 뒤이어, "아무도 듣길 원치 않는 비밀을 발설해버렸다"의 발설(發說), 방사능의 누설(漏泄), 노폐물의 배설(排泄), 내년의 첫째 날

이 의미하는 설, 그날에 내렸다는 눈이 의미하는 설(雪)까지. 이 시에서 설은 고유어와 한자어, 독음과 뜻말을 오고 가면서 여러 범위에서 다양하게 돋아나고 있다.

　이와 같은 외적 특징은 오은 시를 읽는 즐거움의 한 궤도이다. 시인이 택한 날렵한 언어들의 운용방식은 그 말놀이 속에서 호출된 독자를 쉽게 매료시키고 있지만, 한 편으로는 말놀이라는 소란 자체로 그들을 다시 배회시키고 지연토록 하고 있다. 물론 이 또한 그의 시가 열어놓은 매력일 테지만, 그 보다 시인이 말의 현상들을 수렴하여 전시해놓은 방식을 가만히 살펴보면 우리는 해결되지 않는 질문과 마주하게 된다. 그토록 매력적인 말들의 자율성을 경험하는 대신에 질문의 이유와 그 몫을 잊거나 잃을 수도 있다는 것이다.

　그렇다면 다시 여기 화장실과 설익은 감자, 나와 너의 관계가 있다. 때는 눈이 오는 미래의 설날("내년의 첫째 날"). 종일 눈이 내렸고, 온 동네는 반나절 만에 눈으로 뒤덮였다. 그리고 방사능이 누설되고 있다. 방사능은 우리에게 노폐물을 주고, 우리는 쌓여가는 그것들을 배설하고 싶다. 아무래도 우리에게 "노폐물"은 '노(No)-'폐물(廢物)'이 아니라, "폐를 끼치"는 방식으로 여기 있고, 우리는 칼륨이 풍부한 감자 따위를 삶아 먹으면서 이곳을 견딘다. 칼륨이 우리 몸에 기생하는 그 유해물질들을 분해해 줄 것만 같지만 너와 나 사이에서 분해되는 것은 "너의 시선"이다. 나를 바라보고 있던 너의 시선이 분산된다. 모두, 다 익지 않는 감자의 이물감 때문이다. 여기서 등장한 화장실의 역할이란, 감자(해독)가 너와 나의 관계 속에서 반응한 방식인 동시에, 들어오는 것과 나가는 것의 위치, 쌓여있던 것과 배출하려는 욕망의 위치, 너와 나의 위치를 교환하는 장치를 자처한다. 화장실은 배설의 공간이자 발설의 공간, 치환의 공간인 것이다. 여기서 시적 화자가 세계를 인식하는 방식 또한 흥미롭다. 세계는 방사능이 유출되고 몸속에 무언가 쌓여있어 그 어떤 울분을 토해내야만 하고, 해독해야만 하는 사태다. 그러나 그들의 유토피아는 고작 화장실에서의 배설이고, 감자를 먹는 행위를 통한 해독이다. "여기가 화장실이 아닐지도 모른다고 생각해"는 시적 화자의 인식마저도, 헤어 나올 수 없는 불협의 세계와 그곳을 배설하는 세계를 같은 공간으로 확보하고 있다.

이쯤 되면 "말이 더 마려웠다"는 말은 달리 보인다. 바지를 내리고 시원하게 자신의 울분을 배출해 내는 너의 윤리성과 "바로 지금이었다"고 현시의 사태를 민감하게 반응하는 시인의 촉수와 "나는 아무도 듣길 원치 않는 비밀을 발설"하겠다는 시적 화자의 선언도, 말놀이 이상의 윤리관으로 무거워지는 것이다. 시적 화자는 제 안에 쌓인 울분을 분출하려고 애쓰며 화가 쌓인 폐는 자꾸 더 아프다. 그리고 이곳은 방사능의 누설로 상징된 위험한 공간이다. 보이지 않는데 우리에게 차곡차곡 쌓여 우리를 변이시킬지도 모르는 '사방의 적들이 퍼진 세계'인 것이다. 여기서 시적 화자는 선언한다. 이곳에서 말을 하겠다, 이곳의 비밀을 발설하겠다고, 시인의 미래의 언어로써 가설과 의지를 세운다. 우리는 그 의지를 「설」의 능청스러움 뒤에서 엿보아야 할 것이다.

물론 오은의 시는 굳이 '의도'를 찾아야하는 시라기 보다는 '질문'을 찾아야하는 시이기에 이런 접근이 수고로울 수 있다. 그러나 다른 시편들 속에서도 말놀이보다 의도가 승하는 세계인식의 양태를 자주 엿볼 수 있다. 그런 관점에서 「팀」이 그렇다. 이 시는 종전까지 우리가 경험한 오은의 시보다는 말놀이의 자율성이 어느 정도 배제된 것으로 보인다. "일 분 안에 달아올랐다가 / 일 초 만에 등을 돌린다"는 구절로 세계를 환기시키는 시적 화자는 이 세계가 공동체는 없고 공동체라는 거짓 이름의 개인들로 이루어져 있다고 진술한다. 공든 탑이 일순간 한꺼번에 무너지는 것이 아니다. 시인이 상정한 '일 분'이라는 최소 시간 안에 우리는 모이고 모이자마자 흩어진다. 사실 이와 같은 모습은 "국기가 올라가고 / 국가가 울려 퍼진다"는 진술로 보아 스포츠 경기 일부 장면이라고 추측된다. 하지만 누구도 이런 진술을 장면과 교환해가며 읽으려고 하지 않을 것이다. 이를테면 시 곳곳에 포진되어 있는 큰 어휘들, "일분 일초가 아쉬운 역사"라거나 또 "아득한 역사"라거나 "중심", "국기"와 "국가"의 말놀이 같은 것들이 우리를 시적 정황에서 해방시키기 때문이다. 다시 말해 말놀이의 수준에서 정황을 극복하는 것이 아니라 기의들의 종합된 느낌 속에서 시적 화자가 닿으려고 하는 곳을 유추하도록 하는 것이다.

"눈 밖에 나지 않기 위해서 / 눈빛은 언제나 강렬해야 한다"는 팀의 윤리는 현실의 윤리의 다름아니다. 팀 속에서 팀이 이기기 위해 발버둥 치지만 결국 나의 안위를 먼저 생각하는 구성원은 '순간의 공동체'의 구성원일 뿐이며, 우리는 그렇게 한 쪽에서 경쟁과 또 한 쪽에서는 투쟁을 위해 뛰어다녔고, 지쳤고 "침을 뱉"었다. 때문에 그런 소란의 결과 "굳은살처럼 단단"하게 사이가 좋아졌다. 어쩌면 지금은 어느 책의 한 페이지에 역사적 사건으로만 기록되고, 열거되고 있을 이념 시대 삶의 모습은 그곳의 '아득함'과 '아쉬움'만 남긴 채 사라져버렸다. 그러니 여기서 그곳을 호출할 때에는 "영원히 순간만 있을 뿐이다." 현재 민중이라는 말이 과거의 민중이 아니듯이, 역사란 스포츠처럼 한쪽이 이기고 지는 일에 따라 단순히 재편성되고 유지되는 것이 또한 아니었듯이, 시적 화자가 그렇다. 화자는 개인만 남아 있는 현시를 뒤집어 보겠다는 것이다. 그리고 시인은 말의 유영을 통해 그것들을 냉소와 위트 속에서 관망하며 「팀」에서 말놀이의 소임을 다한다. 우리가 얻어낸 풀뿌리 민주주의를 다시 "뿔뿔이 민주주의"라고, 선언을 통해 세계를 재편성한다.

소년 한스는 청년 한스가 되어 있었습니다. 아빠를 아빠라고 부르지 못했습니다. 잠자리에서 이불을 덮어 주거나 머리를 쓰다듬어 주는 사람도 없었습니다. 속옷만 입고 집 안을 돌아다니는 것도 금지되었습니다. 롤리팝 대신 면도기가 주어졌습니다. 시침이 미동할 때마다 불결한 단어들이 떠올랐습니다. 두루마리 휴지처럼 살갗을 벗으며 방바닥을 굴러다녔습니다. 아버지, 아버지, 발음 연습을 할 때마다 온몸이 근질거렸습니다. 털이 구불구불 우거지는 소리가 들렸습니다. // 청년 한스는 생각이라는 것을 해 보았습니다. 어른이 되면 저절로 권리장전에 이름이 올라갈까요. 권리를 장전하고 발사한 총알은 과연 어디로 날아갈까요.

(중략)

한스는 어떤 현상이나 경향이 되고 싶었습니다. 스타일이나 수수께끼로 남고 싶었습니다. 그러나 언제나 구굿셈과 맞춤법이 문제였습니다.

- 「한스」 부분

  우리에게 억압은 어떤 방식으로 작동했는가. 오은은 첫 시집 『호텔 타셀의 돼지들』에서 빈번하게 아이 주체를 등장시켜 물음을 만든다. 그러나 아이가 던진 물음의 경향성보다 물음에게로 찾아가는 길목에서 번뜩번뜩 솟아나는 억압의 지형도를 관찰하는 일이 어떨 때는 더 흥미롭다. 아이의 세계와 기성의 세계를 이분법으로 나누고 그 속에서 아이의 문법이 어른들의 세계를 뒤흔들고 기성 속에 가려진 실재를 엿보게 하는 방식의 시란 오은 고유의 영역은 아니다. 어쩌면 오은의 말놀이 특징과 재치, 쉴 새 없이 빠르게 그리고 다양하게 증폭하는 말의 행로를 보여주는 절창은 「0.5」와 같은 시일 것이다. 0.5의 다양한 존재론을 통해 말의 자율성이 수단이 아니라 목적이 될 수 있다는 가능성을 열어 놓은 '스타일'이다. 하지만 왜 그러한 스타일을 시인이 고수했는지, 말의 억압은 어떻게 발생했는지 그 근원을 밝히는 일 또한 필요하다.

  우선 이 시에 등장하는 소년 한스는 시 속에 나타나있는 언술로 보아(시집에 있는 대부분의 소년 화자들의 모습에서 유추하더라도) 진지한 소년이거나 조숙한 아이로 보인다. 조숙한 소년이 청년이 되었을 때, 청년 한스는 소년 한스와 상이하다. 기성의 세계에게 어른처럼 굴고 진지하게 할 말이 분명 있었지만, 한스는 소년이었을 때 "잠자리에서 이불을 덮어주거나 머리를 쓰다듬어 주"기를 바랐다. 할 말이 있었던 대신에 "속옷만 입고 집안을 돌아다니는" 소란스러움과 제 살을 보여주는 것으로 제 속말을 대신했다. 또 아빠, 아빠 가볍게. 아버지보다 이야기(말)를 들어줄 아빠가 필요했다. 하지만 그 모든 것이 소년 한스에게는 금지되었다. 청년 한스에게 이전된 시적 정서는 "시침이 미동할 때마다 불결한 단어들이 떠"오른다거나 롤리팝 사탕 대신 털을 제거해야할 면도기가 주어진다거나 하는 등 억압 밖에 남아 있는 것이 없다. 그러니 조로한 아이 한스는 말하고 싶은 것이다. 이제 청년 한스가 아니라 그저 남들보다 몸집이 큰 소년 한스가 되어서. 하지만 그럴 수 없다. "아버지, 아버지"하고 발음 연습을 강요당해야 하고, 제 몸에 "털이 구불구불 우거지는 소리를" 들어야 한다. 살갗을 비집고 돋는 그 털 때문이라도 시적 화자는 온몸이 가렵고 '말'이 가려운 것이다. 때문에 내던진 두루마리 휴지도 제 살과 제 몸을 풀어헤치는 것으로 화자는 인지하게 되고, 또 그렇게 생각도 풀어헤쳐야겠다는 의지가 수반되게 된다. 하지만 청년 한스로 호명되는 한스가 해낸 생각은 "생각이라는 것"일 뿐 생각이 아니다. 태초에 한스가 품었던 생각이 아니라 생각이라는 '어떤 것'에서 나온 삐뚤어짐이다. 그리고 시적 화자의 말놀이가 시작된다. 여기서 부터가 말놀이의 시발점이다. "권리장전"을 '권리'와 '장전(裝塡)'으로 나눠 의미를 열어놓는 것으로.

 이처럼 시인이 말놀이를 택한 이유는 억압을 대응하는 방식으로 시작되었다. 그것은 종국에는 어떤 현상이나 경향이 되고 싶고, 스타일이나 수수께끼가 되고 싶어 한다. 그렇다면 여기에 '말놀이'를 붙여보자. '말놀이의 현상', '말놀이의 경향', '말놀이의 스타일', '말놀이 속 수수께끼'라고 시인이 억압을 대응했던 방식을 달리 불러보자. 그간 오은의 시적 특징이나, 오은의 시를 접근했던 방법과 유사하지 않는가. 즉 다시 말해, 오은의 언어는 말놀이 자체가 아니다. 시인이 세계를 견디는 방식인 것이다. 억압이 없을 때 현상과 경향이 없고, 그의 스타일이나 그에 대한 궁금증도 없다. 그러니 '말놀이'도 없다. 대신에 '말놀이'보다 '말'이 먼저 있다. 억압 속에 말하고 싶은 소년 한스의 최초의 말. 우리는 그 말을 듣기 위해 오은의 언어를 경험한다.

이제 처음 질문으로 돌아가 보자. 오은이 걸어가고 이루어 놓은 "도약"(「스프링」)은 오은을 기억하는 "스타일"(「한스」)일 수 있다. 물론 여기서 오은의 스타일은 말놀이다. 어떤 시인들이 단어를 장악하여 우리의 언어 체계의 의미역을 점유했듯이 오은은 다채로운 '말'로 우리가 구사하는 일상어의 의미역을 장악한다. 이제는 오은의 '말'을 시와 시인, 시어와 직관이 대립하는 하나의 방식으로 기억해야겠다. 이미지 하면 어떤 선배 시인이 생각나듯이, 묘사하면 다른 선배 시인이 생각나듯이, 또 느낌이라 하면 선배 시인의 타자와 자아 사이의 거리가 생각나듯이……. '말'이라하면('말놀이'가 아니라) 오은이 먼저 생각나야겠다. 바로 이 지점에서부터 오은의 '말놀이'는 '말'과 '놀이'로 떨어진다.

다시 우리는 시인이 수수께끼로 만들어 놓은 문법을 엿본다. 그곳은 '여백'에서 비롯되었고 '여백'이라는 가득 차 있는 억압에서 도약되었다. 시인이 구속한 말과 우리를 구속해가는 시와 시인. 그 구속이 이곳에서 아름다울 수 있는 이유는, 구속이되 자유롭고 구속이되 이채롭고 구속이되 이곳이 아닌 저곳으로 우리를 견인해가기 때문이다. 그런 이유로 우리는 지금껏 보아온 오은보다 앞으로 즐거워할 또 무거워질 오은의 언어를 늘 기다리고 싶다.

여백에서 시작한다 // 이 방에는 이미 많은 글자들이 있으므로 / 글자 그대로 / 존재하는 것이 거의 없으므로 / 규칙은 견고하고 / 불규칙은 물결

치므로 / 그 틈을 비집고 / 새삼스러운 문장이 튀어나올 때 / 이 방이 조금 아름다워진다 / 이 방이 조금 이채로워진다 / 이 방이 이방(異邦)에 가까워진다 // 비로소

- 「문법」 부분

제로에서 함기석 찾기

: 함기석의 시

　시가 명쾌하고 명료하게 읽힌다는 것은 어떤 의미일까. 혹은 상투적으로 읽힌다는 것은 어떤 의미일까. 우리가 잘 알고 있는 방식으로 재현된 세계, 개성보다는 이미 완료된 미감에 따라 형상화된 형식, 또는 구절에서 느껴지는 오래된 수사적 질서들까지. 우리는 그런 시편들을 흔히 '서정'이라는 규약 아래 가둔다. 체험이나 자기 고백, 혹은 자기 반영성이나 정황에 대한 핍진성 같은 것들이 이런 시편들의 덕목이라 할 수 있는데, 이미 교육된 아름다움을 이미 예정된 절차에 따라 받아들이는 방식으로 우리는 서정시를 읽는다. 그렇다면 그와 정반대의 경우를 생각해 보는 건 어떨까. 서정과 반'反'서정, 탈서정, 다른 서정에 대한 논의를 굳이 더 할 필요는 없겠으나 '서정'이라는 다소 당대적이고 정치적 수사에 대한 재고와 물음에 대해, 끊임없이 시와 자신의 시론으로 의심하고 전복하려는 시인이 있다. 함기석에 대한 이야기다.

　함기석의 시가 우리에게 늘 낯섦으로 다가온다는 것은 이미 잘 알려진 사실이다. 시가 언어를 사용하는 예술이라는 것에 질서화된 독자라면, 그의 시는 충격을 일으키기에 충분하다. 시가 언어'만' 사용하는 예술이라는 폭력 앞에서 저항하고 있기 때문이다. 함기석의 시는 우리가 합의하고 있는 시를 부정하는 가운데에서 시작하고 있기 때문에, 그곳에서 의미화된 부분이 명확히 무엇인지 분간해 내기란 여간 어려운 일이 아니다. 가령 언어로 표상할 수 없는 언어 바깥에 처해있는 모든 사태들, 우리가 쉽게 재현이나 형상화해 낼 수 없는 뜻밖에 어떤 장소들을 함기석의 시는 관념으로 고찰되기 이전의 상태로 되돌리기 위해 복무한다. 그림, 타이포그래피, 미로, 도식, 도면, 사진, 만화, 악보, 음악, 음가, 수학 등등 메타적 기호 체계가 함기석 시에서 자주 등장하는 것도 이와 같은 저항의 증거이기도 하다. 그러니 그의 시는 언어로 조탁되는 수사에 빚진 부분이 거의 없으며, 수사로는 보장될 수 없는 질서 바깥의 어떤 미지의 세계를 향해 봉인 풀기 작업을 끊임없이 시도한다. 의미를 최대한 제거하는 가운데에 다시 함기석이라는 '1인 문법자', '1인 문화권자'의 의미를 건축하는 셈이다. 물론 그런 저항의 정신이 토대를 이루고 있기 때문에, 아니 어쩌면 그런 당연한 시인의 권리와 복무를 너무도 낯설게 바라보고 있는 우리의 통념들 때문에 함기석의 시를 저항이라고 진단하는 우를 범하고 있는 것일지도 모른다. 그래서일까. 함기석의 시가 가지고 있는 볼륨감보다 함기석의 시를 이해하는, 혹은 독해하는 방식의 다양성은 터무니없이 부족하다. 그의 시에 접근하는 방법 또한 천편일률적이다. 대문자 시 'Poetry'의 모든 관습들로부터 탈출을 시도하려는 시를 읽어내는 방식 자체가, 오히려 관습적으로 굳어버렸다는 것은 참 아이러니한 일이지만, 그것은 아마도 함기석이 딛고 있는 한국 시단의 고질적인 무능이기도 할 것이고, 그렇게 표현해 낼 수밖에 비평의 무능이기도 할 것이다. 물론 나 또한 그 무능에 최대한 가까이 가서 함기석 시를 이해하는 '포기하는 독서'를 즐겨왔다. 함기석 시 세계의 화려한 수사와 찬사에 대한 적당한 의구심과 좀처럼 이해하기 힘든 부분들을 각 편보다는 시집 단위로 묶어 읽어 이해하면서, 함기석의 시를 아주, 적당히, 잘, 이해하고 있다는 착각 속에 있는 독자 중 하나였다.

예컨대 함기석의 시를 수사하는 말들을 묶어 나열해 보자. 초현실, 모험, 교란, 착란, 기호, 무의식, 메타, 무한, 제로, 공백, 이상, 탈문법, 탈주체, 주체 분열, 주체 소멸, 비대상성, 비인칭, 무, 비, 무정형, 무시간, 무장소, 가상성, 결핍, 과잉, 무의식, 지연, 유예, 해체, 전복, 실험, 파괴, 당혹, 난해, 복잡, 환상, 포로, 놀이, 배제, 자율, 해방, 해소, 개혁, 혁명, 미지, 열림 등등 아마도 한국의 모더니즘 시를 수사하는 여러 어휘들 중 함기석의 시와 조우하지 않은 단어들이 없었을 것이다. 아니 그런 단어가 있다면, 앞으로 함기석의 시를 수사할 수 있는 가능성 앞에 놓여 있는 단어들이라 할 수 있다. 그렇다면 이건 무슨 의미일까. "21세기 들어 새롭다는 평가를 받는 시인 치고 함기석을 딛고 가지 않은 시인이"(『뽈랑공원』 뒤표지 글) 있겠냐고 평했던 김혜순의 말처럼, 혹은 20세기 시인 이상의 계보 아래서 함기석의 시를 이해하려고 했던 함돈균의 평처럼. 한국 시의 최선봉에서 한국의 현대시를 갱신하는 가장 고통스러운 자리에 함기석이 있다는 사실을 부정하기가 힘들다. 다시 말해, 함기석이 가공해 내는 전위는 이상이 그러했던 것처럼 한국시를 다시 쓰는 관점에서 이해되어야만 함기석의 시 세계를 겨우 유추해 낼 수 있다. 그런 불가능할 것만 같은 위치에서 그는 시를 시작하고 자신만의 시를 밀고 나가고 있기 때문이다. 그런데 뭔가 개운치가 않다. 이렇게 생각하고, 이렇게 언어화하고 나면 다시 함기석의 시를 에둘러 설명하고, 에둘러 찬사하는 말에 덧붙임밖에 되지 않으니 말이다.

그럼 함기석의 출간한 시집들에 대해서도 다시금 생각해 볼 필요가 있겠다. 첫 시집 『국어선생님은 달팽이』에서는 "아무 생각 말고 따라해 봐!", "왜 대답을 않는 거지? 어서 말을 해봐!"(「산수시간」)하며 재촉하는 선생을 부정하기 위해 소년들은 "삼삼은 금붕어가 날고 싶은 하늘"이라는 공식을 만들어냈다. 선생이 행하는 억압과 질서에 응전하며, 교실에 갇혀 "삼삼"은 9 대신 "앵무새", "지하철", "구도 팔도 다리도 아닌" 그 무엇을 자유롭게 교환해 내기 위해서다. 이 소년들은 "썩어가는 제 언어와 정신에 불을 지르는"(「고유한 방화범」) 어떤 존재, 즉 시인이 되기를 희망했고, 아마도 시인 함기석의 실증적 주체는 선생도 소년도 아닌 그 어중간한 자리에서 가장 고통스러운 두리번거림을 경험해왔던 것 같다. 두 번째 시집 『착란의 돌』에서는 질서화된 어떤 것들을 그려내려고 하지 않으며, 이항대립적으로 시의 자리를 확보하려고도 하지 않는다. 시적 주체는 환상과 초현실을 실제 감각 체계 안에 들이면서 오직 그것으로만 세계를 감지한다. 때문에 이때부터 함기석의 언어는 우리가 아는 세계와 벽을 쌓는다. 한데 재밌는 지점은 함기석에게는 명징해 보이는 현상이 대다수에게는 체험이 되지 않고 '착란'이 된다는 것이다. 때문에 「착란의 돌」 연작시에서 '착란'은 우리가 겨우 함기석의 병증적 징후를 가늠해 볼 수 있는 통로였던 셈이다. 그러나 엄밀히 말해 그것은 병이 되지 않는다. "하늘은 온통 검은 소름으로 뒤덮여 있고 희디흰 공포가 허공을 날고"(「착란의 돌, 삶」)있지만 시인은 "그것이 자신의 운명임을 오래 전에 알았기에"(「끝없는 끝」) 인위를 통해 무위를 만들고 그 무위에서 안주하는 방식을 터득한다. "현실을 잡아먹는 초현실"(이승훈 『착란의 돌』 뒤표지 글)의 세계를 스스로 개봉하고 또 스스로 봉인시킨 셈이다. 세 번째 시집 『뽈랑 공원』에서는 함기석은 "상상하지 못한 수많은 것들을 보여주는"(「배꼽 파는 가게」) 상점 앞에 서 있었다. 배꼽이 없는 아이의 결핍이란 무엇일까. 존재 바깥에서 혹은 존재가 될 수 없는 그 너머에서, 일종의 허상으로 등장한 이 아이는 "함기석이라는 휴지통"(「뽈랑공원」) 사용법을 잘 알고 있다. 그리고 그 휴지통에서는 "석기함"을 만나 볼 수 있을 것이다. "석기함은 무엇인가?" "하나의 실체인지 유령인지 허깨비인지"(「석기함」) 모를 그 "석기함"은 물상일 수도 있고 장소일 수도 있고 정념일 수도 있다. 물론 시인 함기석 자신이거나 가상일 수도 있겠다. 여기서 주목해서 살펴볼 점은 시적 주체를 공 "ø"으로 만들어버린다는 것이다. 이미 주체를 소멸시키고 소멸된 가운데에서 언어 운용을 하고 있는지는 더 생각해 볼 문제이지만, 우선 소멸이 되는 과정을, 환상을 경유해서 드러낸다는 점에서는 이의를 제기하기가 힘들다. 네 번째 시집 『오렌지 기하학』은 또 어떠한가. 우선 이 시집에 묶인 시편들은 언어라는 구속에서 해방되어 있다. 수학적 배치나 수칙, 혹은 기하학적인 접근에 의해 언어에서부터 비언어의 영역까지 시가 확장되고 있으며, 그 간의 자주 등장했던 사건시, 정황시들이 그런 메타적 상황과 부딪히고 맞물려 '제로의 제국'을 건설하고 있다. 소리가 가지고 있는 음가의 차이나 수열이나 논리, 차원의 문제 등을 "제로가 발산하는 무한의 빛을 미분"(「제로 행성」)하며 발산한다. 그곳은 "없는 시인들이 없는 시를"(「없는 나라」) 쓰는 세계이며, 이곳에 시는 없으되 '없는 상태'로만 있는 이들은 "언어는 무엇일까?" 늘 질문하며 "맞다고 생각되는 요강에 오염하게 소변"(「언어는 무엇일까?」)을 보는 배설욕으로 충만해져 있다. 그 욕구로 인해 진정한 공의 세계에 들어선 시적 주체는 공과 무한으로 향하는 기표 체계를 보여주고 있다.

함기석은 앞선 네 권의 시집을 통해 첫 시집 '언어 억압'의 (대항하는) 세계에서, 두 번째 시집 '언어 초과'의 세계 즉 초현실의 세계로 발전되었고, 다시 '주체 소멸'의 (과정-상태를 전시하는) 세계를 지나 '언어 바깥'의 자율성(혹은 또 다른 구속)의 세계로 진입하였다. 물론 이런 독법이 특수한 것도 아니거니와 함기석의 시 세계를 정확히 이해하고 있다고 확신되지도 않는다. 시는 피상적이지 않는데 시를 읽는 독법은 피상적인 것이다. 어쩌면 그것은 할 말이 없는 시, 할 말을 멈추게 만드는 시일 수도 있겠다. 그리고 우리에게 다섯 번째 시집 『힐베르트 고양이 제로』가 도착했다. 그 간 함기석의 시에서 '함기석 찾기'는 파편화된 조각들로 제시된 주체는, 읽는 자의 자의적 독법에 의해 재구성되고 그에 따라 절충된 과정에서 가능했던 일이라면, 이번 시집에서는 시적 주체의 자리는 다소 편안한 자리(?)에 놓여 있는 듯 보인다. 그럼에도 불구하고 함기석의 시가 쉬워졌다거나 저항이나 전복, 전투 의지가 꺾인 것이라고 느껴지지 않는 이유는 일상을 그리고 있는데도, 이 일상의 틈입 속으로 진입하는 '다른 세계'의 면면들과 그 긴장 관계가 우리를 자주 멈추게 하기 때문이다. 어떤 편을 인용해도 상관이 없을 정도로 이번 시집에서 시적 주체는 (기존 함기석 시에 비해) 낱낱이 드러나 있다. 그리고 생활이 있다.

열쇠를 잃어버렸나 보다 개는
어두워오는 집 대문에 쪼그리고 앉아
눈을 맞고 있다
눈사람은 없고 눈사람이라는 소리만
버려진 고양이 모습으로 돌아다니는 복대동 골목

개는 오랫동안 고양이 눈을 쳐다보다가
빨간 방울넥타이를 앞발로 여미고는 컹컹 짖는다
다른 개들이 힐끔거리며 지나간다
모두 목에 황금색 열쇠를 걸고 있다
개들은 냉소와 비웃음소리 위로 차곡차곡 눈이 쌓인다

개는 코끝에 쌓이는 박꽃 눈을 핥아 본다
혀가 아리다
추운 겨울밤, 집은 없고
집이라는 낱말 속으로 들어가 잠들어야 한다는 거
그 열쇠마저 잃어버렸다는 거

눈사람이 온다
그도 신발을 잃어버렸나 보다
어두운 집 대문에 맨발로 서서 오랫동안 개를 바라본다
아무것도 가지지 못한
단 한 사람

- 「단 한 사람」 전문

　인용한 시를 보는 순간, 누군가는 이 시가 함기석의 시가 맞는지 먼저 의심을 할 수도 있겠다. 이 시에서는 주체의 분열이나 착란이 없고 메타적 기호도 없으며 언어를 구속하는 어떤 억압 기제나 그에 따른 상징적 정황 또한 명확히 형식화되지 않았다. 외견상 순한 서정시의 모습을 하고 있다. 게다가 시공간까지 명확히 제시되어 있지 않은가. 눈 오는 날 밤, "북대동 골목"으로 말이다. 하지만 세계는 이렇게도 어긋나 있다. 대문 앞에서 집으로 들어가지 못하는 개가 열쇠를 잃어버릴 턱이 없고 눈사람이 움직일 리가 없다. 눈사람에게 신발이 있을 일도 없고, 걸어다닐 일이나 걸어야할 이유 또한 없다. 찬찬히 시를 읽어보면 "개", "고양이", "눈사람"은 일종의 기호로 읽히는데 여기서의 기호들은 개나 고양이, 눈사람의 기의에서 한참은 벗어나 있다. 그러니까 이유를 정확히 유추할 수는 없겠으나 이 시의 주체는 누군가를 개나, 고양이, 눈사람이라 지칭하고 있는 것이다. 행위 주체들은 모두 '비인간'이되 의인화가 되지 않은 상태로 제시되고 있어서, 어떤 알레고리가 있는지 확실치도 않다. 다만 자의적 유추를 해보자면, 눈 오는 날 열쇠를 잃어버린 한 아이가 부모를 기다리는 장면 정도가 떠오른다. "개"에게 타자로 제시되는 "고양이"는 주변의 시선을 상징하는 대립적 이미지로 보이고, "눈 오는 소리"에 '시간'과 '작위적 제작'이 더 해지면 만들어지는 '눈사람'의 존재 또한 아이를 보살필 '어머니'로 인지가 충분히 가능할 듯하다. 그리고 시인에게 있어서 '시'라는 '1인의 모국어'란 '1인 문법자'가 갖는 어머니, 집, 안주, 안정의 공간과 같은 또 다른 상징이 아닌가. 그렇게 함기석은 "아무것도 가지지 못한 / 단 한 사람"이 되어가고 있는 것이다.

또는 이렇게 생각하면 어떨까. "집이라는 낱말 속으로 들어가 잠들어야 한다는" 구절처럼, 이곳에 동원된 모든 의미들은 의미 속으로 들어가 잠들어야 한다는 질서의 억압을 받고 있다. 한데 함기석의 다수의 시는 그런 의미의 집을 부수고 그 집은 허상이며 우리는 그런 기의에 강요당한 것이라고 말하고 있는 것이다. 그러니 집 앞에서 들어가지 못하는 개의 처지, 움직이지 않을 눈사람을 기다리는 모습은 우울하고 고통스러운 한 모더니스트의 자기반영적 알레고리가 아닐까. 그러니까 이 시에는 함기석이 있고, 함기석의 생활이 있고, 함기석의 사적 체험이 있다. 그 간의 시에서 함기석이라는 대의적 주체나 전투 중인 공적 주체가 강하게 노출되었다면, 이번 시집에서는 '사적 주체'의 함기석이 엿보이는 것이다. 때문에 나는 함기석의 전투 없는 이런 시가 너무나 전투적으로 느껴진다. 자기를 더 걸고 시작하는 싸움인 듯 보인다.

그렇다면 여기서 다시, 함기석 시에서 '함기석 찾기'가 과연 의미 있는 일일까. '찾기'라는 낱말에 반대는 함기석에게는 있어서는 '무한대'일 듯 싶다. 제로에서 '함기석 찾기'가 (불)가능하더라도 나는 그 찾기/무한대의 엑스터시에 여전히 매료되어 있는 중이다. 함기석을 찾았는가. 아니 찾지 못했다. 그러나 우리는 늘 찾는 중일 것이다.

미끄러지는 아브젝시옹
: 이장욱의 시

    요한복음 11장에 따르면, 예수가 무덤을 향해 "나사로야, 나오너라."라고 말하자 죽은 지 4일 만에 나사로는 부활한다. 나사로의 부활은 예수가 행한 기적 중에 예수 스스로가 부활한 것을 제외하고, 가장 큰 기적이라 회자되고 있다. 한데 여기서 의문스러운 점이 생긴다. 부활 이후 나사로의 삶은 어떠했을까. 루벤스나 램브란트, 살바토르 로사 등 여러 화가들에 의해 성화로 기록된 그림을 통해 유추해 보건대, 그 그림들 속에서 부활한 나사로의 몸은 핏기가 없는 채 하얗게 묘사되거나 부패한 듯 검은 얼룩들이 가득한 모습으로 그려지고 있다. 즉 부활해서 다시 삶을 얻었으나, 온몸이 문드러져 썩어있는 '비천한 몸'을 가지고 나사로는 부활했던 것이다. 소위 좀비의 모습처럼 말이다.
    그렇다면 좀비 같은 몸으로 되살아난 나사로의 이후의 삶은 어떠했을까. 예수처럼 부활 이후 천상으로 올라간 것도 아닐 텐데 말이다. 기적의 수혜를 받아 새 생명을 얻었지만, 그 흉물스러운 모습으로 살아가게 될 나사로를 생각해 보면 그것은 산 것도 죽은 것도 아닌 어떤 고통스러운 삶을 떠올릴 수밖에 없다. 다시 두 누이동생 마르다, 마리아와 근근이 살아가면서, 또 시체와 다름없는 흉물스러운 몸 때문에 주변의 배척을 당하면서, 억지로 그저 그렇게 살아갔을 것이다. 물론 다른 경우도 있다. 유진 오닐(Eugene O'Neil)은 『나사로가 웃었다 Lazarus Laughed』에서 부활 이후 나사로의 삶을 상상하기도 했는데, 그가 그리고 있는 나사로의 모습은 세상의 모든 권세 앞에서 담대해진 사람이었다. 가령, 부자가 되고 싶다는 욕망이나 돈의 유혹, 로마 티베리우스 황제 앞에 끌려가 자신의 신앙에 대해 추궁을 당할 때에도 나사로는 죽음 앞에서 쉽게 웃어버릴 수 있는 인간으로 형상화되고 있다. 물론 여기서 유진 오닐이 놓친 부분은 나사로의 부활된 몸이 좀비와 다름없었을지도 모른다는 점이다.

그렇다면, 부활한 나사로를 이렇게 종합해 보면 어떨까. 흉물스럽고 비천한 몸이되, 죽음도 두려워하지 않는 강인한 정신을 내장한 모습으로 말이다. 이렇게까지 나사로를 복원해 보고 나니, 흡사 부활한 나사로의 모습은 '지금 이곳'에서 시를 쓰고 있는 시인들의 모습과 별반 다를 바가 없는 것 같다. 난장이 일어난 온몸을 세계에 던지며, 우리가 망각하고 있는 세계에 대한 불편을 끊임없이 들춰내면서, 또 의심하면서, 평균치 이하의 행복감을 느끼며 살아가는 모습, 혹은 우리 대신 가혹하게 사유하며 세계와 대항하는 모습 등등은 성서의 기록 너머에서 복원된 나사로의 인물상과 크게 상이하지 않아 보인다.

작금에 이장욱 시에 대해 이야기하기 위해 너무 먼 길을 돌아서 온 걸지도 모르겠다. 앞선 세 권의 시집을 통해, 그간 이장욱 시는 "서정성과 비서정성, 친숙함과 낯섦의 혼합"(오생근), "무의미의 의미화"(오태호), '탈인칭의 서정성'(이광호), "죽음과 더불어 여전히 무언가 태어나고 발생하는 세계"(함돈균) 등으로 명명되어 왔다. 이장욱 스스로도 '다른 서정'과 '갱신'의 비평적 논리를 펼쳐온 적이 있었고, 그간 이장욱 시를 비평했던 비평적 입장 또한 그의 입장과 전혀 다른 곳에서 시작됐다고 할 수 없을 만큼 유사한 측면을 가지고 있다. 모호한 주체의 자리도 그러하고, 그곳에서 발화되고 있는 정서의 특이성들은 지표면에 가닿지 않고 부유한 채로 살아가는 인간의 낯선 정념의 편린들을 연이어 작동시킨다. "더듬이만으로 일생을 기어가는 벌레"들(「사소한 딜레마」)처럼 그 작은 촉수 때문에 온몸이 고행을 겪으면서, 번번이 나를 실종시키고, 이 세계와 개별화된 문법들을 창출해 내는 것, 즉 '우울한 모던 보이의 첨예한 자의식'(이광호)을 이장욱은 자신의 시에서 작동시키고 있었던 것이다. 이런 면모를 비평적 수사만으로 상기해 보더라도 가히 고통스러운 주체의 모습일 텐데, 지금껏 이장욱의 시를 '내재된 고통'이나 '비천함'으로 읽어본 사례는 거의 없었던 것으로 보인다. 스스로를 "막다른 골목" 앞에 세우고 있는 이장욱의 시편을 살펴보자.

막다른 골목인데도 커다란 개가 나타나지 않았다.
나타나지 않은 개는 긴 혀를 내밀지 않았고
이빨을 드러내지도 않았고
이빨에서 흘러내리는 한 줄기 침도

나타나지 않은 개와 싸울 수 없었다.
귀를 물어뜯고 피를 흘리고 아가리를 찢고

존재의 끝까지
아주 단순한 마음이 될 때까지

그것은 불멸의 개였다.
옆집의 개였다.
개가 아니었다가
거의 진정한 개가 되어서

막다른 골목에서 커다란 개가 나타나지 않았다.
나타나지 않은 개가 내 목을 물고
나타나지 않은 개가 꼬리를 치고

나는 골목의 어둠 속에 서서
바로 그 개를 바라보았다.
아주 단순한 눈으로

- 「불멸의 개」 전문

「불멸의 개」에서 발화주체는 "막다른 골목"에서 "커다란 개"와 마주하는 사건을 가정한다. 물론 그 개는 나타나지도 존재하지도 않는 주체의 상상 속에 존재하는 개다. 그런 개와 "귀를 물어뜯고 피를 흘리고 아가리를 찢고" 목을 물리고, 그렇게 난투를 벌이면서 주체는 "존재의 끝"이나 "단순한 마음"과 같은 관념들을 끼워 넣는다. 그렇다면 왜 "커다란 개"와 싸우는 일이 "존재의 끝"에 가닿는 수준의 사유되는 것이며, "단순한 마음"을 불러일으키는 원인이 되는가. 게다가 골목이 끝나는 곳에서 개가 있을 거라고 전제되어야할 이유 또한 무엇인가. 물론 「불멸의 개」는 일종의 알레고리로 읽어보는 게 마땅할 듯하지만, 작은 규모의 사태를 경유해서 큰 정서적 파토스나 생활의 비루, 우울을 자주 다루었던 이장욱 특유의 시풍을 감안해 본다면, 문장 수준에서 탐독해 보아도 괜찮을 것 같다.

우선 여기에 제시된 "막다른 골목"이든 "커다란 개"든 특징이나 특이 인상이 없는 소박한 정보들이다. 막다른 것도 커다란 것도 발화주체의 주관을 딛고 범주를 만들어내고 있으며, 상상을 통해 개와 난투를 벌이고 난 사건을 경유해서 다소 뚜렷하게 주체의 인식 수준에 머문 "단순한 마음", "단순한 눈" 또한 범주를 가늠할 수 없는 지극히 주관적 수사들이다. "존재의 끝"도 "막다른 골목"과 직렬적 관계를 이루고 있기는 하지만 주관성을 강하게 띤다는 부분은 모두 마찬가지라 할 수 있다. 그러니 이 시는 일어나지도 않은 사건을 전제하고 상상력을 동원해 '없는 대상'과 마주치면서, 아주 주관적이고 색채가 없는 정서를 유발하고 있는 셈이다. 때문에 왜 그래야하는가, 하는 질문만이 헛돌고 있다. 게다가 이 시의 독자들조차 판단이 불가해진 "단순한 마음"에 진입해서는, 개와 싸우게 되는 비천한 순간을 각자의 상상력의 지분을 통해 저마다 복원하게 될 수밖에 없다. 물론 이런 순간을 무의미적 세계라거나 허무라고 쉽게 판단하기는 싫다. 전혀 허무하지 않다. 오히려 내장된 정서들이 활달하다. 이장욱의 시에서 빈번하게 관찰되는 비천함이나 우울감, 분노 등은 일종의 '아브젝시옹(Abjection)'처럼 보이는데, 그것이 뚜렷하지 않다는 점에서, 혹은 비천함의 대상이 주체이든 타자(대상)이든 몇 차례 '건넘'을 겪고 있다는 점에서, '미끄러지는 아브젝시옹'이라고쳐 불러 보아도 좋겠다.

가령,「불멸의 개」1연에서 개를 상상해서 묘사한 부분들을 상기해 보면, 이 개는 굶주림과 공격성, 더러움으로 가득 차 있는 모습인데, 발화주체를 공격해서 죽음에 이르게 할지도 모른다는 '불안'과 개를 통해 표상되고 있는 더러움, 분노감 등 복합적이고 입체적인 정서들이 강렬하게 가시화되고 있다. 그리고 시 말미에 "단순한 눈"으로 주체의 신체가 변화하는 부분 또한 매혹적으로 읽힌다. '아브젝시옹'과 관련해 읽어보자면, 오이디푸스를 겪은 '깨끗하고 올바른 몸'에 저항하는 기제로써 '비천한 몸'이 형상화된다고 할 수 있는데, "단순한 눈"(올바른 몸)을 갖게 된 나는 그때가 돼서야 "커다란 개"(비천한 몸)의 실제를 경험하게 되는 것이다. 다시 말해, 주체는 제 안에 숨어 있는 더러움(두려움)의 공포를 불러다가 '단순한 몸'으로 '변이'를 겪고, 그 변이에 대해 저항하려고 다시금 제 속에 숨어 있는 기원의 공포심을 꺼내 보게 되는 구조다. 그러니 여기서 전제가 되는 사건들도 사실은 상상력을 유발한 것이라기보다는 발화주체 내부에 자리 잡고 있는 비천함의 건축물들인 셈이다. 이장욱은 이런 비천함을 추방하면서 다시 스스로는 그 앞에 세운다.

유엔안보리 유엔안보리라고 자꾸 중얼거리게 된 사람이
왜 유엔안보리
유엔안보리라고 중얼거리는지 자신도 알 수 없어서

실은 그것이 좌우명도 아닌데
사랑도 아니고
점심식사 메뉴도 아니고
실은 복통이다.

그냥 지나가는 통증이 아니고
영영 떠난 연인이 아니고
뜨거운 북극도 아닌

유엔안보리라고 또
그 사람은 쓸쓸히 중얼거렸다.
어느 날은 그것이 엑스레이에 보이고

지금 유엔안보리를 떼어놓을 수 없어서 그 사람은
자신이 왜 이 캄캄한 구멍에 빠졌는지를
곰곰이 생각하였다.

이 모든 것은 나의 이야기였는데
나는 너다,
라고 황지우가 말했다.

- 「유엔안보리」 전문

「유엔안보리」도 마찬가지다. 실체 없는 사건이나 대상들을 경유해서 발화주체의 생활을 생생히 전시하고, 그 과정에서 비천한 몸의 변화를 드러내며, 다시 더 비천하게 '일관된 생애'를 살게 되는 무기력하고 권태로운 삶의 현현들을 형상화하고 있다.

　「유엔안보리」의 경우, "유엔안보리라고 자꾸 중얼거리게 된 사람"은 왜 "중얼거리는지 자신도 알 수"가 없어서, 정작 제 자신의 삶은 평화를 보장받을 수 없는 병증의 상태에 놓인다. 단지 어떤 단어를 중얼거렸을 뿐인데, 그 말은 발화주체에게 "복통"이 되기도 하고 급기야 그 중얼거림이 몸속에 흔적으로 남아 "엑스레이"로 투사되기도 한다. 뒤집어서 말하면, 나는 안전한 삶을 한 번도 보장받았던 적이 없었던 인간이라서 어쩌면 자신과 너무 동떨어져 있거나 무관해 보이는 "유엔안보리"를 연신 중얼거리면서, 스스로를 더 불안한 상태로 내몰고 있는 것이다. 그러니 이 중얼거림은 일종의 정신병적 증세라 할 수 있다. 한데 가만히 살펴보면 이 중얼거리는 사람은 자기 주관에 의해 중얼거리고 있는 것이 아니다. "자꾸 중얼거리게 된 사람"이다. 다시 말해 어떤 억압에 의해 중얼거림이 강요되고 있는 것이며, 그 중얼거림으로 인해 몸의 변이까지 겪게 된 주체이다. 게다가 이장욱은 개인의 문제로 이 병적 증세를 한정시키는 것이 아니라, 시 말미에서 황지우를 인용하는 '위트'로 시를 종결하면서, 3인칭("중얼거리게 된 사람")-1인칭("이 모든 것은 나의 이야기")-2인칭("나는 너다")으로 병증을 앓는 주체들을 확장시킨다. 즉 병을 대면하는 주체들의 확장과 이동을 통해, 병증을 강요하는 '지금 여기'의 세계를 은연중에 겨냥하고 있는 것이다.

　그렇다면 이들이 앓고 있는 '세계'란 어떤 모습일까. 이장욱은 삶과 죽음을 동떨어진 것이 아니라 서로 아주 근접한 위치에 배치시킨다. 죽음은 생이 다한 곳에서 시작되는 것이 아니라 바로 생활의 곁에서 삶과 가장 밀착해 있는 기미들이라고 발화하고 있는 것이다. 가령 「아침들의 연결」에서 "어제 아침에 일어났다가 오늘 / 아침에 다시 일어났다."라고 진술할 때, 이 시의 발화주체가 겪고 있는 "하루"는 계속 "아침"으로 시작되고만 있을 뿐, 제 생활은 '없는 상태'로 제시되고 있다. 즉 살아 있으되 "누가 죽어가는 긴 하루와 흡사"한 시간들을 겪고 있는 것이다. 이 주체는 도시생활자로서 '보는 것'밖에 수행할 수 없는 수동적 상태에 놓여 있다. 19층 건물 외벽이 창으로 빽빽하게 이어져 있고, 그런 창밖과 창 안의 삶들이 서로가 서로를 교환하면서, 일과들을 서로에게 전시시키고 있는 장면은 도시에 살고 있는 사람들이 겪는 일상이지만, 이렇게 옮겨놓고 보니 다소 끔찍한 인상이다. 밀착된 건물들이 즐비한 도심에서 "내가 여기서 바라보니까 누가 저기서 / 이쪽을 바라보는 것"이라고 진술할 때, '나'와 '타자'는 '보는 것' 밖에 행할 수 없는 난감하고 수동적인 상태에 놓인다. 서로가 서로를 위로하는 감흥을 가지거나 어떤 작용이나 영향을 미치지도 못하고 '거리'만을 형성하고 있다. 그런데 이들은 곧 안과 밖에서 "획 / 사라지는 사람"이 되는데, 이들을 사라지게 하는 억압의 설계자는 나도 아니고 타자도 아닌, 우리 모두를 전시시키고 있는 유리건물을 만들어낸 이 세계의 시스템이다. 그러니 발화주체는 모든 것이 직렬로 이어져 있고 '일관성'을 갖는 그 유리벽 속에서 "뒤집힌 호주머니"를 떠올린다거나, "영양을 뜯어먹는 하이에나들"을 상상하거나, 아침밖에 남아 있지 않는 디스토피아(Dystopia)를 경험하게 되는 것이다. 이 시의 기표로는 "놀라운 초원"을 발화주체가 실제로 보는 장면으로 제시된다. 모두 저마다의 "방을 닫아버리고" 개인이 남아 있지 않은 세계에서 전체성을 강요하는 보이지 않는 힘이, 이 발화주체에게 환상을 현실로 믿게 하는 최면을 걸었던 것은 아닐까.

때문에 「불멸의 개」에서 개와의 난투를 상상하며 만들어낸 비천한 인간 군상의 모습들보다 이런 방식의 '일관된 생애'를 살아가는 인간의 모습이 더 끔찍해 보인다. 그렇다면 일관성? 일관성을 갖는다는 것은 또 어떤 의미일까. 그것은 어쩌면 다시 말하건대, '죽어있는 삶'일 수도 있겠다. 가령 "나는 정기적으로 식사를 했다. 같은 목소리로 통화를 하였다. 비슷한 슬픔에 빠졌다."(「일관된 생애」)라고 말할 때, 우리는 그저 끄덕여 볼 수밖에 없다. 우리 또한 그런 정기적으로 권태로운 삶의 한복판에 늘상 서 있었기 때문이다. 이를테면 "출근길의 가로수가 언제나 거기에 서 있는 것을 좋아하였다"고 생각하거나, "길고양이가 지나다니는 골목의 밤을 깊이 이해"하며 "나타났다가 사라지는 것이 / 매우 일관되었다고" 느끼는 일, 혹은 "어제의 옷을 다시 입고 / 오늘의 외출을 하는 것"이거나 "거짓된 삶에 대하여 계속 / 무언가를 떠올"리는 일, 또한 반복되는 일상을 살아가는 우리에게 목격되고 있는 별 대수롭지 않는 면면들이다. 이따금 "술집에서 떠들다가 문득 침울해"지는 순간이 와도 다시 반복되는 내일을 생각해 보면, 우리에게 우울감을 느끼게 하는 것 말고는, 이 도시는 어떤 감흥적 부피도 허용하려 하지 않는다. 그저 삶이되 죽음 근처만을 배회하게 하는 것뿐이다.

이렇게까지 읽어보니, 이장욱이 구현해 내고 있는 '미끄러지는 아브젝시옹'은 일관된 세계에 대한 저항의지를 너머, 살아서도 죽음을 느끼는 부활한 나사로 끔찍한 생애처럼 보인다. 그렇다면, 또 이렇게는 생각해볼 수 없을까. 죽은 나사로가 예수에 의해 깨어나지 않았다면, 매우 고전적인 범주에서 신에게 버린 받은 시인들이 저마다의 예민한 촉수로 세계를 읽어내고 있지 않다면, 오히려 그들에게 죽음이 삶보다 더 편안한 안식처가 되지는 않았을까. 일관된 생애에 편입되어 살아가면서, 제 흉물스러운 몸을 계속 견지할 수밖에 없을 때, 또 세계가 강요하는 억압들을 묵묵히 받아낼 수밖에 없고, 뒤집어서 세계를 펼쳐보아야만 할 때, 나사로든 시인이든 정신과 몸이 짊어지어야할 고통은 무어라 형언할 수 없는 무게일 것이다. 그러니 이장욱은 그렇게 도처에 흐르고 있는 '죽음'에 대해 난투를 벌이거나(「불멸의 개」) 중얼거리면서(「유엔안보리」) 밀어내고, 끌어안기를 반복하고 있는 것일지도 모르겠다.

　게다가 그 죽음들은 "인생의 가장 / 가까운 곳"(「깜빡임」)에 숨어 있는 것이라서 "없는 듯하다가 거기 / 처음부터 있었다고 느끼"게 되는 '다른 세계'들이다. 즉 이장욱에게 있어서 죽음은 타자를 만들어내고 그 타자를 통해 흔들리는 자기 주체를 복원해 내는 미지로 가는 통로라 할 수 있다. "갑자기 시들어버린 공기" 때문에 숨을 제대로 쉴 수조차 없지만, 아무것도 일어나지 않는 이 평온하고 단순한 순간들을 이장욱은 내적 파동을 일으키며, 갱신해 내려고 한다. 그리고 이장욱은 그 깜빡거리는 죽음에 대해 독자를 난감하게 할 정도로 모호한 감흥을 덧대면서, 다시 이렇게 말하고 있다. "내가 없는 곳에서 / 문득 태어났구나. / 다른 사람이 되었다. / 그건 방금 일어난 일."이라고 말이다. 그리고 또 아무런 일도 일어나지 않는다. '지금 이곳'은 변화하지 않고, 아니 변화될 수도 없고, 더 끔찍하게 변한 한 시인의 건조한 목소리만 오래, 파동치고 있다. 그러니 '나사로야, 일어나지 마라.'

미지로 보내는 편지
: 장이지의 시

　오랜만에 방문한 모교 운동장이 아주 작아져 있는 기분이 들 때가 있다. 운동장이 작아진 것은 아닐 텐데, 이제 더 이상 우리를 안아줄 수 없고 뛰어서 모래 먼지를 일으킬 수도 없을 만큼 그 거대했던 운동장은 작고 황량해져 있다. 세월이 지나는 동안 운동장은 자라지 않았고 우리만 자라서, 잠시 착각을 일으켰을 뿐일 텐데 그런 착각이 정작 우리를 줄어들게 하지 못하는 것이다. 그러니까 과거의 공간만큼 운동장이 거대해지려면 우리가 작아져야한다.
　이와 같은 논리는 지각된 대상들이 동양화에서 표현되는 것과 유사하다. 서양화와 달리 원근법이 없는 동양화의 경우 산수화를 그리는데 있어서 고원(高原), 심원(深苑), 평원(平原)과 같은 삼원의 법칙을 시점으로 삼는다고 한다. 중국 북송의 곽희는 『임천고치집』을 통해 동양화의 이런 독특한 이동시점에 관해 밝히고 있는데, 여기서 평원이란 평평한 땅에서 바라보는 것이 아니라 높이가 비슷한 산에서 산을 바라보는 위치를 말한다. 그러므로 지나간 시공간과 수평이 된다는 것은 그 공간으로 이동하는 방법밖에 존재하지 않는 것이다. 한데 다 자란 우리가 작아질 수는 없는 노릇이고 어른이 되어 각인된 상징질서가 일순간 희미해질 수도 없으니, 시공간을 이동하는 장치(Time machine)를 가진 것이 아니고서야 우리는 각자의 기억에 의존해서 그 거대했던 운동장을 재구성할 수밖에 없다. 물론 여기서 기억이란 쉬이 굴절되고 절충되어 있는 현재의 시점에서 재조직된 상상 혹은 허상일 뿐이다. 다시 말해, 평원의 시점으로 과거를 기억하는 방식이란 이미 주체에게 선택된 조합의 결과들인 것이다. 그렇다면 왜 누군가는 그 거대한 운동장이 있었던 추상의 자리로 굳이 돌아가야 했을까. 장이지의 『라플란드 우체국』에 관한 이야기다.

어떤 진실 앞에 서 있을 때처럼, 아무리 두드려도 열리지 않는 문 앞에서의 무력감을 느낄 때처럼 발신만 할 수 있고 답장이 되돌아오지 않는 편지란 어떤 것일까. 이런 소통 구조 속에서는 끊임없이 고백을 늘어놓고 그 고백들로 인해 지금 여기의 현실을 다시금 겨냥하는 자각적 사유방식이 생성되기 마련이다. 그런 관점에서 우선 그의 이번 시집은, 있는 힘껏 어금니를 악 깨문 자물쇠의 찬 기운 앞에서 거절당한 손으로 얼굴을 감싸는 오후 한때의 우울이 읽힌다. 이 시집의 주체는 스스로를 "거울 나라"에 사는 「우울의 난민」이라 했거니와 「혼을 옮기는 일」을 계획하는 "시골 아이"라 고백했다. 장이지에게 수신이 되지 않는, 지금의 현실 지형은 어떻게 왜곡되었으며 왜 그의 과거는 좀처럼 수신이 되지 않는 '미지의 영역'에서 머물러 있는 것인가.

    내 간지러운 사춘기의 후미진 골목에는

지천으로 번진 채송화의 요염한 붉은 빛 따라
남몰래 같은 학교 남학생을 쫓아다니던
축축한 꿈도 있지요만

그 기분 나쁜 미행의 꼬리를
나무라지 않는 안경잡이의 그 넉넉한 마음과도
아쉽게 갈라서버리고
실은 안경잡이의 쌍둥이 누나를 혼자 좋아했는데

안경잡이의 누나는 매정했고
나는 유서를 쓰고 죽는다든지
안경잡이에게 사랑을 고백하는
파국의 장면 같은 것을 부질없이 준비했으나

- 「우편 4」 부분

그 녀석을 떠나보낼 생각을 했었다. 가위로 자른 상처를 핀셋으로 헤집어 축 늘어진 사마귀를 빼내는 꿈. 고등학교 1학년 때 짝꿍, 목사 아들놈에게 시키려고 했었다. 한 번도 더럽혀진 적 없는 흰 옷을 입고 수학 문제를 너무 열심히 풀고 있어서. 목사 아들놈에게 시키려고 했었다. 바람이 불어서. 땀이 밴 겨드랑이 맞이 묻든 선선해지는.

- 「우편 5」 부분

우리들의 퇴락한 김수영은
그 후로도 몇 번인가 정사 직전의 연애를 했지.
나이 많고
임자 있고
소문 안 좋은 여자들과.

그리고
아주 나중에 사라졌지.

- 「우편 2」 부분

 시집 1부의 상당량을 차지하고 있는 「우편」 연작 시편들을 관통하는 서사는 '기억'이다. 자칫 기억이란 망각을 거절하고 주체에게 남아 있는 서사이기도 하지만, 오직 주체의 시선에 의해 조합 당한 '현재적 과거'이기도 하다. 기억은 망각된 서사들에게 의미를 부여하는 후행과정을 거친 현재의 고백일 수 있다. 그럼에도 불구하고 장이지의 시편들을 기억의 의존이라 명명한다면 그 기억은 시적 주체가 현재를 보존하고 확보하고 싶은 '나'의 변주일 것이다.
 「우편 4」의 경우 성에 관한 정체성의 서사가 언술된다. "시간은 늙어서 자연이 되고" 남성주체는 "같은 학교 남학생을 쫓아다니던" 꿈을 꾸게 된다. 내게 처한 현실과 감각의 이상 간의 간극을 "기분 나쁜 미행"의 질량감으로 견디고 있다. "파국의 장면 같은 것을 부질없이 준비했"다는 고백은 당시 시적 주체를 흔들었던 정념일 테지만 "파국 없는 애상을 종종 불러내"었다는 고백의 경우 현재적 관점이 녹아 있다. 그것은 현재에서 과거의 욕망을 망각하려는 의지가 작동했던 것으로 보인다. 이렇게 이미 주체에게는 사랑했던 대상 또한 분열되어 있다. "안경잡이" 남학생과 "쌍둥이 누나" 사이에서 '나'가 좋았던 대상은 누구였을까. 어쩌면 남성이든 여성이든 같은 자궁을 공유했던 그 존재적 근원 때문에 매혹을 당한 것은 아닐까. 물론 이런 주체의 욕망에는 개연성이 개입하지 않는다. 주체에게 "안경잡이"에 대한 사랑은 현실에서 우선 폭력적 시선을 감당해야 하는 파국이지만 "쌍둥이 누나"는 아련한 추억으로 감출 수 있는 '애상'이다. 그런 '애상'을 선택적으로 호출하기 위해서 시적 주체는 "파국 없는 애상"에 자신만의 "리듬" 즉 기억이라는 주체 보존적인 이름으로 부여하는 것이다. 여기서 그런 이름 짓기는 '파국 없는 파동'에서 기인한다.

사마귀가 옮아온 서사를 기억해 내는 「우편 5」는 유년시절 혹은 시적 주체가 자라는 동안, 관계와 소통이 어떤 식으로 지연되고 굴절되었는지 보여주는 시이다. "단짝 남(南)"에게서 잘라낸 사마귀와 꿈을 심어준 인형이 "고대어로 말을 걸어오곤 했다"는 환상, "행운의 편지"를 받은 경험 등은 모두 시적 주체 바깥에 놓인 대상들이 주체의 환상 조작(기억 조작)에 의해 질서화된 것들이다. 이런 일화들을 읽어내고 나서도 '나'에게 사마귀가 왜 돋아난 것인지 좀체 알아내기가 힘들다. 그러나 분명한 것은 사마귀가 돋아서 '나'는 "사마귀 정령"을 핑계 삼아 그 모든 일화들을 선형적으로 불러 모으고 있다. 다시 말해, 외부적 대상들과의 소통 과정을 통하여 주체 내부에 자리 잡은 것들의 총체적 결과가 '사마귀'라는 몸에 돋은 '이상 피부'의 형상으로 상징화된 것이다. 또 그런 몸의 이상 조짐은 사람과 사람 간의 관계 혹은 어른들이 질서화시킨 사회 속에서 "피가 철철" 흐르지 않고서야 잘라낼 수 없는 내상들이 있다고 반문한다.

소문이 좋지 않은 대학 동기들의 서사를 펼치고 있는 「우편 2」의 경우 또한 그렇다. "스무 살인 주제에 만년의 김수영처럼 피폐해보"이는 "음침한 남자애"와 "안 잔 애가 없다"는 "질 나쁜 여자애"의 만남과 이별의 과정을 언술하고 있다. 여기서 시적 주체는 "음침한 남자애"를 경유해서 만년의 김수영이 되고, 누구나 다 받아주는 여자를 어머니라 부르게 되고, 그것을 모성이라 착각하게 된다. 주체는 "음침한 남자애"를 통해 자기 안에 욕망화되어 있던 다른 주체의 형상들을 재현하게 되는데, 정작 그 동창은 제 욕망을 해결하지 못하고 "정사 직전의 연애"만을 반복하다 그룹 안에서 사라진다. 물론 이런 관계성은 "질 나쁜 여자애"를 만난 개인의 채무를 갚아내는 정념들로 오인되기 쉬운데, 남녀 두 동창이 경험했던 사랑의 윤리관이란 사람이 사람을 소유할 없다는 것을 역으로 반증하고 있다. 즉 소유욕이 빠진 가운데의 사랑, 소유욕이 사라진 공간에서 느끼는 미지의 다른 소유욕 같은 것들이 질서 바깥에 있는 '다른 사랑법'을 시사하고 있는 것이다. 어쩌면 현실의 보편들과 모종의 결탁 속에서 돋아난 사랑이란 교육당한 사랑인 것이고, 그런 사랑으로 관계를 규정짓는다면 그 또한 사랑이 아닐 것이다. 그러므로 이 시에서 제시된 이질적 사랑 관계의 각항들만이 진정한 사랑(모성)의 의미역이 될 수 있다고 시인은 알레고리들을 만든다.

그렇다면 장이지의 현실 질서는 또 어떻게 굴절되어 있는 것인가. 결론부터 이야기해 보면 장이지가 바라보는 현실이란 입체성을 절충당한 플랫의 세계이다. Flat. 말 그대로, 평평하거나 편평한, 낮아지거나 저조하고 생기가 없어진 밋밋한 세계의 형국인 것이다. 지금 여기, 현실에서는 수많은 질곡과 서사 사태들이 끊임없이 분유되고 있지만, 정작 그와 같이 솟아나고 움푹 파인 목소리들은 '플랫'의 질서의 따라 평평해진다. 장이지 시편들 속에서 '용산 사태', 「원자력 시대의 시」 연작, 「기계들」 연작 등으로 빈번하게 구현되는 현실의 함몰지점들은 사건이 일어난/일으킨 그 상황 자체보다 문제를 해결해 가는 과정 안에서 또 다른 폭력성에 더 과민하게 반응한다. 어떠한 문제 상황에서 쉽사리, "한미 동맹의 강화"나 "미군이나 '울트라맨'만이 우리를 지켜줄 수 있다고"(「Sinkhole」) 믿어버리는 생각 또한 그러하거니와, '플랫'을 소제목으로 하는 연작 시편들에서 플랫을 다양한 시공간성(혹은 가상세계의 공간)의 어떤 것으로 인식하는 방법도 그러하다. 사고하지 않고 쉽게 중앙의 판단에 의해 각각의 의견들을 절충해버리는 것. 어쩌면 그렇게 절충해야만 플랫의 세계에서 살아남을 수 있다고 교육당하는 것. 그런 질서가 지배하는 현실 세계를 장이지는 이렇게도 그린다.

플랫에서는
다른 사람이 뱉은 침을
더러워하는 사람은 없다.
(중략)

꼭두각시들은 동시에 침을 흔린다.
순차적으로 침을 뱉고

동시에, 그러나 자세히 보면 순차적으로
남의 침을 꿀걱한다.

나는 버그처럼 기어 다닌다.
침 폭탄을 교묘히 피하며 기는 투구벌레. 그런데

나는 지나치게 느린 것이 아닐까.

— 「뉴스를 숙지할 것」 부분

플랫의 세계에서 내가 엑셀에 가까운 프로그램에 지나지 않을지도 모른다고 쓴 적이 있다. (중략) **세계가 꾸는 꿈이 플랫이 아니라 세계는 플랫의 꿈에 지나지 않을지도 모른다는 것.** // 어느 쪽이든 상관없을는지도 모른다. 세계에서 나는 눈을 치우고 연병장을 돌고 드라이버의 손잡이를 망치로 깬다.

— 「내가 사는 그림자 세계」 부분

SNS를 통한 발화 상황 속에서의 수많은 의견들. 그러니까 수많은 주체들이 일순간 각각 자신의 말들을 늘어놓고 상태를 생각해 보자. 쉽게 탈주체, 복수주체를 반복하는 주체 과잉화 사태의 모습이 장이지가 조직하는 플랫의 세계와 유사하지 않은가. 평면 속에 각각의 주체들이 수없이 고백을 하고 고발하지만 꿈쩍도 하지 않는 중앙은 오히려 절실하고 진실된 주변들을 하위나 하등의 어떤 것으로 전락시켜버린다. 때문에 그 주변의 주체들은 반복적으로 "마음 없이 직장엘 나가고 사람들을 만나고, 지친 껍데기로 집에 돌아와 그래픽이 된 마음을 열어보는"(「마음은 그래픽」) 행위, 즉 "제자리에서 뛰는 귀뚜라미의 무용한 도약"(「실조」)처럼 그저 사는 것뿐이 삶을 살아낼 수밖에 없는 것이다.

　인용한 시의 경우에서도 마찬가지다. 메스미디어에서 우리가 읽어내고 숙지해야할 것은 무엇인가. 수신인의 침이나 발신인의 침의 상징. 그러니까 정보는 만들어내는 쪽이나 그것을 인지하는 쪽이나 각각의 욕망 관계에 노출되어 있다. 너나할 것 없이 모두가 "꼭두각시"가 되어가는 참혹 속에서 빠름이나 수월성이 아닌 "느림"이 되고 싶은 시적 주체는 플랫의 세계에서 스스로 "버그"가 되기를 자처한다. 즉 현실의 '유행성 질병들'처럼 기어다니는 버그의 상태를 꿈꾼다. 그러니 주체가 갖는 느림의 욕망이란 현대인이 앓은 흔한 우울에 지나지 않을 뿐이다. 그러므로 세계를 전복시키거나 복구시킬 수 있는 작은 파동마저도 일으키지 못하는 사태다. 그 만큼 세계는 "인간=인형"(「경계가 없는 이 세상」)을 동일한 주체로 인식하는 근대 시스템에 너무 많이 노출이 되어 있고, 이제 그 상황이 어떤 법인 것처럼 우리를 지배하고 있는 것이다. 그러므로 플랫 속에서의 인형들, 꼭두각시들은 정보를 활용하거나 장악해서는 안 되며 엑셀의 칸칸마다 정돈되어져야하는 폭력을 감당하고 있다.

　하지만 시적 주체는 이런 현상의 근원마저 무화된 상태, 다시 말해 그림자가 먼저인지 형상이 먼저인지 모르고, "세계가 꾸는 꿈이 플랫이 아니라 세계는 플랫의 꿈에 지나지 않을지도 모르"는 어리둥절한 작금의 평면들을 그저 고발밖에 하지 못하는 것이다. 이러한 수동성과 머뭇거림은 어느 쪽이든 상관없다고 말하고 있으나 어쩌면 어느 쪽인지 분명히 방향을 정한 듯 보인다. 다만 방향 결정을 지연하는 태도를 통해 현실 억압에 의해 쉽게 무너지거나 쓰러지지 않으려는 아픈 응전력을 보여주는 것이다.

그렇다면 "내가 생각하면 플랫은 팽이처럼 돈다. 나는 플랫을 버릴 수 있다."(「마음속을 두드려보면」)고 고백했던 시적 주체가 과연 어떤 방식으로, 생각을 시작하고 플랫 바깥으로 도약할 수 있는 것일까. 탈근대 이성이 아닌 최소한 근대 이성으로의 이행이 장이지에게는 '서정'이라는 결의로 구체화되어 있다. 다시 말해 장이지가 재현하려하는 서정이란 '거대 운동장' 앞에 줄어든 아이 주체로서 다시금 서려는 시적 정념의 발현이자 생활 속에서 '인간기본'을 인지해 내려는 노력이다. 그리고 "격멸해야할 / 아무런 / 적(敵)"(「지워진 사람」)도 없는 세계에서 적을 발견해내려는 "눈물의 부력"들이다.

요즘 나는 시가 애틋하지 않아.
애틋한 것은 어머니지.

텔레비전이 꺼진 방 안의 정적이 이물스러울 때,
번잡하던 시골 식당집 공휴일 아침의 풍경,
그 집은 내 고향 집인데
언젠가 한 번 꼭 그런 날이 있었던 것도 같아.
신이 라디오의 볼륨을 조금 낮추고

내 심장 소리를 들어.

나는 그것을 알 수 있지.

나도 그의 그것을 듣거든.

요즘 나는 시가 애틋하지 않아.

내 것이나 네 것이나 마찬가지야.

- 「눈물의 부력」 부분

 장이지 이번 시집에서 특히나 강조되고 있는 부분은 시 쓰는 주체가 생활을 반성하는 방식들인데, 이런 시편들은 메타시의 특징을 그대로 가지고 있는 한편, 메타시에서 벗어나려고 하고 있다. 시인 개인(poet)이 스스로를 주체로 삼아 시 쓰기에 대해 견지하는 것이 아니라 '대문자 시인'(Poet). 그러니까 현실에서 시인으로 살아가는 모든 주체들을 대변하는 '시인으로서 살기' 프로젝트를 계획하고 있는 것으로 보인다. 이런 거시적 시각은 장이지의 첫 시집에서 언급되었던 「장이지 프로젝트」와는 대비되는 지점이라 할 수 있다. 그런 반성들은 어른이 된 현재와 '거대 운동장'을 의도적으로 작게 인지하려는 스스로에 대한 자각에서 비롯된다.
 「생활의 안쪽」 연작 두 편에서 언술되고 있는 문단계에 대한 후일담들도 그러하거니와 "파국은 또 파국으로 살아낸다"는 벤야민적 사유를 비트는 부분 또한 시인으로서 이 세계를 어떤 방식으로 견지하고 응전해야할지 스스로를 견인하는 반성적 사유가 깊게 서려 있다. 때문에 다시 어린 시절의 '나'로 돌아가 치열했던 '거대 운동장'을 누비고 싶은 회귀욕망이 나타난다. 그러니까 현실의 끔찍한 실패 이후 작금의 사태나 생활에 침윤된 주체를 보여주려는 것이 아니다. 응전에 응전을 거듭하는 청년기의 열정이나 세상을 배우기 전인 유년·학창시절의 상징질서 이전의 상태로 스스로를 되돌려 다시 "어떻게 살까"(「기아진영」) 또 고민해 보는 것이다.

이러한 고민의 연장이자 차선책일 수밖에 없는 시가 「눈물의 부력」이다. 시적 주체는 현실에서 시 쓰기에 대해 '애틋함'을 느끼지 못하고, 기억을 통해 어머니를 소환한다. 다시 말해 일상에서 시적 정념을 품을 수 없는 상태를 건너고 있는 주체는 기억 공간에 머물러 있는 "고향 집"에 가서야 제 "심장 소리"를 듣는다. 언뜻 보면 여기까지의 언술들은 고향과 모성적 회귀 공간 속에서 일상을 치유하려는 보편적인 회복 심리의 발현으로 보이지만, 시적 주체는 그 회귀를 통해 분열적 이성을 발견한다. 즉 심장이 뛰고 있는 과거의 주체와 심장이 멈춰버린 현재의 주체로 자아의 정념이 분열되어 있는 것을 견지해냈다. 그간 '시 쓰기'가 두 주체 사이에 교량이 되어왔으나 일상의 기후는 그 교량이 되는 시마저 더 이상 애틋하게 볼 수 없는 상태로 몰아버린 병증의 상태이다. 그 이유는 치워도, 치워도 "언제나 보람이 없"(「눈 치우기」)는 눈 치우기와 같은 일상의 우울감이 시적 주체에게는 줄곧 내재되어 있었기 때문이다. 주체 분열을 통해 장이지는 더 이상 치유를 바라지 않는다. 인간 기본의 본질을 찾겠다는 복구의지를 더 강화시키고 싶을 뿐이다. 이런 의지를 통해 시적 주체는 참혹한 현실에서도 주변 사태들에 대해 '눈물'을 흘릴 수 있고, 보이지 않는 적을 도출해낼 수 있고, 더 민감하게 제 자신에게 떠오르는 순한 정념의 결을 발견해낼 수 있는 것이다.
그렇다면 왜 라플란드인가?

> 멀고 먼 라플란드 소읍가지 와
> 우체국을 찾는다. 찾아 헤맨다.
> 2차선 도로 위에
> 자전거만 몇 대 오가고
> 바람에 먼지 하나 실려 오지 않는다.
>
> (중략)
>
> 적막하게 늙어간다. 밑져야 본전이라는 심산으로 늙어간다.
>
> -「우편 6」부분

라플란드는 핀란드와 스칸디나비아반도 북부, 러시아의 콜라반도를 포함하는 유럽 최북단 지역을 가리키는 지명이다. 매년 수 만여 통의 우편물이 도착하는 이 우체국에는 산타클로스의 존재를 믿고 있는 전 세계 아이들의 꿈이 모인다. 저마다 상상하고 있는 산타클로스와 소통하기 위해서 각자의 위치에서 각자의 이야기들을 끄적여 각자의 허상을 보는 기이한 소통 방식이 '라플란드 우체국'의 존재방식인 것이다. 여기서 우리가 생각해 볼 수 있는 것은, 허상은 허상으로써 우리를 견디게 한다는 것이다. 허상은 이루어질 수 없는 꿈의 영역이지만, 그렇게 없는 그것이 존재한다는 것만으로도 우리는 다행이도 꿈을 꿀 수 있다.

돌아오지 못하는 줄 알면서도 연말이면 소원을 담아 편지를 쓰게 되는 아이들의 마음처럼, 산의 모양을 동등한 위치에서 바라보기 위해 산정(山頂)이 평원(平原)이 되듯 이 아슬아슬한 세계를 견디겠다는 강한 의지가 장이지의 편지 속에는 깃들어 있다. "매일매일을 / 세상을 속이며 살고 있는"(「덩그러니」) 누추하고 헛된 편지일지라도, 그런 편지를 쓰겠다고 정념을 갖고 이곳의 '자물쇠'를 다 음각해 내고 말겠다는 '끙끙대던 시절'을 품었으니, 이 비루한 시인의 기운 어깨는 또 얼마나 많은 무게들이 지나갔던 흔적일 것인가.

'현재'는 과거와 미래 사이의 '긴장'일 수 있다. 우리는 지금 여기에 더 긴장하고 몰입된 주체가 되기 위해 도무지 알 길이 없는 미래에 대해 전망하거나, 알 것 같으나 좀처럼 알지 못하는 과거에 대해 기억하거나 반성한다. 그러나 과거나 미래는 모두 '긴장'이라는 감각을 조성하지 못한다는 것에서 우리에게는 모두 '미지'일 수 있다. 그러한 미지를 기억해 내는 방식이 지금 당장은 "밑져야 본전이라는 심산으로 늙어간다."고 말할 수밖에 없는 달관의 시각이라도, 장이지의 편지는 여전히 아프다.

나 또한 미지의 꿈을 사랑했고 질투했었다. 장이지의 편지를 다 읽고 나서도 마음이 쓰렸던 통증이 계속된 이유가 그것이기도 하다. 그리고 이제 말해야겠다. "그림자도 없는 라플란드의 빛 속에서" 나는 내 안에서 눈물의 부력들을 키웠고, 다시 울 수 있었다고. 그리하여 "모든 것이 사라지고 / 덩그러니, / 나만 남는"(「덩그러니」) 오늘을 능청스럽게도 밉게 살아내고 있었다고.

'완전한 정신적 자유'를 위하여
: 이윤학의 시

『장자』의 「소요유」편에는 송나라로 간 모자 장수의 이야기가 등장한다. 송나라 사람이 '장보'라는 모자를 밑천 삼아 월나라로 떠났는데, 월나라 사람들은 머리를 짧게 깎고 문신을 하고 있어, 모자를 살 사람이 아무도 없었다는 이야기(宋人資章甫而適越, 越人斷髮文身, 無所用之)이다. 주지하듯 장자의 「소요유」는 완전한 정신적 자유에 이르는 삶의 해탈을 논하는 편이다. 우선 '완전한 정신적 자유'라는 맥락을 뒤로 미루어 논하더라도, 장자는 여기서 왜 하필 이런 일화를 등장시켰을까. 단순히 송나라 모자 장수의 무지함을 논하고자 했던 것은 아니었을 것이다. 더 나아가 당시 신흥국으로 이제 막 국가 체제를 확립하고 있었던 월나라와 송나라의 문명적 차이를 논하고자 했던 것도 아니었을 것이고, 식견이 넓지 않은 송나라 상인의 어리석음을 가시화하려는 것 또한 아니었을 것이다. 이 대목은 차이와 경계를 세속화하는 맥락이라 볼 수 있다.

송나라 상인은 자신이 살아온 삶의 방식대로 모자의 필요성을 인지

했을 것이고, 월나라 사람들은 그들의 삶의 풍습대로 모자의 불필요성이 내재되었을 것이다. 이렇듯 송나라 상인은 송나라 안에서는 이상한 것이 없지만 월나라에서는 이상한 사람이 되고, 월나라 사람은 송나라에 오면 머리에 모자 대신 문신을 한 야만인으로 취급당할 것이다. 그들의 삶의 양식은 각 집단의 동일성의 논리에 따라 준거되고 질서화될 뿐, "타자성과 차이의 진리"(강신주)를 염두에 두고 두 집단을 견주어본다면, 그들은 저마다 그들의 삶의 문맥에 따라 사고하고 행동했을 뿐이다.

예컨대 쇠젓가락을 가지고 훈련소에 입소한 훈련병의 일화나 왼손잡이가 인도 여행을 갔을 때 왼손으로 악수를 청하거나 밥을 먹는 등의 일화를 생각해 보자. 여기서 훈련병이나 왼손잡이가 한 행동은 한 집단에서의 낯섦이나 이질적인 행위를 지나 무례함으로까지 비춰질 소지가 깊다. 그러나 그들은 무지나 악의 없이 저마다의 성심(成心)을 다한 주체들일 뿐이다. 그들에게는 저마다의 보편이 있었기 때문이다. 장자는 성심의 영역에서 구획된 문화/문명에 의해 서로 다른 '보편'과 '구성된 마음(들)'이 발생하는 것은 어찌할 수 없는 현실의 형국이라 말한다. 우리는 그 경계를 이해하는 과정에서 '보편의 나'와 '탈-보편의 나'를 구획하기도 하고, 상황에 따라 '다른 나'를 소환하여 주어진 세계를 견디기도 한다. 그렇지 않으면 종국에는 이 세계에서 어떠한 '나'도 구성할 수가 없다. 다시 말해 한 세계의 경계에서 차이에 의한 판단을 유보하지 않으면 주체가 편입될 세계뿐만 아니라, 주체의 자리까지 협소해지고 흔들릴 수밖에 없다는 것이다.

물론 이런 차이와 타자성에 관한 논의는 『장자』의 「제물론」에서 호접

춘몽(胡蝶春夢)을 이해하는 데에 토대가 되는 사유이지만, 이윤학의 시를 읽어보면, 그가 구사하는 사물에 가닿는 언어 감각은 대다수 호접의 경계에 선 자의 아픈 목소리로 읽힌다. 아울러 시인이 '시인 됨'의 자리에서 현실을 살아갈 때, 우리가 딛고 있는 현실 세계의 질서는 시 세계의 질서 속에서 사유하는 한 주체를 이방인으로 보는 관례와도 다르지 않다. 왜 시에 복무하는 사람은 기인(奇人)으로 현실을 살아가야 하는가. 이 글은 자신이 구축한 허구의 세계를 통해 진실을 견지하는 한 주체에 관해 논하고자 하는 것이다.

장주가 나비 꿈을 꾼 것인지, 나비가 장주의 꿈을 꾼 것인지 구분하는 것이 목적이 아니라, 꿈에서 깨어났다는 그 경계와 찰나의 사태가 이윤학의 시편에서는 우리를 지속해서 몰두하게 만든다고 표현하면 옳을까. 아니면 '잘 빚어진 세계'에서 시(인)나 몽환에 빠져 살다가 불현듯 현실로 돌아올 때 어리둥절한 어떤 이의 처절한 고백이라고 표현해야 옳을까. 먼저, 분명한 것은 이윤학은 그에게 주어진 현실을 시처럼 인지하고 몽환인 듯 사유해나가면서 그만의 독특한 시선으로 삶을 줄곧 유지해 왔다는 것이다. 그 때문에, 그의 성심은 우리가 감당하는 보편과는 조금은 다른 방향으로 기울어지고 있다.

    삽날에 목이 찍히자
    뱀은
    떨어진 머리통을
    금방 버린다

피가 떨어지는 호스가
방향도 없이 내둘러진다
고통을 잠글 수도꼭지는
어디에도 보이지 않는다

뱀은
쏜살같이
어딘가로 떠난다

가야 한다
가야 한다
잊으러 가야 한다

— 「이미지」 전문

    인용 시는 이윤학의 시론이라고 보아도 무리가 없다. 그간 이 시편은 "미시적 시선에 의해 포착된 일상은 그야말로 소멸과 죽음을 향해 직행하고 있는 것"(김진수)으로 평가된 바 있으며, "이미지즘, 혹은 미니멀리즘", "현대시사상 이미지 구사의 특별한 사례", "사물시의 혐의에서 자유롭지 못한 이미지스트 정지용의 「바다」 시편을 이미 넘어선 것으로 판단"(이형권)한다는 비평적 검토가 있었다. 여기서 화자는 머리가 삽날에 잘린 뱀의 정황을 소환하면서 뱀의 육체를 피를 내뿜는 호스의 이미지로 형상화해내고 있다. 이 "고통을 잠글 수도꼭지"는 "분명 떨어진 머리통"이지만 머리가 육신을 버리는 것이 아니라 육신이 머리를 버리는 것으로 뱀의 죽음은 묘파 된다. 삶과 죽음의 관계, 정신과 육신의 관계가 역전된 일그러진 세계가 구축된 것이다. "뱀은 / 쏜살같이 / 어딘가로 떠난다"라고 했을 때, 버려진 머리통이 떠나간 것인지, (고통으로) 남겨진 몸통이 떠난다는 것인지 어리둥절해진다. 그러니 우리는 어떤 경계 위에 서 있을 수밖에 없다. "잊으러 가야 한다"는 결심도 마찬가지다. 몸을 잊은 머리의 결심이었을까. 머리를 잊은 몸의 결심이었을까. 고통은 생각(머리)에서부터 오는가. 남겨진 욕망(몸)에서부터 기인하는가. 여전히 어리둥절하다. 한데 분명한 것은, 인용 시에서 시적 화자는 고통을 잠그는 그 생각의 존재를 이미 인지하고 있으면서도 일부러라도 그 고통을 잠글 수 있는 머리를 버리고 (혹은 머리를 버릴 수밖에 없는 현실을 감내하고) 촉발된 고통을 온몸으로 다 겪어내겠다고 발설한다. 그 고통을 온몸으로 다 살아내야만, 내게 다가온 고통을 성실히 횡단해야만 '지금 여기'의 현실을 더 명징하게 마주할 수 있다고 화자는 믿기 때문이다.

   우리는 우리의 삶에서 제 생각만으로 고통을 잠글 수 없는 사태와 마주하면서 얼마나 자신의 고통에게 진실했는가. 어떤 경계에서 나를 구성했으며, 나와 세계에 관해 '판단 유보'를 수행했는가. 그리고 얼마만큼이나 고통에 충실한 이후에야, "잊으러 가야 한다"고 그곳과 멀어졌는가. 이 짧은 시는 형식상 소품의 형태를 띠고 있지만, 이윤학이 이 시를 통해 겨냥해낸 세계는 이미지즘의 한계를 넘어서고 있을 정도로 현실을 직시하고 있다. 아니, 더 나아가 주어진 현실을 자신의 것으로 붙잡아, 우리에게 진실에 관해 질문을 던지고 있다.

이러한 시적 특징은 어디서부터 시작되는 것일까. 그간 이윤학의 시편들은 "'자연의 쇄말주의'라고 이름 붙일 수 있을 정도의 마이크로니즘"(유성호)으로 인식되었고, 그의 "정밀한 시선은 저마다의 존재가 각자의 폐허로 가득 차 있음을 해부"(김수이)하는 차원에서 논의되었다. 근작시 또한 이와 다르지 않은 맥락에서 읽힌다. 「종점낚시 민박」에서는 민박집을 구성하는 풍경과 물상들을 "국기봉 꼭지에 싸지른 제비똥 묽어"진 것까지 세밀하게 묘사하기도 하고, 「서부-미정」에서는 "손수건을 매단 나왕 쪽창 / 가는 반창고를 휘어 안쪽에서 이어붙인 쪽창 주위 / 흰 접시꽃들 모여"든 장면까지 포착해, 시적 대상인 그녀의 삶과 교차시키기도 한다. 아울러 "김이 끊기기 전에 솥째 들고 온 호박죽을 퍼먹는 숟가락들 골바람이 흔드는 돼지감자 꽃밭 유리 조각들 빛이 새나"(「돼지감자꽃」)가는 것 같은 기우는 삶의 징후들을 "지씨 할미"가 머리를 들지 않고, 살아가는 모습으로 포착해내는 가편 또한 존재한다.

물론 여기서 정황에 대한 정밀함이란 잘 짜인 시적 묘사나 이미지 구축으로 그치는 논의로만 볼 수 없다. 선술한 바와 같이, 이윤학의 시적 시선은 '관찰자'와 '참여자'의 위치를 오가면서, 오히려 독자들이 의뭉스럽게끔 하는, 경계를 만드는 전략을 구사한다.

    잠옷 차림으로 몽유를 빌미로
    샛강 변 갈대 부들 숲으로
    피를 식히러 다니는 사람을
    안은 적이 있었다.

누구도 감당 못 할 사람이라
그는 샛강 변 갈대 부들을 눕히고
번들거리는 몸으로 울부짖었다.

- 「소한」 전문

우선 이 시에서 '안았다'는 동사는 복합적인 의미로 읽힌다. 그뿐만 아니라, '몽유병에 걸린 사람'과 그 사람을 안은 '그'의 성별에 따라 이 시는 전혀 다른 서사로 우리에게 다가온다. 잠옷 차림의 사람은 "샛강 변 갈대 부들 숲"에서 헤매고 있다. 이 사람은 제 꿈을 빌려와 현실에서 사는 몽유를 겪는 사람이니 "피를 식히러 다닌"다는 비유도 큰 무리 없이 독해하는 것이 가능할 듯 싶다. "누구도 감당 못 할 사람"이라는 것도 마찬가지다. 그러나 "그는 샛강 변 갈대 부들을 눕히고 / 번들거리는 몸으로 울부짖었다."고 시가 종결되는 순간, 의문이 생긴다. "안은 적이 있었다"는 것이, 잠옷 차림으로 돌아다니는 여성을 "갈대 부들 숲"을 담장 삼아 "그"가 몰래 범했다는 것인지, 그 사람을 더 돌아다니지 못하도록, 몽유를 제지했다는 것인지 분명치가 않다. 게다가 1연에서는 "그"가 등장하지 않기 때문에 1인칭 화자의 고백으로 읽힐 소지가 다분한데, 2연에서는 범죄를 저질렀든, 선행을 베풀었든 이 모든 행위가 "그"에게 종속되고 있어 시적 화자와는 무관한 3인칭의 서사가 되어버린다. 그러니 그가 "울부짖었다"는 것이 반성인지 연민인지 분간할 수가 없다. 오히려 독자에게 그 몫을 다 던지고 있는 형국이다. 그래서 읽고 나면 뾰족하게 알 길이 없는 어떤 서늘함이 남게 된다.

그렇다면 제목에서처럼 겨울의 작은 추위 또한 이렇게 시작(小寒)되는 것인가. "갈대 부들 숲" 속에 숨겨진 어떤 사건이 훤히 드러나게 될 때, "누구도 감당 못 할 사람"은 몽유병에 걸린 사람인가. 1연의 1인칭 시적 화자인가, 어떤 일을 했을지 모르는 울고 있는, 그인가. 그것도 아니라면 이 시를 읽고 있는 '나'인가. 이렇게 이윤학은 유보된 판단 상황을 구축하면서 어떤 불편함을 만들고, 이야기의 빈자리에 우리를 거주하게 한다. 현실의 윤리보다 베일에 싸인 시적 서사의 윤리로 독자를 끌어당기고 아슬아슬한 경계 위에서 우리가 각자 곤두서 보라고 요구한다. 이렇게 '보편의 나'는 지워지고 '탈-보편의 나'가 생성되어 가는 것이다.

특히 이런 특징은 근래에는 이야기와 인물들의 관계가 내재된 시편들에서 더 확연히 드러난다. 가령, 「장박(長泊)」에서는 얼음낚시에 빠진 남편과 그 남편을 마냥 기다리고만 있던 아내의 부부싸움 장면이 묘사되는데, "귀달이 털모자를 덮어쓴" 남편의 "마스크 입김이 서린 안경"과 "목탁소리"처럼 들리는 차박 텐트의 연료펌프 소리로 남편의 감정선을 대체한다. 이 시는 굳이 다 말하지 않더라도, 양성 간의 입장, 지속된 불화의 현장감이 "금이 간 얼음 구멍을 봉합한 살얼음"의 정서로 점층되어, 우리의 눈에 선하게 그려지는 듯하다. 또 「모과」나 「살구꽃」에서는 우물가 곁에 심은 "모과 한 그루"의 일생과 그 집에 사는 할머니의 일생을 교차시키는 전략을 택하거나, "옛 연인 이름 문신을 새긴 정 씨"가 살았던 "살구나무 뿌리 결리는 마당"의 내력들이 드러나는데, 이 두 편 또한 이야기를 다 발설하지 않음으로써 그들의 곡진한 삶을 각각의 자연물들이 위로해주고 있다는 인상을 구축한다. 시적 화자가 전지적 관점에서 그들의 이야기를 서술하고 있는 듯하지만, 종국에는 화자의 위치는 '모과'나 '살구꽃'으로 대체되어 그들의 삶을 엿듣는 자리로 탈바꿈되는 아련한 시가 되는 것이다. 그래서 우리들 또한 그들 삶의 근처에서 배회하게 되는 기이한 효과를 누리게 한다. 이와 같은 전략의 시편 중에서 「퍼걸러」는 그 중 으뜸으로 평가할 만하다.

동산에 나란히 선 잣나무 세 그루 말랐다.
등나무가 감은 잣나무 세 그루를 베기 전
톱과 낫을 들고 등나무 줄기를 제거했다.

어느 봄날 남자 친구 면회 온 영선 씨와 하사
남자 친구가 앉아 문자로 대화를 나누던 나왕
벤치 삭아 주저앉았다.

그녀들이 낄낄거릴 때 캔커피 주둥이에서
담배 연기 피어올랐다. 뭉텅이 등꽃이 피고
말린 둥굴레 잎이 펴져 꽃대에 꽃망울이 터졌다.

동산에 나란히 선 잣나무 세 그루 잘려나갔다.
콘크리트믹서차가 다녀갔다. 방부목 울타리
유원지를 들락거리는 찻길과 전원주택지
경계를 구분 짓고 오일스테인이 발렸다.

둘은 당겨 앉을 수 없는 의자가 되었다.
하나는 아이가 핸드폰을 만질 때 부모와
눈높이를 맞추는 탁자가 되었다

- 「퍼걸러」 전문

'퍼걸러(pergola)'는 지붕 위에 나무를 가로와 세로로 얹어 놓고 등나무 따위의 덩굴성 식물을 올리어 만든 서양식 정자를 말한다. 이 시는 잣나무 세 그루의 죽음과 재생, 혹은 재생성의 과정을 기록하고 있는데, 여기서 주목할 점은 만남과 헤어짐의 정서가 투사되어 있다는 것이다. 애초에 잣나무 세 그루는 각각 다른 뿌리를 두고 자라고 있었음에도 그 나무들을 휘감고 있는 등나무 탓에 하나의 그늘을 이루는 '퍼걸러'가 되었다. 그 그늘에는 "남자 친구 면회 온 영선 씨와 하사 / 남자 친구"의 사연도 드리워져 있고, "낄낄거"리던 수다 소리와 담배 연기도 드리워져 있다. 그 밖에도 이 퍼걸러는 "뭉텅이 등꽃이 피"어나듯, 쉬었다 가던 사람들의 이야기가 퇴적되어 있던 그늘이었을 것이다. 그러나 오래된 그늘을 지탱하던 잣나무 세 그루가 마르고 쓸모없게 되자, 동산은 개발이 되었고 이 잣나무들은 "당겨 앉을 수 없는 의자"가 되거나, "아이가 핸드폰을 만질 때 부모와 / 눈높이를 맞추는 탁자가" 되었다. 더 이상은 그늘을 같이 만들 수 없는 죽은 나무의 육신이 되어 다른 기능으로 담당하게 된 정황이다.

그렇다면 이 시로 시인은 무슨 말을 하고 싶은 것일까. 같이 있던 것들이 다르게 기관화 되어 흩어졌을 때라도, 그렇게 죽음을 맞이하더라도 잣나무 세 그루는 각자 그늘을 만들어 낸 것과 같은 위로를 수행하고 있다. 그러나 그 형태에 있어서는 각자 다를 수 있다는 것이다. 두 그루는 "당겨 앉을 수 없는" 접촉 불가의 처지가 되기도 하고, 한 그루는 아이와 부모를 잇는 접촉 가능성의 처지가 되기도 한다. 이렇게 기능적 형태가 달라진 것은 어떠한 원인이나 촉매가 없이 일어난 일이다. 그저 우연에 의해 각자 다르게 죽은 나무의 후생인 것이다. 이쯤 되면 잣나무를 이어주던 등나무의 생사도 궁금하게 된다. 등나무는 퍼걸러에 그늘을 만들어내거나 등나무를 이어주는 것 말고는 다른 기능을 할 수 없어 이미 "톱과 낫"으로 제거되어 사라졌을 뿐이다. 그저 그렇게, 부질없고 덧없는 나무 네 그루의 생사를 형상화한 것이 전부이다. 그리고 다시 의뭉스러워진다.

　나무의 처지나 생사를 따라가야 할지, 전지적 화자의 입장을 따라가야 할지, 그늘 아래에 이야기 혹은 나무가 의자나 탁자가 된 이후에 다시 이야기를 퇴적시키며 휴식을 취하는 사람들의 사연을 따라가야 할지, 명징하지 않다. 그도 아니라면 나무를 용도에 따라 제 마음대로 바꾸고 있는 물질문명과 개발의 상황을 비판하라는 것인지, 그래서 자연물인 동산의 가치와 인공 공원인 유원지의 가치를 논하라는 것인지도 명확하지 않다. 다만 여기서 시적 화자는 나무들이 경계를 넘어가는 현장성만 그려내고 있다. 그 때문에 우리는 다시 경계 위에 서게 되는 것이고, 그로 인해 또 생각이 많아지다가 다시금 차분해진다. 그리고 자신에게 만남과 헤어짐, 우연과 필생의 삶이란 대체 무엇인지에 관해, 근본적인 물음을 던져보게 하는 것이다. 물론 여기서의 답도 뾰족할 리 없다. "과속(高速)과 과언(過言)이 현대시에서 뚜렷하게 드러나는 개성이라면 이윤학 시의 현재는 저속(低速)과 음언(暗言)이"(김춘식)라고도 했다. 이제 우리는 보이지 않고 감춰진 곳에서 뼈대만 남아 있는 그의 정동을 경계뿐인 세계라고 부를 수밖에 없다.

이윤학은 이같이 경계를 만들어 우리를 그 정황 속에 참여시킨다. 저 자신의 삶에서는 "담배 냄새난다 술 냄새난다 옛 장모 옛 처형에게 쫓겨난"(산문 「감」) 삶을 지속하면서도, 묵묵히 세계와 대항하는 어떤 질서를 독특한 견자의 자세로 구축한다. 몸은 망가지고 더 이상 총량에 법칙에 따라 41년간 폭음해온 술을 입에도 댈 수 없는 처지가 되었는데도, 여전히 "은둔형 외톨이"(산문 「감」)로 살 수밖에 없는, 스스로 경계의 삶을 선택한 이 시대의 시인이었다.

게다가 생각해 보면, 이윤학의 문단 등장 또한 다름에서 기획된 사건이었다고 수사할 만하다. 1990년 신년 벽두에 「제비집」, 「청소부」 등과 같은 시편들에서 엿보이는 세계관은 동구권 붕괴 후, 더는 문학이 복무해야 할 부분이 '앙가주망'만이 아님을 선언하는 사건이라 볼 수 있다. 즉 이윤학은 경계를 만들고 경계 위에 냉혹하게 서 보는 전략을 통해 자신에게 촉발된 고통을 시로써 감당해낸 시인이었다. 그러니 경계 안팎에서 나비였는지 장주였는지 하는 물음 또한 의미가 없어 보인다. 그에게 시는 '완전한 정신적 자유'에 이르는 지도이기 때문이다.

그렇다. 그는 자신이 사는 세계와 다른 이 세계를 견딘다. 그러나 "견딘다는 것은 아무것도 버리지 못한다는"(박형준) 의미이다. 우리의 곁에서 여전히 "살아남은 자들의 발견"(여태천)을 지속하면서, 이윤학의 시는 우리를 위로하는 것이 아니라, 우리가 스스로 우리를 위로하게 만든다. 그리고 그는 그 자신을 위해 겨우 이렇게 쓰고 있다.

나는 품에 안고 잠이 든 ……중략…… 눈물 자국을 지우고 있었다.

- 「철둑」 부분

혼잣말을 하고 있을 나의 많은 술래들
: 하재연의 시

　어린 시절 집 안에는 헝겊인형들이 많았다. 한때 누나들이 가지고 놀다가 손때가 타고, 낡아서 이제 더 이상 만져지지도 못할 인형들이 한가득히 있었다. 어른 손바닥만 한 크기부터 당시 내 몸만큼 컸던 킹콩인형까지, 미미니 쥬쥬니 하는 플라스틱 짝퉁 바비인형류는 아예 없었고, 죄다 솜이 들어간 헝겊인형들이었다. 어떤 이유에서인지 모르겠지만, 그 많던 인형들 중에서 기성품보다는 어머니가 만들었을 거라 추측했던 수제 헝겊인형이 내 손에 자주 들려있었다. 팔다리는 하나같이 고르지도 않고 볼품이 없는 모습이었으며 낡고 헤진 인형의 몸속에서는 쿰쿰한 냄새가 돌기도 했다. 솜이 밀리거나 숨이 죽어서, 대체로 얼굴이 꺼져 보이기도 했던 그 못난 인형은, 가령 얼굴은 이렇게 생겨야 한다는 '구속'이 없었다.
　"눈썹이 삐뚤게 그려지고 / 입술이 피처럼 붉은 / 나는 스무 살이 되었고 / 너의 엄마는 죽었고 / 너도 아홉 살에 죽었다 / 나는 조금도 훌륭해지지 않았다"(「인형들」)는 시의 구절처럼, 얼굴이 만들어지기 전,

그러니까 형태를 갖기 전의 어떤 희미한 표정들이 그 헝겊인형에게는 있었던 것 같다. 그렇게 대략적으로 만들어지라고 만든 것은 아니었겠지만 말이다. 그때 나 또한 그랬던 것 같다. 내리 셋을 딸만 낳았던 어머니에게 늦둥이 아들은 남다른 의미일 수도 있었을 텐데, 나는 손을 잘 타지 않았던 혼자였다. 부모님은 맞벌이를 했고, 다 큰 누나들은 밤이 돼서야 집으로 돌아왔다. 나는 늘 혼자 지내야 했다. 요즘 같으면 충분히 죄가 될 만할 방치였다. 아무도 없는 집 안에서 밤이 어두워질 때까지 혼자 지내는 일이 잦았기 때문이다. 그러니 아무도 찾지 않는 헝겊인형과 아무도 들여다보지 않았던 나의 어린 시절이 묘하게 교차하고 있었던 셈이다. 지금 생각해 보면 참 의아한 일인 것이, 나는 그런 인형들을 가지고 노는 것이 그리 괴롭거나 싫지가 않았다. 사실 그렇게 혼자 지냈던 시간이 꽤나 즐거웠던 기억이다.

어쩌면 사람의 모습을 겨우하고 있는 그 엉성한 모습이 좋았는지도 모르겠다. 가령 그 헝겊인형들은 "이 얼굴에는 캐릭터가 없"어서 "말을 줄이는 것이 / 세상에 대한 조금 덜 나쁜 태도"(「인형들」)가 되고, "입술에는 / 색"이 돌지 않아 이미 죽어 있는 상태로 보였다. 헝겊인형은 그때 내게 둘도 없는 친구였고, 내가 대화를 할 수 있는 유일한 통로였다. 죽어 있는 상태로 보이는 인형들과 나는 혼잣말을 하면서, 죽은 인형들은 죽은 인형들대로 잠깐씩 살아나기도 하고, 나는 나대로 잠깐씩은 죽어 있었던 같다. 팔다리에 몰려 있는 솜뭉치들을 조물락거리면서 푹 꺼진 얼굴을 빵빵하게 채우고 삐뚤어진 입을 빌려, 나는 그 오랜 시간 동안 누구와 무슨 말을 그리도 많이 주고받았던 걸까. 지금은 그 말의 내용들이 기억이 나지 않는 것은 물론이거니와 기억이 있더라도 그 기억들마저 사후적으로 내가 상상한 것일 텐데, 그럼에도 불구하고 그때를 상기해보면, 그 특이할 것도 없는 인형들의 표정에서 '막다른 골목'을 보았다고 해야겠다. 인형을 경유해서 수없이 다른 내가 태어나면서, '이전의 나'를 연이어 죽이고 '모르는 나'들과 쉼 없이 만나려고 했던 것 같다. 때문에 그곳은 길이 아니라 길이 끝나는 시점부터 시작되는 곳이었고, 그저 막다르다고 밖에 표현한 방도를 찾지 못하는 장소였다. 그래서 이런 시의 한 부분을 다시 또 읽어보게 되는 것이다.

"복도의 끝에 / 아이가 있다. 복도의 이쪽에서 저쪽으로 가는 동안 / 아이는 크다 / 머리가 고슬고슬하다 // 발자국이 울릴 때마다 / 아이는 줄넘기를 하고 자라고 / 비를 맞는다 / 창문에서는 햇빛과 어둠이 교대로 / 아이의 뺨을 때린다 // 복도의 이쪽에서 저쪽으로 / 가는 동안 아이는 키가 크고 / 희미해진다 하얗게 웃는다"(「복도의 아이」) 아이는 과연 성장하고는 있었던 것일까. "복도"라는 공간에 한정된 아이는 한정된 공간에서 한정된 만큼 자라고 한정된 만큼 생각하고, 살아가다가 이윽고 희미해지고 사라지고 만다. 어쩌면 우리는 다 이렇게 자랐을지도 모른다. 다분히 수동적으로 이미 주어져 있는 것들을 사유하면서 자신이 구속을 당하고 있더라도 그 구속마저도 제대로 인지하지 못한 채, 비슷한 곳에서 비슷한 경험을 하면서 비슷하게 교육받고 비슷하게 자랐다. 그러니 "햇빛"이든 "어둠"이든 "비"든 모두 "아이의 뺨을 때"리고 있는 형국인지도 모르겠다. 나 또한 그랬다. 학교에 들어가면서부터 더 이상 헝겊인형과 말을 나누지 않아도 되었지만, 헝겊인형 입장에서도 나에게 말을 걸어볼 이유를 찾지 못 했을 것이다. 헝겊인형을 경유해서 더 이상 혼잣말을 하지 않아도 나는 이미 나를 다르게 사랑할 수 있는 방법을 학교에서 터득하고 있었고, 그때부터 나는 '외로움'이나 '소외', '배제'라는 감정을 배우기 시작했던 것 같다. 아니 엄밀히 말하면, 내가 나를 사랑하는 방법('혼잣말') 보다 내가 누군가에게 사랑받기 위해서 어떤 행동을 해야 하는지 알게 된 시점이었다. 헝겊인형이 가진 불편한 얼굴과 대면하는 것이 아니라, 그 누군가에게 착하고 상냥해지기 위해서 애쓰는 아이가 되는 그 순간, 어쩌면 나는 나에게 질문하는 방법까지 잃어버렸을지도 모르겠다. 그러니 "복도의 아이"처럼 나 또한 어딘가에 귀속된 '( )의 아이'로 자랐고, 자라려고 노력했을 것이다. 그러므로 우리/나는 성장한 것이 아니라 정체하고 있었던 것이다. 그저 몸만 늙은 채 성장하지는 못했던 것이다. 어딘가에 귀속된 채로 말이다.

그래서 그랬는지도 모르겠다. 나는 하재연 선배의 시를 읽을 때마다 알 수 없는 묘한 기분에 사로잡히곤 했다. 그건 그 시편들이 '빈 곳'과 '휘발성'을 지향하는 언술 특장을 가지고 있어서가 아니었다. 그보다는 조금 다른 방향으로, 나의 사적 서사들을 건드렸다. 무슨 이유인지 분명치는 않지만, 앞서 고백한 것들과 같이 내가 망각하고 있었던 유년의 어느 한 부분을 복권시키는 일들로 선배의 시는 내게 자주 되풀이되곤 했다. 이건 사후적으로 생각을 해봐도 특별히 그 이유를 꼬집어 알 수 없는 묘한 부분이라서 생각하면 생각할수록 참 이상한 느낌이었다. 시에서 감정어를 많이 사용하고 있지도 않고, 구체적인 아이 주체를 등장시키지도 않는데, 나는 대체로 그 시들을 감정적으로 읽어 왔다. 그리고 그것들은 자주 내 마음을 시끄럽게 했다. 그래서인지 나는 선배에게 좋은 독자는 아닐지도 모르겠다. 내 방식대로 읽고 내 방식대로 감정이 충만해져서는 '맞아, 그때 왜 이랬지?' 하는 식의 혼잣말을 내뱉고 있으니 말이다. 그리고 나는 지금 여기서, 「술래놀이」에 또 오래 멈추고 있다.

우리 모두
끝까지 잠을 자보지 못한 사람

꿈 밖에서 일어나는 일들 안에
내가 없다고 슬퍼져서는 안 된다.

물구나무를 서고
또 물구나무를 서도
내 그림자는 같은 색깔이었다.

내 꿈속에서 '사라진 나'는 대체 어디쯤에 있는 것일까. 내 꿈속에서 나는 늘 주인공이 되지 못 했다. 밤마다 꿈을 꾸는 동안 이 꿈은 내 꿈이 아니라는 생각. 다른 사람의 몽환 속을 잠시 엿보고 있다는 생각. 그도 아니라면, 아예 이 몸이 내 것이 아니라는 생각. 그런 생각들이 울렁거린다. 철저히 나를 관람하는 객이 되어버린 것만 같은 불길한 기분에 사로잡히고, 이때 나는 내 그림자의 색을 의심하기도 했다. 아마 궁금했던 것이다. 자꾸만 더 미궁으로 빠지게 되는 나에 관해서 말이다. "물구나무"를 서도 좀처럼 변하지 않는 내 '그림자의 색깔'과 그렇게 아주 지극히 당연하게 주어진 것들을 다시금 의심하게 되는 부질없음들. 왜 내 그림자는 검정이란 말인가? 달라지는 것은 없다. 어머니께 로봇 장난감 하나 사달라는 말 한번 해보지도 못 했던 내성적인 아이가 헝겊인형을 주무르면서 놀고 있는 모습이 내 곁을 꿈길인 듯 지나간다. 그 모습이 지금 내 모습과 그리 많이 다르지도, 또 멀리 떨어져 있지도 않는구나 하는 생각들이 또 다시 지나간다. 그래 어쩌면 나는 "끝까지", "끝까지" 내가 아니었구나. 그림자('헝겊인형')와 내가 서로를 베끼듯이 서로가 서로에게 '술래'를 떠밀고 있다. 그리고 남은 행간들을 더 읽는다.

철봉은 차갑고 녹이 슬어간다.
코에서 비린내가 난다.

꼬리를 잡히지 않으려고
그림자와 비슷하게 웃어본다.

우리는 모두
끝까지 깨어 있어보지 못한 사람

그러니까 나는 "그림자와 비슷하게 웃어"보면서, 나를 검게 지우면서, 누군가에게 매달리지도 못해 철봉의 "차갑고 녹이 슬어" 있는 "비린내"들과 뒤엉키고 있었던 것이다. 그렇게 시름하고 괜한 안간힘이 쓰고 있다. 내성적인 아이가 사랑을 받으려고 거짓말을 하기 시작한다. 불필요하게 상냥한 말을 건네거나 웃음이 많아진다. 어떤 날은 다리가 다쳐서 관심을 받았지. 그 관심을 계속 유지하려고 수일간 다리 저는 시늉을 하고 학교를 갔다. 이때 착해 보이려고 하는 아이들은 나를 부축해

주고, 나는 곧 웃는다. 아마도 그 웃음은 '하얀 웃음'(「복도의 아이」)일 테지만, 나는 웃는다. 그때 내 검은 그림자도 나를 따라 "비슷하게 웃어"보곤 했을까. 웃으면 웃을수록 사라지는 몸이 있고, 나는 지금 오래전에 잃어버린 그 몸의 행방이 궁금하다. 계속 "술래"가 될 수밖에 없는 자리에서 말이다. 그리고 남은 행간들을 다 읽는다. 곧이어 "누가 내 손을 탁 치고 갔다 / 주위를 둘러보아도 / 다음에 올 손이 없었다."(「술래놀이」) 나는 누구였을까. 그때의 내 그림자는 지금의 나를 두고 어디로 간 것일까. 주위를 둘러본다. 마지막 행간 앞에서 나도 그렇게 두리번, 두리번거려 본다. 나는 누군가 내 곁에 있었다고 절실하게 믿었던 적이 있다. 끝까지 잠을 잘 수 있다고 믿었던 그 꿈속에서.

자폐에 동참하는 발가락
'얼굴 만들기'로 만든 얼굴
: 조혜은, 김성대의 시

조혜은 ; 자폐에 동참하는 발가락

"몇 장의 우리가 바닥에 떨어져 있었다"(「발음되지 않는 엽서」). 대체 "우리는 어디서 왔을까".(「심해 사무실- 겁쟁이 새우」) "우리는 너무 멀다".(「해바라기로 가는 안내서」) 아니 "우리는 너무 가까이 있다." "우리는 측면의 선 모든 것"(「입맞춤- 오른쪽」) 아니 다시 정면이다. 아무리 생각해 봐도 이건 참 이상한 우리들이다. 대체 무엇이 우리를 소집하고 있는 원리일까? 어떤 것이 진실이고, 어떻게 하면 이런 '우리'가 가능해질까? 조혜은의 시에서는 뜻밖에 길어졌거나, 줄어든 아이들이 흩어져 있다. 헌데 얼마나 줄어들었고 또 얼마나 길어졌는지 판단하기가 어렵다. 무엇이 정상의 범주인지 기준이 모호하기 때문이다. 이곳에서의 '우리'는 '공동체'로써가 아니라 연대감이 거의 소거된 미약한 우리들로 서로를 소급한다. 그런데 어째서 '우리'가 가능해졌을까? 여기서 '우리' 이전에 먼저 있었을 폭력에 대해서 생각해 볼 만하다. 올바른 방법은 아니지만, 우선 어떤 불분명한 사태에 빠져 있는 아이들을 "발달 장애 아동"(「1학기 기말고사」)이라고 호명해 놓고 시작해 보자.

　이 시집에 등장하는 시적 자아의 태도는 그들을 연민하거나 보듬으려 하지 않는다. 다만 교육이라는 최소한의 시선으로 기이한 상황으로 도약하는 아이들을 다루고 있다. 대개 기형이 된 사태를 그리는 시인들은 자신의 시선을 스스로 자폐적이거나 기형의 형태로 쓰러지도록 하면서 정서를 도출시키지만, 조혜은의 경우 기형과 자폐의 상태를 관망하는 관찰자의 태도를 취함으로써 정황에 스스로를 함몰시킨다. 그러므로 전자들이 시를 밀고 나가는 힘을 정서의 증폭에 두고 있다면, 조혜은은 관찰을 통한 느낌으로써 그들의 세계에 동참을 하고 있다. 쉽게 말하면, 이 시집에 등장하는 기형의 사태들은 억지로 기형으로 치닫는 것이 아니라 기형인 것을 기형인대로 내버려두고 인정하는 가운데에서 어떤 폭력의 질감을 감지하고 있다는 것이다. 때문에 시적 자아는 수많은 산문적 설명을 동원하고 있으며, 그 설명을 통해 아이들을 형상화해내기 보다는 아이들의 자폐 혹은 장애 상황에 동참한다. 동참한다는 것은 본질적으로 아이들에게 가해진 폭력을 같이 겪어보겠다는 것이지만, 여기서의 관찰자는 폭력 자체의 베일을 벗겨내려는 태도를 우선으로 하고 있다. 그것은 어떤 진실 앞에 함께 서 보려는 '서늘한 서정'으로 느껴진다.

　「셋의 풍경」에서 아이들은 누워서 자라는 기형의 생태를 갖는다. 선생님과 아이들이 겪는 대화 상황을 "들리는 모든 것은 동그라미"라고 표현하며, 만화의 그것처럼 말풍선에 갇혀있는 대화체들로 제시한다. 여기서 대화 내용은 소통이 불가능한 상태에 있다. 왜 수업이 끝나고 점심을 먹지 않았는지, 부모님은 어디 계시는지 묻는 선생님과 물음에 답을 하지 않고 "가위바위보"만 하며 저희들끼리 놀고 있는 아이들만 나타날 뿐이다. 선생님은 아이들의 생각과 의도를 읽을 수 없고 아이들은 선생님의 질문에 답할 수 없다. 다만 아이들이 "지우개를 빌려 서로의 몸 구석구석에 남은 손끝을 문질러 지우는" 이상 행위를 하고 있는 것처럼 보인다고 선생님과 시적 자아는 상상한다. 여기서 "손끝"이란 선생님(현실의 문법)이 아이들에게 대화를 요청했을 때 스쳐가는 소리의 파동 같은 것이다. 최소한으로 서로가 서로를 느끼는 감각 정도로 이해가 되는데, 아이들은 그것마저 자신들의 세계로 수용하지 못하고 스스로의 자폐에 빠져 있다. 그래서 누가 발화하는지도 잘 모르는 "우리가 만드는 문장은 '폭압적'인가요?"라는 물음이 가능해진다. 하지만 또 이상하게도 가능해지는 것은 '우리'라는 공동체이다. 서로가 소통이 불가능한데 어떻게 우리가 가능해지는가?

「밀폐용기 속의 아이들」에서 시적 자아의 태도를 더 살펴보자. "목말라. 점심으로 먹은 몇 개의 과자처럼 그 애가 봉지에 담겨 부스럭거릴 때 나는 온몸이 가려웠다."는 진술의 조합을 보자. 아이는 점심 대신 과자를 먹었다. 자신을 주체할 수 없어서 봉지 속으로 들어갈 듯이 과자를 먹었다. 그리고 나는 아이 때문에 몸이 가려워졌다. 과자 부스러기처럼 내 몸이 흩어져버린 느낌이다. 시적 자아의 말대로라면 "내가 가장 오래 익숙한 것은 누군가의 비극에 전염되는 일"이라는데 나는 이곳에서 아이들에게 전염되어 그들을 그저 두고 볼 뿐이다. 스스로를 다루지 못하는 아이들이 비극에 닿아 있는 주체들이라면, 나는 그 비극을 계속 관망하는 노동이 요구된 자아이다. 때문에 아이들이 가만히 있지 못하고 뛰어다니거나 식판 위에 놓아서 안 될 것들을 놓았다거나 이곳에서 정상으로 소통되는 행위에서 많이 벗어나 있는 이상행위를 했을 때 시적 자아는 이렇게 말하는 것이다. "나 역시도 위안의 거짓말로 만족의 회전수를 늘려 가는, 이해할 수 없는 환상적 불행의 도취자"였다고. 그러면서도 "그 애의 세계와 나의 세계 사이에 있는, 흡수되지 않는 관계의 틈"을 인식하며, 자아는 자신이 대체 아이들을 얼마나 이해하고 있고 이해하려 했는지 의심한다. "의심으로 온몸이 가려웠다"고 고백한다. 나는 스스로 밀폐할 수 없고, 아이들은 스스로를 밀폐하고 자폐하는 행위들만 전시하고 있기 때문에, 나는 아이들을 잘 알고 있는 듯해 보이지만 아무것도 아이들에 대해서 모른다. 다만 시적 자아가 직관할 수 있었던 것은 "과자라는 말을 들어도 더 이상 달콤하지 않"다는 트라우마 뿐이다.

그럼에도 불구하고, 이런 서늘한 관망이 폭력의 사태를 다시금 직시하는 선언이 될 수 있다고 판단되는 가편이 있다.

어른이 되는 놀이란다. 자장가가 끝나면 얼굴을 가리고 웃을 수 있지. 손목 사이로 생긴 벽에 손끝이 묻었어요. 눈물이 나요. 쉽게 잠들지 마. 내가 내게 속삭여요

선생님이 왜 좋니? 나는 슬픈 자장가가 좋아요. 선생님은 내일이면 결혼한단다. 손을 잡아요. **내가 손을 가져가면 마음도 가져갈 건가요?** 선생님 미워요. 헐거워진 우리 손을 더욱 꼭 잡아요.

- 「손」 부분

「손」에서 아이는 선생님과 결혼하는 꿈을 꾼다. 하지만 선생님과 아이는 결혼을 하지 못한다. 아이는 아이 뜻대로, 선생님은 선생님대로 각자의 판단 속에 있기 때문이다. 아이의 손을 잡아주면서 "화장실에 가는 열두 가지 순서" 같은 것을 알려주는 선생님은, 교육이라는 이름 아래 상징질서의 언어와 행동들을 전도시킨다. 그러나 아이가 여기에서 느끼는 것은 온전히 선생님이라는 대상이다. 손을 잡았다는 사건뿐이다. 그래서 아이는 "언제나 순서대로. 멀어지는 법"을 먼저 배워야하고 의도하지 않더라도 선생님은 아이에게 폭력적일 수 있다. 선생님은 "어른이 되는" 상황(상징 질서)에만 집중되어 있고, 아이는 선생님이라는 대상 자체 그러니까 선생님과 겪었던 서사에만 스스로를 정체시키고 있다. 그래서 아이는 '어른 되기'가 아니라, "어른이 되는 놀이"를 겪어야 하고 이와 같은 놀이를 통해 폭력을 그대로 수용해야만 하는 처지에 놓인다. 선생님은 내일이면 결혼을 하는데 선생님과 결혼을 못할 거라고 생각한 아이는 선생님 손을 잘라 소지하고 싶다는 충동이 일어난다. 다시 말해 이제 아이는 선생님이라는 대상을 아예 지워버리고 선생님과 자신이 소통했던 유일한 개체인 "손"을 소유함으로써 선생님이 자신에게서 떠나는 것을 용인해 주겠다는 것이다. 이쯤 되면 이런 반문이 가능하다. 우리는 교육을 통해 어떤 폭력을 배우고 또 가르치고 있는 것인가. 굳이 "지적장애"를 가진 아이가 아니더라도 사람이 사람을 교육시키는 일이란 일종의 사회화로, 혹은 상징질서 속으로 인간을 편입시키려는 폭력이 아닌가. 그래서 오히려 이 시집 속에 등장하는 아이들의 욕망이나 이상 행동들은 더 솔직하고 단단해 보인다. 때문에 상대적으로 시적 자아는 그들을 관망하면서 기꺼이 흔들리겠다는 각오를 하고 있다.

조혜은의 시에서 아이만큼이나 중요한 화두로 자리 잡고 있는 "그녀(들)"는 특수 아동들을 바라보는 시적 자아 자신이자, 아이의 애틋한 감정을 묵살하고 나는 나대로 결혼을 해야 한다고 말하는, 폭력 아닌 폭력의 주체자이다. 그런 자아가 여성으로서 어떻게 또 이곳을 견디고 있는지도 조혜은의 시에서 살펴야할 부분이다. "고무처럼 쭉쭉 늘어난 몸으로 통통 튀겨 놀러 나가려고하는데"(「스트레칭」), 엄마에 의해 제지당하던 나는 스스로 "소화불량에 시달리는 벌레"(「벌레」)라고 주장하기도 하고, "구두 하나 때문에 가지고 있던 모든 것을 죄다 바꿀 셈"(「구두」)이라고 말하며 점차 여자가 되었다. 그렇게 또래의 여자 아이들처럼 하이힐이나 구두에 대해 스스로를 몰입해서 자라났다는 이유로 "기형이 된 엄지발가락"(「구두」)을 가지게 된 것이다. 그저 구두를 겪었을 뿐인데 발은 변형되고 기형이 된 것이다. 하지만 구두 속에 들어간 발은 기형의 상태를 거짓된 아름다움으로 감추고 있다. 기형이되 기형이 아닌 모습으로 시적 자아는 어떤 폭력에 대하여 '은폐'로써 치장을 시도한다. 그래서 '구두코'라는 구두 끝에 어떤 날렵함 아름다움이 그곳에 갇혀 있는 발에게, 혹은 그 발로 걸어갔던 걸음들에게 폭력이 될 수 있다는 것을 인식하고 싶었을지도 모른다.

"도시에 없는 아이들의 얼굴을 떠올려"(「구두코」) 본다는 것도 결국은 이 도시에서 상징된 폭력에서 벗어나 있는 아이를 보고 싶다는 발화가 아닐까. "당신은 나를 좋아할지도 모른다"(「구두코」)는 것도, 어쩌면 구두코에 비친 이미 기형인 자신을 연민하며, 기형으로 살아가는 이들이 시적 자아(선생님)에게 보내왔던 사랑에 대한 칭얼거림처럼, 그도 그런 폭력 없는 동물성의 칭얼거림을 우리에게 보여주고 싶었던 것은 아니었을까.

그의 아름답게 기형이 된 발이 이상하리만큼 연대한 '우리'를 가능케 했다.

김성대 ; '얼굴 만들기'로 만든 얼굴

얼굴이 지워진 상태에서 시작된 '반응'이 있다. 우선 상상부터 해보자. 얼굴이 없다면 목 위로 비어 있는 어떤 윤곽이 놓여 있을 것이다. 그 윤곽에는 눈, 코, 입이 없고 귀가 없고, 표정이 없고 의중이 없다. 아무리 뚫어져라 쳐다보아도 빈 자리는 답답하고, 무엇을 불러들이기 위해서 빈 것과 빈 것들은 난투극을 벌인다. 빈 것이 운동한다. 하지만 이런 상상과 느낌은 빈 얼굴의 자아를 바라보는 자아일 뿐, 빈 얼굴을 가진 자아 스스로는 다른 난처함에 빠진다. 일테면 얼굴이 비어있기 때문에, 이런 자아는 바깥에서 감지할 수 있는 모든 것들을 곤경으로 반응한다. 눈이 없으니 보이는 세계를 감각할 수 없고, 코가 없으니 냄새와 맛을 감지할 수 없다. 입이 없으니 맛을 볼 수 없고, 없는 귀에서는 아무런 소리를 담아낼 수도 없다. 그러므로 시적 자아는 아무것도 지각하지 않고 직관을 통해 지각을 완성하려는 태도를 취한다. 지각이 될 수 없는 이런 감각 불능한 사태 속에서, 그렇게 수없이 '없는 것들'의 다발 속에서, 가능한 한 최대치의 '있음'을 만들어내는 시적 의지를 김성대의 이번 시집에서 찾아봐도 좋을 듯하다.

그렇다면 왜 사라져버리는 얼굴일까? 왜 얼굴을 스스로 지워버림으로써 착란으로 시적 자아는 '질주'하고 있을까? 먼저 사라져버린 개체들에게 하나, 하나 몰입하는 과정을 통해 그 이유를 찾아보자.

「이안류 2」에서는 "뜨거운 거미줄에서 알을 낳는 나방들"과 여자가 대치된다. 나방이 "뜨거운 거미줄"에 알을 낳는다는 것은 이미 죽을 것을 알고서 알을 낳겠다는 의미만 남은 사태를 보여준다. 이 정황은 두 가지로 유추해 볼 수 있다. 이미 거미의 밥이 되어 거미줄에 걸린 나방이 필생의 힘을 다해 알을 낳았다는 정황으로 읽히거나, 위험을 알면서도 거미줄에 알을 배설하듯 뿌리고 오는 비정한 모성을 가진 나방의 주체를 등장시켜보겠다는 시적 자아의 의지로 읽힌다. 전자든 후자든 어떻게 읽더라도 "여자의 몸속에서 우화하는 나방"이 "그해 가뭄"을 불러왔다고 진술하고 있기 때문에, '알'과 '아이들'이 처한 상황은 위태롭다. "자신의 피로 목을 축이는 짐승들의 가파른 숨결"을 느끼듯이 "살갗을 흘러다니는 소금꽃을 바라보"듯이 아이들의 미래는 불안하다. 이곳에서 기형의 아이들은 태어났다. 제 스스로 "갈라진 손톱으로 눈알을 긁고" 귀가 멀면서 생겨야 할 얼굴의 일부를 지우기 시작한 것이다. 그래서 아이들은 "색맹"을 앓고 자신들의 "발원지는 부푼 묘지"였다고 발화하면서 '죽음'과 '없음'을 감지한다.

「태내적 귀 2」에서도 그렇다. 여기서의 "나"는 "마라"와 대화를 청한다. 태내라는 정황으로 보아 마라는 동물보다는 '악마'를 지시하는 것이겠지만, 앞선 시의 자아와 선형적으로 자아를 같이 둘 때 소거된 귀에 대한 정황을 추리할 수 있다. 굳이 첫 시집의 세계를 경유하지 않더라도 말이다. 태내라는 공간은 몸이 완성되지 않은 생의 시작점이다. 몸이

되 몸의 윤곽만을 가진 기관화되지 않은 '빈 것'에 가까운 사태이다. 그것은 이미 죽음을 예정하고 있는 거미줄 위에 나방의 알들(「아안류 2」)처럼 '뜨거운' 어둠 속에 갇혀 있거나 혹은 육체를 다 얻지 못해 영혼이 빠져나갈 것 같은 상태를 공유하고 있는 자아들이다. 때문에 무언가를 듣고 감지하고 있지만 또 무엇을 듣고 있는지 명확히 바깥을 지각하고 있는지 단정할 수 없는 '비완성의 감각'을 가지고 있다. "귀도 안 난 내가 가려워"졌다는 감각도 불가능한 것이며, 태내의 고립 속에서 악마에게 "귀를 그려"달라고, "대답을 들어봐야겠"다고 발화하는 자아의 의지도 불투명하다. 하지만 그런 불투명한 미지의 감각을 태내에서 발동하는 이유는, 제 정신을 홀리게 하는 악마 또는 '향정신성'의 지각만이 이 세계를 견디게 하는 통로가 되기 때문이다.

무엇이 죄이고 죄가 아닌지, 어떤 편성으로 선악의 세계를 나눌지 도무지 분간을 할 수 없는 자아가 "이야기는 점점 귀를 덮었다"고 말하며 '이브' 즉 근원적 몽환의 장소를 호명하는 것도 이런 태도에서 기인한다. 신은 왜 선악과라는 억압의 이야기를 만들었을까. 그로인해 우리는 이야기 속에 감금당하고 역설적으로 그 이야기를 신으로 모시며 억압을 전도하고 있지 않은가. 뜨거운 거미줄 위에 아슬아슬하게 올라가 있는 사태를 공유한 주체들처럼 그런 불안이 엉켜 있지 않은가. 어쩌면 "이야기를 물들여 귀를 덮는 마음을 / 눈짓으로 손짓으로 묵음의 합창을"(「이브에 다다르기」) 부르짖는 일도 스스로 얼굴을 지운 시적 자아가 할 수 있는 최대한의 꿈틀거림이 아니겠는가. "맥박 속에 돌고 있는 / 모음의 무늬 같은 것들"도 결국은 시적 자아에게 남아 있는 그 억압적 이야기의 흔적들이다. "우리에게 남은 태초란" 억압으로 상상된 환상이기 때문이다.

그뿐만이 아니다. 시적 자아는 이런 혼미한 세계를 보려고, "잘못 감 았다 뜬 눈들"(「Op. 23」)은 멀어버렸다고 발화한다. 보지 않기 위해서가 아니라 오히려 보려고 눈이 먼 것이다. 그래서 "오랜 눈이 돌아오고 있는 / 우리는 눈 감은 자신에게 속할 수 없었다."라는 구절 또한 '없는 눈' 으로 지각하는 상태에 이르겠다는 선언 정도로 읽힌다. 어쩌면 당연한 말인지도 모르는 구절이다. 눈을 잃었으니 이제부터 눈을 감을 자신은 없다. 이미 잃은 눈으로는 눈을 감는다는 행동을 취할 수도 없으니 시적 자아는 현실에서 눈을 감은 자신의 모습을 인지할 수도, 볼 수도 없다. 하지만 "오랜 눈이 돌아오고 있는" 것이다. 눈이 생기기 이전부터, 에덴 이후가 아닌 에덴이 생기기 전부터 우리 몸에 피로 떠돌고 다니는 시력 같은 것들이 우리의 몸에는 기생하고 있던 것이다. 김성대는 자꾸 이전으로 회귀하여 '태초의 태초가 되는' 어떤 감각 운동들을 불러오고 있다. 그곳에서 다시 얼굴의 있어야할 감각 기관들을 재구성하여 '실재'의 순간을 엿보려는 것이다.

그러나 시인이 머무는 현실에서는 이와 같은 시적 의지가 향정신성의 언어라 치부되거나, 자아의 처지로 와서는 "나는 분실되었"(「困」)거나 '나의 실종'(「새를 먹고 사는 마을에 관한 어느 도래인의 기록」)을 먼저 느껴야하는 형국이다. 혹은 "네가 참고 있던 말이 보글 - 보글 나의 귀에서 끓고 있다"(「일요일들의 우즈벡」)거나 "죽은 신까지 받아들여야 해서 내 몸이 내 몸이 아니었네"(「블라디보스톡」)와 같은 진술들로 자신을 지금 여기에서 끝없이 지연시켜야한다. 그리고 다시금 없는 것들을 통해 "나를 길들이는 묵념 같은 밤들에 대하여"(「샴의 모자」) 묵념도 묵인도 아닌 어떤 목적으로 지각 이전의 근원을 호출한다.

그것은 결핍도 절실이나 잉여도 아닌 무엇이라 해야할지 모를 무엇을 닮아가기 위한 질주 같았다 모두가 나인 것 같지만 나도 아니고 너도 아닌 것들이 뒤섞인 어떤 마비

그들은 예상을 벗어나 인간을 닮아가기 시작했다 몸에 가뭄이 들 만큼 긴 울음으로 코끼리는 인간의 입술을 얼룩무늬뱀은 살갗을 긴꼬리원숭이는 손을

인간을 닮아가는 일이 그들에게는 감염 같은 것이어서 그들은 점점 보지 못하고 듣지 못하고 맡지 못하게 되었다

자신을 지우고 인간의 몸을 살아가는 그것은 인간의 감각으로 인간을 망각해보려는 것이었을까 인간의 몸으로 자신을 만지면서 그들은 자신의 외부에 있게 되는 것일까

자신을 보러 겨울 동물원에 가는 일

인간들이 인간을 지우기 시작한다

- 「그것은 동물원에서 시작되었다」 부분 (강조 인용자)

인용 시의 내용을 굳이 살피지 않더라도, 시적 자아가 가지고 있는 없는 얼굴의 문제나 신이 만들어 놓은 세계의 질서를 거부하겠다는 정서는 충분히 느낄 수 있다. 그렇다면 여기서, 인간의 모습을 한 가지씩 따라하는 동물들과 신의 모습을 한 가지씩 따라하려고 애쓰는 인간의 무지함은 무척이나 닮아있지 않은가. 허면 이렇게 묻는 것도 가능하지 않을까. '자신을 지우고 신의 몸을 살아가는 그것은 신의 감각으로 신을 망각해 보려는 것이었을까' 와 같이 말이다. 어쩌면 신을 망각하기 위해서 시적 자아는 신이 만들어주기 이전의 감각으로 자신을 몰아가고, 그런 (자)신 이전의 질주를 통해 신들의 세계를 잊고 온전한 자신을 세우려는 노력을 한 것인지도 모른다. 그의 직관처럼 동물원에 동물이 갇혀 있듯이, 신들이 인간들에게 전시되어 있다. "자신을 보러 동물원에 가는 일"과 같이 우리는 자신을 보려고 신들이 전시된 성전으로 간다. 신에게서 절대 자신을 볼 수 없다고, 그건 오히려 불가능다고, 김성대는 그런 오류를 말하려고 한다. 이것은 "어떤 마비"이며, 우리는 그곳을 횡단하고 "질주"해야 한다고 말이다.

그렇다. '그것은 사람에게서 시작되었다'.

사랑의 종말에서, 종합으로
: 박해람의 시

사춘기 때였다. 통신사 광고에서 "사랑은 움직이는 거야"라는 배우 김민희의 발화가 이슈가 되고 있었다. 친구의 친구를 사랑하고 뺏고 빼앗기는 치정 연애사를 다룬 이 광고는 네 편까지 제작이 되어 당시 'N세대'라 불리는 청춘들의 자유로운 연애 풍조를 단편적으로 드러냈다. 뿐만 아니다. 비슷한 시기 이온음료 광고에서 배우 정우성이 장쯔이에게 낙엽을 던지며, "가! 가란 말이야! 널 만나고부터 제대로 되는 일이 하나도 없어"라는 카피가 유행이 된 적도 있다. 2% 부족한 목마름의 상태가 사랑에 비유되면서, 이후 수많은 패러디와 '사랑은 언제나 목마르다'는 제목에 가요까지 만들어지게 되었다. 그때도 그랬지만 지금도 여전히 사랑의 메타포를 가진 그 두 편의 광고 중, '사랑은 움직이는 거야'라는 저 광고는 잘 이해가 가지 않는다. 카피가 가진 호소력과는 별개의 문제로 사랑이라는 상태가 '자유분방'이나 '거리 지우기/좁히기'가 아니라고 믿고 있기 때문이다. 대개 사랑은 타자를 전제하고 있지만 타자에 의해 기획되는 것이 아니라, '막강한 타자'로 인해 자아가 유도당하는 정동이다. 사랑이란 기의에 내포된 동적인 의미도 엄밀히 말하면, 나와 타자 간에 유발되는 '사이 감정'이라는 측면보다는 오직 자아를 움직이게 하는 구속력이 강한 감정일 수밖에 없다. 물론 여기서 그 구속력의 방향은 자아가 타자를 구속하는 것이 아니라 자아가 타자에게 구속당하는 방향일 때, 사랑은 시작된다.

한병철은 『에로스의 종말』에서 사랑을 "강한 의미의 타자, 즉 나의 지배 영역에 포섭되지 않는 타자를 향한 것"으로 정의하면서, 나르시시즘적 주체에 관해 논한다. 자신과 자신의 그림자밖에 존재하지 않는 이와 같은 주체는 아토포스(atopos)가 전제되는 타자를 만들어내지 못한다. 즉 주체의 비대화 현상인 것이다. —한편 한병철은 아토포스 대신 헤테로토피아가 만연한 현실을 지적한다.— 이렇게 강한 주체성을 띤 자아는 소비사회에서 '자기 몰입'밖에 할 줄 모르는 질병을 앓게 된다. 에로스가 있어야할 자리에 '우울증'이 대체되고 있는 것이다. 여기서 우울증은 타자에 의한 자기 파괴가 아니라 나르시시즘적 만족만을 지향하며, 스스로를 파괴하는 소통 진공의 상태라 할 수 있다. 그러니까 '사랑은 언제나 목이 마른 것'이 아니라 '오로지 나는 언제나 목이 마르다'는 말과 같은 겪이다.

우리 시가 겪고 있는 사랑의 부재 또한 다르지 않은 맥락이다. '주체의 비대화'와 '충동의 시학', '성공한 우울증의 주체'들이 전면화되곤 했었던 2000년대 이후 시적 징후를 생각해 보아도 이와 유사하지 않는가. 그런 가운데 박해람의 시적 태도는 이 시대의 '사랑의 종말'을 '사랑의 종합'으로 기획하고 있다는 점에서 주목할 만하다.

안 보이는 것들만 바쁩니다.
한 낮을 위해 아지랑이는 땅속에서 몸을 휘고 있고
고로쇠나무는 피가 빨리 돌아 어질어질한가봅니다
창문을 눕히려 나도 눕습니다.
추위를 딱 하고 끊은 것들,
이봄 끊어야 되는 것이 어디 손끝의 구름만 있겠습니까.
나는 가는 길을 지울 테니
거기는 오는 길을 지우기 바랍니다.

- 「창문을 눕히려 눈을 감는다」 전문

"나는 가는 길을 지울 테니 / 거기는 오는 길을 지우기 바"란다는 진술 곁에 머물러 보자. 시적 화자는 사랑을 서로가 자유분방하게 움직이는 것이 아니라, "나"와 "거기"가 서로 멈춰 있는 상태로 직관한다. 어쩌면 시인은 여기서 '멈춤'을 말하려는 것이 아닌 것 같다. 사랑이 가능해지려면 누군가 하나는 '멈추거나' 따라와야 한다고, 말하고 싶었는지도 모른다. 물론 이 시에서 "거기"는 인격 주체보다는 '계절'로 읽히기도 하지만, 일단 화자의 입장에서 봄의 기운을 감지해 보자. 이른 봄날 방바닥에 누워 바닥으로 쏟아지는 햇살 한 장을 읽고 있는 화자가 "어질어질" "몸을 휘고 있는" 아지랑이 속에서 느끼려고 했던 기운은 무엇이었을까. 이 홀릴 듯한 기분은 일단 화자를 무력하게 만든다. "안 보이는 것들만 바"쁘다는 말처럼, 무엇도 결정할 수 없고 보이지도 않는데, 두근대는 제 심장만 느끼게 되는 낯선 상태로 화자는 자신을 내모는 것이다. 그러니 "창문을 눕히려"고 하지 않고 대신 내가 눕는 행위를 택하는 것이다. 이렇게 사랑의 행위는 건물에 견고하게 붙어 있는 창문을 눕힐 수 없는 것처럼, 자아가 타자를 어쩌지 못하고, 내가 먼저 누워버리거나 눈을 감아야만 가능해지는 정동이다. 다시 말해 내 앞에 나를 놓치기 쉬운 강한 타자를 세우는 일인 것이다.

뿐만 아니다. 가령 「작살」에서 별을 조각내어 작살을 만들었다는 형을 '형(兄)'이 아니라 '형(螢)'으로 읽히는 이유도 바로 여기에 있다.

    소숫돌에 작살을 갈 때마다
    별똥별들의 낙하속도는 한층 빨라졌다.
    여름 내내 작살질 했던 강은
    물비늘 사이사이 상처가 나있다.
    물의 상처는 병든 물고기들의 밥
    저녁의 수면에 곤충들이 물의 상처에 달라붙었다.
    그럴 때마다 물고기들이 첨벙, 뛰었다.

    여름은 형을 배우는 계절
    물이 쌀쌀해지면 형들은 사라진다, 감쪽같이
    어디에 있었냐고 물으면
    가을은 매달리는 일을 견뎌야 하는 계절이라고 했다.

    물이 피 흘리는 일을 두고 형은 물이 녹슨다고 했다.
    별들이 까맣게 익는 일과 같은 것이라고 했다.

- 「작살」 부분

　여름밤 허공에는 쏟아질 것처럼 별이 빛나고, 강변을 거닐고 있는 시적 화자의 시야는 어둡다. 수심은 종잡을 수가 없어 발끝에 불안이 차이고, 강물로 향하는 별빛의 작살질은 멈추지 않는다. 그리고 화자에게 이 강물은 이미 낭자한 사연이 지나간 공간이다. 예컨대 작살질을 하는 별빛이 "물의 상처"을 내고 있다는 구절이나 "물이 피 흘리는 일"을 겪고 있다고 강물을 인지하는 구절을 경유해 보자. 화자에게 여름 강변은 죽은 빛이 물속에 가라앉아 있는 위령의 공간이다. 게다가 그 주변을 걷는 시적 화자 또한 저 별빛들처럼 "깊은 물속을 딛고 숨 없는 키를 재"는 일을 당할 것만 같은 위협을 느끼고 있다. 때문에 별이 목에 걸린 듯, 접시에 고인 얕은 물을 마셔도 "허우적거리는 꿈"을 꾸게 되고, 자주 흐느끼게도 되는 것이다. 이렇게 화자가 자꾸 익사하는 일을 상상하게 되는 이유는 무엇일까.

　앞서 언급한 바와 같이, 여기서 "별을 조각낸 형"의 존재란 화자의 형을 지칭하지 않는다. 별이 조각난 듯한 반딧불이의 형상인 것이다. 하늘에서 쏟아지는 "별똥별들"이 만들어내는 '잠깐의 빛'을 상기해 보자. 대기권에 진입하면서 제 흔적을 지우며 타오르는 별빛처럼, 여름밤을 밝히는 반딧불 또한 온몸을 태우는 비행의 습성이 있다. 대개는 이때 반딧불은 짝짓기를 하면서 빛을 발화하고 있는 것이다. 성충이 된 반딧불이 빛을 발화하는 순간은 길어야 고작 2주에 지나지 않는다. 한 해 동안 습지에서 알에서 애벌레로 서식했던 그 성장 과정을 생각해 보면, 어쩌면 반딧불은 전 생애를 다 바쳐 사랑을 하고 있는 것이다. 그러므로 "여름은 형을 배우는 계절"이나 "가을은 매달리는 일을 견뎌야 하는 계절"이라는 구절 또한 비범하게 읽힐 수밖에 없다. 죽음을 맞이할 지도 모르는 강도의 사랑을 시적 화자는 반딧불을 통해 배우겠다는 것이고, 한 계절 사랑을 불태우고 난 상처를 딛고 누군가에게 매달리는 법을 진지하게 고민하겠다는 의미이기 때문이다. 이쯤 되고 나니, "별을 조각낸 형이 / 아름다운 작살을 만들었다"는 구절 또한 '큐피트의 화살'의 원형상징으로 읽히고, "별들이 까맣게 익는 일"이란 내 안에 강력한 타자를 세우겠다는 시적 화자의 의지로 읽힌다.

「작살」뿐만이 아니다. 「악몽」에서 사람의 꿈보다 짐승의 눈알이 되어 "벚나무그늘"과 견습공 소녀를 견주어보는 가운데, 이 '아름답고 황송한 악몽'의 미적 시선이 가진 태도를 생각해 보자. 사랑이되, 결코 사랑이 될 수 없는 윤리성의 함의는 "짐승의 말로 낸 수수께끼"를 횡단해 "사람의 꿈"에 가닿고 있지 않은가. 「북벽」에서 "몰아치고 있는 회오리하나쯤" 가졌다는 달팽이의 매달리는 습성을 드러낸 알레고리도 그렇다. "자신이 떨어진 곳이 안쪽인지 바깥쪽인지 모"르는 존재로 마냥 홀려 살아가는 자아에게 '벽'("어항 속")이란, 닿을 수 없는 타자 앞에 선 화자의 모습과 같다. 그러니 사랑 앞에서 그는 흐느낌의 존재로 등을 키웠던 것이다. 이는 모두 「작살」에서 반딧불이의 사랑법을 배운 것과 같이, 나를 지우고 타자에게로 향하는 견고하고 숭고한 정동들이라 할 수 있다.

그리고 이제 그 반딧불의 동공 속을 살펴보자.

예전과 이후들에서 동명살생의 전력이 있다. 육신보다 먼저 썩는 계급장들이 있어 지금도 묶여있는 개들은 가끔씩 산 쪽을 보면서 짖는데 변태한 관(棺)들이 반딧불이를 눈 속에 넣고 바스락바스락 밤의 숲을 날아다니기 때문이다.

나의 개들은 여름 쯤 그릇들로 깨졌다.
컹컹 짖을 때 사금파리가 쏟아졌다.

- 「연좌제」 부분

인용시는 「연좌제」에서 '반딧불이 眼'이라는 소제목을 붙인 부분이다. '사상범', '반딧불이 眼', '悖倫' 등 세 부분의 소제목으로 절편된 이 시는 세 장면의 병렬적 구조를 취하고 있다. 각각은 과거 빨치산의 죽음과 개의 주검이 처리되는 과정, 현재 시적 화자가 개들의 행동을 경유해 과거를 회상하는 부분, 엄마를 훔쳐본 나의 죄목이 결국은 "개새끼"라는 것 등으로 모두 개와 관련된 일화들이다.
'사상범'에서는 "죽은 개의 뼈"를 제외하고는 모두 유동적 존재들이 등장하는데, 가령 "꼬리치는 바람", "분홍색 꽃이 피었다", "개는 평생 꼬리를 흔드는 존재", "으르렁대는 대문", "두 귀를 열어", "강"(움직임), "퇴로를 손질하는 빨치산들" 등의 시어가 그렇다. 완고하고 단단한 개의 주검이 썩어가는 상황에서 그 주변부에 엉겨 붙어 있는 존재들은 여전히 움직이고 있다. 즉 개는 죽었으나 개의 주검이 처리되는 과정은 여전히 일사분란하고 역동적인 것이다. 사상이란 그런 것이 아닐까. 죽은 사상이라도 그 사상에 몸담았던 주체들의 뇌리에는 여전히 사상이 각인되고 있는 것처럼, 인간을 한 번 지배하고 나면 그 목숨까지도 쉬이 지불할 수 있게 만드는 것이 사상이다. 우리는 지난 역사를 통해 사상의 이런 속성을 배운 바가 있다. 그리고 사상에 물든 죄를 물어, 가담한 주체뿐만이 아니라 일가와 친척까지 모두의 죄를 물었던 아픈 역사가 있다. 잘 길들여진 개가 죽어서도 꼬리를 흔들고 있는 상황처럼, '연좌제'의 낙인이란 죄를 형벌하는 가장 가혹한 억압일 수도 있겠다.

여기서 시적 화자는 원죄를 가지고 태어났다. 그러나 화자가 단순히 "빨치산"의 자손이어서 죄가 있는 것은 아닌 듯 보인다. '悖倫'에서 엄마의 그림자를 탐미하는 화자의 행동 또한 쉽게 근친의 행위라고 단정할 수 없다. 그러니 "혐의가 없어 난처한" 화자는 그저 "개새끼!"로 호명됐을 뿐이다. 해답은 '반딧불이 眼'에 있다. "육신보다 먼저 썩는 계급장"이라고도 했고, 사상이 썩고 있는 산 쪽으로 짖고 있는 개들을 굳이 "나의 개들"이라고 지칭했던 이유를 가늠해 보자. 육신보다 계급장이 먼저 썩을 수는 없다. "계급장"이라는 상징과 서열은 인간 사회가 만들어낸 질서들이다. 그런 질서나 규율보다 몸은 더디게 썩고, 그 몸과 같이 인간이 품었던 사상이나 생각, 정서 등은 아예 썩지 않거나 몸보다도 더 늦게 사라질 것이라고, 시적 화자는 믿고 있는 것이다.

그러므로 시적 화자는 엄마를 사랑한 것이 죄가 된다는 것을 인정할 수가 없다. 라캉에 따르면 어머니 젖은 최초의 욕망이었고 그 욕망과 떨어지는 결핍에서부터 인간들의 상징계가 건립되었다. 화자는 그런 엄마를 다시금 욕망하면서, 닫혀 있는 자신의 근원적 문을 개방하려 했을 뿐 어떠한 죄도 짓지 않았던 것이다. 그러나 그런 욕망들을 상징계 현실 속에서는 "나의 개들"이라고 호칭할 수밖에 없는 상황임을 시인은 이미 알고 있다. 그렇다면 이러한 경우의 정동이란 잊고 살았던 욕망과 근원적 충동을 되찾겠다는 가장 인간적인 시적 직관이 아니겠는가. 사랑 앞에서 제가 죽는다는 것을 충분히 인지하고 있으면서도 제 동공('眼') 속에 빛을 들이는 반딧불이 그랬듯이, 박해람은 "나의 개들"을 은폐하지 않고 인정하며, 그 근원적 실재 앞에 자신을 세우려고 한다. '나'이되 내가 아닌 아주 강력한 타자인 혈육 앞에서 상상계를 허물어트리고, '에로스의 실재'를 만드는 것이다. 이렇게 기획한 '사랑의 종합'은 연애(사랑)의 행위로써 자유분방함을 지향하는 것이 아니라 정동의 깊이로써 자유를 지향한다. 그러니 다시금 박해람의 시를 곱씹을 수밖에.

그런데 사랑이 움직이다니, 좀체 믿을 수가 없다. 사랑은 언제 목마르다. 움직이더라도 자신이 추락할 준비가 되어 있는 주체에게만 가능한 일일 것이다.

신성(神聖)이라 불러도 좋을까
: 김은상의 시

    시는 잠재적으로 어딘가에 몰두하고 있는 언어다. 그간 시에 대한 수많은 정의들을 다시금 상기해 보아도 그렇다. "거짓말을 하는 특권"(플리니우스), "즉흥적인 즐거움의 전달"(코울리지), "감정으로부터의 탈출"(엘리엇), "인생의 비평"(아널드), "이성의 한계를 지난 신성한 본능"(스펜서), "의미하는 것이 아니라 존재 그 자체"(맥뤼시) 등과 같이 시는 과잉된 정동에서부터 유발된다. 시인의 생애를 담보로, 그 생애가 가진 면면의 질곡들이나 감정, 인간 기본의 본능, 규율 등을 뛰어 넘으려하는 '초극의 속성'이 시를 운동하는 언어의 에테르로 만드는 것이다. 때문에 우리가 '잘 제작된 시'라고 판명하고 합의하는 시편들의 기본적인 특질은 의미를 전달하는 것이 아니라 의미를 넘어서려고 하는 운동성을 토대로 할 수밖에 없다. 가령 대다수의 시인들이 자신의 언어로 새로운 사전을 만드는 일에 집착하는 이유 또한 바로 여기에 있을 것이다. 시인은 자신의 '시인 됨'을 보장하기 위해 자기로부터 시작하여, - 대개 자기 억압에서- 자기를 해방시키려한다. 그러니까 자신이 딛고 있는 지면에서부터 도약하려는 시적 전략과 비전이 억압과 해방을 변주하는 과정에서 드러나기 마련이다. 우리는 여기서 시인이 '머물렀던 곳'과 '가려고 하는 곳' 사이의 벡터를 느끼게 된다. 보통의 경우, 이 사이의 진폭이나 공간성을 근거로 난해성과 자기 충동적 경향을 변별하는 기준을 삼는다. 하지만 그 보다 한 시인이 끝끝내 가닿으려고 하는 '바로 그 곳'의 위치가 가시화되는 방식에 대해서 더 주목해야할 필요가 있다. '바로 그 곳'의 비전이 한 편의 시, 한 권의 시집이 가진 사유의 깊이를 가늠하는 준거이기 때문이다. 다시 말해 이와 같은 구도는 언어와 나, 문학사와 개별(나)의 시가 맞닥뜨리게 되는 한 순간을 전면화시킨다.

우선 이와 같은 관점에서 김은상의 시를 독해하기를 주문한다.『유다복음』을 통해 자본주의와 가난, 종교적 정합과 탈종교, 청춘의 무모함과 시간(자본)의 소모, 타락한 세계와 자기 양심 사이를 오가며 '현실의 이단아'가 되기로 작정했던 김은상의 근작시를 읽으면서, 우리는 그가 견지하고 있던 '바로 그 곳'을 생각해 볼 필요가 있다. 전작의 시집에서 「유다복음」 연작이 가진 알레고리의 정합성과 삶의 편린 다발들이 가진 시적 내실 또한 그렇다. 너무 '잘 짜여진 형태'가 아닌가 하는 의구심과 함께 시인이 시각화한 현실태들이 오히려 '유다복음'이라는 큰 그릇 안에 갇혀 있다는 인상을 들게 했다. 그런 반면 그의 근작시가 보여주는 시적 성취는 '정합의 세계'가 아닌 삶과 신성이 부딪히는 대결 구도를 구축했다는 점에서 보다 긍정적 인상을 가져다준다. 다시 말해, 이제 우리가 주목해야할 지점은 그간 김은상이 '머물렀던 곳'이 아니라 '가려고 하는 곳'이 어디인가를 좀 더 명확히 가늠하는 일이 될 것이다.

쓸모없이 살아온 허수아비가
쓸모를 다한 허수아비를 조롱합니다.
나의 웃자란 백발이 그렇습니다.
혈흔에 목마르지 않은 칼날은 없습니다.
선의든 악의든 누군가를 찔러야만
반짝거릴 수 있는 하이델베르크입니다.
……(중략)……
신은 인간의 야만으로만 아름다워집니다.
고를 수 없는 악성종양이 혈통이므로
세계는 온통 고아뿐인 야생입니다.
당신 또한 고아였다고 어제를 방목하면
오늘이 가없는 자해로 평온해집니다.
미워하는 사람이 있어야만 살아갈 수 있는
하이델베르크의 멜랑콜리아가 있습니다.
인간이라는 위성 하나를 긋기 위해
매일매일 깊고 푸른 밤이 태어납니다.

- 「하이델베르크의 윤리학」 부분

시인은 「유다복음」 연작 이후, 「하이델베르크」 연작을 기획하여 몰두하고 있는 것으로 보인다. 한데 여기서 더 이상 '하이델베르크'라는 이국 지명이 가진 역사와 문화사적 정보에 덧붙이는 수고는 하지 않아도 될 듯하다. 이미 그의 연작에서 '하이델베르크'는 기의를 초극한 채, 시인에게는 일종의 헤테로토피아(Heterotopia)로 작용되고 있기 때문이다. 연작을 쓰는 이유에 관해 전작 「하이델베르크」에서는 "겨울나무 속에서 꽃을 쓴다. // 당신이 듣지 못해 / 읽을 수 있는 언어로 // 하이델베르크를 쓴다 / 고성을 쓴다. …… 세상 없는 신전으로 쓴다 / 내일의 비명(碑銘)으로 쓴다."라고 그는 언술한 바 있다. 앙상한 겨울나무 속에서 꽃을 읽으려고 하는 '다음 세계'에 대한 전망은 "아무도 듣지 못해" 인식하지도 못하는 다른 세계를 겨냥하려는 시인의 개방 의지라 할 수 있다. 물론 그곳은 이미 '세상에 없는 곳'이다. 그리고 훼손된 세계 속에서 "읽을 수 있는 언어"를 길러 올리고야 말겠다는 이와 같은 다짐은 "고성"의 형태를 지향함과 동시에 "내일의 비명(碑銘)"으로 기록되는 언어일 것이다. 그러니 인용한 「하이델베르크 윤리학」에서는 '없는 세계'를 다시금 견지해 구축하고 완성하려는 결의들로 시적 화자의 정언윤리가 더 낭자하게 읽힐 수밖에 없다.

가령 '하이델베르크'의 공간적 지표를 과거와 현재, 미래가 뒤엉켜 있는 무시간성의 공간으로 제시하는 것도 그렇고, 이국적 기호를 초월해 현실태로 읽히게끔 하는 방식들도 그렇다. "선의든 악의든 누군가를 찔러야만 / 반짝거릴 수 있는 하이델베르크"는 "쓸모없이 살아온 허수아비가 / 쓸모를 다한 허수아비를 조롱"하는 곳이자, "온통 고아뿐인 야생"을 양성하는 세계라고 했다. 혈흔에 목이 마른 칼처럼, 누군가가 누군가에게 해를 입히고 끝끝내 죽여야만 그 용도를 다한다고 믿으며, "미워하는 사람이 있어야만 살아갈 수 있는" 잔혹의 세계가 바로 이곳 하이델베르크인 것이다. 이런 곳에서 인간은 "야만"이 아니라면 존립할 수가 없다. 여기서는 "신" 또한 그런 인간의 윤리를 심판하는 주체가 아니라 인간의 야만에 매혹되어, '신성'이 '인간성'에 역전되는 주체로 전락한다. 그러니, 이쯤 되면 하이델베르크는 '무시간성'을 지나 탈장소적 속성을 가진 멜랑콜리아의 의식 속 건축물로 전경화된다고 볼 수 있다. 다만 아쉬운 점이 있다면, '신성'을 역전시키는 잔혹하고 막강한 인간성의 발현이 단지 "악성종양"과 같은 현실적 기표나 인간 의식의 '멜랑콜리'로 끝내 좁혀진 부분이다. 과연 왜 그래야만 했을까. "인간이라는 위성 하나를 긋"는 "깊고 푸른 밤"에 결을 찾아서, 한 발짝 더 들어서기 위해서는 다음 인용시를 더 살필 수밖에 없다.

……(전략)……
나는 죽어서도 무명을 살아가겠다. 이것은 운명에 대한 나의 가없는 우정. 바람의 태내에서부터 감사만큼 근사한 변명이 없다는 것을 알았다. 급성간염이 간경화가 되고 간암이 된다. 나에게 진화란 오로지 그런 것이다. 배에 복수가 찼을 때 내일이라는 위험한 표정은 달 속에 묻어버려야 했다.

그러나 무명이란 이런 것이 아니지. 이름이 없으므로 태어난 적도 없지 않은가. 비로소 나는 무명의 잉태와 숨결을 느낀다. 이제부터 페가수스는 하이델베르크의 생일이다. 선의의 어머니가 악의인 것처럼. 피의 온기가 오히려 불온인 것처럼. 하이델베르크가 나를 지상의 유령으로 걷게 한다.

하이델베르크는 방의 기침. 하이델베르크는 뽑기 구슬. 하이델베르크는 고양이가 뱉어낸 창틀. 창틀에 앉은 나는 낭만의 파르티잔. 온통 일요일인 방의 축농증이 밤의 등뼈에 쌓여간다. 사랑을 완성하는 것은 불멸이 아니라 충만한 이별이다. 기린의 목소리로 외치는 폭풍 같은 혁명. 그곳에서 탄생한 나는 하이델베르크의 전락이다.

- 「하이델베르크의 고독」 부분

인용시에 시적 화자의 위치나 지위를 생각해 보자. 화자는 "죽어서도 무명으로 살아가겠다."는 고백과 함께, "이름이 없으므로 태어난 적도 없"는 존재라 스스로를 지칭한다. 즉 살아있으나 죽음을 내재하고 있는 것과 같은 파국의 존재가 화자의 자아감인 것이다. 그런 화자가 태어났다는 "바람의 태내"는 '기침을 하듯 앓는 방', "뽑기 구슬", "온통 일요일인 방"과 같은 협소한 공간 감각으로 변주되면서 종국에는 '죽음 키우는 몸'으로 상징된다. 그러니 "나는 무명의 잉태와 숨결을 느낀다."는 언술 또한 살아있는 감각으로 재현되는 것이 아니라, 마치 "하이델베르크가 나를 지상의 유령으로 걷게 한다."는 구철에서처럼 죽음이 짙게 드리어진 잠언으로 화자 스스로에게 헌사되고 있는 것이다. 자신에게 주어진 삶을 부정하고 "감사만큼 근사한 변명"이 없다고 자신이 대면하고 있는 현실들을 멸시하면서, "피의 온기가 오히려 불온인 것"을 묘파해내는 이 죽은 자의 언어는 지리멸렬하면서 처절하기 때문에, 가장 살아있는 자(살고 싶은 자)의 언어를 보는 것만 같은 착시를 일으킨다.

물론 이와 같은 착시는 "배에 복수가 찼을 때 내일이라는 위험한 표정", "급성간염이 간경화가 되고 간암이 된다", "선의의 어머니가 악의인 것"과 같은 구절에서 유추할 수 있듯이 가족력의 병증이 경유하면서, 만들어진 정동이라는 것 때문에 보다 명징하게 느껴지는 부분이기도

할 것이다. 그러나 시적 화자는 그 물려받은 병증마저도 '나의 진화'라고 단정하면서 죽음을 내재하고 있는 위독한 자신의 몸을 비천하게 내몬다. 해서 화자는 "사랑을 완성하는 것은 불멸이 아니라 충만한 이별"이라는 '반역의 공식'을 마련할 수밖에 없었을 것이다. 이와 같은 태도는 다른 연작 「서정시집」에서도 드러나는데, 이 시편을 이끌어가는 반대되는 개념어들과 진술 다발들의 부딪힘 또한 종국에는 하이델베르크의 현장감으로 종합된다. "사실적이지도 전복되지도 않"는 세계를 깨닫게 된 시적 화자는 "순응을 살아가고 저항이 살아진다."는 참혹한 현실을 횡단하여, "피투성이의 오늘"이라는 오직 찰나밖에 소유할 수 없는 하이델베르크를 인지한다. 그리고 "나에게 불멸하는 서정시집"이 있다고 선언한다. 그러나 이 시집은 "차갑게 타오르는 불꽃의 페이지들"로 가득하여, "당신이 듣지 못해 / 읽을 수"(「하이델베르크」) 없는 언어일 수밖에 없을 것이다. 대신에 '차가운 불꽃'의 가능성과 '반역의 공식'으로 충만하여 오히려 미지의 영역을 개척하려고 애쓰는 언어라고는 평가해 볼 수 있을 것이다. 시인은 이미 "뱉어야할 침이 마른 컨버전스의 시대"를 운운하며, 온몸으로 밀고 나가는 시를 논한 김수영의 「시여, 침을 뱉어라」를 겨냥하기도 했거니와 삶과 주검이 교차하는 하이델베르크의 지형을 누차 변주하기도 했었다. 다시 말해, 김은상은 온몸을 제대로 쏠 수조차 없는 기술 시대를 우선 견지하고 제 몸을 '유령의 몸', '주검의 몸', '병증의 몸'을 가진 주체로 인지하는 고행을 자처한다. 이를 통해 기존과 다른 언어감을 내비치며, 자신이 '머물렀던 곳'보다 '가려고 하는 곳'을 보여주는 진보적 시학을 펼치고 있는 것이다.

여기서 옥타비오 파스의 시론을 경유할 필요가 있을 것 같다. "우리가 언어를 이용할 때마다, 우리는 언어를 훼손시킨다. 그러나 시인은 말들을 이용하지 않는다. 그는 말에게 봉사하는 자이다. 말에 봉사함으로써, 말에게 말의 충만한 본성을 되돌려주며, 말이 자신의 존재를 회복하게 한다. 시 덕분에 언어는 원래의 상태를 회복한다."(『활과 리라』, 59면.)고 말한다. 즉 파스에 따르면 시인이 행하는 자기 세계의 개방은 자기 구원(자기 해방)뿐만이 아니라 훼손된 자국어의 본래성을 충실하게 회복시키는 봉사자일 때 유의미한 작업이 된다는 것이다. 그렇다면 김은상이 구축한 '하이델베르크'에는 무엇이 충만하고 무엇이 결여되어 있는 것일까. 우리는 반가(半跏)의 자세에서 그 해답을 얻을 수 있다.

혁명의 뒷모습은 별똥으로 먼 물결 아래 가라앉고
전쟁과 기근,
누가 죽어도 상관없는 길 위에서 솜사탕이 까마귀 떼로 쏟아져 날아오른다. 이제부터
이웃의 소년과 소녀를 살해한 건 하현달에 채워둔 이과두주이므로 비로소 나는
허공에 면벽하는 비로자나다.

성인들의 업적은 지구를 한 뼘도 굴리지 못했으므로 곡비로 길을 잃는 지상의 물구나무들,

천국의 바늘귀를 부러뜨린 외경으로 굴러간다.

- 「반가(半跏)의 사유」 부분

「하이델베르크」 연작 중 하나라고 볼 수 있는 「반가(半跏)의 사유」에서는 "누가 죽어도 상관없는 길 위에서" 벌어지고 있는 기원의 이야기들이 등장한다. 이는 역설적으로 "성인들의 업적"을 기록하기에 급급한 역사주의적 시각들을 비판하는 반역의 요소들인 것이다. 정작 "성인들의 업적은 지구를 한 뼘도 굴리지 못했으"며, 그와 같은 종류의 신화는 이야기로 기능할 뿐, 참혹한 삶을 살아가는 인간들을 신전으로 인도하지 못했다. 때문에 인간은 잘 울 수밖에 없는 존재, 즉 곡비(哭婢)가 될 수밖에 없었다. 하지만 이런 이상 주체들의 연속적 열거의 차원에서만 「하이델베르크」 연작의 기획이 그친다면, 이 연작이 가진 세계관은 결국에는 한정되고, 그 미감 또한 반감될 것이다. 그러니 "지상의 물구나무들"이라 지칭한 반가의 자세를 다시금 상기해볼 필요가 있다.

'반가(半跏)'는 부처가 가부좌를 틀고 온전히 열반에 들고 있는 모습이 아니라 한 쪽 발을 열반 밖으로 내던지고 있는 모습을 나타낸다. 이 자세만을 놓고 짐작을 해보더라도, 부처가 반가 상태에서 사유를 할 수밖에 없던 이유를 몇 가지로 해석해 볼 수 있다. 부처의 몸의 반은 열반에 들어 어떤 유혹도 집착도 없는 해탈의 경지에 가닿고 있는데, 남은 반쪽은 땅을 딛고 있는 것이다. 때문에 성스러움과 속스러움의 정중앙에서 부처가 고뇌하는 모습이 '반가'의 자세라 할 수 있다. 그도 아니라면 '반가'는 열반에 들기 직전 흐트러진 부처의 자세이거나, 열반에 입성하고 나서도 못내 땅 위에서 살아가는 중생들의 고된 삶들이 눈에 밟혀 스스로의 초월을 포기한 '실패한 신'의 모습이라고도 해석해 볼 수도 있다. 한데 어떤 경우라도 좋다. 그것이 온전한 신의 모습이 아니라는 데에 주목해야한다. '실패하게 된 신'이든 '실패를 작정한 신'이든 반가를 취하고 있는 부처의 실패는 신이 가진 가장 인간적인 사랑의 결의와 다름이 없는 정동이다. 우리는 이 자세가 가지고 있는 이러한 상징들 때문에 반가사유의 부처를 미륵불(구세주)로 인식하곤 했다. 즉 반가의 자세란 구원의 자세다. 내가 아니라 타인을 먼저 구원하는 자세를 총체적으로 상징한다.

나는 김은상 시인을 잘 모른다. 인사를 나눈 적이 있었던 것도 같고, 없었던 것도 같다. 몇 차례 마주친 것이 전부다. 어떤 병증이 그의 시를 이토록 가혹한 끝으로 내몰았는지 내밀한 실상을 알 수는 없겠으나 시인이 닿으려고 하는 곳 '하이델베르크'에는 입출구가 분명하지 않다는 것은 짐작할 수 있겠다. 그의 시는 앞서 살핀 바와 같이 수많은 강력한 주체들을 시편 내부에 등장시키면서 독단적 화자의 잠언을 가능하게 했다. 때문에 진술 구조가 두드러지고, 세계를 관장하는 목소리의 질감 또한 강력한 자기 권위성을 가지고 있었다. 즉 자기 세계를 확장하고 관장하는 힘이 너무 커서 그곳을 드나드는 독자의 입구는 협소할 수밖에 없었을 것으로 보인다. 느낌을 공유하고 그의 잠언 곁에서 머물 수 있다기보다는, 자꾸 시적 화자 곁에 선 시인이 엿보여 지나치고 싶게 만든다. 이 또한 시인이 가진 매혹과 덕목일 수 있겠으나 이와 같은 역량의 팽창은 종국에는 자폐가 될 수밖에 없다. 그럴 때마다 반가의 자세를 생각하기를, 타인를 먼저 구원할 수 있는 시를 생각하기를, 간곡히 요청해본다. 그리고 다시 옥타비오 파스의 말을 덧붙이고 싶다. "더듬더듬 언어를 창조하려고 시도할 때, 그 자신은 새로 창조되고 치명적 도약을 통해 재탄생해서 다른 사람이 된다. 자신이 되기 위해서는 타인이 되어야 한다." (『활과 리라』, 234면.)

제로에서 플러스로 율동하는 시
: 이진양의 시

    이진양의 본명은 이진영이다. 대개 필명을 짓는다는 의미는 이제 시인으로 살아갈 때 필명으로 모든 관계를 맺겠다는 의미이다. 시인이 세계와 소통하고, 타자로 나아갈 때, 이제까지 살아온, 기존의 이름을 버리고 필명으로 다시 태어나겠다는 의미로 볼 수 있다. 그러니 이진양의 경우는 '영'에서 '양'이 된, 그러니까 제로(0)에서 플러스(+)가 되기로 작정한 시인인 셈이다. 그의 시는 플러스 벡터로 율동하기를 애쓴다.
    이진양은 "오랜 습작 시간을 남몰래 간직한 젊은 신인"이라든가, "경험적 구체성과 개성적 문장에 공을 들인 점"(유성호)과 같은 다소 상투적인 심사평을 받으며 2021년 『시인수첩』 신인상에 「수많은 굴뚝의 집」 외 4편으로 데뷔했다. 좋은 시인을 선별한 심사위원들의 안목을 모두 부정하는 것은 아니지만, 이진양이 근래에 발표한 시편들을 탐독해 보면 그의 시에 대한 비평이 시보다 너무 비좁아 보인다는 인상이 든다. 제도권 문학의 문턱을 넘는 과정과 방식이 새로 탄생할 시인이 구축해 낸 세계와 전망을 축소해야만 하는 고행이 되어서는 안 되겠다는 생각을, 이진양으로부터 다시금 하게 된 것이다.

가령, 기 발표작 「내가 오지 않는 약속 장소에서 오펭 씨를 기다리는 나의 그림자」와 같은 시편에서는 '오펭 씨'의 정체를 둘러싼 다인칭 주체들의 발화 향연들이 가득하다. 정돈보다는 분화, 연속성보다는 불연속적 사태들을 횡단하면서, 시적 주체는 "모호한 것들의 편을 잘 가르는 아이"(「미래 네모」)가 되기로 작정한다. 물론 이 시편에는 단지 경험적 구체성이 드러난다고만 예단하기는 어렵다. 게다가 여기서 '편 가르기를 수행하는 아이'의 자의성은 독자에게 불친절과 친절을 오가며 뒤엉킨다. 오히려 구체적이어서 모호해져 버리는 어떤 장소로 우리를 인도해가는 것이다. "오펭 씨를 다시 만난다면 확성기로 귓속말해야지 누구도 알아듣지 못하게"와 같은 전략이 숨어 있다고 해야 할까. 다시 말해, 내 말을 독자가 전혀 알아듣지 못해도 좋으나 나는 "확성기"를 들고 크게 말하고 있다는 것과 그 반대급부인 "귓속말"이 함께 있는 언어감을 지향하겠다는 것이다. 그런데 기이하게도 이런 시적 전략은 주체에게 "다이아몬드처럼 정교하게 / 보호색"(「미래 네모」)을 덧입히고 있다.

언어실험자의 식탁에는 날개가 놓여 있다
날아오르는 용도를 상실했음에도 날개는 날개다

우울과 같은 박수
허둥과 닮은 함성

사무치는 질감으로 황조롱이 흔들린다 복제된다 요절한 gold star

television과 갈림길을 함께 걷는다 저기 발이 많은 물고기가 서 있다 언어실험자는 단념한다 단념은 micro uzi를 낳는다 타타다당 타다당 너무 긴 형용사는 고드름 맺힌 아나콘다 관찰자적 시점에서 오늘 밤 눈보라는 처참한 배롱나무의 자가 격리; 안드로메다 주말 텃밭에는 **이름을 잃어버리는 자 이름을 잃어버리고 싶은 자** 양식과는 다르게 경양식과도 다르게 가득하다

- 「허수의 허수아비 떼」 부분

날아오르는 용도를 상실한 날개는 날개일까. 날개가 아닐까. 쓸모가 사라져버린 채 명칭만 남아있는 존재를 우리는 어떤 기표로 부르는 게 맞을까. 예컨대 그릇이 깨져서 더는 그릇의 용도로 사용할 수 없다면, 그것은 그저 유리 조각에 불과하다. 그런데 여기서 언어실험자는 쓸모 없는 날개도 "날개는 날개다"라고 선언한다. 식탁 위에 날개는 용도를 잃어버렸을 뿐 이름을 잃어버린 것이 아니기 때문이다. 어쩌면 그것은 쉬고 있는 것, 잠시 멈추고 있는 것일 수도 있다. 그런데 우리는 왜 멈추고 있는 것들은 이질적으로 보는 것일까. "날개"가 "식탁" 위에 있으면 안 되는 것처럼, "우울"과 "박수"가 함께하기에는 이질적이고, "허둥"(虛광: 없는 북소리)과 "함성"이 닮아있을 수는 없다. 그러니 인용 시는 언어 실험임과 동시에 인식 실험을 수행한다. 기표가 기의에 닿지 못하도록 흔들리고 누차 복제되면서 "이름을 잃어버린 자"와 "이름을 잃어버리고 싶은 자"가 대립하는 과정을 통해 상징 질서를 뒤엎고 조작하는 놀이를 기획하는 것이다.

단종된 '금성 텔레비전'이나 '마이크로 우지' 기관총은 모두 이제 이름을 잃은 존재들이고, "발이 많은 물고기"는 물에 살 이유가 더는 없는 근본 없는 존재이며, 우리에게 주어진 삶의 형식("양식")은 너무나도 가볍게 "경양식"으로 둔갑해 말놀이가 되기도 한다. 이에 반해 '근본이 넘친다'는 "변덕쟁이 슈지"는 누구인가? 물론 맥락상 슈지 또한 근본 없는 존재처럼 읽히는 '허수'의 존재이기도 하지만, 돌연 우리는 이토록 막무가내로 아름다운 슈지를 만나게 되는 것이다.

발광 토끼 슈지:

안녕하세요 저는 싸이코 피지컬입니다. 신체적인 능력의 극한에 몰렸을 때 먹구름 당당해집니다. 나는 그런 별종입니다. 안녕하게요. 나는 코피컬 이코싸이므니다. 발음 부호는 내 날개입니다. 나는 가끔 한국인이고 미국 국적의 프랑스 식민지 반토막난 화산구입니다. 한쪽에서는 냉기가 한쪽에서는 한기가 서립니다. 립서비스입니다. 새가슴 호랑말코는 호랑이와 말의 이종교배로 얻은 코피머신입니다. 농도조절 실패! 아파트의 말투는 성형수술 안됩니다. 법으로 제정은 안 되었고 그냥 조례 종례 정도로 대가리 박아 이 자식아! 더이상 나누면 허수의 허수아비 떼로 날아오릅니다. 이탈도 질겁합니다. A/I/학/대입니다. 학을 떼다니요. 그럼 우리는 얼마나 회전문으로 가득한 대자보입니까?

젠장! 슈지는 시골에서
서랍풍선이나 키우며 살고 싶었는데,

(허수의 허수아비 떼가 날아오른다. 하늘을 뒤덮는다.)

- 「허수의 허수아비 떼」 부분

"발광 토끼"라는 슈지(修二)는 우선 발광하는 것은 맞는데, 단지 '토끼'는 아닌 것 같다. 일본식 이름을 가진 이 존재는, 스스로 '별종'이라거나 '미친 육체'라고 자신을 소개하고, "가끔 한국인이고 미국 국적의 프랑스 식민지 반토막난 화산구"라고 스스로를 칭한다. "안녕하게요"라고 호남 사투리를 쓰는 걸 보면 전라도가 고향인 듯도 하고, "조례 종례 정도로 대가리 박아 이 자식아!"와 같은 구문으로 유추해 보면, 학창 시절 교사로부터 폭력에 노출된 적이 있는 듯도 하다. 물론 이런 유추가 의미 있어 보일지는 모르겠으나 분명한 것은, 슈지의 존재는 "회전문"처럼 막혀 있는데 또 열려 있다는 것이다. 개방성과 폐쇄성의 그 어디쯤에서 학대를 당하고 있는 어떤 존재가 불완전한 언어를 가지고 불완전한 자신을 불안하게 소개하고 있으니, 일상의 언술 체계 속에 있는 사람에게 슈지의 언어는 모두 정신 나간 말처럼 들릴 수밖에 없다.

 자신을 소개할 수 없고, 자신을 온전하게 건립할 수 없는 슈지는 뭔가 단단히 화가 나 있는 것으로 보이는데, 종국에는 그의 분노가 "언제나 어디서나 자신을 향했던 / 역재생되는 발길질, 헛구역질, 스프링으로 솟구치는 느낌표"와 같은 기호로만 존재하게 되는 기이한 현상으로 치닫게 된다. 그러므로 슈지에게는 '생각한다, 고로 나는 존재한다'라는 코기토 명제가 〈"참을 수 없다." 고로 나는 "기호화한다"〉라는 이상 명제로 굴절되는 것이다. 그 후로부터 슈지는 "!!!발광 느낌표!!!" 슈지가 되면서 불안감은 가중되고 언어의 중첩이나 배열의 어긋남, 말놀이의 폭력성 등은 배가된다.

물론 왜 그래야만 하는지 이유 또한 불명확하다. 대신에 이유가 불명확해서 소비되고 학살된 언어의 전경을 우리는 어떤 윤리적 부담감 없이 줄곧 읽어볼 수 있다. 이 언술들은 허수의 이야기거나 발광하는 언어기형자인 슈지의 이야기, 혹은 언어실험자의 언어-인식 실험에 지나지 않는다고 생각하기 좋게 다인칭화되어 있기 때문이다. 어떤 폭력으로 인해 주체가 임계점에 도달해 이렇게 폭발하고 있는지 이유를 알 수 없으니, 다만 추측하면서 불구경을 하듯 "허수의 허수아비 떼"의 광경을 경험하게 되는 것이다. 그곳에는 무한한 유한이 있고, 음악이 있으며, 율동하는 말들이 있다. 그러면서 우리가 알고 있는 '상징 질서'는 해체되고 이진양의 조작 놀이는 더 강화되는 형국을 띤다. 그런데 왜 이런 난장을 아름답다고 해야 할까.

나는 너무 아름다워서 큰일이다
그렇다고 내가 마젠타요정물총새도 아닌데

흰 이빨을 드러내며 웃는 창문
영감으로 가득한 물결에는 전위가 없다

멀리서 수영하다 보니까 수영장하고 단숨에 뒤섞여버렸다; 내가 수영장인가? 내가 물인가? 나는 못 벗어나나? 나는 출렁이나? 나는 언제까지 넘치나?

― 「아인랑켄슈타인」 부분

모서리들은 해맑게 죽었다

노래와 바람이
마주치듯이

나쁘게 서 있었다
나쁜 게 뭔지도 모르면서

까마득하게 날아오르다

― 「흐르는 장난감」 부분

　우선 「아인랑켄슈타인」에서 멸종된 줄 알았던 "마젠타요정물총새"와 나의 아름다움을 비교하는 첫 문장을 상기해 보면, 이 시의 주체는 자신의 아름다움을 '예외성'이나 '우연성'에서 찾는 것이 아닌가 판단된다. 주체가 잠시 타자가 되어, 자기 주체의 '매우 충격적인 아름다움'을 목도할 때가 아니고서야 이러한 형태의 에고이즘이 가능할까. "너무 아름다워서 큰일"이라는 것은 내가 지금 여기서 강력한 주체로 건립되었다는 말임과 동시에, 내가 세계로 나아갈 때 나를 둘러싼 세계의 사태들을 미리 걱정하는 주체의 오지랖까지 포함하여 세계를 인지하겠다는 구문처럼 읽힌다. 즉 나는 너무 아름다워서, 그런 강력한 미(美)에 의해 나와 세계 사이의 관계적 차등이나 계급을 두는 정동들까지도 뒤엉켜 사고하는 주체가 되겠다는 것이다. 이는 달리 말하면, 내가 스스로 강력하게 건립된 주체가 아니라는 의미가 된다. 나를 강력하게 건립시키는 잠재태들은 모두 나의 바깥에 있으며, 종국에 나는 나의 바깥으로 인해 강력해진다는 말과도 다르지 않다. 그러니 역설적으로 '강력하게 아름다운 나'는 '의존적인 나'일 수밖에 없다.

수영장을 바라보다가도, 수영을 하다가도, "내가 수영장인가? 내가 물인가?" 구분하지 못하고, 단숨에 나를 둘러싼 세계의 외부태들과 "단숨에 뒤섞여버리"는 주체의 모습을 상상해 보자. 형태상으로는 내가 전이되고, 모험하고 있는 모습을 띠지만 그것은 내가 나를 놓치고 있는 모습과 다름이 아니다. 나는 물이 되고 수영장이 되고 나는 사라진다. 물로, 수영장으로 몸을 바꿔, 나라는 존재는 의문스러워지는 것이다. 물론 물이나 수영장의 기표가 등장하여 주체의 몸 바꾸기를 감행하는 이유 또한 뚜렷하지도 않다. 그저 물의 기표가 등장한 것도 우연에 가깝다. 그러므로 여기서 시적 주체는 "마젠타요정물총새"의 예외성이나 우연성이 자신에게도 있을지도 모른다는 기대와 전망을 품은 채, 별로 아름답지 않을지도 모르는 자신에 대해, 우선은 대책 없이 아름답다고, 그래서 정말 큰 일이라고 발설해 보는 것이다. 그렇다면 이런 징후는 어쩌면 세계와 융화되고 싶은 시적 주체의 또 다른 이상 심리가 아니었을까. 그러나 우리에게 그런 우연이나 예외는 좀처럼 일어나지 않기 때문에 '우연'이라는 의미로 기능할 수 있다.

가령 로티는 그의 저작 『우연성 아이러니 연대성』에서 '자아의 우연성'을 논할 때, 라르킨(Philip Larkin) 시에서의 죽음 의식을 경유하여 개별과 보편, 우연과 필연에 관해 검토한다. '나'가 존재할 때 나의 죽음이라는 것은 비-존재할 수밖에 없고, 나의 죽음이 존재할 때, 나의 존재는 비-존재가 될 수밖에 없는 필연에 놓여 있다. 그러니 개별주체가 죽음을 논할 때 그것이 보편으로 기능할 수는 없다. 보편의 죽음은 이곳과 저곳의 빈 것을 맞바꾸는 필연에서만 가능하므로, 우리가 혹은 시인이 나의 주체를 가지고 죽음을 쓴다는 것은 존재가 비-존재의 사태를 횡단하는 '언어의 제작'에 가깝다. 그것은 그저 개별성의 범형일 뿐이며, 필연이나 보편이 될 수 없다. 그러나 그럼에도 불구하고 시인들이 개별의 죽음과 마주하며 저마다 죽음 의식이 드러난 시편들을 자주 쓰려고 한다는 것은 현실에서 겨우 '시인'만이 우연을 만나고자 하는 '미완성의 전망 추구'를 기획할 따름이라는 것이다.

물론 이진양의 이번 시편들에서 죽음 의식이 강하게 투사된 것은 아니지만, 지금 여기 불가역의 사태들을 횡단하는 존재론적 물음을 되풀이해서 수행하고 있는 것을 고려해 보면, 이진양은 우연에 의존하며 관계로 나아가는 언어 제작자가 되기로 작정한 것처럼 보인다. 여기서 대개의 시적 주체는 미완성의 전망을 추구하는 것은 물론이다.

그러니 도형의 중심이 아니라 이진양의 시는 "모서리"나 주변에 관한 관심이 주로 나타난다. 게다가 동원된 말놀이들에서 번번이 노출되고 있는 서브 텍스트들이 가진 의미체들도 대다수 하위 문화적 특징들을 고스란히 담고 있다. 「흐르는 장난감」에서 "모서리들은 해맑게 죽었다"고 선언할 때 '해맑음'과 '죽음' 사이에서 독자가 어떤 의미 기표에 방점을 두어야 하는지 의문스럽고, "나쁘게 서 있었다"라고 진술하면서도 좀체 "나쁜 게 뭔지도 모르"는 사태의 지속을 우리는 이진양의 시를 읽으면서 경험하게 되는 것이다. 잘 모르지만, 잘 알 것 같은 "슈지"의 존재도 그렇고, 존재는 사라지고 현상만 남은 「아인랑켄슈타인」의 "나"도 그렇다. 이러면 안 될 것 같은 우연 다발을 모아다가 하나의 연대를 만들어 놓는 것. 그것을 통해 조금 더 비참한 흔들림과 발광, 슬픔의 율동을 전시시키는 것. 그리고 이런 형태의 존재론을 그저 말놀이가 아니라 관계 놀이, 인식 놀이로 끌어올리는 힘이 이진양의 시에는 있다. 그렇다면 이 '통고의 놀이'을 그저 아름답다고 불러봐도 좋지 않을까. 그리고 더 나아가, 이런 시를 읽는 것은 그저 독서가 아니라 지독하게 외로운 이진양과의 대화를 시도하는 것으로 생각해 보아도 좋지 않을까.

활 활 활
작별하며

우리는 깊숙하게 대화하고 있습니다.

— 「아인랑켄슈타인」 부분

4부

싸가지에 대한 단상

혐오, 모르고 지나가고 싶은
: 윤동주, 한하운의 시

(부)자연스러운 혐오

코로나19 팬데믹은 우리의 기존 일상을 송두리째 앗아갔다. 마스크 착용은 필수가 되었고, 국경은 이미 봉쇄되었으며 개인과 개인의 접촉 또한 바이러스 창궐 정도에 따라 '사회적/생활 속 거리 두기'의 방식으로 제한되었다. 방역의 일환으로 대다수 경제 활동과 교육 활동은 가능한 범위 내에서 '비대면'으로 전환되었고, 접촉 빈도를 줄이기 위해 교대 근무나 재택근무 또한 팬데믹 반년이 지난 지금, 우리 일상의 한 형태로 자리 잡고 있다.

그리고 "국민 개개인이 1차적인 방역막"(복지부 차관)이라는 '마스크 착용' 권고는 이미 권고를 넘어 생활의 방역을 위한 가장 쉽고 현명한 공적 장치로 격상되어버렸다. 국가가 개입해 '공적 마스크'를 유통했고 공급이 원활치 않았던 한때에는 마스크를 사기 위해(혹은 비축하기 위해), 약국 앞 긴 줄마다 불편한 진풍경이 연출되기 일쑤였다. 물론 이러한 정부 주도의 마스크 방역은 소위 K-방역의 성과 중 하나로 감염자로부터 나를 지키고, 감염됐을지도 모르는 나를 다수로부터 격리해 내는 시기적절한 대비책이었다. 그러나 이는 역설적으로 마스크를 착용하지 않는 자를 '혐오해도 된다'는 사회적 인식을 작동시킴과 동시에, 바이러스의 위협으로부터 스스로를 보호와 감금을 같이 하도록 하는 개인의 '의지' 아닌 의지를 작동시켰다. 달리 말해 바이러스에 응전하는 개개인을 자발적이라고 착각할 만큼 고립-방어의 주체로 전락시켰던 것이다. 여기서 혐오는 청결해지기 위한 '자기 세우기'가 아니라, 얇은 마스크를 벽으로 두고 혐오를 당할지도 모른다는 위협과 불안의 충동으로, 지금 여기에 당면한 윤리성이 되기도 한다.

가령 누스바움은 그의 저서 『혐오에서 인류애로』에서 '혐오'를 인간이 진화론적 전략에서 자기 생존을 위한 투사적 양식 중 하나라 지칭한다. 더 나아가 이를 지극히 자연적 현상이라고까지 말한다. 이는 오래전부터 인류가 생존을 위해 더러운 화장실, 체액, 배설물과 같은 원초적 감염/오염원으로부터 스스로를 보호하는 신뢰할 만한 지혜라는 것이다. 이런 자연스러운 혐오는 혐오의 정당화를 부여하는 동시에, 혐오가 '공통 인식'이나 '제도적 규제'의 형태로 공동체 내부에 자리 잡게 되는 근거 형성의 토대가 된다. 그러므로 이렇게 형성된 혐오는 '도덕적 둔감성'에 의존될 수밖에 없다.

'소독된 파리채로 휘저어 만든 스프'라든가 '소독된 요강에 담긴 음료'를 음용하는 사람이 없는 것처럼, 우리는 실제로 경험하지 않은 가상의 사실들에 관해 진지한 판단도 없이 먼저 거부하기에 십상이다. 이는 '전염병에 걸린 사람의 옷을 깨끗하게 세탁하고 소독'해서 누군가에게 입도록 권유하더라도 끝내 그것을 거부하는 행위와도 같은 맥락일 수 있다. 더 나아가 정신병력을 가진 자나 범죄를 저지른 사람과 친구가 된다거나 채용, 계약 등을 쉽사리 진행하지 않는, 낙인을 작동시키는 사회적 태도와도 유사하다. 실제 일어나지 않았고 경험하지 않았던 것들에 대한 공포가 공통 감각과 공통 인지를 유발하고 그 위험에 대응하기 위한 아주 자연스러운 방식으로 혐오의 일상화를 불러온 것이다.

확진자 발생 빈도에 따라 중국인 혐오에서 대구 지역 혐오/한국인 혐오를 일삼았던 것을 지나, 이제 다시 방역망이 안정된 우리가 타국을 혐오하는 것처럼, 국가/지역적 차원에서의 혐오의 핑퐁 싸움은 여전히 지속되고 있다. 물론 여기서 혐오는 기의 차원보다는 기표의 차원에서 양산되는 경우가 많다. 신천지 발 대구·경북의 사례에서도 우리는 익히 이런 혐오를 경험해 봤고, 이태원 클럽, 콜센터, 코인 노래방, 종교시설, 방문판매와 같은 기표들은 어디서 다시 창궐할지도 모르는 바이러스의 공포로 각인되고 있다. 심지어 그런 공포는 이태원 클럽 발 확산의 경우 '코로나 게이'와 같은 신조어를 탄생시키며, 기존의 혐오 대상이 되었던 성 소수자 집단에 확진자 프레임을 씌워 혐오에 혐오를 더해 공분의 정당화로 변질되기도 했다.

이쯤 되면 우리가 지금 내재하고 있는 혐오란, 단순히 나와 가족을 지키기 위한 자연스러운 방어막이 아니다. 포스트 코로나 시대를 대비하기 위한 기준이나 지침이라고도 볼 수 없다. 바이러스 전파를 통제하는 것과 동시에 우리의 인권은 덤으로 통제되었고 그런 강박은 권력의 강화를 용인하며 스스로를 축소화시키는 현상을 초래했다. 근래에 아감벤은 「코로나 사태와 예외상태」에서 현 팬데믹 상태가 '능동 감시의 체제'를 강화하는 계기로 작용하고 있다는 주장까지 한다. 이런 체제

안에서 혐오의 일상은 스스로를 지킨다는 그릇된 명목에 따라 우리 모두를 윤리적으로 둔감해지도록 하는 것이다. 달리 말하면, 현실의 위험 상태가 혐오 정당화를 조장하고 있는 셈이다.

앓고 싶은 근대병

    너무 먼 곳을 돌아온 걸까. 우리 시사에서 병적 증세를 가지고 시작 활동에 집중한 시인은 거의 전무하다. 한센병을 앓았던 한하운[1]이 있었고, 폐결핵으로 말년을 맞이했던 이상이나 김유정, 아편 중독으로 죽었다는 설이 있었던 소월, 소아마비를 앓았던 구자운 등 극히 한정된 상황에서, 한시적인 병적 증세가 있었을 뿐이다. 물론 여기서 한하운과 구자운은 각각 질환과 장애를 평생 가지고 있었다는 점에서 다른 층위로 고찰이 가능하다.

    특히 한하운의 경우는 자신의 병적 증상이 시 세계에 깊이 관여되어 해방 이후 역사적 관점만큼이나 비극적 개별 주체를 가시화했다는 점에서 주목할 만하다. 그리고 폐결핵 질환의 경우는 해방 이전 다수의 문인 그룹에서 '근대병'으로 인지되었다는 점을 논해 볼 수 있겠다. 달리 말해, 결핵이라는 기표는 우리 시사에서 혐오적 대상으로 배제된 적이 없다. 오히려 그 반대에 가깝다. 예컨대 이상의 경우 "이상은 사람이 아니라 사건이었다"(고은)고 회고되며, 그가 앓았던 폐결핵은 낭만화되기까지 한다. 게다가 매춘부 기누꼬, 금홍, 변동림, 권순희 등등의 여성들을 오가며 정분을 나눈 것은 물론이거니와 당대 기생들과 퇴폐적인

---

[1] '한센병' 명칭을 본문에서 혼재해서 사용했다. 나병, 문둥병 등 당대 표기를 그대로 살려야 하는 불가피함이 있었다.

교분을 일삼았던 일화 또한 이상이 앓았던 각혈의 고통과 맞물려 일제 강점기 문인의 정신적 내상을 드러내는 상징 기표까지 되고 있다. 이에 대한 문제의식 또한 덧붙일 말이 많으나 이 글에서는 갈음하는 것으로 한다. 결핵 발병 이후 이상의 시편에서 특수성을 발견하기는 어려움이 있으므로, 먼저 '근대병'으로 인지된 듯한 윤동주 「병원」의 정황[2]을 살펴보도록 하자.

    살구나무 그늘로 얼골을 가리고. 病院뒷 뜰에 누어, 젊은 女子가 흰옷아래로 하얀다리를 드려내 놓고 日光浴을 한다. 한나절이 기울도록 가슴을 알른다는 이女子를 찾어 오는 이, 나비 한 마리도 없다. 슬프지도 않은 살구나무가지에는 바람조차 없다.

    나도 모를 아픔을 오래 참다 처음으로 이곳에 찾어왔다. 그러나 나의 늙은 의사는 젊은이의 病을 모른다. 나안테는 病이 없다고 한다. 이 지나친 試鍊, 이 지나친 疲勞, 나는 성내서는 않된다.

    女子는 자리에서 일어나 옷깃을 여미고 花壇에서 金盞花 한포기를 따 가슴에 꼽고 病室안으로 살어진다. 나는 그女子의 健康이—— 아니 내 健康도 速히 回復되기를 바라며 그가 누엇든 자리에 누어본다.

- 윤동주, 「병원」 전문

---

[2] 시 「병원」에 대한 분석은 필자의 기발표 논문 「윤동주 시에 내재된 기독교 세계관의 낭만주의적 성격」를 정리·확장했음을 밝힌다.

병원 뒤뜰에서 "日光浴을 한다"는 "젊은 女子"에게 아무도 찾아오는 이 없는 이유는 무엇일까. 이 여자의 병적 증세를 "가슴을 앓른다"는 병, 즉 결핵으로 환치시켜 읽어보면 어떨까. 1연 정황을 내원한 시적 화자가 폐결핵으로 격리된 젊은 여자를 보는 장면으로 생각해 보자는 것이다.
　윤동주가 본래 자신의 시집 제목을 '병원'으로 짓고 싶었던 것을 상기해볼 때, 그녀의 병은 단순히 폐결핵이 아니다. 개인 주체의 병증이라기보다는 당대 청년들이 공유하며 앓고 있었던 병적/정신적 매개항이라 할 수 있다. 김윤식은 이상이 앓았던 폐결핵을 "죽음을 조소함으로써 죽음을 직시하고자 하는 아이러니의 정신"을 반영한 근대적 질병이라 명명했다. 여기서 결핵은 소진해가고 있는 주체가 앓는 몸으로 자신을 재인식하는 과정을 통해, 육체의 낭비됨과 시대와 동떨어진 유폐된 주체를 건립하는 하나의 방법론적 증세였던 것이다. 또한 그는 「메타포로서의 결핵」에서는 결핵은 근대 낭만주의와 관련이 깊은 병증이라 시사한다. '낭만파 문학'과 관련하여 18세기 중엽 "세련된 성품의 감수성의 지표였던 것"으로 결핵이라는 병을 신성화시킨다. "건강함이란 야만스런 취미의 징후로 간주"되는 반면에 "감수성이 있고자 하는 자는 결핵에 걸리고 싶"다는 귀족적 욕망으로 병증이 하나의 메타포가 되었던 것이다. "결핵은 감수성 예민한, 그러니까 창조력이 풍부한 특이한 인물의 소유물이라는 점이 널리 유포되"었으며 이는 근대문학에서의 낭만 주체들과 교착되어, 문학 작품 속에서는 '앓고 싶은 병'으로 격상되었다.
　실제로 결핵은 균에 노출이 되었더라도 모든 사람이 앓는 병은 아니다. 코로나와 같이 비말을 통해서 감염되는 병이지만, 균 노출자의 90% 정도는 바로 증상이 나타나지도 발병하지도 않는다고 알려져 있다. 그리고 감염된 10%마저도 즉시 발병되는 증상이 아니라 1~2년 잠복기를 거치거나 길게는 10년의 잠복기를 갖은 후 발병하게 된다고 한다. 잠복 상태가 긴 병이라 개개인의 영양 상태나 면역력 저하가 발병에 더 큰 이유로 작용한다는 것이다. 그러나 결핵은 한 번 발병이 되고 나면 걷잡을 수 없다. 한국의 경우 코로나19 치사율(2.1%)보다 결핵 치사율(5.9%)이 3배나 높기 때문이다. 그리고 근대기에는 결핵 백신이 부재했고, 영양이나 위생 상태가 개선될 여지 또한 없었기 때문에, 발병이 되고 나면 치명적인 질환이 될 수밖에 없었을 것이다. 그러나 근대기 청년 주체들 혹은 인텔리겐자 그룹들에서는 이 병을 두려워했지만, 역설적이게도 앓고 싶었던 '낭만병', '예술병'이었다. 물적 정신적 궁핍을 상징함과 동시에 숨조차 제대로 쉴 수 없는 현실적 사태를 병증으로 그대로 드러내고 있다는 그 증상 때문에, 좌절의 시대를 읽어내는 매우 독특한 기표로서 결핵은 인지되곤 했다.

「병원」의 정황 또한 그렇다. 여자는 "살구나무 그늘로 얼골을 가리고" 있고, 나무처럼 수동화되어 "日光浴"을 하고 있으나 나무와 달리 "이 女子"에게는 "찾어 오는 이, 나비 한 마리도 없다." 다시 말해 여자의 몸은 어떤 생명력도 깃들여져 있지 않은 파국 상태다. 시대의 아픔을 마치 제 몸으로 모두 형상화하고 있는 듯한 인상을 주는 것이다. 그러나 이 모든 사태는 화자인 '나'에게서 일어나는 일이 아니라 타자인 "젊은 女子"에게서 일어난 일이다. 1연까지 나는 그런 여자를 "病院뒷 뜰"에서 목격하는 단순 관찰자에 불과하다. 그리고 실제로 내가 겪고 있는 현실이란 2연부터 포진된 정황들이다. 우선 이 시는 두 가지 관계 층위에서 해석이 가능하다. 하나는 나와 의사의 관계, 다른 하나는 나와 여자의 관계다.

나는 자신도 "모를 아픔을 오래 참다 처음으로 이곳에 찾어왓"음에도 불구하고 의사는 나의 병을 모른다고 말한다. "나안테는 病이 없다고" 하는 것이다. "늙은 의사"의 진단과 "젊은이의 病"은 서로 다른 인지 격차를 보이며, 화자를 위계적으로 억압한다. 나에게 고통을 유발하는 분명한 병이 의사에게는 '모르고 없는 상태'의 병, 그저 꾀병이다. 여기서 늙은 의사의 지위를 생각해 볼 수 있는데, 가령 "늙은 의사"를 호명함에 있어 "나의 늙은 의사"와 같은 소유격 조사를 사용했다는 점을 주목해볼 수 있다.

"나의 늙은 의사"란 누구인가. 단순히 기성세대의 질서를 대변하는 외부적 주체라고만 인지할 수밖에 없는 것인가. 시적 사태만을 상기해 보더라도, 앞서 언급했듯 늙은 의사는 내(젊은이)가 앓고 있는 병의 존재 유무와 병증을 판단하는 입법자의 지위를 가지고 있다. 내가 아무리 병을 앓고 있더라도 그가 병이 없다고 하면 없는 것이고, 나에게 전혀 증상이 없더라도 그가 병이 있다고 한다면 있는 것이다. 그러므로 "나의 늙은 의사"의 지위란 윤동주의 경우는 '나의 신' 즉 기독교적 신의 자리를 대리하는, 대리적 상징 기표라고 할 수 있다. 그러므로 이어지는 화자의 육성을 주목해서 독해할 수밖에 없다. "이 지나친 試鍊, 이 지나친 疲勞, 나는 성내서는 않된다."는 육성은 신 앞에서 성을 낼 수 없다는 의지의 투사가 아니라 종국에는 '성을 내서는 안 되는' 지침으로 작용된다. 윤동주가 가진 '거역하기 힘든' 신앙적 윤리였던 것이다. 그러한 가운데 역설적으로 윤동주가 겪고 있었던 당대 사회에 대한 불안감이나 이제까지 가지고 있던 자신의 사회에 대한 회의감이 '시련'과 '피로'와 같은 넋두리로 표현된 것이다.

이처럼 「병원」에서 2연까지 '시련'과 '피로'로 압축되고 있는 윤동주의 정동은 이 세계를 구원하지 않고 버려둔 신(혹은 기성세대)을 탓하는 듯한 인상으로 시상이 전개되지만, 그것이 '지나치다'는 것에서 시적 화자로 하여금 정서적 고양이 유발되게 한다. 그리고 결국은 3연에서는 전혀 다른 국면에 놓이게 된다는 점에 주목해야 한다. 3연에서 "金盞花 한포기를 따 가슴에 꼽고 病室안으로 살어진다"는 이 젊은 여자가 화자 대신 병증을 앓고 있는 타자처럼 보인다는 점은 흥미롭다. 특히 「병원」을 종결하는 마지막 문장이 그렇다. "그가 누웠든 자리에 누어본다."는 의미는 결국 화자로 하여금 여성의 병증과 동류하며, 객체로써 바라보던 주체의 시선이 타자와 총체적 통일이 되는 국면으로 이 시가 마무리 된다는 것인데, 이는 화자 또한 여자가 앓던 결핵에 걸리고 싶다는 의지의 완곡한 표현일 수 있다. 앞서 언급한 바 있지만, 당시 결핵에 걸리고 싶다는 의미는 '죽음'이나 '느린 자살'을 의미하는 것이다. 윤동주에게는 이런 정동은 신앙적 교리를 거역하는 것과 같고, 자신의 신앙이나와 시대를 영영 구원해주지 못할 것이라고 회의를 느끼고 있는 상태와도 같다. 서로 "速히 回復되기를 바라"는 마음이라고 발화하기는 하지만, 여기서 회복은 질병의 고리를 끊어내겠다는 의미보다는, 아무도 회복될 수 없는 병증의 세계에서 자그마한 희망이라도 품어보자는 자기암시로 읽힌다.

어쩌면 윤동주는 자신은 끝내 폐결핵을 앓지 못하는 주체, 즉 '천재적 감각'을 내재할 수 없음에 대한 불안감과 안도를 동시에 느끼며, 그 복잡한 심사를 「병원」을 통해 형상화하려 했던 것이 아닐까. 예컨대 이상처럼 살고 싶으나 이상처럼 살기는 절대 싫은, 그런 마음은 아니었을까. 아이로니컬하게도 윤동주의 다른 시 「팔복」은 이상 시의 유사성이 있다는 해석이 존재하며, 이상과 윤동주의 일본에서의 구속 사유는 같은 죄목이다.

우리는 문둥이가 아니올시다

앞서 언급한 것처럼 평생 병증을 앓고 시작 활동을 해 온 시인은 우리 시사에서 한하운과 구자운 정도를 찾아볼 수 있겠다. 여기서 자신이 앓고 있는 병증으로 인한 혐오를 평생 받아온 시인은 한하운이었다. 구자운이 앓았던 소아마비의 경우는 전염되는 질병도 아니었고, 그에게 장애는 불편함이었을 뿐, 스스로에게도 신체적 혐오가 된 적은 없었다. 물론 구자운의 초기 작품이 '전통 도기(陶器)'로 대표되는 등, 항아리의 완벽한 형식에 대한 집착의 형태로 지속하기는 했으나, 그것은 혐오에 대한 반발은 아니었다. 이는 불구인 자신의 몸에 대한 열등의식의 발현이기는 했으나, 구자운은 전후 시단에서 상고주의를 비전화했기 때문에 도기에 대한 집착은 전통으로 가 닿으려는 특유의 메타포였다. 오히려 그의 절던 다리를 보고 동료 문인들은 '한국의 바이런'이라는 명칭까지 붙여줬다는 일화가 있을 정도로 구자운에게 질병은 혐오가 아니었다.

한하운의 경우는 다르다. 그의 작품과 이름 곁에는 '한센병'이 늘 따라다닌다. 소위 과거의 '문둥병', '나병'이라고 칭했던 이 병증은 사회에서 일종의 괴물 취급을 당하며 혐오와 기피의 대상이 되었다. 가령 서정주의 「문둥이」를 살펴보아도 그렇다. "해와 하늘빛이 / 문둥이는 서러워 // 보리밭에 달 뜨면 / 애기 하나 먹고 // 꽃처럼 붉은 울음을 밤새 울었다"고 노래한 미당은 한센인을 어두운 밤 보리밭에 숨어 아이를 잡아먹고 우는 공포스러운 대상으로 형상화한다. 물론 이 시에서 등장하는 "문둥이" 또한 운다거나 이미 해와 하늘빛이 서러워서 밤으로 숨었다는 상황을 담보하고 있다. 즉 미당은 이 세상에서 버려진 주체로 한센인을 형상화한 것이다. 그러나 자신이 앓는 병의 차도를 위해 아이를 잡아먹는다는, 이런 괴담은 종국에 "문둥이"에 대한 연민과 공포의 정서를 동시적으로 불러일으킨다.

한센병 환자가 아이를 잡아먹는다거나 장사한 지 얼마 안 된 시체의 간을 빼먹는다는 속설은, 아예 일어나지도 않았던 사건이라고는 볼 수 없다. 예컨대 《동아일보》 1929년 9월 7일자 사회면에서는 「생간 먹은 나병녀 사형을 구형」이라는 신문기사가 보도되기도 했고, 이듬해 같은 지면에 5월 22일 사회면 「소녀를 유인하야 살해하랴다 발각」에서는 "걸인 문둥병든자가" 아이를 납치하는 정황이 상세히 기술되어 있다. 그러나 실제로 어린아이의 간이 한센병에 특효일 리 없다. 당시 나병환자의 반인륜적 범죄가 사회 문제가 된 것은 사실이지만, 우리는 이런 괴담을 만들어낸 집단에 대해 생각해 볼 필요가 있을 것이다. 앞서 언술한 괴담만큼이나 나환자들이 가족들에게도 버림을 받고 자살을 했다거나 일부 지역에서 나환자들을 붙잡아 격리 수용했다는 기사 또한 적지 않다. 그들은 공동체에서 공동의 안전을 이유로 배척당했고, 치료 약은 물론이거니와 최소한의 위생의 개념마저도 정립되지 않았던 시기 한센인들은 자신들의 병을 치료하기 위해 말도 안 되는 괴담에 매료됐을 것이다. 당연히 괴담을 실행으로 옮긴 한센인들의 범죄는 처벌받아 마땅하지만, 아이의 간이 나병에 특효라는 괴담이 그들이 만들어낸 서사일 리는 없다.

나는 천상천하에 너무도 무고한 사람이다. 내 조상이 어느 별에다 명을 빌었는지는 알 수 없으나 나도 모르는 사이에 내가 문둥이가 되었으니 억울하지 않을 수 없다. 세상은 내가 문둥병에 걸렸다는 것을 내가 무슨 죄가 있어서 걸린 것 같이 여기면서 나를 무슨 불구대천의 원수같이 적개심마저 품고 세상이 나에게 야멸차게 함부로 하려고 한다.

- 한하운, 「황토길」 부분

나의 육체는 문둥병으로서 완전히 인간대열에서 매장되었지만 이렇게 된 나를 절망에서 살려주는 것이라곤 오로지 정신뿐이다. 이 정신을 키워주는 영양소는 오로지 이 세상에서는 책과 사상을 전개시키는 원고 쓰기밖에는 없다.

- 한하운, 「저류」 부분

인용한 산문에서 한하운은 자신을 "무고한 사람", "인간대열에서 매장"된 존재로 자각한다. 한하운에게 최초 한센병 발병 시기는 1936년 중등학교 과정을 졸업한 18살 때로 알려져 있는데, 그의 등단 시기가

1949년 4월 『신천지』였던 것을 고려하면 시작 활동을 시작하기 전 이미 10년이 넘게 한센병과 사투를 벌였던 것으로 보인다. 특히 해방공간에서 남과 북을 오가고, 반국가 음모죄로 오인되어 투옥되는 등 갖은 고초를 겪고, 등단 직전 2년간 월남하여 문둥이로 학대를 받았던 그의 경험이 초기 시 「전라도 길」, 「목숨」, 「벌」, 「하운」 등에 그대로 투사되어 있다.

한센병이 "내가 무슨 죄가 있어서 걸린 것 같이 여기면서 나를 무슨 불구대천의 원수같이 적개심마저 품고 세상이 나에게 야멸차게 함부로 하려고 한다."는 그의 말처럼, 그는 편견과 차별을 받는 상태에서 시인이 되었다. 전쟁 중에는 국군과 인민군을 막론하고 학살의 대상으로 취급되기도 했다는 기록도 있었으니, 당시 고등교육까지 마친 한하운에게는 병환보다 병에 대한 사회적 혐오가 생존 자체의 문제로 다가왔을 것이다. 학력만을 운운해 보더라도, 그는 병환으로 학업을 중단하기는 했지만, 일본 동경 성혜고등학교에서 수학하기도 했었고, 중국 북경 대학 농학원 축목학과를 졸업하기도 했다. 즉 인텔리였다는 것이다.

물론 다른 방점에서의 기록도 있다. 한하운은 등단과 동시에 "문전걸식하는 거지 문둥이가 시집을 출간한다는"(성기조) 당대의 문화적 기호로 둔갑하면서 문단과 출판 업계에 화제를 모으기도 한다. 당시로써 드물게 그의 2시집 『보리피리』의 경우 3쇄를 증쇄했으며, 등단 무렵에도 그는 '명동의 인텔리 거지'로 널리 알려지며, 여전히 방공호 토굴 속에서 사는 한하운을 연민하는 시선 또한 공존했던 것으로 보인다. 하지만 「문둥이 시인 한하운의 정체」(《신문의 신문》, 1953.8)에서는 한하운은 실존이 인물이 아니라 '문화빨치산'이며 그의 시는 '적색 시집'

으로 남한 민중을 선동한다고 매도하기도 했다. 특히 초판 『한하운 시초』에 「데모」라는 시에서 "피빛 깃발이 간다"라는 표현 등이 문제시되었다. 그래서 한하운은 신문사로 가 편집국장 앞에서 직접 시 한 수를 지었다는 일화까지 전해진다. 그때 그가 쥐고 썼던 펜은 나병균이 두려워 기자들이 헝겊으로 싸 태워버리기까지 했다는 것이다.

하지만 실제 한센병은 접촉성 전염성이 매우 높다는 인식과는 달리, 한센인과 긴밀하고 지속적인 접촉이 없을 시에는 발병하지 않는다고 한다. 병에 전염됐더라도 잠복기 또한 보통 3~5년으로 길고 어떤 경우는 20년에 달하는 사례도 있다. 게다가 오랜 역사 동안 인류와 함께해 온 질병이라 많은 사람이 항체를 가진 질병이기도 하다. 그러나 발병 초기에 치료를 시작하면 차도가 있는 병이지만, 치료 시기를 놓치면 평생 한센병과 가지고 살아야 하는 무서운 질병이다. 한하운의 경우가 그렇다고 할 수 있다. 그는 썩어가는 자신의 육체는 저주를 받았지만, 이 세계의 절망에서 자신을 구원할 유일한 일은 원고를 쓰는 일, 정신적 노동에 종사하는 일이라고 생각했으며, 사회가 자신을 혐오하더라도, 정작 자신은 스스로를 혐오하지 않으려고 했다.

　한 번도 웃어 본 일이 없다
　한 번도 울어 본 일이 없다

　웃음도 울음도 아닌 슬픔
　그러한 슬픔에 굳어 버린 나의 얼굴
　도대체 웃음이란 얼마나

가볍게 스쳐 가는 시장끼냐

도대체 울음이란 얼마나
지긋게 왔다 가는 飽滿症이냐

— 한하운, 「自畵像」 전문

하늘과 땅 사이에
꽃과 나비가
해와 별을 속인 사랑이
목숨이 된 것이올시다

세상은 이 목숨이 서러워서
사람인 나를 문둥이라 부릅니다
호적도 없이
되씹고 되씹어도 알 수는 없어
성한 사람이 되려고 애써도 될 수는 없어
어처구니없는 사람이올시다

나는 문둥이가 아니올시다
나는 정말로 문둥이가 아닌
성한 사람이올시다

- 한하운, 「나는 문둥이가 아니올시다」 부분

인용한 두 편의 시는 자신의 정체성을 되묻는다. 먼저 「자화상」에서 화자는 "웃음"이나 "울음"과 같은 표정을 한 번도 지어본 적이 없는 자아로 진술된다. 화자의 얼굴은 "슬픔에 굳어 버린" 상태로 어떤 표정에 어떤 감정이 깃들 수 있는지 인지할 수도 없는 상황으로 보인다. 이는 시편 속에는 "얼굴"로 표상되었기는 하지만, 이 얼굴은 병환을 앓고 있는 한하운의 몸, 그 자체로 읽히기도 한다. 가령 화자의 얼굴(=몸)은 보통 사람들이 느끼고 있는 기쁨이나 슬픔조차 쉽사리 받아들인 적이 없다. 더 명확히 이야기하면 보통의 감정을 학습할 수 없는 상태가 화자에게는 지속되고 있었던 것이다. 그러니 웃음은 "가볍게 스쳐 가는 시장끼", 울음은 "지긋하게 왔다가는 飽滿症"과 같은 배부름의 정도로 감정을 낯설게 형상화할 수밖에 없다. 여기서 주목할 점은 '울음-슬픔-포만증', '웃음-기쁨-시장기'로 이어지는 비유 구조다. 웃음이 포만감, 울음이 시장함으로 비유되는 것이 아니라 그 반대인 이유는 무엇일까. 한하운은 자신의 처지를 인간사에 일반 감정을 표현할 수도 없는 배척의 주체로 느꼈던 것은 아니었을까. 그에게 기쁨이란 찰나적이고 허무한 것에 지나지 않았다. 슬퍼서 울어볼 수라도 있는 사람은 감정의 포만감을 느껴본 적이 있는 사람일 텐데, 그에게는 이조차 허락된 적이 없었다. 그러니 그의 몸은 슬픔만을 내재하도록 "굳어 버린" 것이다.

하지만 그런 저주받은 몸을 한하운은 '유령'이 아니라 '사람'으로 표현한다. 적어도 그에게 '목숨'이란 인간 개개인이 저마다 가지고 있는 '꽃의 숨소리'였던 것이다. 「나는 문둥이가 아니올시다」에서 병치되고 있는 "하늘과 땅", "해와 별"은 서로 만날 수 없는 존재들이다. 이렇게 서로 대립하는 세계를 만나게 하는 대상은 "꽃과 나비"로 볼 수 있다. 꽃과 나비가 만나 새 생명을 잉태하는 것처럼 화자는 그렇게 세상에 나고 자랐고, 그런 서로 간의 소통과 공감을 통해 세상 섭리가 이루어져 있다는 것을 화자는 안다. 그러나 한하운이 겪었던 세상사는 혐오뿐이었을 것이다. 그를 유령처럼, "호적도 없이 / 되씹고 되씹어도 알 수" 없는 존재로 취급당했고, "사람인 나를" 세상은 "문둥이라" 불렀다. "어처구니없는 사람"이라고도 불렀다. 하지만 한하운은 그런 배척에도 세상을 원망하는 것이 아니라, 인간다움을 회복하고 싶다는 강한 의지로 자기 부정의 정신을 드러낸다. '나는 문둥이가 아니다. 성한 사람이다.'라는 거짓 명제는 내가 '성한 사람'이 되고 싶다고 염원하고 있는 것처럼 보이기도 하지만, '나는 성한 사람이 아니다. 문둥이다'라는 참 명제를 더 강하게 드러내는 기표가 되기도 한다. 즉 이 명제는 나는 그저 '나'로 태어났을 뿐이라는 의미와 다를 바가 없어진다. 우리가 인간으로 태어났다는 이유로 누군가에게 존중받을 권리가 있듯이, 한하운 또한 '사람'이라는 이유로 충분히 존중받은 세상을 꿈꿨던 것이다.

혐오 받지 않을 권리

질병과는 별개로 최근 혐오에 관한 단상을 덧붙여야겠다. 우리는 문학 작품을 읽으면서 1차적으로 세계로부터 해방감을 느낀다. 문학을 읽고 향유한다는 것은 그 자체가 이곳에 대한 '불편'이자 '진보'이다. 익히 우리를 억압하고 있다고 믿는 세계에 대해 거부권을 행사하는 것이다. 그곳에서는 또 다른 능동이 있고, 또 다른 세계가 저마다 구축되어 있다. 하지만 그 개개인들의 막강한 자기 윤리 때문에 문학 작품 그 차제가 혐오의 대상이 되기도 한다. 가령, 창작자의 행적이나 삶과는 별개로 작품 내에서 형상화한 현실이 현재의 윤리와는 어긋난다는 이유로, 소위 '빻은 시(작품)', '믿고 걸러도 되는', '약 빨고 쓴 시(작품)' 등의 언사로 혐오 당하기도 한다. 당대에 그 작품이 산출되고 유통된 조건을 고려하지 않은 채 말이다.

물론 과거의 평가 논리와 지금의 평가 논리를 견주어 비판적으로 사유하는 것은 비평의 당연한 권리이자 책무이다. 과평가나 윤색으로 인해, 혹은 망각을 통해 비판받아야 마땅한 시인이 기념화되고 교육 콘텐츠로 확대 재생산되는 일련의 사태에 대해, 재고할 필요가 있다고 생각한다. 특히 세계를 자아 속에 가두는 시 장르야말로 이런 윤리적 문제에 관해, 더욱 날 선 잣대가 필요할 것이다. 그러나 개인의 미적 질서가 통시적으로 모든 시기와 상황에서 윤리적일 수는 없는 노릇이다. 다시 말해 우리가 어떤 문학 작품이나 작가/시인을 평가할 때 총체적으로 인지하는 균형감각이 필요하다는 것이다.

우리는 '뉴노멀'을 맞이하면서 비대면, 비접촉을 일상화하고 있다. 이보다 훨씬 이전부터 우리는 '사실'만큼 '의견'이 존중되는 웹 기반의 삶을 영위하고 있었고, 그동안 수많은 혐오 상황들을 모니터나 스마트폰 화면 뒤에서 지켜보고 있었다. 관계되지 않는 추체험이 혐오를 유발한다고 한다면 어폐이겠으나, 여기서부터 모두 자유로울 수 없는 것도 일부 사실이다. 뒤에서 이 글은 폐결핵과 한센병을 한정해서, 우리 문학에서 전염병과 관련된 혐오의 면면들을 살폈을 뿐이지만, 꼭 이 말은 덧붙여야겠다. 우리의 삶에서 당연하거나 그럴만한 혐오란 없다. 혐오는 우리가 둔감하게 생각하는 또 하나의 범죄일 뿐이다.

박인환의 종로 시절
- 마리서사와 「거리」

겉멋의 재생산

    2006년 방영된 〈EBS 문화사시리즈 명동백작〉에서는 박인환을 호기롭고 겉멋이 가득 찬 시인으로 묘사한다. 해설자 정보석은 봄가을에는 우윳빛 레인코트를 걸쳤고 겨울에는 러시아풍의 깃이 넓고 기장이 긴 외투를 입고 다녔으며, 여름을 지독하게 싫어했다고 말한다. 한여름에도 정장을 입고 나타나서는 "여름을 통속이고 거짓이야, 겨울이 와야 두툼한 호옴스펀의 바바리도 걸치고, 머플러도 날리고 모자도 쓸 게 아니냐?"(강계순, 『아! 박인환』)라고 너스레를 떨었으며, 심지어 계절마다 즐기는 술도 달랐다고 한다. 봄에는 진피지, 가을에는 하이버, 겨울에는 조니워커를 즐겼다는 박인환은 존재 그 자체로도 충분히 '댄디뽀이'의 모습이었다. 그러나 당대 박인환의 이런 모습을 '겉멋'이나 '패션'으로만 단정해도 괜찮을까.
    가령, 장만영은 "그에게 서구적인 기질과 풍토가 있었다. 옷차림이나 사람을 대하는 태도"(「박인환 회고-불안한 연대의 시인」)까지도 서구

풍이었다고 회고한다. 예컨대 박인환이 들려주는 대다수 이야기는 '외국의 젊은 예술가의 까십들'이었으며, 그처럼 서구 문화를 깊이 있게 이해하고 있었던 사람도 드물었다는 것이다. 해서 장만영은 때로 "여기가 서울인지 프랑스의 파리인지 분간키 어려웠다"고 까지 덧붙이고 있다. 양병식도 마찬가지다. "화가 달리, 프랑스 시인 콕토의 모습을 한몸에 지니고, 그 성격과 기행도 닮은 이 시인 박인환, 오든과 스펜더를 마치 종주처럼 늘 거들먹거리던 시인 인환, 그리고 해방 후 젊은 시인들 속에서는 가장 우두머리에 나선 시인 인환, 그것은 마치 프랑스의 시인 위고가 낭만파 시인들의 우두머리에 서서 깃발을 높이 들고 나선 것"(「한국 모더니스트의 영광과 비참- 박인환과 그 주변」)과 같은 찬사를 던지면서, 박인환의 성품과 문학을 '앙팡 테리블'이라고 치켜세우기도 했다. 물론 이에 반해 이봉래는 박인환이 강원도 인제 두메산골에서 태어나 "소위 촌놈티를 벗기 위해서 의식적으로 도시를 동경했고, 일상의 행동을 모던하기 하기 위해서 무진 애를 썼다"(「박인환과 댄디즘」)고, 그의 예술적 포즈를 격하하여 회고하기도 한다. 그러나 이는 이봉래가 불랑쇼를 경유해서 박인환의 시 세계를 '편집적 파악'이라 규정하는 과정에서 비롯된 것이다. 자기 해체나 포기적 징후, 콤플렉스의 승화와 같은 비평적 수사의 근거를 마련하기 위한 명명이었지, 박인환의 근성이나 성품 그 자체를 두고 판단했던 것은 아니었던 것으로 보인다.

  잘 알려진 바와 같이, 실상 박인환의 기질과 문학적 포즈를 '겉멋'으로 지속시켰던 인물은 김수영이다. 김수영은 박인환 사후, 그를 몇 차례 산문을 통해 복기하면서, 박인환 문학의 본질마저도 흐리게 만들어 놓았다. 김수영은 산문 「박인환」에서 그를 "가장 경멸한 사람의 한 사람이었다."고 회고하면서 "그처럼 재주가 없고 그처럼 시인으로서의 소양이 없고 그처럼 경박하고 그처럼 값싼 유행의 숭배자가 없었"다며, 자신은 박인환이 죽었을 때 일부러 장례식도 가지 않았다고 고백한다. 아울러 "신문기사만큼도 못한 것을 시"라고 우기고 있었다고 그의 시를 평가하기도 했다. 그뿐만이 아니다. 김수영은 박인환의 '포오즈'를 줄곧 경멸하면서 "현대시의 실험이 방황에서 와서 방황에서 그치는 포오즈 같은 인상"을 준다고 박인환과 같은 모더니즘의 운동을 이끈 당대 일군의 젊은 시인들을 싸잡아 비판하기도 했다. 김수영은 "현대시가 겪어야 할 가장 큰 난관은 포오즈를 버리고 사상을 취해야 할 일"('「요동하는 포오즈들」)이라고 전망했던 것이다. 김수영의 복기가 이와 같은 차원에서만 그쳤다면, 문학적 지향의 서로 다름을 드러내는 강한 '비판'적 사료로 남았겠지만, 박인환에 대한 김수영의 평가는 '비난'에 가까웠다.

인환의 최면술의 스승은 따로 있었다. …… (중략)…… 복쌍은 인환에게 모더니즘을 가르쳐준 것이 아니라 예술가의 양심과 세상의 허위를 가르쳐 주었다. 그는 '마리서사'라는 무대를 꾸미고 연출을 하고 프롬프터까지 해가면서 인환에게 대사를 가르쳐주고 몸소 출연을 할 때에는 제일 낮은 어릿광대의 천역을 맡아가지고 나와서 관중과 배우들에게 동시에 시범을 했다. 인환은 그에게서 시를 얻지 않고 코스튬만 얻었다.

- 김수영, 「마리서사」 부분

여기서 '복쌍'은 당대 문화인들에게 선생 격이었던 초현실주의 화가

'박일영'을 지칭한 것인데, 김수영은 그의 첫 시집 『달나라의 장난』 속지에 '이 詩集을 朴準敬兄에게 드린다'라는 헌사를 쓴다. 여기서 박준경의 화명(畫名)이 박일영이다. '복쌍'은 박일영의 일본식 호칭을 그대로 부른 것이다. 김수영은 이 산문에서 박인환의 예술가적 기질을 '인환의 최면술'이라 표현하는 한편, 그 기질 또한 온전히 '마리서사'라는 연출된 공간을 통해서 비롯되었다고 비난하고 있다. 그뿐만 아니라 '마리서사'라는 무대를 연출한 인물은 박일영이라는 것이다. 박인환은 박일영에게 "예술가의 양심과 세상의 허위"를 사사 받은 꼭두각시에 불과하며, 그의 문학은 단순 '흉내 내기'에 지나지 않는 일종의 '코스튬(costume)'이라는 것이다. 김수영에게 박일영은 여전히 좋은 스승이었지만, 김수영이 바라본 박인환은 '복쌍'에게서 모더니즘을 배운 것도, 시를 배운 것도 아닌 그저 '가짜' 예술가에 지나지 않았다.

박인환 사후, 김수영의 이와 같은 평가는 그의 문학과 삶에서의 기질을 복원하는 사료로 되풀이되어 호출됐고, "농담으로 여겨져야 할 이와 같은 말이 박인환의 작품 세계를 평가하는 데에 큰 영향을 끼쳤"(맹문재, 「박인환의 대중화」)다. 그러나 역설적으로 '포오즈', '겉멋', '코스튬', '값싼 유행의 숭배자', '촌놈티를 벗기 위한 몸부림'과 같은 수사들의 재생산은 여러 주변인의 양극단을 치닫는 평가/회고와 조우하며, 오히려 '박인환'을 시인 이상의 기표로 복원시켰다. 박인환은 문학인을 넘어선 당대 문화적 기표로서의 의미로 격상된 것이다. 그리고 앞선 김수영의 산문들에서도 유추할 수 있듯이, 김수영은 박인환을 경멸했고 가짜 예술가라고 평가했지만, 박인환이 운영했던 '마리서사'의 가치나 문화적 의미를 훼손하지는 않았다.

마리서사와 종로 시절

김수영이 바라본 '마리서사'는 박인환의 코스튬 공간이기도 했지만, 당대 신세대들의 문화적 빈곤을 보충해주는 문화 융성의 플랫폼임은 분명했다.

그 서점 안에는 숱환 시서(詩書)들로 메워져 있었다. 내가 동경에서 대개 만져 보던 책들이 많았던 것으로 기억된다. 마치 외국 서점에 들어온 기분이었다. 기억에는 외국의 현대 시인의 시집 그것도 일본어로 번역된 것과 원서들로 메워져 있었다. 그 중에 지금 기억에 떠오르는 것은 앙드레 브르통의 책과 폴 엘뤼아르의 『처녀수태』라는 호화판 시집, 장 꼭도의 시집 등과 일본의 『현대의 예술과 비평』총서가 거의 있었고, 하루야마 유끼오가 편찬한 「詩と詩論」의 낙권된 질도 있었고 일본의 유명한 시잡지 「오르페온」, 「판테온」, 「신영토」, 「황지」 등과 제일서방의 「세르판」 월간잡지도 있었다. 이것들은 거의 박인환의 장서를 내놓은 것인데 가마꾸라 문고라는 출판사에서 나온 「세계문화」를 거의 갖고 있었다는 것은 그 당시 놀랄 일이 아닐 수 없었다.

- 양병식, 「한국 모더니스트의 영광과 비참- 박인환과 그 주변」 부분

1945년인지 그 다음해인지 낙원동 골목을 나서 동대문으로 가는 좌변에 마리서사(茉莉書舍)라는 예쁜 이름의 서점이 문을 열었다. / 20평이 채 되지 않아 보이는 서점으로 책이 몇 권 있지는 않았으나, 문학 서적이 대부분이어서 나는 책을 몇 권 샀다. 자기가 서점 주인이라는 20대 청년이 가까이

오더니 인사를 청하고 이름이 박인환이라는 것이었다. / 내 시의 애독자이며, 자기도 발표는 아직 없으나 시작을 하고 있다면서 매우 정다운 어조로 이야기를 붙여 왔다. …… (중략)…… 9시가 지나 손님이 느닷없이 찾아왔다. 손님은 박인환이었는데, 주기를 약간 띠고 있었다. / 박 청년은 앉더니 김기림을 영국 문학자 흄으로 치고 있는데, 김 선생은 우리 나라에서 치면 영국의 어느 시인에 해당되느냐며 영시인은 누구를 주로 읽고 있느냐는 질문을 하였다.

— 김광균, 「마리서사 주변」 부분

박인환은 해방 이후 평양의전에서 의학 공부를 그만두고 서울로 상경했다. 수의사가 되는 것은 아버지의 권유기도 했지만, 의과를 택한 것은 박인환이었다. 물론 의과나 상과 같은 전문 학도들의 경우 징용을 피해갈 수 있는 방편(강계순, 『아! 박인환』)이 되기도 했다. 경기공립이나 명신중학 시절부터 영화광을 자처했던 그에게 의학도의 길은 일제에 대한 눈속임이었을 가능성이 크다. 의과 3년 과정에서 2년을 수학하고 졸업까지 과반이 넘었는데도 불구하고 해방과 동시에 서울로 왔다는 것이 그 방증이기도 하다.

종로로 돌아온 박인환은 1945년 말 종로3가 2번지에 마리서사를 열었다. 파고다 공원 정문에서 동대문 쪽으로 약 60미터 거리인 낙원동 입구 자리였다. 현재는 대한보청기 건물 자리로 알려져 있다. 종로로 돌아온 박인환은 아버지에게 3만원과 이모에게 2만원을 빌려 마리서사를 열었다. 마리서사의 '마리'는 김수영에 의하면 일본 모더니스트 시인 안자이 후유에의 시집 『군함마리』에서 따왔다는 회고(「마리서사」)가 있고, 부인 이정숙에 의하면 프랑스의 여성 예술가 마리 로랑생의 이름에서 차용했다는 증언(『세월이 가면』)이 있기도 하다. 이 또한 김수영은 일본 모더니즘 문학의 수혜라는 측면에서 마리서사의 이름값을 평가한 것이고, 이정숙은 보다 근본적 차원에서의 예술관과 파리풍으로서의 '마리'의 어원을 증언했다고 그 층위를 나눠볼 수 있다. 여기서도 김수영은 '마리'의 어원을 일본풍으로 언술하면서, 상대적으로 저급한 것으로 취급하고 싶었던 의중이 숨어 있는 듯하다. 하지만 마리서사의 어원이 그중에 무엇이라도, 이곳에서 해방 이후 젊은 문화인들의 문화 부흥이 일어났다는 점을 간과할 수 없다. 박인환은 마리서사에서 문인뿐만 아니라 당대 예술인, 언론인까지 많은 주요 인물들을 만났다. 이곳에서 오장환을 비롯해, "김광균, 송지영, 이봉구, 박영준, 김기림, 김병욱, 이한직, 양병식, 최재덕(화가), 길영주(화가), 배인철, 송기태, 이시우, 설정식, 이흡, 김수영, 박일영, 임호권, 조우식"(「마리서와 마리 로랑생」) 등과 만나 교우했다. 그렇게 개업 당시 스무 살 청년이었던 박인환에게 이름 있는 기성 예술인들과 접촉할 기회는 마리서사를 통해서 이루어졌다.

한국 전쟁 이후, 명동에서 시공관이나 동방문화회관 주변을 중심으로 예술인들의 다방 점거가 문화부흥의 활력을 불어넣은 촉진 기재가 되었다면, 해방 공간에서의 마리서사는 예술인들의 '사랑방' 역할을 수행했다. 또한 마리서사는 그들의 의식 세계에서 '헤테로토피아'로 기능하기도 했다. 즉 일제로 인해 훼손된 미적 자율을 복원하고 싶던 열망과 조우하며, 예술과 낭만이 사라진 서울 공간에서 실재하는 유토피아의 '반(反)공간'적 요소로 자리매김했던 것이다. 특이나 해방 이후, 새롭게 유입된 신세대 문화인들에게는 일제가 빠져나간 자리에서 결핍되고 부재하게 된 문화 요소들의 재연결 내지, 재조합을 가능하게 했던 희망의 공간이었다.

그러니 몇 보 양보해서, 김수영의 주장처럼 이 공간을 기획한 것은 온전히 박일영의 자문에 의한 것으로 확정하더라도 마리서사는 박인환의 공간인 동시에, 문화적 유대 요소가 결합된 공간이었다. 아울러 박일영이 장서를 기증하거나 취합해 준 사료는 전혀 존재하지 않으니, 그곳에 장서를 채운 사람은 서점 주인이었던 박인환 그 자신이었던 것으로 볼 수 있다. 이는 다시 말해 마리서사의 외관과 내관의 연출/디자인이 어찌 되었든, 마리서사는 효시부터 박인환 스스로가 마련한 장서로 채워진 박인환의 의식 공간이었다. 가령 장만영의 증언에 따르면 "손때가 묻지 않도록 유산지나 셀로판이지"(「박인환 회고」)에 책을 싸서 다닐 정도로, 서가에 대해 아끼는 마음이 극진했던 사람이 박인환이었다. 그런 결벽과 장서에 대한 애착은 박인환에게는 자신의 이상적 동경을 투사하고 또 증빙할 수 있는 유일한 태도가 되기도 했다. 명동 진출 이전, 종로를 주무대로 삼았던 -명동 진출은 등단 이후였던 것으로 보인다. - 그가 소장한 책을 전시하는 것이 아니고는 문단에 발붙이기가 힘든 제도적 궁핍과 문화적 훼손이 지속됐던 시기가 해방 공간이었다. 그렇게 박인환에게 마리서사는 자신이 보유한 예술·문학 백과사전이자 중앙 문단과 접촉할 수 있는 첩경과도 같았다.

인용문에서도 드러나듯이, 그 당시 구하기도 힘들었던 문화 예술 서적들을 박인환은 이미 보유하고 있었다. 불문학을 했던 양병식조차 이를 두고 "외국 서점"에 들어 온 것 같았다고 표현하고 있다. 그러나 김광균은 20평이 채 되지 않는 공간에 책이 몇 권 비치되지 않았다며, 오히려 그 규모를 축소해서 표현한다. 그러나 김용성이 취재한 유족 회고를 참조하면 김광균보다 양병식의 회고가 더 신빙성이 있어 보인다. "원서동에서 세종로로 내려올 때 책이 수레 두 대분이었다. '마리서사'를 거둬 치우고 남은 것으로, 하나하나 빼다가 차를 사 마시기도 했다. 그 시절만해도 술을 몰랐다."(김용성, 「박인환」, 『한국현대문학사탐방』)고 한다. 서점을 정리하는 시점에서 그 당시 "수레 두 대분"의 규모라는 것은 절대 적은 양의 장서라고 볼 수는 없다.

또한 김광균의 경우는 박인환의 호기로운 모습만을 묘사하기는 했으나, 이어지는 회고에서 김기림과 설정식에게 박인환을 시를 쓰는 청년으로 소개하고, 그가 경영하는 마리서사를 꼭 가보라는 당부를 덧붙인다. 이런 일화들로 보아, 김광균에게 당시 박인환의 호기로움은 마리서사를 채운 귀한 장서들의 수준과 견줄 만큼 강한 인상을 내포했던 것으로 추측된다. 게다가 이 산문의 말미에는 "마리서사는 수입보다 지출이 많았을뿐더러, 도대체 주인이 서점에 붙어 있지 않아서 장사도 안 되는 데다가, 책을 사는 사람도 파는 사람도 아닌 문학청년들이 모여드는 소굴"로 당시 마리서사 주변 풍토를 마무리하고 있다. 즉 김광균 또한 마리서사의 매력을 부정할 수 없었고, 해방 공간에서 마리서사가 해낸 역할과 문화사적 지위를 방증하는 증언을 한 셈이다. 이처럼 수많은 회고와 증언에서도 확인할 수 있듯, 마리서사는 박인환의 문학/문화적 지향이 투사된 정신적 보고였다고 볼 수 있다. 당대 문인/문화인들은 어쩌면 박인환의 '포오즈' 보다는 그 정신적 퇴적층의 증거인 마리서사의 장서에 감격했을 것이다. 오히려 박인환의 겉멋이라고 격하되는 제스처는 그의 의식의 퇴적층을 횡단하는 단층으로 작용했을 것이 분명하다. 그런 문학적 지향이 후대에 모더니즘이든 센티멘탈리즘이든 댄디즘이든, 마리서사라는 하나의 문화적 징후로 박인환은 거기 함께 존재했었다.

「거리」와 파리 '에피고넨'으로서의 종로

나의 時間에 스코올과 같은 슬픔이 있다
붉은 지붕 밑으로 鄕愁가 光線을 따라가고
한없이 아름다운 계절이
運河의 물결에 씻겨 갔다

아무 말도 하지 말고
지나간 날의 童話를 운율에 맞춰
거리에 花液을 뿌리자
따뜻한 풀잎은 젊은 너의 탄력같이
밤을 지구 밖으로 끌고 간다

지금 그곳에는 코코아의 市場이 있고
果實처럼 기억만을 아는 너의 음향이 들린다
少年들은 뒷골목을 지나 敎會에 몸을 감춘다
아세틸렌 냄새는 내가 가는 곳마다

陰影같이 따른다

거리는 매일 맥박을 닮아 갔다
베링 해안 같은 나의 마을이
떨어지는 꽃을 그리워한다
황혼처럼 장식한 여인들은 언덕을 지나
바다로 가는 거리를 순백한 式場으로 만든다

戰庭의 樹木같은 나의 가슴은
베고니아를 끼어안고 氣流 속을 나온다
望遠鏡으로 보던 千萬의 微笑를 灰色 외투에
싸아
얼은 크리스마스의 밤길을 걸어 보내자

- 「거리」 전문

 여기서 박인환의 등단작으로 잘못 알려진 「거리」에 대해서도 언급할 필요가 있다. 「거리」는 애초에 ≪국제신보≫를 통해서 1946년 12월에 발표된 것으로 알려져 있었다. 그러나 맹문재의 전집에서 "1946년에 존속하지 않은 『국제신보』를 등단 매체라고 할 수는 없을 것"(『박인환 전집』, 652면)이라는 의문이 제기된 이래로 전집 간행을 거듭하면서, 「거리」를 발표 연도가 아닌 창작 시기로 보는 것이 합당하는 견해(엄동섭·염철, 『박인환 문학전집1 시』, 425면)가 중론이 되었다. 「거리」에 대한 오인은 1976년 근역서재에서 박인환 사후 20주기를 추모하며 간행한 『목마와 수녀』에서부터 비롯된다. 「거리」, 「지하실」, 「이국항구」, 「이거리는 환영한다」, 「어떠한 날까지」, 「세월이 가면」, 「가을의 유혹」 등 7편의 미발표작이 추가되면서 작품 말미에 표기된 "一九四六年 十二月"을 발표 시기로 오기하면서, 서지 정보가 없었던 표기를 추후 전집 편찬 과정에서 자의적으로 수용한 결과였던 것이다.

그리고 엄동섭·염철의 전집에서는 발굴된『순수시선- 예술의 밤 낭독시집』(입장권)을 근거로 1946년 6월 29일 조선기독교청년회관에서 열린 '예술의 밤'에서 낭독된 「단층」을 최초 발표작으로 삼고 있다. 여기서 낭송된 「단층」은 추후『선시집』(1955. 10. 15.)에 수록된 「불행한 샨송」과 이본 관계에 놓여 있는 작품이다. 이에 대한 보다 면밀한 검토를 선행해야겠지만, '박인환 등단' 시점에 관한 연구는 뒤로 미룬다. 다만 「불행한 샨송」과 이본 관계에 놓여 있는 「단층」이 가진 지위만큼이나 「거리」 또한 박인환의 마리서사 시절에 창작된 초기시의 지위를 충분히 함의하고 있는 것으로 보아야 한다. 한데 엄동섭·염철의 전집에서는 「거리」를『목마와 숙녀』에서 추가 수록작으로만 취급한다. 이는 재고될 만하다.

정확한 기록은 부재하지만, 마리서사는 박인환이 1945년 말부터 1948년 초까지 경영했던 것으로 회고된다. 이 기간을 최대한 넓은 폭으로 잡아 한정하더라도 발표작이든, 미발표 창작 작품이든 남아 있는 기록으로는 그 편수가 많지 않다. 「단층」, 「인천항」, 「남풍」, 「사랑의 Parabola」, 「나의 생애에 흐르는 시간들」, 「인도네시아 인민에게 주는 시」, 「지하실」, 「골키-의 달밤」까지다. 이 8편의 시편 중에서 「골키-

의 달밤」은 『신시론』(1948. 4. 20.) 제1집에 수록된 것이고, 「인천항」, 「남풍」, 「인도네시아 인민에게 주는 시」, 「지하실」은 『신시론』 2집 격인 『새로운 도시와 시민들의 합창』(1949. 4. 6.)에 수록된다. 그렇다면, 종로 시절의 초기 시편은 극히 한정적일 수밖에 없다. 주지하듯 박인환의 종로 시절은 '마리서사'의 시절이자 그의 '문단 진출기'라고 시사할 만하다. 그러므로 그의 「거리」가 최초 발표시는 아닐 수 있을지언정, 박인환의 초기시를 고찰하는 데에 간과해도 될 작품이라고는 볼 수 없는 것이다.

박인환의 「거리」는 이국적 단어들과 정서가 매우 의식적으로 투사된 시편이다. "외국 시인을 모방한 습작기의 소산"(김차영, 「박인환의 높은 시미학의 위치」)이라는 평가와 "거의 아무런 시적 환기력을 갖지 못한 한자어들이 도처에서 튀어나와 독자의 감동을 방해한다는 점은 인정되지만, 절망이나 불안의 색채가"(이동하) 보이지 않는 예외적 작품이라는 해석이 공존하고 있는 「거리」는 당대 선배 시인 중에는 오장환의 시풍을 수혈받은 듯한 인상을 준다. 오장환이 '남만서점'을 경영했듯 박인환에게는 '마리서사'가 있었다. 주지하듯 해금 이전까지 오장환과 박인환의 영향 관계의 대해서는 많은 논자들이 『성벽』을 간행했던 오씨 시인' 정도로 매우 한정적으로 기술하고 있다. 하지만 종로 시절 외향에 있어서 정신적 지주가 '복쌍'(박일영)이었다면, 시 세계에 직접적인 영향을 준 시인은 오장환으로 볼 수 있다. 특히 그의 시에서는 오장환 시에서 반복적으로 드러나는 '센티멘탈 로맨티시즘'의 특징이 투사되어 있다.

실제로 「거리」는 이국풍의 언표들과 한자어들의 결합으로 강한 센티멘탈리즘과 낭만풍의 묘사가 과입된 시편임은 분명하다. 도입부에서부터 "나의 時間에 스코올과 같은 슬픔"이라든가 "지나간 날의 童話를 운율에 맞춰 / 거리에 花液을 뿌리자"와 같은 향수 짙은 언표들을 사용하는 것만 보아도 그렇다. 이러한 언표들은 시인의 의식 세계에 닿기보다는 오히려 거리의 의미요소를 풍만하게만 할 뿐, 명징한 기의를 부재하게 한다. 그럼에도 불구하고 박인환의 종로 시절을 김수영의 평가처럼 '흉내 내기'로 규정해 본다면, 이 시는 역설적이게도 흉내 냄으로써 그 가치를 세우는 시편이 되기도 한다. 「거리」를 쓴 박인환에게 그 '에피고넨'의 대상은 '복쌍'도 아니고, 다른 서구 시인들도 아니었다. 박인환이 '마리서사'를 개업해 종로 거리에서 이국 풍경을 환기시켰듯이, 「거리」에서 시적 화자는 종로라는 초기 도시의 건축 뼈대에 파리풍의 이국 향수를 투사하여 '종로'를 '파리'와 같은 이국의 공간으로 역전시키려고 했던 것이다. 가령 "베링 해안", "코코아의 市場", "황혼처럼 장식한 여인들", "베고니아", "望遠鏡으로 보던 千萬의 微笑" 등등은 모두 "거리는 매일 맥박을 닮아 갔다"라는 시적 화자의 부조화된 감각 기능 때문에, 호출이 가능했던 기표들이다. 급격하게 문화 요소가 빠져나간 종로(서울)의 자리에서 문화 융성기의 어느 유럽 도시 거리를 호출하기 위해서는 맥박처럼 울렁거리는 '정동'이 아니고서는 안 되었을 것이다. 그래서 박인환은 살아있는 모든 감각을 동원해 그것이 센티멘탈리즘일지언정, 종로 거리와 함께 울렁거리고, 걸음마다 이국 꽃내음을 풍기는 향수 짙은 예술가가 되고 싶었다. 스스로 문화의 기획자가 되어 문화의 귀족이 되는 '댄디뽀이'가 되고 싶었던 것이다.

1947년 어느 가을 마리서사 창가에서 「거리」의 초고를 쓰고 있는 박인환을 상상한다. 눈을 한 번 감았다 뜨면 종로 거리가 유럽 어느 거리에 닿아 있고, 눈을 다시 한 번 감았다 뜨면 마리서사에 문을 열고 어느 이국의 예술가가 들어와 책을 고른다. 자신의 이름을 찾으며.

'싸가지'에 대한 단상
– 김승일의 세대론에 답하여

임화의 글 「시단의 신세대」가 발표[1]되었을 때, 임화는 다음 세대의 시인으로 김광균, 오장환, 함윤수 등을 언급하면서 당대 모더니즘 시의 퇴장을 선언한다. 이 글에서 임화는 "우리는 이 사이에 起林까지가 새로운 詩人으로서의 위치를 상실했다는 한 사실만 지적하면 족하다. 한 시대가 완전히 終焉을 고한 것"(「시단의 신세대」 1회차)이라는 진단과 함께 오장환, 함윤수 등의 시편들을 새 시대의 대안적 시 정신으로 언급한다. 특히 여기서 김광균의 시를 논평한 부분이 주목할 만하다. 김광균의 시를 "이메지의 단조로움고 불길한 고요함으로부터의 내면화의 운동은 30년대 이래로 우리 新時 위에 모더니티의 바람을 몰아오던 新興時派의 새로운 방향전환이요, 하나의 귀결이다. 이것은 「瓦斯燈」의 功績이"라는 진단을 내리고 있다. 골자 그대로 해석해 보자면, 임화는 이 글에서 김기림, 정지용 등의 1930년대 모더니스트들의 퇴장을 선언

---

[1] 임 화, 「시단의 신세대」, 《조선일보》, 1939.8.18.-26. 총 7회 연재.

함과 동시에 김광균에게 새로운 모더니스트의 후예로 그의 지위를 부여한 셈이다.

당시 문단 상황을 회고해 보면, 1920년대 후반부터 신춘문예가 정예화 되어 신인들이 꾸준히 배출되고 있었고 잡지 추천을 통해서도 배출되는 신인의 수가 적지 않은 사정이었다. 특히나 『文章』지에 추천위원으로 간 지용이 그 몫을 해오고 있었고, 김기림 역시 당대 모더니즘 운동의 선두적 시인으로 1930년대 문단을 장악하고 있는 상징적 인물이었다. 1930년대 중반 기교파 논쟁을 불러일으킨 임화가 1939년에 다시금 '신세대논쟁'을 문단의 화두로 촉발시킨 이유를 몇 가지로 요약해 보면, 대공황 등 근대 질서의 몰락과 일본의 승리로 끝난 중일전쟁, 그리고 그러한 국제적 전환기를 겪으며 지성에 대한 재고찰이 식민지 지성들 사이에서 논의되고 있었다. 이러한 '지성론'은 이후 '네오휴머니즘론'으로 확대되었으며 김오성, 백철, 김인식, 윤규섭 등이 그곳에 참여하며 전환기 지성의 역할이 무엇이 되어야하는지가 화두로 올랐던 것이다. 이런 시국에 임화가 꺼내들고 나온 「시단의 신세대」는 향후 태평양 전쟁 발발과 함께 최재서 등에 의해 기획될 『국민문학』시대와 더불어 맞이할 어용의 시대와 민족말살 암흑기를 목전에 둔, 나름 조선시단 내의 미래를 위한 자구책 중 하나가 임화의 '신세대론'이었을 것이다.

그간 한국문학에서 되풀이 되어온 세대론이 가지고 있는 여러 공통적 면모들의 초기 전형성을 그대로 내장하고 있던 이 시기 '신세대론'은 1940년 2월에 『인문평론』지를 통해 다음 세대의 기대 주체였던 김광균, 오장환이 자신들의 입장을 내놓으면서, 마무리가 된다. 한데 재미있는 점은 늘 세대론이 그래왔듯, 호명했던 기성의 요구와 신인의 응답이 전혀 다른 방향으로 진행됐다는 점이다. 오장환은 "古典이 없는 슬픔은 실로 막대하다. 자신까지도 믿을 수 없는 기력속에서나마, 다만 우리들은 절망에 빠지지 않도록 경계해야만 된다."[2]며, 전대의 부정을 포함해 조선문학의 절대적 기원 자체의 공허를 논했고, 김광균은 "새로운 시가 자연의 풍경에서 노래할 것을 발견하지 못하고 정신의 풍경 속에서 대상을 구했고, 거기 사용된 언어도 목가적인 고전에 속하는 것보다는 도시 생활에 관련된 언어인 것도 사실이다. 오늘에 와서 현대시의 형태가 造型으로 나타나고 발달된다는 사실은 석유나 紙燈을 켜던 사람에게 電燈의 발명이 '등불'에 대한 개념에 중요한 변화를 주듯이, '형태의 사상성'을 통하여 소형 그 물건이 일종의 사상(思想)을 대변하고, 나아가 그 문학에도 어느 정도의 변화를 일으키는 데까지 갈 것도 생각할 수 있다."[3]며, 다음 세대의 모더니즘에 대한 인식론적, 방법론적 시론을 시사했다. 한데 이에 더불어 김광균의 경우 더 재밌는 사료가 있는데,《조선일보》1940년 1월 13일부터 총 3회에 걸쳐 17일까지 '문단 신년의 토픽 전망'란에 「시단의 현상과 희망」이라는 표제로 임화와 대담을 하면서, 당대 거장이었던 임화를 향해 신예 김광균이 '하고 싶은 말'을 다하는 듯한 강한 인상을 남긴 부분이다.

　가령 "『望鄕』, 『太陽의 風俗』, 『촛불』 등 시집을 최근에 읽었는데, 전보다 새로운 맛이 적더군요. 다시 말하자면 시대의 距離를 느끼게 돼요."라며 전대 선배들의 시집에 대한 거침없는 평가를 내놓는다든가, 임화가 "芝溶이나 李箱이나 片石村(김기림)보다 한 시대 前 것은 어때요?"

---

2) 오장환, 「방황하는 시 정신」, 『인문평론』, 1940. 2.
3) 김광균, 「서정시의 문제」, 『인문평론』, 1940. 2.

하고 묻자 김광균이 "그저 骨董品的인 아름다움뿐이지 뭐 별로……." 라며 전대의 조선의 시를 '골동품'으로 취급하기까지에 이른다. 물론 이 대담에서 김광균의 이런 태도가 단순히 악평을 늘어놓는 철없는 신예의 모습으로 그치는 것만은 아니다. 당대 유입된 모더니즘의 영역에서 해소할 수 없는 이상 시에 대한 위치 조정, 경향시의 건강성과 유효성에 관한 논점, 당대 동인지의 색채감 없음의 문제, 자연발생적 서정이 끝나버린 세계에 대해 어떤 서정을 내장해야 하는지 하는 시대감각, 현대시가 산문과 달리 "不斷한 實驗過程"를 통해 전진해야 한다는 진보의 입장 등등 임화의 질문들에 응수하여, 할 말은 다 하겠다는 신예의 모습과 당대 문단의 결여와 과잉에 대해 명확하게 진단하고, 거침없이 자기 시각까지 드러냈다. 그러니 엿보는 이에게 일종의 통쾌함마저 주고 있었던 것이다. 속된 말로, 참 '싸가지' 없게 필요한 말을 다한 셈이다.

2016년 겨울부터 2017년 가을에 이르기까지 문단의 주요한 변동 사안이나 이 시기 주목할 만한 시인들의 시를 주제화 하여 자유롭게 비평글 하나를 완성해 달라는 청탁을 받았다. 그간 신경숙 표절 사태가 있었고, 문단권력에 대한 자성과 함께 주요 문예지들마다 혁신호 기획[4]이 있었다. 『릿터』, 『문학과사회』 하이픈, 『문학3』 웹진 등의 창간이 있었고, 사태 이전에 창간된 『악스트』나 『더 멀리』와 같은 실험·독립 잡지들의 꾸준한 제 역할이 있었다. 그리고 문단 내 성폭력 해시태그 운동과 『참고문헌 없음』의 출간, 페미라이터의 결성과 해체, 출판 계약이나

---

4) 근래 논고들 중 '잡지 혁신'과 관련된 의미 있는 진단으로는 이경재, 「잡지의 관점으로 바라본 한국문학의 이전과 이후」, 『포지션』, 2017년 여름호; 이현승 「잡지생태계의 변화와 안드로이드」, 『딩아돌하』, 2017년 여름호의 논의를 참조하면 좋을 듯하다.

강의 등에서 성폭력 금지 조항의 신설 등 문단에서의 유의미한 변화가 있어왔다. 이 시기의 이러한 여러 사건들은 '문학은 무엇을 할 것인가.' 하는 구태의연한 명제를 수행했다기보다는 '문학의 주인은 누구인가?' '문학권력은 어떻게 사용되었나?' '문학 장 안에서 무엇이 위반되고, 무엇이 배제되었는가?' 등 문학 생산주체와 소비의 문제를 초점으로 해서 그 안에서 유발된 윤리적 문제들까지, 출판 환경의 주체들과 작가들(생산자), 더불어 -줄곧 한국문학을 외면해왔다고 진단되었던-독자들까지[5] 변화의 과정을 다 같이 겪어낸 지난 1년이었다. 그리고 그때 각각의 사안들마다 김승일이 내놓은 세대론들이 있었다. 1939년부터 1940년까지 앞서 언급한 김광균이 그랬던 것처럼, 2016년부터 2017년까지는 참 '싸가지 없게 할 말 다하는' 김승일이 있었던 것이다.

이 시기 김승일이 발표했던 세대론은 대략 순서대로 「나는 세대론이 참 좋다」(『문학과사회』 2016년 가을호.), 「우리들 마음에 빛이 있다면」,(『시로 여는 세상』 2016년 겨울호.), 「문단-화자-문학」(『문학3』 웹진, 2017년 3월.), 「혼자였던 우리들에게」(『GQ』 2017년 6월.) 등 총 네 편이다. 물론 김승일이 산문 형식으로 써내려간 세대론은 누구를 위한 지지도 없고, 지켜야하는 진영도 없다. 단지 그곳에는 김승일만 있고, 김승일이 느껴왔고 겪었던 과거의 김승일과 현재의 김승일의 시차들만 있다. 몇 부분만 옮겨보더라도 문단과 문단 저변에 있는 사람이라면 꽤나 통쾌한 느낌까지 선사하는 산문들이다. 가령 「나는 세대론이 참 좋다」

---

[5] 외면당하는 한국문학(시)을 나름의 입장에서 외면하기 싫다는, 아니 외면할 수 없다는 관점에서 쓴 졸고 「나는 매번 시 쓰기가 재밌다는, 그런 친구들」(『문장 웹진』, 2016년 9월)을 읽어주길 요청한다.

에서 "창작자 위주의 세대론 상술이 요즘 잘 통하지 않고 있는 것 같다. 창작자 위주의 세대론은 문예지 편집 위원으로 활동하는 비평가들이 거대 기업 출판사의 문학적 정체성을 설정하는데 이바지하는 식으로 사용된다. 그런데 책의 질서가 아무리 재밌고 인문학적으로 가치가 있다고 하더라도, SNS 타임라인에서 읽을 수 있는 시대의 경향보다 역동적이거나 능동적인 것은 아니다. ……(중략)…… 문학이 문학에 대한 환상이라면, 문학의 종언을 막기 위해 우리 예술가/출판업자들은 끊임없이 문학을 공격해야 한다. 그 과정에서 우리는 문학에 대한 우리의 기대(환상)가 절대 사라지지 않을 것이라는 사실을 몸소 체험할 것이다. 이 시대의 인류는 우주선을 타고 달에도 다녀왔지만, 문학을 대할 때는 아직도 그리고 영원히 애니미즘을 떨쳐낼 수 없을 것이다. 때문에 세대론은 더 이상 문학을 창작하는 자들에 대한 것이 아니라 문학 소비 방식에 대한 담론이 되어야 한다."고 그간의 세대론이 가지고 있는 허상과 권위의 문제를 폭로한다. 그리고 더 나아가 생산주체들이 적당히 재고 무게를 잡을 것이 아니라 '대놓고' 문학 소비 담론을 표방해야만 세대론을 둘러싼 정체(停滯)와 문제점들을 돌파할 수 있다고 말한다. 세계가 바뀌었는데 왜 헛된 환상을 고수하냐는 식[6]이다. 그러니 김

---

[6] 앞선 임화와 김광균의 대담 중 이와 같은 맥락에서, 당대 문학적 환경변화에 대해서 다음과 같은 대화를 나누고 있다. "林: (전략)…… 새로운 체험을 위하여는 항상 새로운 배경이 필요한 것입니다. 현재 우리의 신세대라고 볼 사람들도 5, 6년 전과는 확실히 다른 환경에서 산다는 것이 사실입니다. 金: 30년대의 시인들과 우리가 사상이나 감정이나 감각이 근본적으로 다르다고는 할 수 없지 않을까요? 그러나 30년대에 나온 이들과 그 뒤에 나온 이들과 그 뒤에 나온 사람들과의 사이에 현실을 향수하는 태도의 차이가 있음은 사실이겠지요." 즉 시대가 변했다면 그 시대를 인식하는 태도의 차이가 생긴다는 것은 새로운 세대의 시인들의 권리이자 감수성(감각)이라고 인식하면서, 두 시인 모두 미래지향적인 세대인식을 보이고 있다.

승일은 더 중요한 문제라고 내놓는 것이 "여기다가 문학 소비 방식에 대한 담론을 쓰지는 않겠다. 이 글이 세대론에 대한 메타 에세이면 좋겠으니까. 여기서는 돌멩이 얘기나 조금 하다가 끝내겠다."며 풍자적으로 박물관에 갇힌(모두가 공범이 되어 가둔) 문학에 대해 지극히 개인적이고 신변잡기적 차원에서 서술을 이어나간다.

다른 글에서도 마찬가지다. 「문단-화자-문학」에서는 '메타 비평의 화자', '시인 화자', '문단 화자'로 자기 주체를 분열시켜 놓음으로서 각각의 입장에서 질문을 만들어내는데 정작 그 질문에 답을 해내는 화자 김승일은 보다 확고한 위치에서 자기 경험과 인식들을 늘어놓는다. "어떤 유명 비평가는 김승일 시인이 싸가지가 없기 때문에 자기는 김승일에 대해서 글을 쓰지 않겠다고 자기 친구에게 말했다. 당신 친구가 나한테 다 알려줬다. 당신은 유명한 사람이기 때문에 큰 출판사에서 편집 위원이고, 시집선에 들어갈 시인들 선정도 한다. 당신은 물리적인 시공간을 확보하고 있다. 하지만 나는 첫 시집을 10쇄 판매한 유명한 시인인데도 물리적인 시공간은커녕, 이렇게 1년 동안 문단 비판 해달라는 비평만 쓰고 있다. 나는 편집 위원들이 기획한 기획의 부속품이다. 꼭 내가 투견이 된 것 같다. 싸우라고 해서 싸우다가 하늘을 쳐다보면 비평가들이 나를 내려다보고 있는 것 같다. 여기에 있으면 내가 뭘 해도 바뀌지 않을 것만 같았다. 그래서 출판사를 차렸다. 자본금이 없어서 망했다."와 같은 말을 쏟아낸다. 정말 웃픈 일이 아닌가. 그러나 웃기고 슬프지만은 않다. 가령 이러한 권력? 혹은 소문의 끝이 어떠한 방식으로 시인에게 되돌아오는지 고발한 부분을 읽어보면, 조금 무섭기까지 하다. 같은 글에서 김승일은 이렇게 말한다. "가끔 문인들 만나면 승일이 너 시가 정말 좋더라 칭찬이라는 칭찬은 그렇게 많이 하면서, 결국 국가에서 하는 사업이나 지원금은 내가 자기들한테 시집 안 보냈다고 절대로 주지 않았다. 연희 창작촌에서 만났던 작가회의 소속 시인은 내가 실제로 만나보니 싸가지도 있으시고 점잖고 착하시다고 했다. 누가 제 욕을 그렇게 하고 다니나요? 다들요. 그게 누군데요. 내가 만나본 적도 없는 사람이었다. 이게 문단이다. 무슨 일진놀이도 아니고 이게 뭐하는 짓인지 모르겠다. 하소연 하면 기분은 좀 좋지만 실제로 내 삶에 도움이 되는 건 아니니까. 이거 읽고 계시는 여러분들도 피식 웃거나, 아이고 불쌍해라 그게 다 네 업보다. 이러고 말 테니까. 그렇다고 시만 열심히 쓴다고 발언권이 생기는 건 아니니까. 내가 내 발언권을 생산하기 위해서 뭘 해야 하나 싶었다."는 대목이다. 그러니까 문단에 권위 있는 아니 더 정확히 말하면, 문학 담론과 시인선의 출판권이 있는 권력 주체가 누군가를 배제할 수 있는 힘을 행사했고, 정작 시인은 만나보지도 못한 수많은 사람들에게 똑같은 배제를 당했다는 것이다. 물론 이쯤 되면 그건 '문단'이라는 사회의 책임뿐만 아니라 소위 '사회생활'이라는 걸 잘 못하거나 사회화를 굳이 겪어야한다고 생각하지 않는 김승일 시인[7]의 문제기도 하다고 생각할 수 있겠지만, 그렇게만 볼 수는 없다. 이런 폭로 아닌 폭로조차 쉽게 할 수 없게 만드는 사회가 수많은 '유리천장'과 묵인

---

7) 가령 김승일 시인은 최근 김엄지 소설가 결혼식에서 '삼디다스 슬리퍼'를 신고 나타나기도 했다. 시상식이나 학회, 장례식 등 우리가 조금은 엄숙하다고 생각하는 자리에서 김승일 시인은 그런 행색일 때가 있는데, 일부러 그러는 것이 아니라 '그냥 편하기' 때문이라는 걸 필자는 안다. 그에게는 일부러 격식을 차려야하는 것이 있을 뿐, 퍼포먼스가 되기 위해 그런 행동을 억지로 하지 않는다. 이 자리를 빌어, 필자 결혼식에는 구두 비슷한 운동화를 신고 와줘서 정말 고맙다는 말을 전한다.

으로 생기는 폭력을 양산했듯이, 그에게도 '차려야 하는 예의'[8]는 일종의 폭력으로 다가왔을 것이다.

이렇게 폭로성이 짙은 글과 자기애와 자기 보존성만이 강한 어조를 고수하고 있는 김승일의 글은 그런 자기 위로만으로 끝나는 것만이 아니다. 김승일이 내놓은 미래적 입장들이 있다. 문단의 혁신에 관해서 우리 모두가 나름 기억할 만한 부분이 될 것 같아 정리해 본다. ①전관예유 시집 출판 금지, ②시인선 구성 중 다양성의 과잉은 의장에 불과한 것이니 지양할 것, ③문예지 제작과정에서의 자립적 시선(정치적 노선)과 미학 필요(이슈, 유행 따라가기 금지 등.), ④계간지 포맷 해체 필요(이상 「우리들 마음에 빛이 있다면」, 『시로 여는 세상』 2017년 겨울호.), ⑤재택근무로 가능한 노동을 최대한 대체하는 등 최소 노동과 진보에 대한 소고(「혼자였던 우리들에게」, 『GQ』 2017년 6월), ⑥문학을 철저히 상품으로 취급할 것, ⑦문학에 대한 환상내지 신성화 금지, ⑧세대론의 욕망 그러니까 해체, 파괴에만 몰두하는 것 금지(이상 「나는 세대론이 참 좋다」, 『문학과사회』 2016년 가을호.), ⑨출판 시공간을 할애할 시 작가들에게 온전히 지면과 콘텐츠를 맡겨 비평가나 출판사의 압력이 아닌 작가책임제로 운영할 것, ⑩인맥에 의한 청탁시스템에 대해 재

---

[8] 같은 맥락에서 「우리들 마음에 빛이 있다면」(『시로 여는 세상』, 2016년 겨울호.)에서는 다음과 같이 기술하고 있다. "미안한 말이지만 편집위원들에게도 출판사는 노인정이나 동아리실이다. 노인정에서도, 동아리실에서도 회사 직원들의 고충을 이해하고 슬퍼하는 사람들이 있는 것 같은데. 그런데 그렇다고 딱히 직원의 처우 개선을 위해서 머리를 쓰는 사람들은 없다. 문인들은 예의만 바르면 된다. 얼굴을 자주 비추고, 술을 자주 마시며, 같이 운동을 하고, 선생들에게 굽실거리면 된다. 뭘 더 어떻게 하는지 나로서는 잘 모르겠다. 다들 친구가 많은데 나는 친구가 없어서. 어쨌든 패거리를 잘 만들어야 한다. 회사 차려놓고 편집자들 막 굴리면서, 자기들은 인맥 쌓고 다니는 꼴을 보면 이게 문인인지 조폭인지 잘 모르겠다."

고하고 반성할 것, ⑪'비평가'의 권위는 축소하되 '비평'의 권위는 위상을 가질 수 있는 "모두가 비평가인 시대"를 만들어갈 것.(이상 「문단-화자-문학」, 『문학3』 웹진, 2017년 3월.) 대략 김승일의 주장은 이렇게 열한 가지 정도[9]가 된다.

각각 재치나 치기로 읽히는 부분도 있으나 충분히 공감이 가는 문제의식과 제안들이다. 그러니 이쯤 되면 우리는 알 수 있을 것이다. 김승일의 문제의식이 그렇고, 청탁을 통해 지면을 할애했던 문예지 입장에서도 그렇고, 김승일이 불편하고 참 곤란한 말만 늘어놓고 있다는 것을 말이다. 그럼에도 불구하고 수차례 서로 다른 포지션을 갖고 있는 매체에서 김승일의 글을 호출했던 것은 역설적으로 그들(출판 등 생산주체) 스스로의 문제를 '싸가지 없게 할 말은 다 하고야 마는 김승일'의 논지를 통해, 문제화해서 반성적 포즈를 취하고 앞으로 개선해 나가겠다는 윤리적 태도와 함께 그런 자성하는 모습으로, '우리가 지향하는 문학'은 그렇게 폐쇄적이지 않다는 인상을 주기 위함을 홍보한 사실을 충분히 인지할 수 있었다. 그렇다면 이 청탁들은 성공을 거둔 듯하다. 적어도 독자 입장에서 다양한 방향성을 논의해야 할 때, 혁신을 통해 새로 건설된 '다른 지형'이 아니라 늘 혁신을 목적으로 두고 진보하겠다는 의지가 김승일의 우울만큼 그의 글에서 엿보이는 것은 물론이고, 지면을 할애한 그들의 입장 역시 같은 의지에서 비롯된 것이라고 믿고 있기 때문이다. 나도 또한 그것을 믿는다.

---

[9] 열두 번째 제안으로 ⑫"김승일 시인에게 꾸준히 일을 주는 것. 그것이 성실한 노동자라면 당연히 해야 할 일이다. 여러분 자신의 권력을 위해."(「문단-화자-문학」, 『문학3』 웹진, 2017년 3월.)라는 제안을 본문에 쓰려다가 주석으로 돌린다.

그럼에도 불구하고 잘 모르겠다. 문학이 지향해야 하는 여러 덕목들 중, 늘 변해야만 한다는 혁신의 당위에는 굉장한 매력을 느끼는 바이지만 아직은 어떤 확답도 내리지 못하겠다. 2016년 가을부터 현재에 이르기까지, 가까이서 또 멀리서 '문단'이라는 것을 지켜보면서 내가 '겪었던 문단'과 내가 '겪고 싶었던 문단' 그리고 '지금 저곳의 문단'은 여전히 참 다르다는 느낌이다. 한동안 시 전문 계간지에서 편집위원을 해오면서 느꼈던 점도 마찬가지다. 수많은 하고 싶은 것들 중에서 '할 수 있게' 되는 것만 하게 되는 것이 현실이었기 때문이다. 그러나 후회는 없다. 무언가 해봤고 할 수 있었던 것이 있다는 게 의미 있었을 뿐이다. 비평가 행세를 해오면서 세대론의 막강한 그늘 아래서 같은 세대의 시인들을 대변하는 평문들을 과잉되게 써온 시인으로서 말해야겠다. 김승일 시인의 세대론이 없는, 세대론을 오랜 친구이자 시인으로서 지지하고 있다. 지지를 해야만 하겠다. 우리는 앞으로도 무언가 계속하기로 결심했기 때문이다. 명랑하고, 처절하게, 혹은 싸가지 없게, 계속 그럴 것이다.

5부

삶에 대한 이른 각서

느낌의 질량감, 꿈에 낀 백태(白態)를 찾아서[1]
– 이성복 시집 『래여애반다라』

1. 느낌의 질량감, 꿈에 낀 백태(白態)를 찾아서

자주 느낌이 온다. 느낌은 질문이다. 느낌은 질문을 해야만 한다는 구속 속에 있다. 나를 구속한 세계, 세계가 구속한 나, 나와 세계 사이를 느낌이 잇는다. 질문이 잇는다. 나와 세계는 느낌 때문에 가깝고, 느낌 때문에 멀다. 느낌이 나와 세계를 긴장 시킨다. 온다. 자주 느낌이 온다. "느낌은 어떻게 오는가 / 꽃나무에 처음 꽃이 필 때 / 느낌은 그렇게 오는가"(「느낌」). 느낌! 누구나 느낌을 겪어본 사람이라면 지금 여기, 당신이 가진 나무에 꽃이 피는 순간이 있다.

우선 '나무'라고밖에 명명되지 않은 불특정의 조건과 그 살을 뚫고 피어나는 꽃이 있다. 한낱 이름에도 구속당하지 못하고 꽃으로 불리는 꽃은 나무에게 제 전신을 다 바친다. 그러면서 꽃이 피는 날이면, 꽃은 스스로를 개봉함으로써 '나무'에게 '꽃'이라는 접두사를 준다. (물론 '꽃

---

[1] 이 글은 『래여애반다라』에서 사랑의 문제만을 살핀다. 2, 3, 4는 여기서는 없기로 한다.

나무'는 합성어이겠지만) 때문에 불특정 '나무'의 조건은 순식간에 무너지고, 나무는 우리에게 "꽃나무"로 불린다. '나무'와 '꽃'은 서로를 겪고 서로 찢어보고 서로를 가둬보면서 "꽃나무"라는 명사 속에서 육체를 교환한다. 그것이 '사랑'이다. 그것이 느낌이다. 느낌이 온다. "꽃나무"라 부르자마자 이토록 아픈, 느낌이 온다. 늘 느낌은 "어떻게" 오고, "그렇게" 온다. 어떡하지? 하고 질문하면서, 그런 거야 하고 명명되며 온다. 자주 느낌이 온다. 이토록 무거운 배치 속에서 우리는 왜 사랑이라고 명명해야 할 느낌이 오는가.

'꽃나무'의 명명법에서 사랑을 읽듯이, 우선 '남해 금산'을 겪고 와 보자. "한 여자 돌 속에 묻혀 있었네 / 그 여자 사랑에 나도 돌 속에 들어갔네"(「남해 금산」)하며, 시적 주체는 우연히 돌을 발견했을 뿐이다. 다만 돌 속에 비친 돌의 그늘과 자신의 그늘을 교환해봤을 뿐인데 우리는 왜 돌 속에서 시적 주체가 겪은 사랑을 읽어낼 수밖에 없을까. 주체의 그늘 속에는 이름을 불러보기도 힘든 한 여자가 있다. 그것이 누이여도 좋고, 어머니여도 연인이여도 좋겠다. 애잔하게 말고 모호하고 건조하게 "한 여자"라 불리는 대상이 돌 속에 묻힌다는 폭력을 겪는다. 시적 주체가 돌을 보고 여자가 '묻혀 있다'는 폭력이 생각났다는 것은 단순히 돌을 마주한 사건이 아니다. 그 여자에 대한 "사랑" 때문이라도 주체는 돌과 마주하는 순간 "돌 속"이라는 돌의 세계를 돌파해야만 한다. '나무'에 '꽃'이 오래도록 갇혀 있듯이, "나도" 그 돌 속에 참여하여 여자와 같이 갇힌다. 이것이 사랑일까.

혹은 이렇게도 생각해 보자. 여기서 "한 여자"의 태도는 전통적이고 수동적인 여성의 주체로, 돌에 갇혀 있다는 폭력을 스스로 용인하는 것처럼 보인다. 때문에 "그 여자 사랑에"라는 시구는, 그 여자의 사랑인지 시적 주체인 '나'의 사랑인지 판명하기가 어렵다. 분명한 것은 주체가 돌 속에 갇혀 있는 여자의 서사를 읽어내야 했다는 '정서'뿐이다. 정서만 남은 주체로 시인은 돌의 딱딱한 즉물성과 시간성을 느끼고 있다. 사랑의 정서 때문에 '꽃+나무'의 가능성이 열렸듯이, 여자와 주체는 돌 속에 갇히는 폭력으로써 만나고 폭력을 감당함으로써 사랑한다. 하지만 여기에서 사랑이란 돌을 인지하는 순간 떠오르는 기억일 뿐 지금의 사랑이 아니다. 그러한 흔적으로 주체의 사랑의 조건은 성립된다. 하지만 비가 오는 날 돌 속에서 여자는 떠나고 나는 돌 속을 못 떠나고 그대로 있다. 그 여자와 '나'와 돌이 교환했던 정서는 이제 흔적으로만 남아 있는 것이다. 주체의 기억에서 '남해 금산'이라고, 지명뿐인 정서만 시가 되어 가라앉고 있다. 이 공간이 정서의 전부를 획득하여 지명 자체가 사랑의 느낌이 된 것이다. 하여 '남해 금산'하고 불러보면 귀신처럼 떠도는 사랑의 느낌이 오는 것이다. '꽃+나무'의 가능성도 사라져버린 '떠도는 사랑', 단지 지명으로 흔적으로만 기억할 수밖에 없는 사랑. 그런 공간밖에 확보하고 있지 못한 느낌이 「남해 금산」이다.

다시 말해, 꽃나무가 서로의 이름에 참여하여 사랑으로 인식되었던 것과 또 다르게, 「남해 금산」의 명명법은 모든 서사가 시간의 풍화를 겪고 난 후, 오직 그 느낌을 지명으로밖에 기억할 수 없는 시적 주체의 처연한 정서까지도 함의하고 있는 셈이다. 그리고 또 다시, 사랑을 위한 느낌, 느낌을 위한 사랑이 있다.

입술을 유리창에 대고 네가 뭐라고

속삭일 때 네 입술의 안쪽을 보았다
은박지에 썰어 놓은 해삼 같은 입술
양잿물에 헹궈 놓은 막창 같은 입술
쓰레기통 속 고양이 탯줄 같은 입술,
이라고 말하려다 나는 또 그만둔다
애인이여, 내 눈엔 축축한 살코기밖에
안 보인다, 내 꿈에 낀 백태 때문에

- 「입술」 전문

    유리창에 입술을 댄다. 입술은 차다. 입술이라는 대상으로밖에 주체가 인지하지 못하는 애인은 '유리창'의 단절 때문에 더 유혹이 깊다. 이곳과 저곳은 눈으로 소통이 가능하지만 단절과 억압을 짓는 '유리창'이 서 있다. 물론 이런 사태를 이 시에서만 경험하지는 않았을 것이다. 하지만 볼 수만 있고 다른 감각이 차단된 유리창의 사태는 시적 주체가 애인을 감각하는 정서에 더 강한 필요와 욕망을 불어넣는다. 유리창에 대고 속삭이는 말은 들리지 않고 "네 입술의 안쪽"만 전시되고 있지만, 들어야할 말보다 보이는 입술 안쪽의 축축한 감각들이 '나'를 더 애인에게로 가 닿도록 하는 것이다. 말과 소통은 중요하지 않고 입술 그 자체는 주체에게 매혹의 대상이 되며, 그 욕망은 "은박지에 썰어 놓은 해삼 같"거나 "양잿물에 헹궈 놓은 막창" 같은 이미지로 풀린다.
    그런데 왜 다 '신선함'이나 '깨끗함'을 함의하고 있는 음식들로 입술은 몸을 바꾸고 있을까. 막 썰려 나온 해삼의 '신선함'의 이면에는 '징그러움'이 서 있고, 양잿물을 사용하여 씻어야하는 똥이 찬 막창은 '깨끗함'의 이면에 청결도 해로움이 될 수 있다는 '독'이 서 있다. 이런 것이 사랑일까. 징그러움을 감당하고 독을 감당해야만 '입술의 안쪽'을 경험할 수 있다는 것이 사랑의 느낌이 아닐까. 때문에 "쓰레기통 속 고양이 탯줄 같은 입술"이 가능했을지도 모른다. 오직 쓸모는 버려짐의 도구뿐인 '쓰레기통'과 그 속에 들어 있는 '고양이의 탯줄'은, 탄생의 느낌과 죽음의 느낌이 같이 함몰되어 있는 대상이다. 그것이 입술이라니. 입술은 보잘 것 없이 태어나서 보잘 것 없이 죽어버린 정서의 일대기가 숨어 있는 '느낌의 종합체'이다.

  느낌의 가능성은 지워지는 것이다. 먹고 싶고 취하고 싶은 유혹과 그것을 취하고 나면 독이 된다는 사태를 발견한 시적 주체는 이 사실을 인지하고 있지만, "말하려다 나는 또 그만둔다"라고 진술하며 단절과 억압만을 기억한다. 때문에 주체의 가슴 속에 퇴적되어 있는 매혹의 대상인 입술을 '입술이여'하고 부르지 못하고, "애인이여"하고 불러본다. 하지만 들리지가 않는다. 서로에게 유리창이라는 억압이 있기 때문이다. 물론 시에서 '유리창'은 실체가 아닌 상징일 테지만 그 유리창 때문에 주체는 "축축한 살코기밖에" 인지하지 못하고 있다. 야릇한 욕망으로 스스로를 놓치고 애인과 자신을 단절시키고 있다. 그런데 그것이 욕망이 아니라 "내 꿈에 낀 백태 때문"이라니. 그렇다면 그것이 눈에 낀 백태(白苔)겠는가. 아니다. 아름다운의 자태, '백태천광'의 백태(白態)로 읽을 수는 없을까. 물론 전자라도 몸에 신열이 올라 눈앞이 뿌옇게 변하듯 나는 욕망으로 병들어 있는 주체라서 「입술」의 연가는 충분히 아름다울 수 있다. 하지만 후자라면 나의 욕망, 나의 사랑의 느낌이 '온갖 아름다움의 자태'를 품고 있어서 나는 애인의 외면과 내부의 고통을 모두 '입술' 하나에서 느껴낼 수 있다는 말이 된다. 애인의 말을 듣지 못하고 소통이 안 되는 이유는 당신을 바라보는 나의 꿈이 너무 아름다워서, 당신은 그 아름다움을 갖추고 있어서 나는 당신을 감히 느끼지 못하고, 나 스스로 당신과 나 사이에 유리창을 쳐버렸다는 말이다. 시적 주체는 단절을 느끼고 있고 단절은 다시 욕망을 부른다. 즉 우리는 유리창 때문에 더 처연한 정서의 환기를 느끼고, 다시 '꿈에 낀 백태(白態)'의 느낌이란 대체 무엇인가, 또 질문해 보려는 매혹에 휩싸인다.

나뭇잎은 푸른 하늘에 떠 있습니다 검은 가지는 죽은 듯이 세워져 있고요 젖가슴이 큰 여자 하나 서쪽으로 떠내려가지만 사랑이 없는 눈으로는 불러 세우지도, 마냥 보내지도 못합니다
혼자 몇 시간을 앉아 있는 날은 내 나라의 땅은 이리 미끄러울까요 생각으로 일어서면 기어코 넘어질 테지요
보세요, 지금 서 있는 나무 바로 곁으로 다른 나무가 다가가는군요 얄게 움직이는 구름 조각을 따라 어느 각도로든 겹치는 실수는 없네요 아 보세요, 이제는 두 나무 위 하늘이 엎어져 푸른 비 쏟아지는군

- 「이별 없는 세대 1」 전문

파란 많은 숨결을 거두고 눈은 심장 어디쯤에 파묻고 서 있을 때, 어디 변함없는 물결이 미끄러져 와 내 몸은 헤엄칩니다 죽은 꽃에게 가야지! 지금 한창 붉은 혀 빼물고 미친 생각들의 불빛이 흔들리고, 곧추 뻗은 다리

는 경련합니다 오, 죽음! 시든 꽃받침 위에 다시 나타나는 다른 나라의 古城! 하지만 내가 몸을 너무 많이 움직이면 헤엄이 빨라지고 이끼 낀 성곽이 흔들리지 않을까요? 흔들려, 조금씩 금이 가지나 않을까요?

- 「이별 없는 세대 4」 전문

　나뭇가지에서 나뭇잎이 피어나 있다. 나무는 검고, 나뭇잎은 푸르다. 나뭇잎의 푸름과 나뭇잎의 배경이 되어주는 하늘의 푸름은 서로 다른 색의 푸름이겠지만 이러한 푸름의 색감은 나뭇가지의 '검정', '죽음' 등과 대치를 이루고 있다. 나무가 제 안에 움직임을 숨기고 죽은 듯이 정물이 된 사태라면, 하늘과 나뭇잎은 나무가 그래도 살아있다는 생명력을 의존적으로 만들어주는 대상이다. 즉 나무에서 잎이 돋아나지 않는다면 나무는 스스로 살아있다는 증거를 만들지 못하는 '생각이 빠진' 즉물일 뿐이다. 때문에 나무가 살아 있기 위해서는 제 몸에서 나뭇잎을 돋게 해야 한다. 하지만 제 몸에 돋아난 나뭇잎을 필요할 만큼의 시간이 되면 놓아주는 것도 나무의 생명 사이클일 것이다. 그러니 나무는 혼신의 힘을 다해 잎사귀를 피우고 혼신의 힘을 다해 잎사귀를 놓아주어야 한다. 매혹된 대상을 붙잡고 곧 놓아야하는 것. 철저한 이별을 사랑으로 기록하고 싶은 것. 그곳에는 어떤 아름다움이 있는가.
　이와 같은 나무의 사태와 견주어서, 시적 주체는 "젖가슴이 큰 여자"를 나무와 잎사귀의 배경이 된 "푸른 하늘"로 보내주는 정황과 정서를 겪는다. 젖가슴이 크다는 정황으로 보아 아마도 이 여자는 시인의 다른 시편에서도 자주 읽혔던 모계 사회, 혹은 그와 관련된 이별의 정서를 함의한 이미지로 보인다. 그러나 주체는 그 여자를 "불러 세우지도, 마냥 보내지도" 못하고 있다. 모두 "사랑이 없는 눈" 때문이다. 나무의 입장으로 동일화해서 보면, 만나는 것과 이별하는 일이 제 자신을 살아 있게 하는, 사랑하게 하는 일일 테다. 하지만 사랑이 이별을 감당할 줄 알고 시작해야 하는 그런 양면의 속성이라면 갈팡질팡하는 그 순간의 사태가 더 사랑의 느낌이 아닐까. 더 매혹의 순간이 아닐까. 시적 주체는 어쩔 수 없이 "사랑이 없는 눈"이라고 자신을 명명하며 스스로를 죽인다. "생각으로 일어서면 기어코 넘어지"는 사랑의 양면성이 실재하는 사랑의 정서라 인식하고 자기 부정을 통해, 혼자의 시간을 견디는 것이다. 때문에 여기서 주체는 이별이되 이별이 아닌 혼자만의 상승된 시간성을 감당한다. 다시 말해, 혼자의 느낌만으로 사랑의 일대기를 감당한다.

그럼에도 이별을 감당해야 한다면 시적 주체는 자신의 눈을 "심장 어디쯤에 파묻고 서" 있다. 물론 서 있다고 해도 온전히 서 있는 것이 아니라, 겨울나무가 앙상한 몰골로 계절을 견디듯 멈춤으로 시간을 견디는 것이다. 이 시에서 주체는 본격적으로 나무의 가면을 쓴다. 나는 이끼 낀 성곽 어디쯤에서 성(城)이 시간을 견디고 있는 동안만큼, 성곽의 틈을 비집고 살아남은 나무다. 나무는 이제 제 심장에 소리를 들으러 물결을 따라 근원으로 회귀하는 목소리를 옮겨 적는다. 멈춰 있는 나무가 제 안으로 얼마나 많은 생각의 운동성을 감당해 내고 있는지 그 단면을 보여주고 있다. "죽은 꽃"에게 가려고 제 심장을 찾아 헤엄치는 주체의 율동은, 이제껏 자신이 사랑으로 취했으나 끝끝내 이별할 수밖에 없었던 수많은 서사의 짐들을 억지로라도 기억해 내려는 의지를 표상한다. 하지만 그것이 이별이 아닐 수 있을까. 그것은 어쩌면 고목(古木)

이제 중심, 세 심장을 찾아 가더라도 벌써 나이테는 사라지고 중심이 텅 비어 있는 어둠의 질감밖에 만나지 못하는 것처럼, 허무하다. 그러니 시적 주체가 닿을 수 없는 질감을 닿았다고 억지로 선언하고 감각하려는 시도 역시, 자신의 절망감을 역설적으로 보여주는 상태일 것이다. 때문에 성곽에 금이 가지 않을까 하는 기대도 불가능을 전제로 한 가능성이다. 다시 말해 「이별 없는 세대」는 고요한 현시에서 돌아보면 이별밖에 남아 있는 것이 없는 주체의 정서를 위안하기 위한 백태(白態)의 아름다움인 것이다. 그렇다면 이런 불가능의 감성의 지도를 어디서 가능성으로 더 열어 볼 수 있을까.

"사람 한평생에 칠십 종이 넘는 벌레와 열 마리 이상의 거미를 삼킨다 한다 나도 떨고 있는 별 하나를 뱃속에 삼켰다"(「생에 대한 각서」)라는 진술을 보자. 나무가 이별을 예감하듯 혹은 바깥 사물들의 생사와 오고 가는 감정을 예감하듯, 사람도 제가 삼킨 무엇을 기억하지 못하고 살아가는 것이 아닌가. 때문에 "죽은 딸을 흉내 내는 실성한 엄마처럼 꽃이 떨어진 자리도 꽃을 닮았다"(「죽음에 대한 각서」)는 말처럼 나무가 앓고 있는 기억의 서사가 이토록 아프게 진술되고 있는 것이 아닌가. 떠나보낸 것들에 대해 이별이라고 말하지 않겠다는 시적 주체의 굳은 의지가 더 지독한 사랑이 되는 것이다.

돌은 제 얼굴을 만질 수 없다 아, 얼마나 답답할까 돌은 제 그림자를 숨길 수 없다 아, 얼마나 난처할까 돌은 제 눈물을 삼킬 수 없다 아, 얼마나 서러울까 전에는, 전에는…… 돌은 더듬거린다 여기는, 여기는…… 돌은 두리번거린다 돌은 부딪쳐도 부서진 줄을 모르고, 돌은 으스러져도 제 피를 볼 수 없다.

- 「돌에 대하여」 전문

이렇게 이성복의 사랑법을 읽어내고 나면, 「돌에 대하여」는 이 시집에서 가장 큰 성대를 가진 절창처럼 느껴진다. 시집 곳곳에 자리 잡고 있는 연작시들. 그러니까 사유하고 바라보던 대상만 달리 하여 제목을 붙인 '(   )에 대한 각서'이거나 '(   )에게', '(   )에 대하여'와 같은 형식의 시편들은 그 괄호의 자리에 '시' 혹은 '사랑'을 대입해서 읽더라도 전혀 불편함이 없다. 위의 시 또한 "돌이 제 얼굴을 만질 수 없다"는 진술로 읽어도 되겠지만, 시는 제 얼굴을 만질 수 없고 시는 제 그림자를 숨길 수 없으며 시는 제 눈물을 삼킬 수 없는 처지라고 읽더라도 전혀 정서의 훼손이 없다.

사랑도 마찬가지다. 이제껏 살펴본 이성복의 사랑과 명명법을 상기하며 읽어보자. 사랑은 제 얼굴을 만질 수 없고 사랑은 그림자를 숨길 수도 제 눈물을 삼킬 수도 없다. 그 사랑은 나무의 입장에서 상징되기도 하고 돌의 입장, 꽃 혹은 꿈에 낀 백태가 되기도 하는 것이다. 그리고 고백한다. 답답하고 난처하고 서럽다고 "제 피를 볼 수 없다"고 선언해 보는 것이다. 부딪쳐 부서지고 으스러져도 제 자신을 파괴하더라도 주체가 기억하고 있는 사랑의 흔적, 사랑의 과거 서사를 온전히 잡아 볼 수 없다니. 그런 불가능한 지난 것들에 대한 매혹, 그 매혹을 달래는 정서적 위안이 시인에게는 오직 시 뿐이었던 것이 아닐까. 이런 비약적이고 순한 아름다움 앞에, 우리는 시행의 외연적 허무 이상의 무엇을 자꾸 엿보고 싶다. 엿보고 싶어 한다. 그것은 시에 대한 정신, 사랑에 대한 태도를 들켜보고 또 오래 반성하려는 시도이기 때문이다.

'담뱃불이 꺼지지 않는 스테인리스 재떨이의 구멍'(「구멍」)을 인지하고, 어떤 사람은 원효의 깨달음을 읽고, 어떤 사람은 빈 곳을 향하는 줄도 모르고 "도무지 꺼지지 않는" 행위를 읽는다. 그 행위 속에서 덧없지만 덧없음으로 나와 세계를 규정짓는 '느낌의 질량'을 읽는다. 그런 '느낌의 질량'을 다시 감각하는 느낌, 감각할 수밖에 없는 처지. 그것이 '느낌의 질량감'이다. 그리고 우리는 그 여름의 끝에 남해 금산으로 아득히 내려간다. 혼자가 되어 본다. 혼자를 혼자라 명명하고 도무지 혼자가 무엇인지 놓쳐버린다. 그리고 다시 혼자처럼, 불후한 혼자처럼 불가능을 믿는 말이 있다. 느낌이 있다. 느낌이 온다. 저만치

남해 금산 푸른 하늘가에 나 혼자 있네
남해 금산 푸른 바닷물 속에 나 혼자 잠기네

―「남해 금산」부분

여름, 증발된 대상으로의 초대
- 황인찬 시집 『구관조 씻기기』

　우선 흰 화선지를 펼쳐놓자. 그리고 한 획의 선을 긋자. 가로로 놓인 '한 일(一)'자가 보이는가. 아니면 선의 외부에 놓여 있는 흰 여백이 먼저 보이는가. 한 획의 선은 화선지의 빈자리를 감당해 내면서 '하나'라는 기호 표현과 그 의미를 형성한다. 여기서 의미는 어떻게 해서 오는가. 한 획의 검정 때문에? 화선지의 여백 때문에? 단 한 획이다. 단출한 의장의 있음은 아무것도 없음으로 있음을 형성한다. 화선지의 여백과 서로가 조우하며 의미 조건을 교환하고 있다. 때문에 이와 같은 사태에서의 기의란 없음과 있음의 조력 속에서 번뜩이며 발생하는 찰나를 용인하는 것에 가깝다.
　반지(ring)의 사태에서도 이와 비슷한 추론이 가능하다. 반지를 형성하는 금속 부분은 반지를 만들어내는 필요조건이지만, 어쩌면 반지의 진정한 의미는 테두리의 금속이 가둔 공간, 즉 '빈 것'에 있다. 테두리라는 공간의 억압이 '빈 것'이라는 의미의 형질을 만들어내고, 이 양자가 서로를 돕는 순간 우리는 반지를 인지할 수 있다. 반지를 인지한다는 것은 테두리의 보이는 세계가 가진 '구속'과 빈 것의 보이지 않는 세계가 가진 '불안감'을 같이 소환해 내는 일이다. 물론 반지의 공(空)은 모여 있는 형태를 지니고 있고, 제시된 화선지의 공(空)은 흩어져 있는 형태를 지니고 있다. 그리고 여기 이 '모임'과 '흩어짐'이 다채롭게 포진된 시가 있다. '여백'과 '빈 것'의 질량감을 '잠깐의 있음'으로 감당해 내는 시가 있다. 굳이 그것을 억압(구속)에 대한 불안감이라 말하지 않더라도, 주체가 시를 감당하는 일보다 시를 읽어내는 우리가 자주 더 어리둥절해져서는, 시편들 속에서 오래 '내재'할 때가 있는 그런 시. 오래 있으면 오래 있을수록 우리는 극도의 불안감을 경험한다.

　황인찬의 시선은 대체로 대상의 증발을 도모하면서 현재를 재구성한다. 물론 여기서 매력적인 것은 우선, 재구성보다는 증발이다. 「건조과」의 경우, 시집을 여는 시이기도 하거니와 어리둥절하다가 종국에는 불안으로 치닫게 될 그 입구에 서 있다. 이곳에는 "말린 과일에서 나는 향기"가 있고, 말린 과일과 살찐 과일의 무게를 가늠하는 주체의 판단이 있고, 말린 과일로 차를 끓이는 주체의 행위와 과일차에서 나는 향기가 있다. 그 뿐이다. 다른 정서적 언지를 찾아낼 수가 없다. 가령, 과일의 생사는 이렇다. 살이 찐 과일이 제 몸의 습기를 모두 소진해서 말랐고 완전한 당도만 남아 있는 상태에 이르렀다. 이것은 미래를 경험한 과일이고 죽었으나 죽지 않은 과일이다. 과일을 살아 있게 만드는 방식을 주체는 알고 있다. 책상 아래에서 말라가던 과일이 책상에서 향내를 퍼뜨렸듯이, 말린 과일이 물에 용해되어 다시 습기를 챙겨 입었을 때, 온 "실내에서 과일 향기가" 퍼지는 것이다. 그것이 전부다. 그것이 전부라서 더 끔찍하다. 인식의 단계에 닿기 전에 시선과 인상으로 미끄러져버리는 이런 어리둥절한 세계. 우리는 자주 그 빈 곳 때문에 빈 곳으로 넘어져 웅크리는 것이다.

「순례」도 그렇다. 여기서는 대게 혼자 다니는 사람을 노리는 '도를 아십니까?'의 전도사(?)가 출현한다. 하지만 "그"의 실체나 묘사, 명명 따위들은 없고 주체의 경험과 주변의 분위기, 또 그에 대한 판단만 열거되고 있다. 그는 주체를 설득한다. 이곳보다 더 좋은 곳이 있다고. 당신은 맑고 보호받고 있으며 어디 가서 차라도 한 잔 하면서 이곳보다 더 좋은 곳에 가자고 나를 유혹한다. 여기서 시적 주체는 그 유혹을 말없이 감당하면서 거리를 두고 있는 것 뿐 다른 것은 없다. 주체가 "좋은 곳"을 믿는다는 말이 그나마 그의 자극에 대한 적극적 반응이다. 그러나 그가 제시한 "좋은 곳"은 주체의 그것과는 상이할 것이다. 헌데 이것을 '순례'라고 했다. 무엇이 순례인가? 주체는 어디를 다녀간 것인가? "저녁 다섯 시, 사람들이 가득"한 거리에서 "저녁 다섯 시, 나는 돌아온다"는 시행에서 유추할 수 있듯이, 주체는 그의 제안을 거절한 것으로 보인다. 또한 그 거절은 순간에 이루어진 것으로 보인다. 그 잠깐 사이(혹은 잠깐이라고 인지하고 싶은 사이), 순례가 이루어졌다. 주체는 순식간에 현실에서 증발했고 순식간에 돌아왔다. 그렇다면 시적 주체가 순례해야만 하는 종교적 발생지는 어디란 말인가.

「개종」 연작, 「구원」, 「말종」 등의 시편들 속에서 꾸준히 등장하는, 주체가 앓고 있던 종교를 감당하는 방식을 미약하게나마 건드려 보자. 「개종」에서만 살펴보면, 문을 열었다는 사건 때문에 나는 "기원"을 발견한다. 기원은 기도일 수도 있고, 나의 근원일 수도 있지만 그것은 어쩌면 주체에게는 같은 의미인지도 모르겠다. 기도를 통해 도모할 수 있는 일은 신에게 닿는 일인 동시에 현실에서는 나를 견디게 하고 나에게 주문을 내리게 하는 일이기 때문이다. 주체는 말할 수 없는(존재를 감추거나 더 보태지 않는) "누군가" 때문에 미지의 경계("문")를 열었고, "기원"과의 대화를 통해 "무언가 잘못된 것"에 대해 위로를 받았다. 그러한 신적 경험은 "아무런 일"도 생각나거나 일어나지 않게 했고, "무더운 여름"만 주체가 인지하도록 했다. 외부만 있고 내부의 경험에서는 어떤 몫도 존재하지 않거나 않으려고 주체는 노력한다. 그런 노력. 그런 태도는 시적 주체가 종교의 구속을 견디는 일이며 자신이 자신에게로 순례하는 일, 즉 나만을 바라보는 일이다.

 이쯤 되면 황인찬의 시적 태도는 극도의 긴장과 불안감을 견디며 애써 여백을 뽑아낸 고백으로 읽힌다. 외부의 시선과 정보를 수없이 열거, 재조합함으로써 구속 없는 언어의 자율성을 도모하고 있지만 그 빈자리는 결국 대상을 내려놓는 형식을 통해 대상을 더 온전하게 쥐고 싶어 하는 주체의 욕망이 강하게 진동하고 있다. 이것은 언어 / 여백을 관장하는 욕망이되 욕망이 아닌 '씻기기'의 형태로 현현한다. 때문에 황인찬의 언어는 영기(靈氣)의 느낌에 가까이 있으면서, 여백을 구속하고 있는 '화선지', '반지의 테두리'를 닮아 있다.

 우리는 이런 문법을 경험한 적이 있는가. 황인찬의 고요는 문법에서 비롯된 것이 아니라 빈 것의 갈등 속에서 출현한다. 빈 것은 조용함을 견디고 있는 단정함으로 시끄럽고, 불안은 더 증폭된다. 아무것도 취하지 않으려는 욕망으로 가득 차서, 그 언어는 마치 이 세계를 견디고 있는 친절함의 방편과 우울증의 증세로까지 느껴진다. 때문에 필요하다. 때문에 아름답고 때문에 소중하다. 지금 여기의 불안전하고 불편한 사태로 더 온전히 현시를 해부해가며 차분해진다.

　　교탁 위에 리코더가 놓여 있다 / 불면 소리가 나는 물건이다 // 그 아이의 리코더를 불지 않았다 / 아무도 보지 않는데도 그랬다 // 보고 있었다 // 섬망도 망상도 없는 교실에서였다

－「레코더」전문

　　불면 소리가 나는 물건이 있다. 하지만 단지 분다고 음악이 되지 않고 기록이 되지 않는다. 우리는 물건이 아니다. 우리는 우리를 판단할 수 있는 의지가 있다. 리코더, 레코더, 리코더…… 이제 흔적으로, 잠시 잠깐 우리는 같이, 아주 작게 나를 돌아보자. 벌써 이 세계가 다 증발해서 영원히 여름이 된 듯. 우리는 여름의 공동체 속에 빠진다. '황인찬'이란 증세와 유혹과 함께.

외재하는 주체 내재하는 관람객
– 박준 시집 『당신의 이름을 지어다가 며칠은 먹었다』

∞ 느낌 : 주체는 바깥에 존재하고 시는 독자를 읽는다.

당신을 먹었다, 이름을 지어서 며칠 동안

 '어떤 아름다움에 대하여 생애의 전부를 바친다.' 이 한 문장에서부터 시작하련다. 여기서 우리는 '아름다움'에 대해 궁금할까. '생애의 전부'라는 그 질곡의 정서가 궁금할까. 아무래도 좋다. 누군가에게는 어떤 아름다움이 생애의 전부로밖에 감당할 수 없는 삶의 원리라서, 그럴 수밖에 없는 주체의 의지라서 견디는 방법이 따뜻함으로만 감지될 때가 있다. 왜 아름다워? 하는 질문보다는 아름답다 명명할 수밖에 없는 그 사연이 궁금해지는 세계가 있다. 궁금하다. 사연이 궁금한 시. 사연으로 읽히는 시. 하지만 그런 시를 읽는다는 것은 어쩌면 너무 위험한 일이라 더 우리를 궁금증에 빠지게 만든다.
 시에서 사연이 궁금해지면 우리는 위독하다. 시를 읽어나가는 일이 어떨 때는 주체만큼 위독한 자리에 앉아봐야 하는 용기를 요구하기 때문이다. 다시 말해, 때때로 시에 들어앉아 있는 사연을 말하고자 할 때, 혹은 그 고통을 찾아 헤매는 일을 겪어만 할 때, 독자 또한 시인만큼의 용기가 필요하단 말이다. 시편들 속에 고통을 읽어냄으로써 주체와 같은 자리에 서서 주체가 만들어 놓은 세계를 경험해야 한다는 말이다. 물론 그것은 시인 혹은 주체가 품은 고통과 비할 바는 아니지만, 준비가 충분하지 않으면 읽는다는 독서 행위 자체와 궁금증을 품는 일 자체가 무용하거나 부끄러워질 수도 있다. 그렇다면 이 아름다움에 생애를 걸겠다는 세계는 대체 얼마나 아픈 자리란 말인가.

준비를 단단히 하고 박준의 시를 읽는다. 이 순간은 독자와 시인이 서로를 내려놓음으로써 순도 높은 고통을 교환한다. 그가 지어놓은 세계는 너무 아름다워지려고 애쓴다. 때때로 그 고통은 재현된 세계로써 받아들여질 때도 있고, 아기자기하고 곤궁한 바깥의 풍경으로 읽혀지기도 한다. 하지만 재현의 아름다움을 압도하는 어떤 고통이 시 속에 내재해 있어서, 그로 인해 우리는 시인 때문에 어쩔 수 없이, 또는 멋모르고 어리둥절하게 아픔을 느끼게 되는 것이다. 그렇다면 당신은 준비가 되었는가? 위독한 세계로 들어갈 준비, 이토록 아름다운 위독에 대해 견딜 수 있는 견고한 살을 갖춰 입고 있는가.

내가 연안(沿岸)을 좋아하는 것은 오래 품고 있는 속마음을 나에게 조차 내어주지 않는 일과 비슷하다 비켜가면서 흘러들어오고 숨으면서 뜨여오면 그날 아침 손끝으로 먼 바다를 짚어가며 잘 보지이지도 않는 작은 섬들의 이름을 말해주던 당신이 결국 너머를 너머로 만들었다.

— 「세상 끝 등대 1」 전문

박준의 시집은 뒤로 읽었을 때, 오히려 비밀이 쉽게 풀린다. 올바른 독서법이 아니더라도, 그의 정서의 시작은 위치상으로는 앞보다는 뒤에서 먼저 열리고 있다. 연안은 바다와 뭍의 경계다. 바다라고 하기에는 발이 닿고 뭍이라 하기에는 거대한 바다가 이곳을 압도하고 있다. 그리고 바다에서 뭍으로 어떤 상실된 마음에 월세라도 내리는 듯 잔잔한 파도가 밀려온다. "비켜가면서 흘러들어오고 숨으면서 뜨여오"는 파도의 연한 움직임처럼, "먼 바다"로 떠나가 버린 것만 같은 작은 섬들의 이름을 호명하는 일처럼, 시적 주체는 뭍에 선 그리움 가득찬 등대가 되어서는 제 "속마음"을 지운다. 여기서의 "속마음"이란 너무 따뜻하고 아름다운 정서라서 속마음의 질감보다는 이렇게 당도할 수밖에 없는 처지가 더 처량해져서는 우리의 정서 곳곳을 자극한다. "당신이 결국 너머를 너머로 만들었다"라는 진술 또한 나는 등대처럼 먼 바다를 비출 수밖에 없다는 사태를 보여주고 있다. 연안에서 바다라는 너머가 아니라, 다른 너머를 호명할 수밖에 없는 어쩔 수 없는 처지를 극대화 시킨 선언으로 읽힌다. 그러므로 "당신"은 주체를 압도하는 전부이며, 여기서 '당신'이란 주체에게 세상과 비견할 만하다.

이런 당신에 대한 인식은 「당신이라는 세상」에서 술에 취한 주체의 진술들로 구체화되기도 하지만, 주체와 당신의 사연을 더 자세히, 면밀히 살피기 위해서는 「오늘의 식단」을 먼저 펼쳐볼 필요가 있다. 「오늘의 식단」에서 "나는 오늘 너를 / 화구에 밀어 넣고" 밥을 먹으러 왔다. 벽제 화장터에서 주체는 "너"를 태웠다. 여기서의 "너"는 다른 시편들 속에서도 자주 반복되어 호명되는 '당신'이자 '미인'이자 '누나'로 보인다. 친구의 말처럼 "산 사람은 살아야" 하기에 시적 주체는 해장국 같은 것들을 뜨고 있지만, 이미 주체에게 밥상은 "너에게 받은 생일상"에 오버랩이 되어 있다. 당신의 장례를 치른 날, 시적 주체는 당신에게 받았던 가장 곱고 아름다운, 그러나 가난했던 그 장면 속으로 자신을 몰입해 가는 것이다. 헤어지는 가장 슬픈 순간에 헤어짐의 정서를 지연시키고, 당신의 기억에서 다뤄졌던 전혀 다른 아름다운 장면으로 착각을 해버리는, 주체의 의지는 아프고 안타깝다. 동일화를 시키는 수사적 매력이나 극진한 서정이 함몰되어 있는 묘사가 곳곳에 솟아오르더라도 여기서의 아름다움은 그저 주체의 고통, 아픔일 뿐이다. 때문에 울음을 인식하는 방법에 있어서도 이런 표현이 가능하다.

"울음에는 / 숨이 들어 있었다 // 사람의 울음을 / 슬프게 하는 것은 / 통곡이 아니라 // 곡과 곡 사이 / 급하게 들이마시며 내는 / 숨의 소리였다"는 인식을 보자. 울 수 있는 것은 살아 있는 사람뿐이라서 살아 있다는 증거로 울고 있는 제 자신과 그 울음을 이어 나가기 위해서 숨을 곡과 곡 사이에 넣을 수밖에 없는 사태를 시적 주체는 감지한다. 즉 우는 것도 살아서나 가능한 일이며, 살아있기 때문에 망자에게 울음을 던지는 것도 그저 미안하고 고통스러운 일이다. 이토록 고요하고 처절한 아픔이 또 있을까. 때문에 그 숨소리마저도 '숨+소리'가 아니라 '숨의 소리'로 인식할만하다. (목)숨이라는 것이 시적 주체를 붙잡고 있기 때문에 울음이란 (목)숨 안에서 소유된 것이다. 하지만 여기서의 울음은 생에 대한 울음이 아니라 망자에 대한 온전한 울음이고 싶은 것이다. 그래서 숨과 소리를 각각 개체로 인식하고 '숨'에게 소유된 '소리'를 주체는 울음의 질감 속에서 끄집어낼 수 있었다.

이쯤에서 가장 슬픈 순간이 아니라, 기억이라는 이름으로 시적 주체가 거리를 두고 그려내는 미인의 서사를 살펴보자. 박준의 시편들 속에서 등장하는 미인(당신)을 종합해 보면, 미인은 외양은 작은 눈에 손이 차고, 발과 무릎이 희며, 앞니 사이에는 자주 바람이 새는 새침한 여자다. 또는, 비린 것을 잘 먹지도 못하면서 시장을 빙빙 돌거나, "식당에서 다른 손님을 주인으로 혼동하는 경우가 많"(「미인처럼 잠드는 봄날」)거나 "황도를 백도라고 말하는(「환절기」)" 실수가 잦은 왈가닥한 숙녀다. "목련꽃같이 커다란 귀걸이를 걸고"(「꾀병」) 다니는 촌스러움과 마루에서는 간호조무사 학원을 다녔던 것인지, "총정리 문제집을 베고"(「미인처럼 잠드는 봄날」) 잘도 눕는 넉살 좋은 촌의 처녀이기도 하다. 그럼에도 불구하고 유화는 곧잘 그리며(「호우주의보」) 동생이 열이 나면, 열나는 이마를 따뜻하게도 짚어주던 누이(「꾀병」)여서, 그런 "미인을 좋아했던 남자들은 다 하나 같이 안경을 쓰고 있지 않"(「학(鶴)」)고 학이나 접어 선물하는 어딘가 좀 모자란 사람들로 제시된다. 하지만 시적 주체에게 미인은 뜨겁고 세상 누구보다 아름답다. 그래서 "나는 혼잣말을 할 때면 / 꼭 뒤를 돌아보게 됩니다"(「언덕이 언덕을 모르고 있을 때」)라고 고백을 하기도 한다. 이 고백은 어쩌면 이미 망자가 된 미인이 시적 주체가 혼잣말을 중얼거릴 때 살포시 혼령으로 찾아와 자신의 말을 엿들어줬으면 하는 아프고 시린 바람이 담겨 있는 진술일 수도 있겠다.

나는 유서도 못 쓰고 아팠다 미인은 손으로 내 이마와 자신의 이마를 번갈아 짚었다 "뭐야 내가 더 뜨거운 것 같아" 미인은 웃으면서 목련꽃같이 커다란 귀걸이를 걸고 문을 나섰다
한 며칠 괜찮다가 꼭 삼 일씩 앓는 것은 내가 이번 생의 장례를 미리 지

내는 일이라 생각했다 어렵게 잠이 들면 꿈의 길섶마다 열꽃이 피었다 나는 자면서도 누가 보고 싶은 듯이 눈가를 자주 비볐다

힘껏 땀을 흘리고 깨어나면 외출에서 돌아온 미인이 옆에 잠들어 있었다 새벽 즈음 나의 유언을 받아 적기라도 한 듯 피곤에 반쯤 묻힌 미인의 얼굴에는, 언제나 햇빛이 먼저 와 들고 나는 그 볕을 만지는 게 그렇게 좋았다

- 「꾀병」 전문

이미 이곳을 떠난 '미인' 때문에 시적 주체는 자주 앓고 있다. 그러나 기억으로 미인을 부르는 일이란 온전한 미인이 아닌 상상된 미인이다. 시인(주체)이 상상된 미인을 호명하는 일이란 어쩌면 영매가 된다는 것이다. 그리하여 영(靈)의 무엇과 이곳의 무엇이 가진 질감과 이질감을 연결해 놓았다는 것이다. 그것은 어떤 고통일까. 영은 이미 죽은 사람이라 볼 수 없고 들을 수도 없고 만질 수 없고 냄새를 맡을 수도 없다. 그러므로 여기서의 매개자가 영을 감지하는 일은 기억의 서사에 기대어 있을 수밖에 없는 노릇이다. 여기서 매개자는 기억 속에서 장면을 선택한다. 물론 딱 이런 장면을 '기억'이란 말로 규정할 수도 없는 노릇이지만, 어떤 정서적 여독(餘毒)이 주체에게는 강하게 서려 있다. 그래서 주체는 종종 시편들 속에서 미열에 곤혹을 느끼는 상태로 제시가 된다.

「꾀병」은 좀체 '꾀병'으로 읽히지 않는다. 시적 주체가 잠시 몸살이 나 아팠을 뿐인데 "나는 유서도 못 쓰고 아팠다"고 말한다. 지금 아팠던

것은 단순히 몸에 찾아온 아픔이 아니라 "이번 생의 장례를 미리 지내는 일이라 생각"한다. 우리가 다른 정보 없이 이 시를 겪게 된다면 대부분 엄살로 느낄만한 진술들이다. 하지만 주체가 동원한 미인은 현생에는 없는 대상이다. 주체에게 아프다는 통각은 미인을 만나게 하는 통로가 되고, 자기처럼 아프면서 생을 등졌을 미인을 생각하게 되는 단서가 된다. 그러므로 통증은 미인의 주검을 기억해 내는 일이다. 각자의 아픔의 순간으로 교감을 이루는 일이다.

이 시에 한정해서는 "뭐야 내가 더 뜨거운 것 같아"라고 말하는 미인의 발화가 단순히 그 시간의 장면을 보여주는 역할이 아니라, 미인의 아픔을 모두 다 받아 적을 수 없음을 폭로하고 안타까워하는 시적 주체의 의도로 보인다. 대게 박준의 시에서는 미인이 직접 구사하는 언사가 등장하는 것을 자주 발견할 수 있다. 그러나 이것들 또한 시적 주체가 자신에게 느낌으로 남은 장면을 큰 재구성 없이 그대로 상영하고 싶다는 욕망의 발현으로 지어진 구절들이다. 하지만 그런 직접 구사법의 언어들이 오히려 시적 주체를 더 고통스럽게 하고 독자들을 더 그 장면 속으로 함몰되게 한다. 그것은 지금 여기, 미인이 사람의 언어로 현현하는 것이 아니라 귀신의 언어로 현현하기 때문이다. 그러나 귀신의 말은 끔찍하거나 혼란스럽지 않다. 오히려 산 사람의 언사보다 더 아름답다.

그래서 조금 더 바꿔 말해볼 수도 있을 것 같다. 이와 같은 상태를 아름다운에 살(煞)이 든 것이라고, 죽은 미인에게 살이 들어서 그 아름다운 순간들이 흘러나오고 있는 것이라고, 말해보고 싶다. 아름다움에 든 살은 어떤 살일까. 대게 살이라고 하면 태어나자마자 운명적으로 나를 쥐고 있는 어떤 기운일 텐데. 왜 그 기운은 아름다워지려고만 하는 욕망에 기대어 있을까. 그 말인 즉은, 운명적인 삶을 스스로 욕망하고 스스로 불러들이는 주체의 제의가 아닐까. 때때로 현실에서는 엄살처럼 솟아나는 살이지만 실제로 이 살은 시적 주체를 견인하는 '시적인 어떤 기운'일 것이다. 운명일 것이다.

  이쯤 되면 시적 주체가 처음 지어놓은 이 말이 이해가 될 듯도 싶다. 이 시집은 "나도 당신처럼 한번 아름다워보자고"(「시인의 말」) 제 몸에 깊이 든 살에게, 칭얼칭얼 아이처럼 졸라보며, 영매(靈媒)의 위치에 가서 써내려간 고통의 언어이다. 혹은 이렇게 제목까지도 바꿔 읽더라도 무방하지 않을까. '당신을 먹었다, 이름을 지어서 며칠 동안'이라고 말이다. 시적 주체는 미인을 감각하고 싶다. 미인이 상실된 현실의 억압이 너무나 괴로워서 미인을 취해 삼키고 싶을 정도로 미인을 붙잡고 싶은 것이다. 그리고 그런 억압의 정서를 기록하고, 억압의 편린들을 호명하는 방법이 이름을 짓거나 며칠 동안 세상모르고 앓는 일이었을 것이다.

  어떤 누군가에게는 시를 쓰는 일이 유서를 쓸 때의 그것과 같다. 그것이 상징된 세계 속에서는 '엄살'이 되고 "꾀병"이 된다. 하지만 "누나의 목소리 같은 낮달"(「가족의 휴일」)의 정서를 충분히 느낄 수 있는 독자라면, "옷보다 못이 많았다"라는 말을 그저 가난으로 읽지 않고, 흔적뿐인 이 삶에 대한 슬픔으로 감지할 수 있는 독자라면, 다 괜찮다. 괜찮을 것이다.

  당신, 같이 울어줄 수 있는 준비가 되셨는가?

찰나에서 영원까지
– 박판식 시집 『나는 나와 어울리지 않는다』

　자기의 상처를 학대하는 방식으로 시를 쓰던 시인이 조금은 자신에게서 도망쳐 나왔을 때, 시보다 시인의 안부가 궁금해질 때가 있다. 어떤 힘이 시인에게서 '다른 자신'의 거리를 확보해두고 여백을 만들어놓고 떠난 것인가. 인간이 시라는 부력을 통해 자신의 끔찍함을 경험해야 한다면, 우선 시가 통로로 삼고 있는 언어의 불완전함을 먼저 통과해야 할 것이다. 스스로가 품었으나 다시 포기해야 하는 정서의 다층과 언어의 무능함 사이에서 융기하며 솟아오른 말들을 모두 살피기에는, 세계의 흠보다 인간의 흉터가 더 크다. 아니 어쩌면 인간의 흉터에는 '신축성'이 있다.
　9년 만에 다시 우리 손에 쥐어진, 박판식 시집에 대해 말하기에 앞서 첫 시집 『밤의 피치카토』를 경유해보자. 「화남풍경」, 「물의 힘」, 「하관」과 같은 시편들에서도 드러났듯이 박판식은 양수나 우물과 같은 고인 물의 힘이나 물과 물 사이에서 생겨나는 끌어당김과 밀쳐냄의 운동성을 포착하여, 그곳에서 시적 정념을 봉헌하는 수준까지 끌어올린 시인이다. 첫 시집에 한정해서 그 시선의 예리함은 송재학의 무엇과 만나고 있고, 정서의 보폭과 핍진함은 90년대의 빼어난 서정시들과 견주어 부족함이 없다. 그러나 다시 우리에게 돌아온 『나는 나와 어울리지 않는다』는 질척거리는 감성의 호소가 다소간 배제된 느낌이다. 가령 가족에 대한 사유에 있어서도 그렇다. "나뭇잎은 자라지 않는다 나뭇잎은 본래 모양을 찾는 것 뿐이다"(「그리운 가족」)라고 첫 시집에서 언술했다면, 이번에는 "우리는 언제나 초면인 셈이지요 // 기분 전환을 위해 외출했다가 / 우연히 누가 놓고 간 낚싯대를 쥐게 된 꼴입니다"(「가족사진」)라고 말하며, 기존의 정적 공간에서 도약하던 이미지들을 이제 미끄러트리거나 운동시키고 있다.

「공(球)」이나 「모르는 척」에서 읽혀지는 이미지들의 운동성 또한 그렇다. 「공(球)」에서 나는 흰 빗자루를 들고 있고 불쑥 튀어나오는 비둘기나 고양이의 이미지들이 서술되고, 일과를 마친 남자 선생들의 축구 장면과 삼삼오오 모인 여학생의 이미지가 어떤 서사적 결합이나 사태의 엉킴 없이 단순히 병치만 되고 있다. 다만 "연못가 시계탑의 조각상"이 "무엇인가를 버티면서 전신의 힘을 발끝에 주고 있다"는 정적인 장면이 발화자의 서 있는 사태와 만나면서, 공이 굴러가는 것을 따라다닌 다면화된 시선과 정적인 수직의 이미지를 대치하고 있는 것이 이 시가 가진 이미지 배치의 전략이다. 그래서 움직이는 것과 버티고 있는 것 사이에 대립 구도가 읽힐 뿐이지 그들이 맺고 있는 관계가 명확히 환기되지는 않는다. 때문에 '버틴다'는 움직임을 나타내되 움직이지 않으려는 동사가 이 시에서는 다시 낯설게도 도약하고 있는 형국이다.

「모르는 척」에서는 장난감 암캐, 모래시계, 호루라기, 임산부의 배 등

겉으로는 정지된 상태를 품고 있지만 그 내면에는 움직임을 감지하고 있는 사물들을 제시하면서 운동을 만든다. 작동하면 재롱을 부리는 장난감이 그렇고 시계 속에 흐르는 모래, 호각 속 구슬, 태내의 아기가 그렇다. 모두 감춰진 장막 안에 있지만 그것들은 움직임을 통해 자기 존재를 만들고 자기 용도를 해결해 내는 것들이다. 하지만 발화자는 그것들을 인지하지 않는 척, 그저 모르는 척 같은 의미적 등가를 가진 이미지들을 관련 없이 배치하면서 이런 진술을 만들어 낸다. "열두 번을 만나도 우리의 만남은 언제나 첫 번째 만남이다"라고 말이다. 그러니 여기서도 움직이는 대상들보다 모든 만남이란 오직 처음일 수밖에 없다는 정념이 호출된다. 물론 이런 정념들은 시집 곳곳에서 비슷하게 드러나는데, "길을 잃는 듯하다가, 무사히 도착한다는 속담이 있다 / 이름이란 빚어지는 것이다, 사람이란 그 이름으론 더 이상 / 부를 수 없는 고상함으로 사라지는 것이다"(「번쩍거리다」)는 진술 또한 그러하다. 이름을 붙여주고 불러주기 전까지 존재 바깥에 놓여 있는 것들이 발화자의 호출을 통해 잠시 출연했다가 스스로 '존재의 그것'을 다 하고 나서야 '찰나의 존재'에서 다시 사라지는 숭고함으로 마무리되는 '물상들의 생사'를 박판식은 직관하고 있다.

다시 말해, 박판식이 운동시킨 것들과 운동을 멈추게 했던 것들은 그의 시에서 서로를 견주며 싸우고 있는 사태를 취하고 있으며, 그것들은 모두 출연과 사라짐을 스스로 내재하면서 결국 물상의 숭고, 상념의 숭고로 향하고 있는 것이다. 이를 통해 언어가 온당하게 정념을 담을 수 없다는 파국에 도달한 세계를 다시 회복하고 싶다는 의지를 환기한다. 그러나 이런 직관은 조각조각들의 흩어짐을 통해 세계의 흉한 틈을 보여주려는 것이 아니다. 그렇게 볼 수밖에 없는 시력을 가진 시인 자신의 흥으로 소환된 것들을 큰 완력 없이 전시하면서, 흥들의 터를 자기 언어 속에 굴복시키려는 욕망으로 드러난다. 그러기 때문에 시인은 "날아다니는 것들아, 움직이는 것들아, 좀 더 무거워져라"(「옷장 속 거울」)라고 울부짖어야했고, "서울은 형이상학 과잉입니다"(「성(聖)서울」)이라고 촌스러워져야 했다. 그리고 이렇게 어쩔 수 없이 움직이도록 했으나 버티고 잡아두려 했던 시인의 정념은 이번 시집에서 '움직이지 않는 물'을 떠나 거울의 이미지를 통해 다시금 소급된다.

  물론 거울은 그 대상 자체가 정적인 사물이지만 다른 상을 비추는 과정을 통해 움직임을 내재하는 사물이며 무엇보다 제 안에서 사라질 것들을 '찰나의 존재'로 담아낼 수 있는, 이번 시집을 앓고 있는 시인 몸의 알레고리이다. 「나는 나와 어울리지 않는다」에서 발화자가 자신과 어울리지 않는 대상들, 그러니까 딸이나 개, 행운과 같은 것들을 이야기하고 있는데 그것들은 내게 오지 않을 것들일 수도 있으나 내게 올 수도 있는 것들이다. 가령, 빵집 개업에서 1등 경품을 받는 행운을 스스로 거부한 발화자의 태도는 행운을 거부하는 것을 통해 자신의 존재를 확인하는 모습으로 그려진다. 그러나 그 행운을 거부했더라도 행운은 찾아왔고, 발화자에게는 딸이 없었으나 딸 대신 아들이 태어났다. 그러니 그것들은 거울이 제 몸에 들어오는 사물들을 거부할 수 없는 것처럼 발화자에게 다가오는 존재들이고 거부할 수 없는 어떤 운명들이다. 그러나 그곳에서 박판식은 최소한 눈꺼풀을 닫듯이, 거울에 맺힌 상들을 거부하겠다고 말하고 있다. 무엇이 그를 이토록 잔인한 또 다른 감옥으로 인도한 것인가. 자신의 흉터에 신축성을 준 듯 아닌 듯 미끄러지고 있지만 다시 또 참혹하게 자신을 자기 굴레에 속박한 이유는 또 무엇이었을까.

'도끼 삶은 물'이라는 속담이 있다. 도끼를 삶은 것처럼 아무 맛도 나지 않는 상태의 음식을 이르는 말인데, 아무래도 도끼를 삶는다는 것 자체가 비범한 일이다. 벼린 도끼날에 혹시 배어있을지 모르는 독소를 중화시키기 위해서 도끼나 낫을 자주 쓰던 시절에는 종종 도끼를 삶았다고 한다. 도끼를 삶은 물에 독이 있을까봐 사람이 먹을 풀들이 자라는 곳에는 그 물을 함부로 버리지도 못하게 했다는 것이다. 아마도 박판식은 그런 자신의 독소를 짐작하고, 도끼를 삶은 물처럼 다소 물렁해져서는 우리 앞에 나타난 것 같다. 그러나 이 부드러운 아픔을 또 무어라 명명해야하는가. 그가 또 다시 물을 깨고 거울을 깨고 나타날 것을 믿는다. '찰나의 존재'에서 다른 세계의 영원으로.

나는 거울 속에서 조용히 살고 있는 사람이다
나는 누군가 바라볼 때만 나타나는 이상한 비밀이다

- 「언제나」 부분

대책 없이, 모르는 날씨에게
- 김이듬 시집, 『히스테리아』

 실패한 사랑이나 열렬히 사랑했던 실패를 생각했던 적이 있다. 왜 사람 대신 히스테릭한 기후를 떠올렸을까? 언제 어디서나 눈에 잘 띄던 사람, 어떤 동요도 만들고 싶지 않았는데 존재만으로 고요를 깨고, 아무런 채무나 책무를 가지고 있지 않아도 늘 빚진 자의 얼굴로 두리번거리던 사람, 복어 요리에 아릿하게 남겨놓은 적당량의 독처럼 매혹적이나 위험하고, 잡스러운 우연들과 동거하며 동조나 동의를 구할 수 없는 비애감과 그저 우정을 쌓던 사람, 의견보다 의문이 많았던 그 사람이 있다. 몇 날 며칠 찾아와서 말썽을 부리다가도 또 긴 시간 곁에서 떠나가고, 도무지 내가 모르는 상처를 받고는 영영 나를 찾아오지 않았던 '완결된 실패' 앞에 나는 가만히 쓰러져본다. 얼마나 많은 미지의 울렁임들이 범람하고 난 이후의 기후일까. "안 그린 공간에 그녀"(「예술품」)를 만진다. 나도 "실수로 쏟은 향수에 정신을 잃"(「장물아비」)어본 것 같은 사랑이 있었다고 나쁘게 말해본다. 어쨌든 그 사람은 오래 나를 떠났다. 변심하는 날씨 같은 시집 한 권을 손에 쥔다.

김이듬의 네번째 시집 『히스테리아』에서는 사랑 이후의 권태를 갚아내고 있는 흐름이 느껴진다. 일상은 막 쏟아질 것 같은 비가 아니라 떨어지지 않을 것이 분명한, 오갈 데 없는 '습(濕)'을 내재하고 있다. 줄곧 기이하게 절충된 우연 속으로 우리는 조금씩 기울어진다. 중국집에서 주문한 음식보다 비싼 음식이 잘못 나왔을 때 종업원에게 불만을 요구하기를 머뭇거리는 정황(「사과 없어요」)이라든가 중고 카메라 대신 벽돌이 배달되었을 때 경찰서로 가야 할지 송장 주소지로 가야 할지 결정을 내리지 못하는 불안(「빈티지 소울」)마저도 마찬가지다. 이 시편들의 주체는 사람을 배려하고 믿었을 뿐 어떤 가학이나 책임질 일을 만들지 않는다. 다만 그렇게 주체 바깥의 타자를 향하는 마음에도 '습'이 많아서, 종종 오해와 굴종의 일대기를 번복했을 뿐이다. 그러므로 주체는 자신의 영혼이 "약을 쳐야 기어 나오는 벌레 같아서 마치 없는 것처럼 또다시 누군가를 사랑할 것"(「빈티지 소울」)이라는 고백록을 읊는 것이다. 그러니까 뿌리 내릴 중심은 없고 흩어질 저변들만 가득해서 내/외상을 같이 들추지 않고서는 견딜 수가 없다. 주체가 저지른 감정의 붕괴들로 이곳은 폭주와 진압을 오가며 서늘해진다.

 그렇다면 실패로 매듭지을 사랑을 왜 시작했을까. 누군가에게 어떤 기억은 실체와 다르게 굴절될 각각의 상상력이듯, 이 시집의 시적 주체들은 그 꾸며진 허구를 발판 삼아 자신과 바깥의 질서들에게 처절히도 야유를 보낸다. 이것은 전복을 하겠다는 욕망이 아니라 어쩌면 전복이 꼭 필요하다는 욕구라서 더 참혹하게 반짝거린다. "나는 다른 사람이 되고 다른 사람은 어떤 사람일까 생각해본다"(「너는 우연히 연두」) 한들, 온전히 타자로 열릴 수 없는 자기 연민이 여전히 작동하고 있다. 그리고 "사랑에 빠질 때마다 장갑을 선물하는 경향"(「장갑의 밤」)에 대해서도 한쪽을 잃어버리기 쉬운 하찮음 때문이라고 방어하듯이 갈무리한다. 때문에 사랑이라는 폭력성을 내재한 외부의 정념들이 주체를 늘상 관통해오더라도, 실패를 이미 예감하고 또다시 벌어질 실패에 대해 담대하고 의연해지는 것이다. 자주 사랑에 실패했다기보다는 실패 자체를 사랑했던 것처럼 주객이 전도되어 버린다. 그러나 그런 전복의 쓰린 결과 표면에는 "아무 이유 없이 누군가를 죽이고 싶어질 때와 같은 심정"(「어른」)과 아집이 있고, 상처받지 않으려는 (혹은 상처를 가중시키려는) '인생 고백'(「변신」)이 범람하고 있다.

그것은 아마도, 찰나마다 미동을 일으키는 "슈퍼문"(「신경쇠약 직전의 여자들」)과 "야하게 꾸며 나가고 싶은"(「변신」) 밤의 기후가 치명적이게도 주체를 매일매일 따라다니기 때문일 것이다. 남들보다 심장이 빨리 뛰는 과도한 몸의 직관 때문에 그토록 가혹한 질서를 마주해야 했던 주체는 자발적으로 예민하고 우발적으로 고유하게 마냥 아파보려 했던 것이다. 이와 같은 정념의 실체는 이 시집에서 손꼽히게 아픈 절창인 「시골 창녀」에 와서 조금 더 명징하게 스스로를 건넌다.

김이듬의 오랜 창작론이자 그가 현실을 응전하는 방식이기도 한 「시골 창녀」에서는 주체를 둘러싼 쓰린 시선과 회복 의지, 그리고 그 통증의 현상학까지 읽힌다. 간헐적으로 시편들에 등장했던 '시 쓰기 메타 사유'들을 한데 모아 보여주며 자신의 피의 내력을 이곳에 푼다. 아무리 집안 내력을 살펴봐도 조상들 중에는 멸시와 천대를 받은 사람이 없었는데 오직 시적 주체만이 "마음의 기생"을 키우고 있다. 대체 그 마음의 기생이란 어디서 온 것인가. "나무로 만든 성냥 하나가 나무와 온 숲을 불태우는 데 모자람이 없"(「밀렵」)다고 했거니와 "절박하지 않게 치욕적인 감정도 없이" 펜을 들고 시를 쓴다고 했다. 그러나 한 개인이 세계를 향해 쏟아낼 수 있는 모멘트가 고작 글쓰기뿐이고 제 몸을 태우는 일뿐이라니! 억압을 응전하는 그 방식마저도 비틀어버리고 싶은 것이 바로, 지금 이곳의 세계이지 않은가. 그곳에서 시적 주체는 마음의 기생과 동거하며 스스로를 지탱한다. 그러면서 "해칠 의도가 없는"(「데드볼」) 공이 작정하듯 누군가의 몸에 맞는 것처럼, 죽이고 싶은 진심 없이도 곧잘 죽음에 이르게 하는 현실 사태들의 종합이 시인의 시인됨의 자리를 확보해 내고 있다. 다시 말해 그 자리는 "감정 갈보"에 다름 아니다. 이렇게 쏟아지는 감정들의 응축을 '갈보' 말고 또 무엇이라 명명해볼 것인가.

 훌렁 옷을 벗고 침대에 엎드려 김이듬을 읽는다. 나 또한 나를/내가 버린 타자들의 입장에 대한 생각에 잠긴다. 이렇게 대책 없이 말을 갚는 마음의 각오를 엿들었다 한들, 나는 여전히 슬퍼하지 않을 자신이 없다. 그들이 나를 버려줬으면 좋겠다고 아무리 다짐하고 마음을 만져봐도 아픈 부위가 명확하지 않다. 그렇게도 수많은 당신들을 사랑했다. 당신들은 나의 날씨를 기억하지 않았지만 나는 가끔 그곳의 날씨가 궁금해서 맑은 날 우산을 들고 외출을 해본 적이 있다. 히스테리아. 히스테리아. 다시 히스테리아. 하고 읊고 나니, 조금 마음이 편해진 걸까. 잡스러워도 괜찮아. 그래 괜찮아. 주섬주섬 옷을 입고 괜히 부끄러워진다. 언제든 내릴지 모르는 비 때문이라도 오늘 나는 당신의 우산을 준비해야겠다. "그냥 믿고 싶어서"(「독수리 시간」), 다시 실패를 사랑하려고.

주머니 속에서 악수를 한다
- 김지녀 시집 『양들의 사회학』

아득하고 난감하다. 나는 내게 최대한 각별하고 최소한 객관적인 어떤 곳을 지나가고 있었다. '각별'과 '객관'으로밖에 꾸미지 못할 어떤 곳. 그곳은 "희망도 불행도 없는 얼음"(「해동」)처럼 보존 가능한 감정들이 모두 다 사라지고 난 이후의 세계이며, 의미가 없는 순간에만 일그러진 의미의 기미들만 가득 차 있는 곳이다. "모든 것이 무너지는 세계"이자 "세계가 움직이기 시작"(「개미들의 통곡」)하는 곳, "이별을 하기 위해 태어난 사람"(「혼잣말의 세계」), 혹은 "매 순간 절벽 아래로 뛰어내리는 사람", 그런 사람들이 있으되 영영 없을 것만 같은, 질서 이전의 꿈꾸는 어떤 곳을 나는 자꾸 걷게 되는 것이다.

이곳에서 나는 늘 위험하고 난감하다. 그럼에도 불구하고 그곳을 자꾸 지나가게 되는 이유는 내 앞에 아직 더 만져보고 싶은 물체주머니 속의 사태가 '가까스로' 남아있기 때문일까. 물체주머니의 사태란 존재를 끊임없이 기의와 미끄러지게 하면서 감각을 극대화시킨다. 주머니 속 어둠은 적당량의 궁금증을 돕고, 사물이 손에 닿기 전까지는 영영 모르는 미지의 공간을 담보한다. 그러나 이 때 손에 닿은 것들은 나에 의해 재구성된 사물이거나 혹은 그렇게 믿고 싶었던 사물일 뿐이지 사물 그 자체가 아니다. 김지녀의 의미체계는 이렇듯 이 어두운 물체주머니 속에서 발생한다. 아니 자신만의 말의 혁명을 도모하듯 발발한다.

  그렇다면 그 의미 불가와 지연의 상태, 그러니까 물체주머니 속 어두운 장막은 어디서 비롯된 것일까? 물론 이 질문에는 답이 없다. 아무도 물체주머니로 세계를 감싸지 않았으며 감싸고 있다는 질서 또한 허상일지도 모른다. 굳이 하이데거나 데리다를 경유하지 않더라도, 이미 사물들은 사물들대로 열려있었으며 이곳에 들어간 손(주체)은 늘 그 미지를 향해 열려 있는 감각이기를 욕망해왔다. 헌데 김지녀는 자신이 인지한 세계를 "시위와 폭동으로 들끓는 거리"(「사시(斜視)」)라 더 참혹하게 두고, 똑바로 걸어도 삐뚤어진 나를, 다시금 똑바로 겨냥하려고 한다. 다시 말해 물체주머니 속에서 이미 탕진시킨 세계를 집중된 자신의 감각과 접촉의 순간을 극대화시켜서, 재현될 수 없는 자기 주체성을 회복시키려는 과감한 기획인 것이다. 시집의 표현을 그대로 빌리자면, 도무지 넘지 못할 것 같은 벽 앞에서 "살아 있는 것처럼 / 나는 너에게 혀를 내미"(「벽」)는 일을 감행하려는 것이다.

  때문에 김지녀는 오감(五感)을 모두 부각해서 사용함으로써 절편되어 있는 주체들을 끊임없이 호출하고, 다시 한 곳에 모은다. 여기서 주체의 발생점은 "만질 때에만 잎이 돋는 나무 조각이거나 / 따뜻해지는 금속에"(「물체주머니의 밤」) 가까워서, 감각의 뒤엉킴이나 교차 지점이 빈번히 등장한다. "불을 먹는 마술사에게 불은 어떤 맛일까"(「불의 맛」)라는 질문이 "나의 목구멍에 누가 꽃을 꽂고 있는가"라는 질문으로 변이되기도 하고, "두 입술을 꽉 다문 수도꼭지에 / 천천히 음악이 흘러나"(「사월의 시그널 음악」)오는 삶의 단수 상태를 파동으로 감지하기도 한다. 이와 같은 감각은 공감각이라기보다는 입체 감각에 가깝다. 왜냐하면 우선 감각과 감각이 만나는 지점마다 늘 빽빽이 김지녀는 자신만의 '통각'을 함께 겹쳐놓고 있기 때문이다. 그로 인해 현실을 감당하고 있는 주체의 쓸쓸하고 참혹한 정념적 의지 발현을 가능하게 한다. 대상과 접촉하는 김지녀는 늘상 아프다.

이쯤 되면 우리는 조금 더 난감해지기 위해 '바깥'이라는 관념적 기표가 필요해진다. 「모딜리아의 화첩」에서 "목이 계속 자란다면 / 액자의 바깥을 볼 수 있겠지"라고 발화하는 주체는 액자라는 프레임 속에 갇혀 있는 주체의 탈출 욕망을 노출시킨다. 목이 길어 자라난다는 의미 속에는, 액자라는 질서를 부수고 싶어 하는 주체의 의지와 그런 사태에 빠짐으로써 스스로의 존재가 사라질지도 모른다는 공포와 연민이 켜켜이 내포되어 있다. 목이 길어진다면, 눈동자가 없고, 웃을 입이 없고, 길어진 성대를 통과해서 빠져나올 말의 길이 없다. 또 그렇게 얼굴이 없어져 내가 통각하고 감각하는 세계에서 벗어나 버리는 것이다. 하지만 이런 사태는 어쩌면 액자 프레임 바깥을 경험함으로써 '액자의 질서'와 '바깥의 가능성'을 같이 확보하는, 다시 말해 질서의 세계와 질서 바깥의 세계로 세계 자체를 확장해 내는 김지녀의 쓰린 직관이라고 말할 수 있지 않을까. 그러므로 이런 직관의 계속됨은 결국에는 '바깥'들의 수많은 분유를 만들어 "주절주절 오늘은 참 말이 많다"(「많다」)는 식으로, 말(주체)처럼 세계 자체가 각각 많아지는 것을 도모하려는 건 아닐까.

「물속에서 눈을 뜨는 사람에게」의 경우도 마찬가지다. 두 편의 시를 비교할 때, 액자 속의 공간은 물 안 쪽에서 숨을 참고 흠뻑 젖어있는 상태이자 즉 우리가 살고 있는 상징 질서의 세계와도 같다. 그러나 거기서 주체는 몸이 느려지고 귀가 사라지더라도 똑바로 눈을 뜨고 아득한 앞을 바라보려고 하고 있다. 그리고 또 다시 "두 번 사는 것"이라는 바깥의 기표를 호출한다. 즉 이와 같은 시적 정념은 불가능한 순간을 경험하려고 하는 '접촉 순간'의 의지이자 숨을 쉴 때마다 "흉곽은 부서지기 쉬운 벽"(「숨」)이라는 것을 지각하게 하는 다른 세계에서 온 통각의 발화법이다. "바깥에서 피고 지는 것들이 나를 향해 돌진한다는 생각으로"(「혼잣말의 계절」) 세계를 다시 제 나름대로 구성해보겠다는 세계에 대한 조용한 선전포고와도 같은 것이다.

  나는 다시 난감하고 아득해진다. 준비물을 가져오지 않아서 교실 뒤에서 수업 내내 친구들을 지켜보는 한 아이에 대한 이야기를 해야겠다. 친구들은 물체주머니 속에 손을 넣고 보이지 않는 저곳을 주무르고 있는데, 뒤로 물러난 그 아이는 친구들의 촉감마저도 궁금해 하며, 그들과 먼 곳에서 아프게 그들을 바라보고 있는 장면을 상상해 본다. 왜 그랬을까. 나는 왜 그 시절 누나의 물체주머니를 숨겨놨을까. "열쇠를 바꿔가며 열어봐도 / 열리는 것이 없다는 걸 알았을 때 / 처음으로 고백이라는 것을"(「깨어나지 않는 사람에게」) 해볼까. 생각해 본다. 그러나 아무리 내 몸에 나를 치우쳐 봐도 질문의 답을 구하기가 힘들다. 나 또한 무엇 때문에 통각을 경험했던 것인가.

  빈 주머니 속에서 손을 느낀다. 어두운 장막 속에서 세상에 없는 공기를 느낀다. 우리에게 당도한 이 막막한 기운을 느낀다. 아무래도 "내 안에 꽉 들어찬 것은 희박하고 건조한"(「물체주머니의 밤」) 공기라서,

우리는 더 작고 더 사소하게 줄어들지도 모른다.

얼굴에서 발견한 '얼'과 '굴'의 거리
– 정영 시집 『화류』

　어떤 시집의 경우 마치 한 권의 유서처럼 읽힐 때가 있다. 그 사람을 잘 모르고 있었는데 그 사람이 살고 있던 장소에 이미 가 본 것 같고, 오랫동안 같은 풍경을 보며 말해 온 것만 같은 그런 오해가 내가 사용할 감각마저 점등시켜버릴 때가 있다. 무엇이 나를 이토록 무방비하게 했는가. 사는 내내 장례를 미리 준비하는 것처럼 늘 곁을 따라다니는 죽음과 동거하며, 수십 번쯤 죽고 난 자리에서 다시 시작하는 말(言)이라면 그러할까. 낭자하게 찢어지고 문드러지고, 통증을 간직하기에도 부족하기 짝이 없는 육신에서 나오는 "들숨과 날숨 사이"(「시인의 말」) 그 어디쯤이 또 그러할까. 산 것도 죽은 것도 아닌 '다른' 어떤 곳에서 산 사람의 말이라고는 느껴지지 않는 음성들을 들을 때마다 나 또한 지워지고 있는 나를 발견하게 된다. 그는 왜 이토록 스스로가 지워지는 것을 모두 감내하며, 줄어드는 주체를 채우고 있을까.
　정영의 시집 『화류』에서 등장하는 대다수 주체들의 목소리는 이미 죽은 사람의 음성처럼 들린다. 아니 죽기로 작정한 자아이거나 귀신의 읊조림을 빌리지 않고서는 불가능한 주체들로 보인다. 자신의 탄생이나 삶의 알리바이를 넌지시 비추는 진술들을 종합해 보아도 그러하다. 울음과 웃음이 혼동으로 뒤엉키며 "먼 꿈을 꾸는 신음"(「가련한 사전」)에서부터 시작된 시적 주체의 음색은 "제 태생의 흔적을 지우려는"(「사랑은 반항하는 새와 같아서」) 숨 가쁜 새들의 움직임과도 같아서, 어디로 가야할지 목적지가 불투명하지만 끝끝내 쉼 없이 움직이고 있는 운동성들을 통해 제 삶의 '없는 위치'들을 보장받고 있다. 즉 다시 말해 여행 상태를 잠재하고 있는 주체이다. '일상'이 삶이 아니라 '여행' 혹은 '이동하는 과정'들이 삶이며, 일상은 오히려 삶의 일부분에 지나지 않는 정념의 가혹한 상승 상태를 이 시적 주체는 겪고 있는 듯하다. 이렇게 현실에서 탈각된 주체의 행방은 다수의 시편들 속에서 새의 움직임이나 음성, 음악, 바람 등 분자 운동을 하는 여러 소재들과 결합하여 우리들을 갈 수 없는 곳, 가본 적이 없는 곳으로 홀린 듯이 인도한다. 그러므로 "이탈을 꿈꾸는 영혼을 붙잡아"(「잔다는 것 자체에 의의를 두고」) 세상 모든 '조급한 탄생들' 곁에 앉혀보는 일을 실행해 보는 이유 또한, 제 스스로가 "태어난 건 첫 한 숨을 쉬기 / 바로 전"(「비망증명」)이었다고 인지하고 있기 때문이다. 즉, 태어난 이후의 삶이 시작되는 것이 아니라 태어나기 직전 그러니까 '삶의 태'가 만들어지기 이전에 '사이의 세계'가 있다면, 그 세계를 채우고 있는 어떤 영혼의 운동 같은 것들이 이 시적 주체가 탄생하는 자리인 것이다. 그것은 "전생에 숨어 다음 생이나 기다리"(「수레국화가 그려진 집」)는 귀신 혹은 육신을 입지 않은 영혼의 시선으로 삶을 인지하는 시적 알리바이가 된다.

그렇다면 왜 삶 이전의 시적 주체가 이토록 '사랑'이라는 삶의 감각에 예민하게 반응하고 있는 걸까. 죽은 이거나 아직 태어나지 않은 이라면, '사랑'을 제 정념 속에 각인하기에는 너무 모자라거나 넘치는 상황일 텐데, 종교적 사랑이 아님에도 불구하고 이런 불가능한 사랑의 감각을 말해야만 한다는 것은 의문스러운 일이다. 「간절」이나 「멍을 토하는 자」와 같은 시편들에서도 나타나듯, "먼 냄새"들에게 이끌려 이미 "늙어가는 기술을 하나씩 알아채고 있는" 자신을 늘상 마주하고 있는 시적 주체는 "사는 게 게워내는 일의 연속이라"는 것 또한 이미 알고 있다. 삶을 다 깨닫고 난 주체의 모습을 띠고 있는 것이다. 그러니 죽은 주체인 동시에 이미 삶을 다 살아낸 주체인 것이다. 즉 불완전하고, 아직 만들어지지도 않았고, 정서를 내재할 수도 없는 죽은 영혼의 주체임에도 불구하고, 삶에 깊숙한 뿌리를 인지하고 있는 입체적인 정념 상태를 경유해서 주체는 사랑을 발설한다. 물론 그것은 '다 겪은 사랑' 그러니까 이별 이후의 사랑이기 때문에 가능한 것이다. 「오지 않는 공」에서 자신을 떠나보낸 모든 타자들과 물상들이 제 뿌리를 흔들고 있다고 언술하며 겨우 산 사람의 감각으로 "뿌리가 아픈 날"을 인지하려는 것을 보아도 그렇다. "서로를 버려주는 이 아름다운 사랑!"(「집 밖의 삶」)이라며 터져 나오는 육성을 다 내뱉는 장면에서도 알 수 있듯이, 제 존재 전부를 다 던지고 난 사랑에 대해 말해보겠다는 시적 의지가 강하게 노출되고 있다. 정영은 자신이 온몸(물론 이 몸 또한 없는 몸일 수 있을 테지만)으로 겪은 자아 바깥의 모든 "거인들"(「천 개의 서랍」)을 제 서랍 안에 가두고 "제 몸을 태우기"로 작정한 태양처럼 쓰린 정념들이 드나드는 입체화된 몸으로 사랑을 말한다. 생사를 오가듯 굳은 울음과 결심들로 타자를 겪어내겠다는 서늘한 사랑을 말이다. 그 끔찍하리만큼 어두운 정서의 통로에는 '얼'과 '굴'이 있다.

「얼의 굴」라는 가편에서 정영이 직관해 내는 제 얼굴의 입체성은 범상치 않은 폐허들로 가득하다. 얼굴은 주체의 외연이지만 얼굴에 나타나는 '얼'이란 그 주체의 생성 이전부터 존재를 흔드는 정신의 누각들이다. 그 안에 '굴'이라는 공간성을 만들어 놓음으로써 주체와 타자가 만나고 헤어지는 시간적 서사까지 확보해낸다. 다시 말해 정서 생성 이전의 의식과 정서가 생성되고 있는 시공간이 "내 끔찍한 얼굴" 속에서 난투극을 하고 있는 셈이다. 이렇게 만남과 이별, 생성과 소멸의 심사 모두를 이 짧은 시편 속에 압축해놓은 것이다. "비밀이 생긴 건 / 말하고 싶은 게 생겼다는 것이"(「피에타」)기도 하지만 "사는 내내 비밀이 생기는 건 버리고 싶은 몸이 하나씩 는다는" 의미를 알아채는 것이기도 하다. 우리의 흐린 순간들을 가시화하면서, "숨을 참을수록 비참"한 스스로의 삶과 대면하는 통고 과정을 정영은 '없는 몸 이전의 에너지태'들로 발산하며 형상화한다. "들숨과 날숨 사이"를 오가는 동안 생사를 다시 건축하고 허무는 고된 고행의 반복들이 이 시집에서 반짝거리고 있는 것이다.

나는 솔직히 이러한 주체가 어쩌면 조금 무모하다는 생각까지 든다. 때문에 그 무모하고 불가역의 자리 곁으로 스스로를 앉혀보려는 내 고행의 심사까지도 어쩌면 나의 교만처럼 느껴질 때가 있다. 하지만 그의 유서 속에서 나를 훔쳐보는 일이 나를 살도록 하는 또 다른 알리바이라면, 나는 그의 얼굴에서 긴 시간 서로가 모르는 끔찍한 '굴'을 지나가야겠다. 그것이 산 것도 죽은 것도 아닌 몸으로 이곳을 지탱할 수 있는 전부이기 때문이다.

시적 인품과 수평
- 복효근 시집 『따뜻한 외면』

『따뜻한 외면』이라니! 어떻게 하면 따뜻하게 무엇을 외면할 수 있을까. 외면하는 행동이 따뜻해지려면 화자의 정서는 얼마나 더 따뜻함에 몰두해야만 할까. 표제가 되는 입구부터 서성여보자. 수직으로 떨어져서 수평의 일부가 되는 비의 일대기를 추적해 보자. 비는 허공과 땅을 꿰매면서, 제 스스로의 습도로 풍경의 질감을 바꾸고 있다. 비는 떨어지는 즉시, 수직을 잃고 수평의 상태에서 소멸로 향해 간다. 때문에 '비'라는 단어에는 소멸해가는 공간과 상태가 함의되어 있는지도 모르겠다. 비가 내린다. 다시 풍경이 스산하다. 그리고 여기, 빗속에서 새를 발견하는 화자가 있다.

수직으로 하강하는 비의 세계를 거부하고, 수평으로 빗속을 유영하며 날아가는 새. 새는 나무로 몸을 피하고 나서야 나무처럼 호젓해진다. 화자는 저 새를 연민하지 않는다. 이 정도로 정서가 그칠 수 없는 것이다. 수직 하강을 다 이겨낸 새는 뒤늦게 "나비"가 "나뭇잎" 곁에서 비를 견디고 있다는 것을 발견한다. 새에게서 수직이 버거웠다면 그 보다

몇 천근은 더 무거웠을 비의 수직이 지금 여기, 나비의 날개를 치고, 나뭇잎들의 온몸을 친다. 제 몸을 피하려고 나무에게 왔는데 나무와 나비는 스스로의 몸을 빗속에다 고스란히 내어주면서 뜻밖에 사태를 묵묵히 견디고 있던 것이다. 이제 마음이 부끄러워진 새는 "나비 쪽을 외면"할 수밖에 없다. 하지만 그들처럼 수직을 견디고 난 연민으로 서로가 서로를 보듬어주고 싶은 「따뜻한 외면」의 정서가 그려지는 것이다.

헌데 이런 정서가 새와 나비, 나뭇잎들에게서만 볼 수 있을까. "보여줄 수 있는 것이 울음뿐이었을 때" 제 "슬픈 유전자"로 목청껏 울어대는 「매미」에서도, "다리를 쉬고 있는 법"이 없이 살다가 어떤 폭력 앞에서 "식물도 동물도 산 것도 죽은 것도 아닌" 공(空)이 되어 버리는 「공벌레」의 처지에서도 마찬가지다. 또 "일생이 노숙"이었던 달팽이의 삶(「덮어준다는 것」)이나 "꽃대에 힘을 빼"(「수련이 지는 법」) 제 어미에게 다시 생명의 젖을 물리는 수련의 공생에서도, 그대로 '외면' 아닌, '따뜻한 외면'으로 반복된다. 무엇이 그를 이토록 다정의 세계로 침잠하게 했을까. 새가 자생적인 부끄러움으로 지금 여기의 습기를 무거워 했다면, 나비는 자생할 수도 없는 그 커다란 힘이 두려워 한낱 '나뭇잎'의 몸으로 스스로를 지웠다. 어쩌면 새가 택한 행위는 자연에 대한 의탁이었다면 나비는 스스로를 소멸시켜 자연으로 돌아가고자 했던 것이 아닐까. 자연 앞에 우리는 늘 이렇게 있다. 이런 태도로 있다.

복효근의 시는 태도를 요구하는 진술을 마련하지 않는 대신, 화자가 자기 성찰을 하는 방법으로, 태도를 요구한다. 화자의 시선을 따라가다 보면 같이 부끄러워지는 것이다. 이와 같은 시적 태도는 우리가 주변에서 쉬이 놓치고 내버려둬 외면하는 것들에 대한 부끄러움을 자극하기도 하거니와, 우화적 알레고리를 경유지로 삼아 잠시 잠깐 우리로 하여금 현실을 멈추게 하는 효과를 누리고 있다. 또한 시적 화자는 자신보다 조금 나은 처지에 있는 위로부터의 속(俗)스러움을 바라보는 것이 아니라, 자신보다 더 낮은 곳에 있는 속(俗)을 지향한다. 때문에 그런 태도 속에는 배려와 다정의 정서가 묻어 있다. 아마도 이와 같은 정서는 수평을 겪어본 자만이 감당할 수 있는 시적 인품이라고 할 수 있겠다.

「자작나무 숲의 자세」는 이 시집에서 복효근의 시적 인품이 그대로 드러나는 가편이다. "자작나무 숲"을 처음 본 화자는 낯선 이국에서 "3미터도 넘게 쌓인다는 눈"을 상상하며 폭설과 결빙을 견디고 있는 자작나무들과 지붕을 견주어 상상한다. 제 속살을 그대로 꺼내어 겨울을 나는 자작나무의 자세와 무너지지 않으려고 버티는 지붕의 자세 그리고 생태적 역경과 고난에도 쓰러지지 않으려는 현지인들의 어깨의 '가파름'을 본다. 실제로 그것을 본 것은 아니지만 시적 화자는 아직 일어나지도 않은 상황에 대해 하나, 하나 놓치지 않고 연민하며 "저마다 생이 갖고 있는 가파른 경사를 이해하기로 한다"라고 진술한다. 이와 같은 진술은 사람이든, 사람이 만든 지붕이든, 땅에서 난 자작나무든, 모두 서로에게 "이웃"이며 "서로의 이름을" 불러주는 다정한 존재들이라는 것이다. 때문에 그런 "흰빛의 연대"는 너무 성(聖)스러워서 시인이 바라보는 세계란 '무너짐'인 동시에 서로 순하게 이웃하는 회복된 '길'이다. 고됨을 알면서 달려 들어가는 "무모한 공생"(「돌」)의 길이다. 이렇게 되면, 성과 속의 경계는 무화가 돼버린다. 살아남으려고 하는 속한 욕망들은 다정과 따뜻함 속에서 진정한 성스러움으로 탈속하게 되고 시인은 직관을 통해 이와 같은 정황을 자꾸만 호출한다.

「성(聖) 물고기」에서 물고기는 성자(聖子)의 모습으로 형상화되어 있다. 강을 거슬러 오르는 물고기는 자신의 태초 공간으로 돌아가려는 운동성으로 활달하다. 헌데 물고기는 "뉘우침이 많은 동물이어서 / 평생을 물에 제 몸을 씻으며" 온몸으로 물속에 길을 내는 존재이다. 하지만 평생을 바쳐 낸 길이 물속에서는 흔적으로 남을 수도 없고, 이 강을 다 거슬러 올라가면 물고기 앞에 존재하는 것은 출산과 죽음뿐이다. 이것이 물고기의 생리이자 생태계의 섭리이다. 때문에 멈출 수는 없다. 물고기는 스스로 주어진 것을 다 하려고 온몸으로 말할 뿐이다. 바꿔 말하면, 온몸을 다해 스스로에게 집중하며, 반성하려는 속된 욕망은 온전히 출산으로만 향하고 있다. 대게 물고기가 이토록 강을 거스르는 이유는 알을 낳기 위함이다. 고통을 감내하면서도 새 생명을 돋게 하기 위하여, 그렇게 생태계의 섭리에 다시 동참하기 위하여, 몸부림치는 물고기의 욕망은 얼마나 성(聖)스러운가.

어머니가 정황 속에서 직접 등장하는 시편들 가령, 「쭈글쭈글」, 「하늘님의 요실금」, 「당신」, 「고려장」 등을 보아도 그러하다. 화자에게 어머니는 늙고 쇠약한 연민의 대상으로 그려지고 있기도 하지만 그런 어머니의 훼손되고 소모된 여성성은 시인이 살아가고, 우리가 견뎌내는 세계의 훼손된 모습과 다름 아니다. 어머니의 빈 젖을 보며 그곳에서 아름답게 "고개 숙인 꽃봉오리"(「당신」)를 발견하고, 부처를 만나고, 젖이 화자에게 오직 유일신이라고 말하는, 이런 태도는 생명만이 현실의 질서를 재편성할 수 있는 전망이며 종교라고 선언하는 것이다.

하지만 「풀밭 뉴스」만을 들을 수 없는, 이 세계는 얼마나 수직으로 우리를 또 괴롭히게 될까.「참돔」의 물결무늬를 참돔의 것으로 인식하지 않고 제 것으로 착각하는 폭력은 또 얼마나 많을 것이며, 개는 또 어떤 죄목으로 "무슨 원죄"(「개는 없다」)가 이리도 많아야할까. 다시 수직으로 비가 내린다. 아무것도 할 수 없어서, 그렇다면 우리는 수평으로 눈을 감을 수밖에 없다. "끝났다고 하여도 / 끝이 뻔하다 하여도 / "끝까지 가보겠다는 / 끝을 보겠다는" 저 순하고 순한, 시인의 시적 인품을 경외할 뿐이다.

여전히 진행 중입니다
- 권혁웅 시집『애인은 토막 난 순대처럼 운다』

　권혁웅의 시는 젊다. 그가 들고 온 다섯 번째 시집『애인은 토막 난 순대처럼 운다』또한 아주 '자상하게' 젊은 시로 읽힌다. 시가 젊다는 것은 단지 등단 연차나 시인의 생물학적 나이로 이야기할 수 있는 문제가 아니다. 물론 '젊은 시'라는 불명확한 어휘가 시의 어떤 부분을 무엇을 어떻게 규정하고 있는지 쉽게 합의를 이룰 수 없는 수사라고 할지라도, 우선 권혁웅의 시는 미지의 젊은 역동을 내재하고 있다. 그는 이미 시인의 말을 통해 "도돌이표 같은 시집"이라고 이번 시집을 처음의 그것들과 견주어 고백한 바가 있다. 이 말은 과거 청춘의 시적 의장으로 돌아가서 과거에 빚진 시를 쓰겠다는 말이 아니라, 현재의 기점에서는 비록 과거이지만 여전히 역동적 미래를 지향하고 있는 초기시의 젊음으로 돌아가 지금 여기 현재를 회복시키고 싶다는 고백으로 들린다. 그간 보여준 비평적 직관과 명석함을 배제하더라도 이번 시집은 주체의 의지를 표출하는 관점에서 확고한 답을 도출해 나갔다기보다는 미지의 흔적들을 그늘처럼 깔아 놓았다는 인상을 지울 수가 없다. 그러므로 권혁웅의 이번 시편들은 우선 젊다.

　이를테면 대상과 만나는 순간들에만 주목해 보자. 권혁웅의 이번 시집은 세계에 대한 접촉면이 늘어난 형국이라고 보아도 무방할 듯하다. 그가 그간 상재했던 시집들을 살펴보면, 대략 해학이나 풍자의 전략들이 각 시집마다 기획된 소재들과 진자운동을 하고 있는 것으로 보인다. 그의 시편 내부에서 수직으로 관통되고 있는 시간성은 키치적 상상력을 통해 개성적 계보학으로 호출되기도 했고, 몸의 각 부위들을 원형공감을 통해 재구성해 내는 은밀한 속삭임으로 쏟아내기도 했다. 또한 이곳에 없는 이상 주체들을 불러와서는 다시 이곳의 역사를 쓰겠다는 야심찬 기획을 내비친 초월의 심사들도 전작들에게서 찾아볼 수 있었다. 그래서 권혁웅의 시는 그 형태상 굉장한 두께를 채우며 넓이에 대한 질문들로 가득 찬 시로 읽혀지기 십상이다. 그것은 아마도, 이런 소재주의적 근본이 시간성 위에서 도약했다는 점 때문이기도 하거니와 그것들이 겨냥하고 있는 세계의 폐부는 모두 지금 여기의 숨소리를 감당해내는 방식으로 그려졌기 때문에, 가히 넓이의 향연들이 축제를 이루고 있는 순도 높은 점묘화(點描畵)라 부를 수 있겠다.

　그러나 이번 시집에서는 좀 더 빨리 끓는점에 도달하기 위해, 재료들을 더 작게 절단시키고 그 접촉면을 넓히는 전략을 택하고 있다. 각각의 대상마다 '세속'에 대한 접촉면을 최대치로 넓혀놓는 방식을 취함으로써 각 편들에서 무르거나 설익는 부위를 만들지 않도록 최대한 시가 되는 자리를 권혁웅의 특유의 유려함과 능청으로 확보해 내고 있다. 다시 말해 기존의 시적 전략이 시간성과 다수의 수직들을 통해 수많은 점들로 큰 그림을 그리려고 했다면, 이번 시집의 시편들은 일상과 주변의 삶을 불러들이면서 수평적으로 각각의 독립적 자리를 마련하여 여러 그림을 그리고 있는 셈이다. 헌데 이상한 점은 그렇게 모인 시편들이 고만고만한 서정으로 쉬이 기울어지지 않고, 간이 잘 밴 듯한 순한 향내를 품고 있다는 것이다.

「불멸」이나 「비와 라면이 있는 풍경」과 같은 시편들이 그러한데, 이 두 편의 시가 가진 수사들의 비약과 비범함은 일상에 엉켜들어가 있는 불연속의 정서를 그대로 포착해 내고 있다. 「불멸」에서는 "긴 족보를 혼자서 작성해"나가는 성게의 영생론과 버릇처럼 "늙으면 죽어야지"라고 말하는 노인들의 입말을 대비시키면서, 죽음을 근처에 두고서도 노인대학에서 로맨스를 꿈꾸는 노년의 욕망을 은근히 등장시킨다. 그러므로 "늙으면 죽어야지"라는 말을 '늙더라도 더욱 더 살아봐야겠다'는 의지로 다시금 교환을 시키는 것이다. 「비와 라면이 있는 풍경」은 비오는 날에 '집 안'과 '집 밖'의 외로운 풍경들을 교차시키면서 수사의 전략을 꾀하고 있다. "발가락이 전화를 받느라 잠시 놓아둔 라면처럼 불어 있었다"와 같은 빼어난 표현들도 그러하고, 시편 전체에 흐르는 공기층의 습한 기운들을 어떻게 하면 정서적 자장까지 가 닿을 수 있는지 권혁웅은 잘 알고 있다. 일상의 상황과 상황을 겹치고 회전시키면서 시가 될 수 있는 자리를 보장해 내는 것이다.

또한 이번 시집 곳곳에서 쉽게 블랙코미디라고 부를 수 없는, 도전하지 않는 유머들의 재기발랄한 도약들이 돋보였는데 그것은 아마도 생활의 주변부를 관찰하는데 있어서 장년층을 대상으로 해서 그려낸 시들이 많았기 때문일 것이다. 가령 「천변체조교실」이나 「의정부부대찌개집에서」와 같은 계열의 시편들, 다시 말해 공간에 머물고 있는 인물들의 서사학을 그리는 시편들이 그렇다. 「천변체조교실」에서는 노년에 생각만큼 마음대로 되지 않는 몸에서 "하이힐 또각거리던 그녀"를 다시 꺼내려고 일사불란하게 움직이는 한 무리의 노년 여성들이 등장한다. "왼쪽 뇌의 스위치를 끈다면"이라는 구절에서도 알 수 있듯이, 이들의 몸은 청춘으로 입성하려는 욕망으로 뭉쳐있지만, 생각은 이미 굳어져 하나 같이 진보를 멈추고 보수적 시각에 머물고 있을지도 모른다는 권혁웅 특유의 능청으로 시 전체의 분위기를 밀고 나간다. 「의정부부대찌개집에서」는 동창 모임을 가진 이들의 주고받는 이야기들을 부대찌개에 엉키고 섞여있는 재료들로 각각 묘사한다. 졸업 이후 각각 서로 달라진 얼굴과 생활들이 분명히 있겠지만 그들은 잘려나간 시간을 이어 붙이려고 "이야, 너 하나도 안 변했네? / 너야말로 똑같은데?"와 같은 의미 없는 인사말만 난발하고 서로를 보여주기에 여념이 없다. 그러니 이런 관계는 또 다른 현재의 기록일 뿐 과거가 아니다. 오히려 동창들의 현재와 나의 현재를 비교하게 되면서 시적 화자에게는 가느다란 우울이 찾아오게 되는 것이다. 때문에 이런 만남은 콜레스테롤과 나트륨이 가득한 부대찌개처럼 맛이 돌지만 해로울 수 있다는 것을 권혁웅은 능청스러운 어조 깊숙한 곳에 숨겨놓는다.

끝으로 무엇보다 권혁웅의 시를 진입하는데 있어서 이제 '사랑'이라는 촉매를 배제하고 논하기란 쉽지가 않을 듯하다. 여기서 사랑이란 특정한 대상을 지칭하는 '당신'이나 '애인' 대한 사랑이 아니라 가 닿을 수 없는 세계에 대한 원형적 공감을 불러일으키는 정념으로 제시된다.

「험한 세상에 다리가 되어 3」을 살펴보면, 닿을 수 없는 목적지에 얽힌 두 가지 일화가 등장한다. 자동차가 헤엄을 쳐서 바다를 건널 수는 없는 노릇이기 때문에, 내비게이션으로는 제주도에서 우도를 가는 경로를 찾을 수가 없지만 '우도'는 지도에 분명 포함되어 있는 목적지이다. 그리고 춘천의 일화에서는 미사대교가 완공되었다는 정보가 입력되지 못한 내비게이션이 시적 화자의 차가 강물을 둥둥 헤엄쳐서 가는 것으로 인식하기도 한다. 전자의 일화에서 목적지 '우도'는 우리 곁에 분명 있지만 가 닿는 법을 알 수 없는 관념들을 총체적으로 상징하는 것일 테고, 후자의 경우는 불가능한 것 같지만 분명히 그곳에 닿을 수 있는 방법이 우리의 현실에서 번쩍이는 '실재'처럼 존재한다고 에둘러 말하는 것일 게다. 그러니 사랑의 신화란 이르지 못할 곳을 이르고야 말겠다는 접촉의 의지이며, 그곳으로 접속하는 방법은 '헤엄을 칠 줄 아는 자동차'와 같이 불가능하되 가능한 변신 주체가 되어야만 한다는 윤리가 서는 것이다. 그러므로 이와 같은 지점들이 권혁웅의 시편들을 그의 말처럼 '도돌이표'가 아니라 갱신을 갱신하고 싶은 욕망, 그런 역동적 젊음으로 회복시키고 있는 것은 아닐까? 다만 이 시의 경우 말미에서 접영을 배우는 어머니를 등장시켜 그런 변신 주체의 자리를 모성의 어떤 것으로 환원하려는 것처럼 보이기도 하는데, 그것은 아마도 권혁웅 몇몇 시편들에서 잠깐 잠깐씩 기울어지고 있는 여성 콤플렉스와 같은 연민의 심사가 솟은 지점이겠다. 하지만 그것 또한 어떤 부분에서 서정을 완성하는 자리가 아니겠는가.

권혁웅은 여전히 진행 중이다. 현재 그의 애인은 토막 난 순대처럼 울고 있고 늘 버릇처럼 애인의 얼굴을 만지려다 말지만, 앞으로 그는 버릇처럼 다른 '(   )의 얼굴'을 만져보려는 시도들로 또 다른 가(家)를 이뤄 다시 우리를 찾아올 것이다. 눈물의 간을 맞추는 마음으로, 다시 그렇게.

삶에 대한 이른 각서
- 이성복 시집 『어둠 속의 시』

젊은 시절 이성복을 생각해 보자. 참혹하다. 우선 '참혹하다'는 말 이후에 덧붙일 수사가 더 있을까. 이성복의 시는 참혹하다. 참혹을 건너고 있거나 혹은 참혹은 넘어서려는 몸부림들로 가득 차 있다. 그런 몸부림 속에서, 대체 말이 되기 이전의 불온한 정신은 어디서 시작된 것인가. 왜 늘상 불온은 그에게만 작동하고 또 그에게만 작정을 하고 있는 것인가. 아니 더 근본적인 질문을 해보자. 우리는 왜 살아야하는가? 왜 살아내야하는가? 왜 써야만 하는가? 왜 쓸 수밖에 없는가? 그럼에도 불구하고, 그럼에도 불구하고……, 살아 있음에 시학을 구현할 수밖에 없는 삶의 근거지들을 생각해 보자. 요동치는 정념의 습곡들을 지나 그곳에 기거하는 수상한 공기들을 지나, 그래 이성복이라면? 어떻게 견뎌내고 있을까. 공기 속에 칼이 있다면 그 칼날을 다 받아내며 숨구멍에 피가 나도록 그는 살아가고 있을 것이고, 공기 중에 물이 가득하다면 그 물은 온몸에 구멍을 막고 오직 눈물로만 분비될 것이다. 이성복을 생각한다. 그런 불가능과 불가능들이 샘솟는 통증부위를 생각한다.

감당하기 힘든 이 참혹의 발화점은 어디였을까.

그간 이성복의 시를 상기해 보자. 이성복은 첫 시집부터 네 번째 시집까지 자아가 성장하는 모습을 그렸다. 그 안에서 시적 주체는 당면하고 있는 참혹한 현실태와 부딪히며 자아 중심에서 점차 타자 중심으로 주체의 위치를 변모시켜 왔다. 한데 더 생각해 보면, 이성복은 현실의 당면 문제에 대해 예민하게 반응했을 뿐이지, 현실 사태를 명확하게 겨냥하고 있지는 않았다. 다시 말해 젊은 시절의 절규를 기록했으나 현실 그 자체를 그리려고 하지 않았다. 당대 다른 시인들, 그러니까 정치적 구호나 시대의 문제의식들을 시의 표층부부터 그대로 침투시켰던 현실주의 시편들과는 전혀 다른 방식의 시적 양식을 이성복은 보여주고 있다. 그리고 형식적 전위나 해체적 언어 실험을 전략으로 삼아온 해체 그룹과도 이성복의 시는 또 다른 국면에 놓여 있다고 할 수 있다. 즉 이성복은 현실을 인지하는 감각층은 두터운데 반해 현실에 대한 즉각적인 반응은 배제하고 있는 것이다. 시편들 곳곳에 사회적 암시들이 작용하고 있기는 하지만, 오히려 현실의식을 반영하는 당대 시인들의 가장 반대편에서 서서 시를 쓰고 있다고 해도 어색하지 않을 정도이다.

어쩌면 이성복은 세계를 작게 그린다. 사회의 문제가 아니라 사회보다 '나' 자신, 개인의 문제로 감지된 현실태는 세계를 축소시키고 절충한다. 물론 이 작아진 세계 속에서 자리하고 있는 알레고리의 미학도 절창이지만, 이성복의 시행에서 나타나는 언술방향이나 정황 국면에서의 고통의 결은 우리를 더 시편들 곁에 붙들어두곤 한다. 이성복은 파국에 이른 세계의 형상을 감지하고 그것을 그려내기 위해 '시인 이성복' 스스로의 파국의 사태를 시 전면에 내세우는 전략을 택하고 있다. 다시 말해, 세계의 기형성보다 자아의 기형성에 더 크게 반응하고 있으며, 망가지고 불구가 된 세계의 군상을 형상화해내려면 그것을 그려내는 언어양식 또한 폭력적 촉감에 의해 작동되어야 한다고 생각했던 것이다. 그곳에 기거하는 시적 국면도 부정과 전복의 응전력 속에서 발화되고 있으며, 개인사와 현실사가 조우한다. 부정과 불온의 정신으로 개인의 치부를 드러내면 드러낼수록 현실의 불구성이 더 드러나고 있는 것이다. 이성복은 이런 자기부정, 현실부정의 정신을 통해 7, 80년대에 새로운 시적 양식을 구축한다.

  그렇다면 우리는 이성복의 시를 읽는 동안, 어떤 통증부위 곁에 가라앉아 봤을까. 1976년부터 1985년까지 쓴 시 중 미간행 시 150편을 묶은 시집 『어둠 속의 시』가 출간되었다. 이 시집을 읽고 나니, 그간의 '이성복의 시'보다 '시인 이성복'이 더 커진 느낌이다. 아마도 미간행 시편들을 묶어서 더 그럴 수도 있을 테지만, 노년이 된 이성복을 잠시 유보하고, 젊은 시절의 이성복을 만나는 일이란 그 독자가 누구든 자신의 어떤 상처부위 한 곳 쯤을 꺼내놓지 않고서는 그를 건너가기가 힘들다. 어떠한 전략도 배제된 채 연차순으로 구성하고 있는 이 시집은 당대 현실에 처해있던 '시인 이성복'의 정념 상태를 굵고 낱낱이 보여준다. 때문에 '묶인' 시집이 아니라 묶는다는 의지조차 덧붙일 수 없고, 그렇게 '묶일 수도 없었던' 젊은 날의 초상이 녹아들어 있는 것이다. 물론 그 범상한 통로로는 시대와 개인의 암전 상황, 즉 '어둠'이 있다.

  이성복은 이번 『어둠 속의 시』를 제외하고 1977년 『문학과지성』 겨울에 발표한 「정든 유곽에서」 이후로, 일곱 권의 시집을 출간했다. 우선 그간의 시 세계를 간략히 조망해 보자. 세계를 가족사의 공간으로 압축해서 그려내려는 시적 주체의 욕망이 작동했던 시집들은 첫 시집부터 네 번째 시집까지라고 할 수 있다. 첫 시집 『뒹구는 돌은 언제 잠 깨는가』(1980)에서는 시적 주체가 회고와 독백의 시점을 오가며 '누이'를 근거지로해서 움트는 치욕과 악몽의 일상들, 가족사 내부에서 아버지로 상징되는 질서들을 거부하려는 부정의 몸부림들이 난투극을 이루고 있다. 두 번째 시집 『남해 금산』(1986)은 기억에 대한 숭고한 호출에서부터 시작한다. 첫 시집보다는 조금은 유해지고 서정성을 내재한 주체는 모계(母系)를 겪어내고 있는 아들 혹은 아이의 입장에서 망가지고 유린당한 현실에 부끄럽게 뿌린 자아의 불구성을 기록한다. 물론 두 번째 시집의 경우는 장시 「분지 일기」(1982)와 「약속의 땅」(1983) 두 편을 해체하여 다시 재구성한 것이기 때문에 첫 시집에서 해결되지 못한 절규들의 또 다른 전략화 방식이라고도 읽어낼 수 있을 것이다. 세 번째 시집 『그 여름의 끝』(1990)은 나와 당신의 관계 설정을 만들어 놓음으로써 사랑시/연애시의 형태를 띠고 있다. 여기서 사랑이란 타자로 칭해지는 2인칭 주체 또한 '나'로 호명하고 싶은 욕망에서의 비롯된 사랑이다. 타자는 주체('나')를 확보시키는 절대적 대상이며, 그런 타자에게 혹은 자기 자신에게 애걸하는 고백투의 언술형식은 흩어질 것만 같은 자아를 지금 여기 현실에 겨우 위치시킨다. 주체의 위치만 놓고 보면 가장 아픈 전략을 택한 셈이다. 네 번째 시집 『호랑나무가시의 기억』(1993)은 『그 여름의 끝』의 소통 구조 방식, 그러니까 세계와 분절되는 주체가 아닌 서정적 주체의 고독의 심사를 더 직접적으로 투사하고 있다. 그리고 이때의 시적 주체는 이미 기억에 매인 시공간에서 벗어나 있으며, 가족 내부에서는 제 자신이 그토록 거부하고 싶었던 아버지의 자리에 가 있다. 그렇게 아버지 위치의 발화자가 되어 아이들이나 아내에게 교감하고자 하는 욕망 상태를 내비춘다.

앞선 네 권의 시집이 가족사를 범상한 통로로 삼는, 유년에서 아버지가 되기까지의 성장기의 형태를 띠고 있다면, 그 이후의 시집들은 이제 더 이상 성장의 복도를 걸어 나가지 않는다. 10년만에서 출간된 다섯 번째 시집 『아, 입이 없는 것들』(2003)은 시인의 말처럼 "지난 세월 씌어진 것을 하나의 플롯으로" 엮어 놓은 것이고, 몇 달 후 출간된 여섯 번째 시집 『달의 이마에는 물결무늬 자국』(2003)은 외국 시인들의 시를 인용하고 그것에 일종의 시적 화답을 하는 방식을 취하고 있다. 더군다나 두 시집은 형태상 일련번호를 부여하는 등 각 편보다 구성력에 기댄 비슷한 시적 외연을 공유한다. 전자의 매혹의 지점은 자연물 등을 관조하는 태도를 통해 섬세하게 세계를 육화하고 있다는 것이고, 후자의 매혹은 외국시와의 대화 방식을 통해 글쓰기 자체의 경계나 시작 태도의 반성적 자각을 드러내면서 정념이 구체화되고 있다는 것이다. 이 시기 시집들의 특징들을 일정부분 공유하고 있는 일곱 번째 시집 『래여애반다라』(2013)는 일상과 화랑 세계를 경유해서, 반성과 삶의 통탄, 닿을 수도 없고 비어 있는 관조를 통한 관념의 세계를 그려내고 있다. 때문에 어쩌면 이 시집은 이성복이 가지고 있는 그간에 시에 대한 '태도집'이라고 명명할 수도 있을 것이다.

일곱 권의 시집 전부를 관통하는 세계를 하나로 꼽아 말해볼 수는 없겠으나, 이성복의 시 세계는 크게 두 부분으로 나뉜다. 1시집부터 4시집까지는 한 세계에서 성장하려다 지연되고, 완성하려다 실패하며 그 실패들 때문에 수없이 주체를 변주해낸 결과들이라 할 수 있겠고,

그 이후의 시집들은 완성할 수 없는 세계를 이미 인지하고 실패 그 자체를 변주해낸 결과라고 할 수 있겠다. 여기서 우리가 짐작할 수 있는 것은 이성복이 전략화하고 기획한 기존의 시집들이 '문학에 대한 비장한 각서'이자 '삶에 대한 숭고한 질문'의 한 양식을 띠고 있다는 것이다. 앞선 시기가 집을 이루는 시기였다면, 4시집 이후의 세계는 새로운 집을 짓기보다는, 어쩔 수 없이 기형적으로 지어진 집의 들뜬 이음새 부분을 수리하는 것과 같이, 스스로를 관조하고 자각하는 '태도집'의 형태를 지향하고 있다. 그러나 이 또한 노년을 맞이하고 있는 한 시인에게 당찬 결의가 아니겠는가. 그렇다면 이런 결의와 삶의 핍진성 바깥에 놓여 있는, 가공이 되지 않은 시적 근원지는 또 어디에 있단 말인가. 통탄해할 필요 없이, 지금 우리에게 『어둠 속의 시』가 도착해 있다.

　이성복 시인 자신이 밝힌 바와 같이, 『어둠 속의 시』는 "첫 시집 『뒹구는 돌은 언제 잠 깨는가』와 두 번째 시집 『남해금산』의 시들과 같은 아궁이에서 태어난 것들이다." 구성의 어떤 전략도 스며들지 않은 젊은 시절의 '날 것' 그 자체의 기록이라 칭할 수도 있는 이 시집은 우리에게 이미 내놓은 두 권의 시집보다, 보다 과격하고 격렬한 고통에 몸부림치는 화자의 육성이 그대로 노출되고 있다. 당대의 시인이 겪은 삶의 불구성 그 자체를 현시하면서 영원히 회복될 수 없을 것 같은 통증부들을 여과 없이 보여준다. 여성을 대상화하는 표현들에서도 그렇다. 과도한 성적 표현들도 그러하거니와 그런 대상화된 여성을 경유지로 삼는 마초의 태도를 보이면서도, 좀체 해결이 되지 않는 시적 주체의 내적 불안감은 더 무거운 중량감으로 주체를 짓누르고 있다. 이것은 희망이 없는 곳에서 희망을 쓰고자 하는 노력도 아니고 희망이 없는 현실태를 참혹하게 그리겠다는 의지도 아니며, 다만 그 '어둠의 일대기' 속에 빠져 있는 이성복 자신을 직접적으로 노출시킨 것이라고 할 수 있다.

물론『어둠 속의 시』에 있는 시편들이 기존 이성복의 시와 다른 지향점을 가지고 있다고 판단하기는 힘들 것이다. 오히려 시편들 대다수가 기존의 논의들과 비슷한 관점으로 읽히며, 더 격하고 직설적인 청춘의 몸부림으로 읽힌다는 평가가 맞을 것이다. 다만 시대의 군상을 다룬 「병장 천재영」 연작 시편들이나 「초토일기」 연작 일부, 「미국」을 비롯한 현실질서를 외피에서부터 풍자로 조직하고 있는 다소간의 시편들, 일상공간에 대해 좀 더 밀착한 '1983년'에 쓰여진 시편들까지. 정제되지 않은 다양한 시적 형태들을 만나 볼 수 있다는 것이 마냥 즐겁다. 첫 시집과 두 번째 시집을 견주어 읽으면서, 그곳에 참여하지 못한 날 것의 마음을 엿보는 것도 즐겁다. 장시 두 편을 재구성한『남해금산』이 두 번째 시집이 된 탓에, 첫 시집 이후 이성복의 시가 어떤 식으로 변모했는지, '치욕'이 어떤 식으로 시인을 붙잡았는지 면면을 엿볼 수 있어, 즐거울 뿐이다. 시집의 시 몇 편을 살펴보자.

당신은 내 발가락 속으로 파고들어 옵니다.
청초하던 내가 단풍듭니다.
당신은 내 발가락 속에서 교태부립니다.
그러나 이 동네 바람이 내 귓밥을 핥고 있지요.
당신은 내 발가락 속에서 무좀일 뿐입니다.
나는 언어를 연마하지요.
선배들과 후배들과 함께

창녀의 숯불 같은 자궁에서.
간혹 종아리가 띵띵 부어오르도록
언어는 맹독입니다. 당신은 내 발가락 속에서
소설을 쓰지요. 적나라한 파국은 내가 책임져야겠지요.
당신은 신입니다. 무좀의 신입니다.
무좀의 은총입니다. 당신은 내 눈에는 파고들 수
없어요. 내 눈동자와 겨루어 보세요.
당신이 내 발가락 속에 있기 때문에
나는 언제나 현명합니다.
자 이만 저승으로 가세요.
내 발가락 뜯어 먹으며 가세요.
당신은 내게 봉사해서는 안 됩니다.
나를 미워하세요.

- 「정든 유곽에서」 전문

이미 아포리즘을 통해, 이성복은 자신의 첫 시집은 『정든 유곽에서 1』이고 마지막 시집 또한 『정든 유곽에서 n』일 것이라며, 출발점에서 한 발자국도 전진하지 못하고 있는 자신의 시 세계에 대해 고백한 바가 있다. 첫 시집에 「정든 유곽에서」와 동일한 제목을 가지고 있는 이 시는 "당신"을 제 몸에 가장 아래쪽에 살고 있는 균으로 표현한다. 당신은 창녀이자 균인 동시에 신이며 시적 주체의 가장 아래쪽을 뜯어먹고 기생하는 비천한 존재이다. 그러나 그 균 또한 시적 주체의 몸의 일부이며 주체의 욕망을 해소해 주는 애정의 대상이다. 한데 "당신"에 대한 애정이 계속될수록 주체는 불안을 느낀다. 그것은 당신을 연민하는 데에서 비롯되기도 하지만 당신이 결국 주체의 "발가락을 뜯어 먹어" 자신을 불구로 만들지도 모른다는 불안감이 같이 작용되기 있기 때문이다.

아마도 이 시절 이성복의 몸은 어떤 외부적 공격에도 반응해낼 응전력이 전혀 없는 몸으로 보인다. "살짝 꼬집어도 / 피 흘리는 / 몸"(「몸」)이였고, "문둥이마냥 / 문드러져"(「꿈결에」) 그 몸 위에 꽃 한 송이 피워낼 수 없는 희망 없는 몸이었다. 그 시절의 군상을 그대로 기록하고 있는, "어머니는 말없이 밥을 짓고 누이는 음악을 듣지만 나는 매음을 동경하는데, 작년의 꽃들이 소곤거린다. 몸이 녹아 흐른다."(「물개 뛰 노는 북양 넓은 무덤에 마음아, 언제 가려니?」)와 같은 구절에서도 그러하다. 시적 주체에게 가중된 개인사들 때문에 수없이 제 몸을 무너뜨리고 소멸시키고 싶었던 것이다. 이윽고 "투명해지고 싶다며"(「검시」) 분노와 울분을 놓기도 하고, 그저 삶을 연명하고 있다는 그 자체에 대해 회의감을 느끼기도 한다. 그러나 시적 주체의 의지는 늘상 "다른 여자를 먹어야 한다, 여전히 / 여러 날 배가 고프"(「배신」)다는 성적 욕구에 가 닿아 있다. 다시 말해, "어린 누이를 겁탈한 그가 교회에서, / 학교에서, 마이크 앞에서 가장 쓸쓸하고 / 다정한 목소리로 이야기 한다"(「초토일기 하나」)는 폭력적 현실 사태 속에서, 그토록 부정하고 싶은 폭력의 가해자의 욕망과 그런 사태를 관망하고 있는 주체의 욕망이 닮아 있다는 것을 그는 이미 인지하고 있는 것이다. 때문에 주체는 끊임없이 부끄럽고, 제 몸을 지워버리고 싶으며 그러면서도 몸의 욕망을 주체할 수 없어서 삶의 딜레마에 빠져 있다. 이렇게 젊은 시절의 이성복은 늘 죽음을 곁에 두고 있으면서, 치욕으로 얼룩진 제 몸의 기록들을 반복적으로 써낼 수밖에 없었던 것이다. 그러나 그럼에도 불구하고 살아야 한다면, 살아낼 수 있는 희망이 최소한이라도 있다면, 그것은 어디에서 발견해낼 수 있을까.

말이 바람 불어 오는 행간에서
이제 막 그는 눈을 감았다
어두운 자궁 속 태아처럼
몸을 웅크리고
바람이 가는 방향으로 날아가다가
바람 멎는 곳에
정액을 쏟을 것이다

그는 안다, 영원을 간직하려면
우연과 입 맞추어야 하고
입맞춤 뒤에는
망을 따라가야 한다는 것을,
나비 날개 위엣 꽃가루처럼 묻히어……

어느 날 그가 쏟은 정액에서
흰 철쭉꽃이 걸어 나와
재롱을 떨 것이다
험상궂은 바위와 개울물과

엉겅퀴들이 손뼉을 칠 것이다
그는 보지 못한다, 즐기지 못한다
그러나 철쭉꽃이 질 때쯤
그는 다시 나타날 것이다
우울과 권태로 일그러진 우리의 입에서
다시 꽃피기 위해

- 「시인」 전문

    이성복 시편들에서 빈번히 등장하는 꽃이나 나무의 이미지들은 『어둠 속의 시』에서도 역시, 절망 상태를 상징하는 표상물로 자주 등장한다. 대개 상실된 생명성과 피폐화된 대상을 구상하는데 사용됐던 이 식물성의 이미지들 중 꽃의 상징이 유독 자주 환기된다. "그대 젖꼭지를 다른 사람에게 주라, / 내 허벅지가 새순을 돋으련다"(「시월에 흩어진 노래 넷」)와 같은 구절이나 "문둥이마냥 / 문드러져 꽃이 피고 싶구나"(「꿈결에」)와 같은 구절에서도 그러하듯, "새순"이나 "꽃"은 불빛도 들지 않는 삶을 거듭 견디려는 정념으로 상징되곤 한다. 이성복에게 식물성은 수동적인 정황 국면에 놓여 있는 시적 주체의 저치를 상징함과 동시에 지금 여기에서 주체를 지탱하게 하는 생명과 생존의 표상인 것이다.
    인용시에서도 마찬가지다. '시인'이라는 직설적인 제목을 달고 있는 이 시는 시인이 시를 쓰는 상황을 정액을 쏟고 그 정액 위에 피어나는 꽃으로 형상화한다. 시적 주체에게 시를 짓는 일이란 다시 태곳적으로 돌아가 "어두운 자궁 속 태아처럼 / 몸을 웅크리고" 바깥에 부는 바람 소리를 향해 귀를 기울이는 일이다. 그러나 시는 그런 바깥이 멈추는, "바람이 멎는 곳" 그 찰나를 기록하려는 것이며, 그 순간에 제 몸에 일부를 쏟아내듯 "정액을 쏟아내"고 나서야 겨우 시가 될 수 있다. 그렇게 자신의 살점 일부를 뜯어냄으로 인해, 찰나는 영원을 간직해낼 수 있으며 주체가 겪고 있는 병증 상황에서도 잠시간은 벗어난 것 같은 착각을 가져다 줄 수 있다. 이것은 "흰 철쭉꽃이 걸어 나와 / 재롱을 떨 것이다 / 험상궂은 바위와 개울물과 / 엉겅퀴들이 손뼉을 칠 것이다"라는 구절과 같이, 다시 한 세계가 시작되고 역동적으로 대지가 다시 태동하는 혁명의 기록인 것이다. 때문에 "우울과 권태로 일그러진 우리" 시대의 삶을 견디기 위해서는 시를 써야만 하고 제 자신을 찢어 던져야 한다. 그리고 그렇게 시로 제 자신을 다 고백해내고 나서야 다시 그 곳 위에 "꽃"이 피는 것이다. 다소 범박할 수 있으나, 이 시절 이성복은 제 자신의 육체적, 정신적 병증 상태 곁에다 단지 꽃 한 송이라도 심어놓고 싶었던 것은 아니었을까. 타락 속에서 건강한 생명성 하나라도 축조하고 싶었던 것은 아니었을까.

이렇게 범박하게 논할 수밖에 없는 이유는 이번 시집이 '날 것'을 지향하고 있기 때문이기도 하지만, 우선 그의 산문을 경유해서 보자.

시인의 통렬한 자기반성에 의해 태어난 시는 결국 독자의 통렬한 자기반성을 초래할 것이다. 은폐된 삶의 실상을 파헤치는 시 정신의 집중과 긴장은 짧고 덧없는 시가 오랜 예술양식의 하나로 존재할 수 있는 근거가 된다. 덧없고 사소한 우리의 삶은 시에 의해 구제받을 수는 없다 하더라도, 적어도 견디고 살아낼 만한 것이 된다.

- 「시의 대한 각서 5」

시 쓰는 이 자신의 삶이 담보되지 않은 시는 잔고가 없이 발행되는 수표와 같다. 그에 반해 가장 아름다운 시는 전 재산을 걸고 떼어 주는 백지수표나 마찬가지일 것이다. 그러나 누가 감히 그렇게 무모할 것인가. 분명한 것은 아무도 발 디디려 하지 않는 조악하고 추잡한 현실의 늪이야말로 시가 자라날 수 있는 최적의 공간이라는 점이다.

- 「시에 대한 각서 20」

처음으로 돌아가 보자. 참혹하다. 우선 '참혹하다'는 말 이후에 또 덧붙일 수사가 있을까? 산문에서 진술한 바와 같이 이성복은 자신의 삶을 담보로 제 모든 것을 시에게 내어주며, 끊임없이 자기반성의 시 정신을 통해 세계를 통찰하고 견인한다. 자신의 은폐된 부분까지 시행 속에다 모두 찢어 던지며, 시인의 정액에서 꽃이 돋기를 희망하고, 타락에서 새순이 돋기를 희망한다. 그런 불가능의 찰나들을 제 온몸을 던져 보여 줌으로써 그래도 세상을 살아가 볼만한 곳이라고, 그는 자신의 시를 통해 조용한 혁명을 일으키는 것이다.

생각한다. 생각해 본다. 이성복이 첫 시집을 상재했을 때가 딱 내 나이 때다. 스물여덟에서 스물아홉을 전후로 시적 고통과 고뇌를 다 겪었다고 하니, 그에 반에 나는 과연 지금 여기서 무엇을 겪고 있을까. 또 더 겪어야만 하는 것일까. 내게 다가오는 고통은 늘 두려웠다. 이성복을 읽은 내내 '이토록 아플 필요까지야' 하고 괜한 거리를 두면서, 사실 나 또한 많이 아팠다. 이성복이 말하길, 시라는 칼은 손잡이까지 칼날이라서 시인이나 독자 모두가 시를 만지면 위험에 처할 것(「시에 대한 각서 19」)이라고 했다. 만지면 베어질 줄 알면서도 그 칼을 계속 만져야한다면, 그럴 수밖에 없는 숙명을 수행해야 한다면, 나는 또 어떤 참혹을 지나고 건너가야 할 것인가. 하고 싶은 말이 많으나 또 다시 '참혹'이다. 지금 나는 무슨 말을 더 못하고 있는 걸까. 그래, 부끄럽게도 나는 여전히 살아있다.

안녕, 나의 페르소나

초판발행 2024년 5월 23일
지은이 박성준
펴낸이 최대석 **펴낸곳** 모던앤북스 **출판등록** 307-2007-14호
등록일 2006년 10월 27일 **주소** 서울시 중구 삼일대로 343 대신파이낸스센터 위워크 8층
전화 031-581-0491 **팩스** 031-581-0492
전자우편 book@happypress.co.kr
정가 25,000원   ISBN 979-11-91384-91-8

*모던앤북스는 행복우물출판사의 임프린트입니다